"十三五"国家重点图书
出版规划项目

中国濒危语言志　组委会

主　任

杜占元

执行主任

田立新

成　员

田联刚　许正明　刘　利　黄泰岩　于殿利

张浩明　刘　宏　周晓梅　周洪波　尹虎彬

中国语言资源保护工程

中国濒危语言志　编委会

总主编

曹志耘

主　编

孙宏开　黄　行　李大勤

委　员（音序）

丁石庆　黄成龙　李锦芳　王　锋　张定京

本书执行编委　王　锋

中国濒危语言志
少数民族语言系列

总主编 曹志耘
主编 孙宏开 黄行 李大勤

云南玉溪撒都语

许鲜明 白碧波 尹明 著

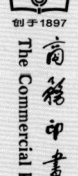
商务印书馆
The Commercial Press

图书在版编目（CIP）数据

云南玉溪撒都语/许鲜明，白碧波，尹明著.—北京：商务印书馆，2019
（中国濒危语言志）
ISBN 978-7-100-17034-5

Ⅰ.①云⋯　Ⅱ.①许⋯ ②白⋯ ③尹⋯　Ⅲ.①少数民族—民族语—介绍—玉溪　Ⅳ.①H289

中国版本图书馆CIP数据核字（2019）第005915号

权利保留，侵权必究。

云南玉溪撒都语

许鲜明　白碧波　尹明　著

出版发行：商务印书馆	
地　　址：北京王府井大街36号	
邮政编码：100710	
印　　刷：北京雅昌艺术印刷有限公司	
开　　本：787×1092 1/16	印　张：18$^1/_2$
版　　次：2019年6月第1版	印　次：2019年6月北京第1次印刷
书　　号：ISBN 978-7-100-17034-5	
定　　价：120.00元	

玉溪市红塔区撒都人聚居地地形地貌　椒园村后山/2015.5.12/许鲜明 摄

玉溪市红塔区撒都人聚居村　椒园村景/2015.6.8/许鲜明 摄

撒都人婚宴歌舞表演　椒园村公房/2015.7.20/许鲜明 摄

调查工作现场　椒园村李忠富家/2017.7.23/沐华 摄

语法标注缩略语对照表

缩略语	英语	汉义
1sg	1st person singular	第一人称单数
2sg	2nd person singular	第二人称单数
3sg	3rd person singular	第三人称单数
1dl	1st person dual	第一人称双数
2dl	2nd person dual	第二人称双数
3dl	3rd person dual	第三人称双数
1pl	1st person plural	第一人称复数
2pl	2nd person plural	第二人称复数
3pl	3rd person plural	第三人称复数
AGT	agentive marker	施事标记
ASP	aspect marker	体标记
BEN	benefactive marker	受益格标记
CAUS	causative marker	使动标记
IMP	imperative marker	命令式标记
INST	instrumental marker	工具角色标记
LNK	clause linker	分句连词
LOC	location particle	处所标记
NMLZ	nominalizer	名物化标记
PRT	clause/sentence final particle	句尾语气词
PTPT	patient particle	受事标记

续表

缩略语	英语	汉义
QUES	question marker	疑问句标记
STPT	structural particle	结构助词
TEPT	temporal particle	时间助词
TOP	topic marker	话题标记

序

我的老家在浙江金华。我在老家生活的年代是20世纪六七十年代。那时候人们白天黑夜地干，酷暑寒冬地干，但就是吃不饱饭。山上光秃秃的，地上光秃秃的，简直成了不毛之地。如今40年过去了，回到家乡，只见茂林修竹，清流激湍，芳草鲜美，落英缤纷，俨然人间仙境。进山的小路早已被草木掩没，没有刀斧开路，则寸步难行。

在我家附近的塔石乡，有一个叫"大坑"的畲族村子，坐落在一条山沟里，有50多人。畲族相传发源于广东潮州凤凰山，明代以来逐渐北迁，从广东到福建，从福建到浙江、江西、安徽等地。数百年来，畲族尽管不断迁徙，散落中国东南各地，然而始终保持着他们共同的语言——畲话。1981年，我在山东大学上学期间，曾经一个人跑到大坑去，拿着日本人编制的调查表记录他们的畲话。当时村里男女老少，基本上人人会讲畲话。但时至今日，很多人已不会讲或讲不好畲话了，25岁以下无一人会讲。照此发展下去，估计几十年后，大坑人沿袭千年之久的母语将彻底消亡。

自然环境的破坏可以修复，但语言的消亡无法挽回，不可再生。

根据联合国教科文组织的《世界濒危语言地图》（2018），在世界现存的约6700种语言中，有40%的语言濒临灭绝，平均每两个星期就有一种语言消亡。中国有130多种语言，其中有68种使用人口在万人以下，有48种使用人口在5000人以下，有25种使用人口不足1000人，有的语言只剩下十几个人甚至几个人会说了。汉语方言尽管使用人数众多，但许多小方言、方言岛也在迅速衰亡。即使是那些还在使用的大方言，其语言结构和表达功能也已大大萎缩，或多或少都变成"残缺"的语言了。

冥冥之中，我们成了见证历史的人。

然而，作为语言学工作者，绝不应该坐观潮起潮落。事实上，联合国教科文组织早在1993年就确定当年为"抢救濒危语言年"，同时启动"世界濒危语言计划"，连续发布"世界濒危语言地图"（联合国已确定2019年为"国际本土语言年"）。二十多年来，国际上先后成立了上百个抢救濒危语言的机构和基金会，各种规模和形式的濒危语言抢救保护项目在世界各地以及网络上展开。我国学者在20世纪90年代已开始关注濒危语言问题，自21世纪初以来，开展了多项濒危语言、方言调查研究课题，出版了一系列重要成果，例如孙宏开先生主持的"中国新发现语言研究丛书"、张振兴先生等主持的"中国濒危语言方言研究丛书"、鲍厚星先生主持的"濒危汉语方言研究丛书"（湖南卷）等。为了全面、及时抢救保存中国语言方言资源，教育部、国家语委于2015年启动了规模宏大的"中国语言资源保护工程"。在语保工程里，专门设立了濒危语言方言调查项目，迄今已调查76个濒危语言点和60个濒危汉语方言点。对于濒危语言方言点，除了一般调查点的基本调查内容以外，还要求对该语言或方言进行全面系统的调查，并编写濒危语言志书稿。随着工程的实施，语保工作者奔赴全国各地，帕米尔高原、喜马拉雅山区、藏彝走廊、滇缅边境、黑龙江畔、海南丛林都留下了他们的足迹和身影。一批批鲜活的田野调查语料、音视频数据和口头文化资源汇聚到中国语言资源库，一些从未被记录过的语言、方言在即将消亡前留下了它们的声音。

为了更好地利用这些珍贵的语言文化遗产，在教育部语言文字信息管理司的领导下，商务印书馆和中国语言资源保护研究中心组织申报了国家出版基金项目"中国濒危语言志"，并有幸获得批准。该项目计划在两年内按统一规格、以EP同步方式编写出版30卷志书，其中少数民族语言20卷，汉语方言10卷。自项目启动以来，语信司领导高度重视，亲自指导志书的编写出版工作，各位主编、执行编委以及北京语言大学、中国传媒大学的工作人员认真负责，严格把关，付出了大量心血，商务印书馆则配备了精兵强将以确保出版水准。这套丛书可以说是政府、学术界和出版社三方紧密合作的结果。在投入这么多资源、付出这么大努力之后，我们有理由期待一套传世精品的出现。

当然，艰辛和困难一言难尽，不足和遗憾也在所难免。让我们感到欣慰的是，在这些语言、方言即将隐入历史深处的时候，我们赶到了它们身边，倾听它们的声音，记录它们的风采。尽管我们无力回天，但已经尽了最大的努力，让时间去检验吧。

曹志耘

2018年10月

于浙江师范大学

目录

第一章　导论		1
第一节　调查点概况		2
第二节　撒都语的系属		4
第三节　撒都语的濒危状况		7
一　母语使用		7
二　语言兼用		8
第四节　撒都语的研究概况		11
一　撒都语的发现		11
二　撒都语的研究		11

第二章　语音		15
第一节　声韵调		17
一　声母		17
二　韵母		19
三　声调		21
四　音节		22
第二节　音变		23
一　相邻21变调		23
二　三个相邻的21变调		23
三　合音变调		24
四　数词变调		24
第三节　拼写符号		25
一　字母		25
二　声母		26
三　韵母		27
四　声调		29
五　书写规则		29

第三章　词汇		33
第一节　词汇特点		35
一　单纯词		35
二　合成词		36
第二节　构词法		39
一　派生		39
二　合成		41
三　重叠		43
四　拟声		44
第三节　词汇的构成		45
一　同源词		45
二　借词		49

第四节　民俗文化词　　　52

第四章　分类词表　　　61

第一节　《中国语言资源调查手册·
　　　　民族语言（藏缅语族）》
　　　　通用词　　　63
　　一　天文地理　　　63
　　二　时间方位　　　64
　　三　植物　　　65
　　四　动物　　　66
　　五　房舍器具　　　67
　　六　服饰饮食　　　68
　　七　身体医疗　　　69
　　八　婚丧信仰　　　70
　　九　人品称谓　　　70
　　十　农工商文　　　72
　　十一　动作行为　　　72
　　十二　性质状态　　　75
　　十三　数量　　　76
　　十四　代副介连词　　　77

第二节　《中国语言资源调查手册·
　　　　民族语言（藏缅语族）》
　　　　扩展词　　　79
　　一　天文地理　　　79
　　二　时间方位　　　80
　　三　植物　　　81
　　四　动物　　　83
　　五　房舍器具　　　85
　　六　服饰饮食　　　87
　　七　身体医疗　　　88
　　八　婚丧信仰　　　91
　　九　人品称谓　　　91
　　十　农工商文　　　92
　　十一　动作行为　　　94
　　十二　性质状态　　　98
　　十三　数量　　　98
　　十四　代副介连词　　　99

第三节　其他词　　　101
　　一　天文地理　　　101
　　二　时间方位　　　102
　　三　植物　　　103
　　四　动物　　　105
　　五　房舍器具　　　106

六 服饰饮食	110	十 叹词	168
七 身体医疗	111	第二节 短语	171
八 婚丧信仰	113	一 并列短语	171
九 人品称谓	113	二 主谓短语	172
十 农工商文	115	三 修饰短语	173
十一 动作行为	116	四 支配短语	175
十二 性质状态	120	五 述补短语	176
十三 数量	121	第三节 句子	177
十四 代副介连词	121	一 单句	177
		二 复句	182

第五章　语法　　123

第一节　词类　　124
- 一　名词　　124
- 二　代词　　127
- 三　数词　　134
- 四　量词　　139
- 五　动词　　145
- 六　形容词　　152
- 七　副词　　155
- 八　助词　　157
- 九　连词　　166

第六章　语料　　189

第一节　语法例句　　190
第二节　话语材料　　201
- 一　谜语　　201
- 二　谚语　　203
- 三　讲述　　203

参考文献　　273

调查手记　　274

第一章 导论

第一节

调查点概况

云南省玉溪市红塔区白族主要居住在北城镇大石板村委会的椒园村、春和镇波依村委会的新村和大水塘村，他们自称"撒都"。其语言文化不同于大理白族和玉溪市元江哈尼族彝族傣族自治县因远镇白族。

玉溪市红塔区位于北纬24°08′30″～24°32′18″、东经102°17′32″～102°41′37″之间。北城镇、春和镇位于红塔区北部。北城镇距玉溪州城8公里，距大石板村15公里，距椒园村16公里。春和镇距玉溪州城6公里，距波衣村20公里，距大水塘村12公里，距新村22公里。椒园村距大水塘村8公里，距新村18公里。

2009年笔者对椒园、新村、大水塘村的人口进行了入户调查，结果见表1-1。

表1-1　撒都村人口统计

序号	村寨名称	总户数	总人口	男	女	撒都	彝族	汉族	其他
1	椒园	131	521	273	248	446	60	11	4
2	新村	179	753	382	371	692	53	8	0
3	大水塘	113	431	219	212	367	62	2	0
	合计	423	1705	874	831	1505	175	21	4

表1-1显示，撒都村总人口为1705人。其中，撒都人1505人，占88.3%；彝族175人，占10.3%；汉族21人，占1.2%；其他民族4人，占0.2%。

据李厚[①]长老介绍，撒都人的祖先来自大理，新中国成立前曾称为"民家"，先定居于

---

① 李厚，男，1931年生，2014年离世。

昆明滇池东岸和南岸，后迁至昆阳县[①]核桃园村、晋宁县宝峰镇柏柳庄，再到玉溪椒园、新村和大水塘村。他们迁到玉溪境内的具体年代不详，但从椒园古墓碑文[②]推算，已约有300的历史。

旧时，撒都人有自己的服饰。男人裹黑布包头，穿长衫、黑宽裆裤、布鞋、木鞋等。妇女穿黑、红、绿三色镶边领卦、白衬衣，白色或蓝色宽裆裤，系绣花围腰，穿带钩花布鞋，戴扭丝银镯、戒指、长耳坠。老年妇女喜欢垂辫或盘辫，外裹黑色或蓝色布包头。年轻女人戴绣花或彩色头巾，四角收于脑后，称"鸽子尾"。已婚妇女挽髻，穿胸襟绣花黑衣服、宽脚裤，系线织黑围腰。现在，男女老少均穿汉族服装，传统服饰只在节日庆典时穿戴。

房屋建筑为土木结构、三间两耳、带天井、一楼一底瓦房。正房楼上储粮，楼下为卧室。房外有庭院，种梨、桃、花红、樱桃、柿子等果树。猪圈常建在庭院稍远的一角，旁边常有一块小菜园，种葱、姜、蒜、薄荷等。

传统节日有"接龙"（阴历二月初八）、五月冬五、六月二十四（大水塘村在阴历六月二十三日过，新村在阴历六月二十四日过，椒园村在阴历六月二十五过）、清明和七月半。其他节日与汉族相同。现在，传统节日活动基本消逝。

婚姻实行一夫一妻制。旧时，男青年相中某姑娘，男方父母要请媒人带两斤糖去女方家提亲。女方家收下礼，说明同意这门亲事，就按当地习俗订婚。订婚那天，男方家要带一块土布、一盒糖、一点儿礼钱到女方家吃"杀鸡饭"。吃了"杀鸡饭"就可以选日子了。出嫁的当天上午，在新娘家办婚宴，下午到新郎家办婚宴。新娘出门由长兄背出，然而交给新郎和迎亲队伍。新娘由姑妈扶进婆家。第二天认亲后新娘回娘家，小住几天后，新郎接新娘回家，婚礼才算结束。

宗教方面，撒都人崇拜自然、崇拜祖先，信仰多神。过去供过"观音""关圣"。初一、十五有烧香、拜佛的习俗，除夕有到山神庙祭山神，在井边祭龙，到公房祭牛王的习俗。现在，传统祭祀活动已不再举行。

禁忌方面，撒都人除夕晚上不串门，看好门，不让牲口闯进门。对贸然闯进家中的牲口，要在耳朵上剪一道缺口。死在外面的人一律不抬回家，也不能享有正常死亡葬俗的待遇。长辈面前不能开玩笑、说脏话、放屁，也不能吹小竹啸、口弦，弹三弦、四弦，拉小二胡等乐器，他们认为乐器是年轻人的传情工具，在长辈面前玩乐器是对长辈的不尊。寨神林不能随便出入，也不能乱砍伐。

[①] 1958年昆阳县并入晋宁县。
[②] 古墓碑文原文为：李氏，雍正甲年（1734年）生，卒于嘉庆七年（1802年）壬戌岁季冬月二十三日。其中，1734年和1802年是作者求助历史系教师推算出来的。

第二节

撒都语的系属

撒都人总称"撒都泼",有不同的称谓。椒园人称"哩勒泼",新村人称"所那泼",大水塘人称"塔塔泼",内部讲撒都话,语言交流无障碍,对外讲汉话和彝语南部方言尼苏话。

从历史源流看,撒都人源于古氐羌系统,经千百年演变,在20世纪50年代的中国民族识别中,根据他们的愿望划归为白族。因此,外界一直认为其是白族,讲的语言自然也被称为白语。在当地的相关历史文献中,撒都语(白语)被归入汉藏语系藏缅语族彝语支语言。进入21世纪,随着调查研究的深入,学者们发现把白语归入汉藏语系藏缅语族彝语支语言,从当今语言研究的情况看不太严谨。因而白语系属问题一直争议很大。

19世纪末,国内外学者开始对白语展开调查研究。由于受当时历史条件的限制,相关调查研究还不够深入,得出的结论与语言事实很不相符。例如1887年法国人拉古柏里就仅挑选16个词汇与泰语比较,便妄自断言白语是泰语。英国人戴维斯通过对白语100个词的分析,草率认定白语出自孟吉蔑语。后来中国学者虽然对白语进行了认真研究,但对白语的系属问题一直还没形成一致的看法。目前,对白语的系属问题,学界持有三种观点:白语属藏缅语族彝语支;白语属藏缅语族白语支;白语是汉白语族的一支独立语言。和即仁先生(1992)在前人研究的基础上,在《谈谈白语的系属问题》一文中,通过白语与汉语、彝语支诸语言的大量比较研究,参考了秦汉以来大量汉人及甘肃、四川等地的氐叟、叟人先后融入白族先民的历史事实,论证了白语之所以成为一种特殊语言的社会历史原因。他认为:"从发生学的观点看,白语是藏缅语族语言中一种分而未化的语言。从语言相互影响和语言融合的观点来分析,白语又是与汉语融而未合的一种特殊语言。因此,我们既不能把白语当作汉语的一个方言,也不宜把它简单的归入彝语支。根据白语自身存在的一些突出特点分析，它应该是藏缅语族诸语言中与彝语支并列的一个语支——白语支。"可见，白语系属问题一直尘埃未定。为此，中国学界将其归入我国语言系属未定的语言。

为弄清撒都语的系属问题，笔者以撒都语为轴心，通过斯瓦迪（Swadesh）的100核心词，分别与哈尼（哈雅、豪尼、白宏、碧约、泰国阿卡）、彝（洛河尼苏、石屏尼苏、大西山苏、南涧）、拉祜、傈僳、纳西、怒、基诺和白语（因远、剑川、大理、碧江）等18种语言或方言进行了同源比较。从比较结果看，与撒都语最亲近的语言是哈尼语，依次是彝、拉祜、傈僳、纳西、怒、基诺语。白语则是远亲。

通过语音、词汇、语法方面的比较，我们发现撒都语形态变化不发达。词缀的表现有前缀、后缀形式，与哈尼、傈僳、拉祜、彝语等的共同特征多，与白语的共同特征少。在使动语法范畴方面，与彝、傈僳、拉祜、基诺、怒语有一些共同点，既有分析式，又有屈折式。从形态变化看，与彝语支语言的共性多，但也有其自身的一些特点。

李永燧（2010）的研究表明，在古西羌人羌缅语族群内部，有黑白文化发展、演绎出的黑白两个族系。在当今的羌缅语族群中，有的语言群体自称"黑人"或"黑族"，有的自称"白人"或"白族"，有的虽不自称"黑人"或"黑族"，但仍保留着尚"黑"或尚"白"的习俗。如羌缅语群体中自称"黑"人或族的有彝族诺苏、纳苏、尼苏，以及纳西、怒苏、纳木兹等。其自称中的"诺""纳""尼""怒"等在语音和意义上均与"黑"有对应关系。又如纳西、怒族传统服饰多为黑色。彝族除传统服饰为黑色外，祭祖时所用旗子为黑色，三牲为黑牛、黑猪、黑羊。其他族群，如哈尼、傈僳、拉祜族等虽未见以"黑"自称或他称与"黑"有对应关系，但有尚"黑"的习俗，如哈尼族，传统衣着崇尚黑色，穿黑大褂、戴黑包头；傈僳族衣服以黑色为基调，祭祀多用黑牲等，具有"黑"文化特征，属"黑"文化圈族群。与"黑"文化圈相对的是"白"文化圈，如普米、尔苏、吕苏等。其自称"普英米""普上""尔和吕"等，在语音和意义上均与"白"有对应关系。普米族先民以白额虎为图腾，祭祀用牲以白色和淡色为主，如白羊、白鸡等；尔苏、吕苏有尚"白"习俗，如穿白衣服，缠白绑腿，裹白头巾等，具有"白"文化特征，属"白"文化圈族群。随着文化上"黑""白"的不断演进，逐渐形成了"黑""白"两个族系。"黑""白"族群虽然文化上有明显差异，但他们"亲如兄弟，在语言上也很亲近"。

从"黑""白"文化特征看，撒都人为了与自称"黑彝"的"尼苏""诺苏""纳苏"等区别开来，曾自称过"白傈僳、白彝族"。看装束，撒都人过去穿白衣裤，祭祀用绵羊、白羊和白鸡，与周边"尼苏""诺苏""纳苏"彝族支系有一些不同。彝支系穿黑衣裤，戴黑包头，毕摩的法衣、法帽均为黑色，祭祀用黑牲口。"黑""白"文化特征对比较明显。

有人认为撒都语听起来与周边彝语方言尼苏、撒尼、子君话很相近，应是彝语的一个方言。为什么白族不讲白语，而转用其他语言？笔者认为这是语言长期接触的结果。

云南民族多，情况复杂。少数民族中"一族多语、一语多族"的现象普遍存在。从地缘看，撒都人从古至今与汉、彝、哈尼、拉祜、傈僳、纳西等族群交错杂居，呈"大杂居，小聚居"分布。语言接触已成为一种常态。其结果必然对交际中的不同语言产生影响，促成语言结构的演变和功能的转化。和即仁先生（1998）在云南宁蒗摩梭人、金平苦聪人、通海咔卓人等的民族识别和语言系属研究中指出："民族语言是随着社会的产生而产生，随着社会的发展变化而发展变化，历史每前进一步，语言就会随之变化。民族语言研究实际上就是要研究历史的自然和语言的自然，两者都很重要。"如果研究者仅靠同源词的多少，或仅依据当下族群所讲的语言，来定论其语言归属，易犯"盲人摸象"的错误。孙宏开先生（2013）强调：中国的少数民族语言和民族既有密切的关系，但也不能完全画等号。语言系属不能仅用现在群体所讲的语言去判断，还应通过历史、源流、社会、地理、风俗等综合考察。这样才能得出符合民族语言事实的结论。在我国历史上，任何一个民族，其发展过程都同时存在着融合、迁徙、部分保存下来的现象。语言之间不仅可能有发生学上的源流关系、类型学上的异同关系，还可能存在着相互影响的接触关系。语言研究的重点应放在语言发展的规律上。研究民族语言，要联系该民族历史，要跨学科、跨语种地进行研究。因为语言本身是文化的载体，它不是孤立存在的。社会每前进一步，历史的脚印就会在语言中留下印迹。只有掌握丰富详细准确的材料，才能经过科学分析和论证，摸清语言发展的内部规律，也才能圆满解答历史上一些未知问题，例如语言演变问题、语言系属问题等。民族语言研究，要服从科学、服从真理，不迷信权威，更不能盲从。此外，研究语言系属一定要用中国国情、云南省情来看待云南少数民族族称与语言名称之间存在的"不对等"问题，用科学的眼光看待"法定"族称与"归并"族群的语言关系，"身份证"族称与"自称"族群的语言关系，"历史"族称与"转用"语言的关系。唯有如此，才能得出符合语言事实的结论。

综上所述，撒都语是经过不断融合，不断演变，逐渐发展成为彝语支语言中的一支独立语言。从目前的语言事实看，该语言应归为汉藏语系藏缅语族彝语支语言中南部语组，与哈尼语、基诺语等处于平行地位。

第三节

撒都语的濒危状况

为了解撒都人的语言使用及母语活力情况,笔者把椒园、新村、大水塘村的撒都人分成4个年龄段:3—5岁、6—15岁、16—25岁和26岁以上,进而展开穷尽式入户调查。其母语、汉语、彝语的使用情况报告如下。

一 母语使用

撒都人内部讲撒都话,使用范围仅限于家庭、社区。根据口语听说能力,笔者把撒都人的语言能力分为4个等级:熟练、一般、略懂、不会[①]。调查结果见表1-2。

表1-2 母语使用情况

年龄段	村寨	调查人数	熟练		一般		略懂		不会	
			人口	百分比	人口	百分比	人口	百分比	人口	百分比
3—5岁	椒园	22	2	9.1	6	22.3	3	13.6	11	50
	新村	6	0	0	0	0	2	33.3	4	66.7
	大水塘	6	0	0	1	16	2	33.3	3	50
	合计	34	2	5.9	7	20.6	7	20.6	18	52.9
6—15岁	椒园	70	17	24.3	11	15.7	9	12.8	33	47.1
	新村	45	9	20	8	17.8	5	11	23	51.1

---

① 熟练:听说能力强,日常生活中能自如地使用该语言进行交际,交流无任何障碍。一般:听说能力强,日常生活中不能自如地使用该语言进行交际,交流有一些障碍。略懂:听说能力较差,日常生活中以兼用语为主。不会:完全没有听说能力,日常生活中主要使用兼用语。

续表

年龄段	村寨	调查人数	熟练		一般		略懂		不会	
			人口	百分比	人口	百分比	人口	百分比	人口	百分比
6—15岁	大水塘	60	15	25	10	16.7	9	15	26	43.3
	合计	175	41	23.4	29	16.6	23	13.1	82	46.9
16—25岁	椒园	85	41	48.2	28	32.9	12	14.1	4	4.7
	新村	142	63	44.4	46	32.4	17	30.3	16	11.3
	大水塘	61	26	42.6	19	31.1	14	23	2	3.2
	合计	288	130	45.1	93	32.3	43	14.9	22	7.6
26岁以上	椒园	259	259	100	0	0	0	0	0	0
	新村	482	482	100	0	0	0	0	0	0
	大水塘	240	240	100	0	0	0	0	0	0
	合计	981	981	100	0	0	0	0	0	0
总计		1478	1154	78.1	129	8.7	73	4.9	122	8.3

表1-2显示，椒园、新村、大水塘村的撒都人，母语使用呈阶梯式，分四个层次由高至低，呈急剧递减趋势。26岁以上的成年人母语熟练人数达100%；16—25岁年龄段的青壮年为45.1%；6—15岁年龄段的青少年为23.4%；3—5岁儿童为5.9%（椒园为9.1%）。显然，成年人都使用母语，青少年母语使用人数呈阶梯式剧减。这说明有的家庭的母语传承链条已中断，母语的濒危特征已凸显。

二 语言兼用

长期以来，撒都人与汉族、彝族杂居，你中有我，我中有你。汉族以人口、文化、经济之优势构成地域性主体民族。彝族以周边人口优势位居第二。为了自身的生存与发展，撒都人不得不融入主流社会，选择有利于生存、经济、教育发展的汉语和彝语。汉语使用情况见表1-3。

表1-3 汉语使用情况

年龄段	村寨名称	调查人数	熟练		一般		略懂		不会	
			人口	百分比	人口	百分比	人口	百分比	人口	百分比
3—5岁	椒园	22	5	22.7	5	22.7	10	45.5	2	9.1
	新村	6	2	33.3	2	33.3	2	33.3	0	0
	大水塘	6	3	50	2	33.3	1	16.7	0	0
	合计	34	10	29.4	9	26.5	13	38.2	2	5.9

续表

年龄段	村寨名称	调查人数	熟练		一般		略懂		不会	
			人口	百分比	人口	百分比	人口	百分比	人口	百分比
6—15岁	椒园	70	65	92.9	5	7.1	0	0	0	0
	新村	45	44	97.8	1	2.2	0	0	0	0
	大水塘	60	57	98.3	3	5	0	0	0	0
	合计	175	166	94.9	9	5.1	0	0	0	0
16—25岁	椒园	85	84	98.8	1	1.2	0	0	0	0
	新村	142	140	98.6	2	1.4	0	0	0	0
	大水塘	61	61	100	0	0	0	0	0	0
	合计	288	285	99	3	1	0	0	0	0
26岁以上	椒园	259	257	99.2	2	0.8	0	0	0	0
	新村	482	479	99.4	3	0.6	0	0	0	0
	大水塘	240	240	100	0	0	0	0	0	0
	合计	981	977	99.5	5	0.5	0	0	0	0
总计		1478	1432	96.9	31	21	13	0.88	2	0.1

表1-3显示，撒都人的汉语能力强，汉语熟练人数多于母语人数。除3—5岁年龄段儿童为29.4%外，6—15岁的撒都人，汉语熟练人数已达到94%，16岁以上的达99%。彝语使用情况见表1-4。

表1-4 彝语使用情况

年龄段	村寨名称	调查人数	熟练		一般		略懂		不会	
			人口	百分比	人口	百分比	人口	百分比	人口	百分比
3—5岁	椒园	22	0	0	5	22.7	6	27.3	11	50
	新村	6	0	0	2	33.3	1	16.7	3	50
	大水塘	6	0	0	3	50	2	33.3	1	16.7
	合计	34	0	0	10	29.4	9	26.5	15	44.1
6—15岁	椒园	70	15	21.4	8	11.4	21	30	26	37.1
	新村	45	40	88.9	2	4.4	1	2.2	2	4.4
	大水塘	60	48	80	8	13.3	3	5	1	1.7
	合计	175	103	58.9	18	10.3	25	14.3	29	16.6

续表

年龄段	村寨名称	调查人数	熟练		一般		略懂		不会	
			人口	百分比	人口	百分比	人口	百分比	人口	百分比
16—25岁	椒园	85	9	10.6	28	32.9	40	47	8	9.4
	新村	142	140	98.6	2	1.4	0	0	0	0
	大水塘	61	55	90.2	6	9.8	0	0	0	0
	合计	288	204	70.8	36	12.5	40	13.9	8	2.8
26岁以上	椒园	259	85	32.8	96	37.1	71	27.4	7	2.7
	新村	482	454	91.2	6	1.2	22	4.6	0	0
	大水塘	240	237	98.8	3	1.3	0	0	0	0
	合计	981	776	79.1	105	10.7	93	9.5	7	0.7
总计		1478	1083	73.3	169	11.4	167	11.3	59	4

表1-4显示，3—5岁的少年儿童不讲彝语；6—15岁年龄段中，大水塘、新村的撒都人，有80%以上的兼用彝语；16岁以上的人，有90%以上的兼用彝语。其中，椒园村6—15岁、16—25岁、26岁以上不同的年龄段的人，彝语熟练人数占比分别为21.4%、10.6%、32.8%，低于大水塘、新村的同龄人。其主要原因是：椒园村距周边彝族村比新村、大水塘远，如新村距波衣彝族村2公里，距孔塘箐彝族村3公里；大水塘离秧草塘彝族村1.5公里。椒园村离最近的彝族村秧草塘有6公里，距大石板彝、汉杂居村5公里，距田坝7公里。在没有交通工具的情况下，村寨的远近，在一定程度上制约着撒都人与彝人之间的交往频度。

2000年联合国教科文组织（UNESCO）在德国科隆濒危语言大会上提出的划分濒危语言的7个等级，即：安全的语言：具有安全的代际语言传递；稳定但受到威胁的语言：有许多孩子在讲，但没有官方地位；受到侵蚀的语言：有一些孩子在说，但数量呈递减态势；濒临危险的语言：有一些孩子在说，但数量呈递减态势；严重危险的语言：虽然还有不少人讲，但其中已没有孩子；濒临灭绝的语言：最多只有10个人讲这种语言；灭绝的语言：已没有可靠的信息证明还有人讲这种语言（De Graaf，2003）。笔者认为，撒都语属于濒临危险的语言：有一些孩子在说，但数量呈递减态势。因此，记录、抢救撒都语迫在眉睫。

第四节

撒都语的研究概况

一 撒都语的发现

2009年3月，云南濒危语言创新团队成员在对玉溪市周边彝语、哈尼语、白语的使用情况、濒危程度进行调查监测时，发现玉溪市红塔区北城镇的椒园村及春和镇的新村、大水塘村，居住着一个自称"撒都"的小群体，人口1505人（2009）。1952年以前他们被称为"民家"或"白彝"，1958年根据本族群的愿望，政府将他们划归白族。半个多世纪以来，外界对他们一直以白族认同。他们所讲的语言自然也称为白语。本书作者许鲜明老师是玉溪元江因远白族，在与撒都人交流时发现，撒都语与因远白语相差很大，几乎无法沟通。这一现象引起了许鲜明、白碧波老师的极大兴趣。随着调查的深入，发现撒都语濒危程度严重，既有汉藏语系藏缅语族彝语支语言的普遍特征，也有相当的独特性，是一种鲜为人知，有别于因远白语和彝语的一种新语言。2009年10月，他们申报了英国伦敦大学亚非学院（SOAS）的濒危语言典藏项目（ELDP）。2010年7月获准，同年9月，参加了为期10余天的英国伦敦大学濒危语言典藏技术培训。2010年11月—2013年12月完成了撒都语调查、记录、研究和有声典藏工作。

二 撒都语的研究

撒都语的研究主要包含社会语言学调查、语言本体描写和活态典藏。

（一）社会语言学调查

许鲜明、白碧波论文《撒都群体语言使用现状的调查》（《暨南学报》2011年第2期）。通过入户、访谈、问卷、观察以及400核心词测试，对其语言使用现状进行了全面的调查。结果显示,成年人使用母语,兼用汉语和彝语尼苏方言,但母语固有词在丢失。青少年的母语使用人数呈阶梯式剧减,大多数人转用汉语,有的兼用彝语尼苏方言。撒都语面临濒危消亡的威胁,主要表现在:26岁以上的成年人(981人),母语使熟练人数达100%;16—25岁的中青年(288人)为45.1%,6—15岁的青少年(175人)为23.4%,3—5岁的儿童(34人)为5.9%。撒都人使用汉语人数达到96.9%,兼用彝语人数达到了73.3%。

2013年云南大学方利芬硕士学位论文《玉溪白族撒都话系属研究》通过答辩。2017云南大学民族学范雪彦硕士学位论文《撒都语使用现状及其濒危研究》通过答辩。这两篇论文均以白碧波、许鲜明(2012)所著的《撒都语研究》为基础,对研究结果进行了部分综述。研究方法和数据基本采用了该书的内容。不同的是前者将撒都语与昆明子君彝话、彝语撒尼话进行了Swadesh 200核心词比较,得出"玉溪白族撒都话应划归为彝语东南部方言,与撒尼话、子君彝话等平行"的结论。后者主要对撒都群体的语言使用现状进行调查,通过语言活力、代际传承、语言使用者的绝对总人口数、语言使用领域与功能等方面的考察,认为撒都语属于活力急剧下降的严重濒危语言。

(二)语言描写

2010年以前,国内对撒都人的研究仅限于《玉溪地区民族志》《玉溪市志》《晋宁县志》《云南省晋宁县地名志》等文献资料中零星的历史文化简介。2010—2013年间,云南濒危语言创新团队开始系统记录研究撒都语,内容包括:1. 5000余词汇记录,音系整理,创建拼写符号;2. 进行语言比较,以撒都语为轴心,与哈尼(哈雅、豪尼、白宏、碧约、泰国阿卡)、彝(洛河尼苏、石屏尼苏、大西山苏、云南南涧)、拉祜、傈僳、纳西、怒、基诺和白语(因远、剑川、大理、碧江)等语言或方言进行两两比较,运用词汇统计学方法,进行核心词的同源分析;3. 从语音、词汇、语法等方面对撒都语的特点进行描写。

根据调查描写结果,归纳如下:

(1)撒都语受汉语北方方言西南官话、周边彝语南部方言的影响,词汇系统中含三种成分:固有词、汉语借词和彝语。该语言有彝语支语言的共性,属于分析型语言。其形态变化不丰富。区分词类主要靠词义和词的句法功能。按词汇意义和句法功能可把词分为名词、代词、动词、形容词、数词、量词、副词、助词、连词和叹词十类。

(2)名词和代词有单数和复数之分。人称代词有格范畴。代词的主格、宾格和所有格既有语音屈折变化,即辅音、元音或声调的交替,也有分析型结构。代词和名词做修饰语时放在中心词前。代词有敬称和非敬称。

(3)动词有人称、方位、时态、命令、使动、反身等之别。动词重叠可表示是非问。能愿动词和趋向动词通常置于动词后,否定副词通常置于两个动词之间。动词有自动、使动的对立。语法范畴用分析式、屈折式来体现。例如使动范畴,其分析式是在自动词上加表示"致使"意义的词；屈折式是通过语音交替手段在自动词的基础上构成。分析式有三种表现形式：一是在客体后加施动助词 gɯ^{55} "让、给"，句尾加助词 to^{33}；二是句尾加 to^{33}；三是在客体前加 gu^{21} "弄"。屈折式以句中实义动词声母由浊音变成清音表使动，例如 də^{42} "戴" → tə^{42} "使戴"；dzo^{33} "吃" → tso^{33} "使吃、喂"；du^{21} "喝" → tu^{21} "使喝、喂"等。

（4）动词中有一义多词现象，但有严谨的搭配。有一定数量的汉语借词被撒都语化，使构词形式多样化。一个概念有多个表达，从中可窥见撒都人的认知特点。如一个自然落下的概念"下"有多个不同表达方式。例如：

mo^{33}xo^{21} lɛ^{21}　下雨（雨+来）　　　　fa^{33} dzo^{21}　下雪（雪+下）

nɛ^{33} phi^{21}　下霜（霜+降）　　　　mjo^{42}kɯ^{33} tshŋ^{313}　下雾（雾+降）

tsə^{313}ʑi^{21} dzu^{21}　下露水（露水+有）

否定形式表示对某种性质、程度、数量等的对立。例如：

ma^{21} dzu^{55}　勇敢（不+怕）　　　　　　　　　　ma^{21} bo^{33}　超过、更多（不+止）

ma^{21} ki^{55} ma^{21} do^{21}　必须（不+做+不+得）　　ma^{21} ɲi^{21}　空（不+有或没有）

动名、名量有同源和叠韵现象，少部分有同音异义和音节重叠情况。

（5）形容词做名词的修饰语时在中心词后。形容词名词化通常附加前缀来实现。形容词重叠形式，表示各种生动程度。部分形容词以否定形式表示抽象语义。动词或形容词的修饰语在中心词前。

（6）量词与数词、名词构成"名词+数词+量词"短语，与动词、数词结合构成"名词+数词+量词+动词"短语。量词较丰富。个体量词多，可分为反响型量词、类别量词、性状量词等。个体量词内部有不同类别，既有共性又有个性。部分反响型量词比整体反响型量词多。反响型量词的使用，更符合语言经济的原则，在认知上能够增强事物的个体性，使事物的可数性加强。在语义和语用方面，个体量词限定词义，有助于选择名词义项。单纯表达数量，可直接把名词的词根音节全部或部分用作量词，成为反响量词。当强调性状或类别时，选用相应的性状或类别量词，既可从量词上获得数量信息，还可获得附加信息。在句法方面，语序和助词是表示语法意义的主要手段。句子的基本语序是SV或SOV，间接宾语通常在直接宾语前。

（三）有声典藏

2011—2013年间，笔者对撒都语进行了有声采录和典藏。录制音频（wav-elan-eaf.格式）16小时，视频（MTS-edius.elan, Corel videostudio-mpg.格式）14小时，收集元数据200多条，照片2000多幅，用toolbox编写电子词典（计6000余条），记录语法例句200句，标注长篇语料100余篇。2014年在整理撒都民间故事数位典藏过程中，得到了玉溪市民宗局、云南省哲学社会科学规划办的资助。2015年《撒都民间故事数位典藏》一书（音像制品）

由民族出版社、民族音像出版社公开出版发行。全书分为两部分：故事和附录。故事收录了19个民间故事，内容涵盖历史传说、轶人趣事、神话故事、家族传说等，保留了原汁原味故事的讲述风格。全书按音波断句。单句字面记录、转写、标注和翻译尽量做到一一对应。书中的故事按故事名，断句、字译、句译和意译几部分整理，记录了讲述者、记录者、翻译者、整理者、时间等元数据。故事开头均有讲述者的自我介绍，内容包括姓名、年龄、地点等。对所标注原文，笔者未做任何修改、润色、加工以及再创作。2016年《撒都民间故事数位典藏》获国家出版基金（语言、文字类）的资助。

2015年笔者参与国家语言资源保护工程，按国家语言资源保护工程的规范和要求，对撒都语的词汇、语法、口头文化等再次进行调查、采录和典藏。在撰写《中国濒危语言志·云南玉溪撒都语》的过程中，补充调查了一些民俗文化词及故事、谜语等。期间，多次往返撒都村进行查缺补漏。

第二章 语音

撒都语属汉藏语系藏缅语族彝语支语言，每个音节由声母、韵母和声调组成（少部分音节无声母，只有韵母和声调），音节响亮，界限清晰，独立性强。声母数量比韵母丰富。声母有单辅音，未见复辅音声母。塞音、塞擦音和擦音有清浊对立。塞音和塞擦音有清音送气和不送气对立。鼻音和边音有浊音，未见清音。双唇、舌尖中和舌面后音有腭化和非腭化对立。除单元音韵母，有较多的双元音韵母，还有儿化音韵母、喉塞音尾韵母，双唇鼻音尾韵母和前鼻音尾韵母。元音只有松元音，未见松紧元音对立。有合音变调现象。

第一节

声韵调

一 声母

撒都语有声母39个。其中有29个单辅音，9个腭化音辅音，1个喉塞音。从发音部位看，有双唇、唇齿、舌尖前、舌尖中、舌面中、舌面后和1个喉塞音。双唇音和舌尖中音各有4对腭化和非腭化辅音，舌面后有1对腭化和非腭化辅音。从发音方法看，有塞音、塞擦音、鼻音、边音、擦音。塞音和塞擦音有浊音、清音送气和不送气3套；擦音有清音和浊音的对立；浊鼻音有5个，浊边音有2个[①]，喉塞音有1个。声母见表2-1。

表2-1 声母

方法	部位	双唇		唇齿	舌尖前	舌尖中		舌面中	舌面后		喉塞音
		非腭化	腭化			非腭化	腭化		非腭化	腭化	
塞音	清不送气	p	pj			t	tj		k	kj	ʔ
	清送气	ph	phj			th	thj		kh		
	浊不送气	b	bj			d	dj		g		

[①] 本音系根据玉溪市红塔区北城镇大石板村委会椒园村发音合作人李忠富和李荣提供的语料整理。李忠富，男，1973年12月15日出生于大石板村委会椒园村，现在家务农；其父亲是白族，母亲是彝族。他在家里学会了撒都语和彝语尼苏话；9岁进小学以后开始学汉话。高中毕业后，在大石板小学教了3年半小学，是撒都语、汉语和彝语三语使用者。李荣，男，1952年5月25日出生于椒园村。1968年玉溪县农业中学毕业后，回本村务农至今，是撒都语、汉语和彝语三语使用者。

续表

方法＼部位		双唇		唇齿	舌尖前		舌尖中		舌面中	舌面后		喉塞音
		非腭化	腭化		非腭化	腭化	非腭化	腭化		非腭化	腭化	
塞擦音	清不送气				ts				tɕ			
	清送气				tsh				tɕh			
	浊				dz				dʑ			
鼻音	浊	m	mj				n		ȵ	ŋ		
浊边音							l	lj				
擦音	清			f	s				ɕ	x		
	浊	w		v	z				ʑ	ɣ		

声母说明：

舌面中辅音声母 tɕ、tɕh、dʑ、ȵ、ɕ、ʑ 后带腭化成分 j，本音系省略；舌面后腭化辅音只见 kj；喉塞辅音声母ʔ与双唇鼻韵母 um 相拼。声母例词见表2-2。

表2-2 声母例词

序号	辅音	例词	汉义	例词	汉义
1	p	po^{21}	趟	po^{33}	换
2	ph	phɯ^{55}	碰撞	phɯ^{21}	盖
3	b	bɯ^{33}	虫	bɯ^{21}	山
4	m	mɯ^{55}	细	mɯ^{313}	蹲
5	w	wua^{55}	吆喝	wua^{33}	我的
6	pj	pja^{21}	丛	pja^{55}	瘪
7	phj	phjo^{33}	片	phjo^{21}	衣服
8	bj	bjo^{313}	抢	bjo^{55}	蜜蜂
9	mj	mjo^{55}	多	mja^{55}	洞
10	f	fa^{55}	雪	fa^{42}	扶
11	v	və^{21}	买	və^{42}	搓
12	t	ta^{313}	搭	ta^{33}	这里
13	th	tho^{21}	下	tho^{42}	卷
14	d	do^{33}	瘦	do^{21}	行
15	n	na^{33}	你的	naʔ^{42}	深

续表

序号	辅音	例词	汉义	例词	汉义
16	l	la⁴²	月份	la³¹³	火旺
17	tj	tjɔu⁵⁵	钓	tjɔu³³	叮
18	thj	thja⁵⁵la⁵⁵lu³³	笛子	thjɚ⁵⁵	踢
19	dj	djo⁵⁵	点		
20	lj	ljo⁵⁵	炒、绿	ljo²¹	轻
21	ts	tso⁵⁵	件	tso³³	喂
22	tsh	tsho³³	盐	tsho²¹	人
23	dz	dza⁵⁵	滴	dza⁴²	挤
24	s	sa⁴²	气	sa⁵⁵	哑
25	z	za⁵⁵lo³³	席子	zo³³	儿子
26	tɕ	tɕa⁵⁵	耙	tɕa⁴²	在一起
27	tɕh	tɕho³³	称	tɕho⁵⁵	好
28	dʑ	dʑo³³	亲吻	dʑo²¹	帮助
29	ȵ	ȵa⁵⁵	坐	ȵa⁴²	稠
30	ɕ	ɕa⁵⁵	播种	ɕa⁴²	游
31	ʑ	ʑa³³	他	ʑa²¹	哑
32	k	ka⁵⁵	闩	ka²¹	动
33	kh	kho³³	苦	kho³¹³	愈
34	kj	kja⁵⁵	做	kji⁵⁵	打
35	ʔ	ʔum³³	高	ʔum⁵⁵tɕi⁵⁵	筛子
36	ɡ	ɡo³³	荞麦	ɡo³¹³	背部
37	ŋ	ŋo³³	借	ŋo²¹	我
38	x	xa²¹	打	xa⁴²	夜
39	ɣ	ɣa⁵⁵	鸡	ɣaʔ⁴²	编

二 韵母

撒都语有韵母24个，分为单韵母、二合元音韵母、儿化韵、后喉塞音韵尾韵母、双唇鼻音韵尾韵母、前鼻音韵尾韵母。韵母见表2-3。

表2-3 韵母

单元音韵母10个	ɿ	i	e	ɛ	a	ə	u	ɯ	o	ɔ
双元音韵母4个	ui	uɛ	ua	ɔu						
儿化元音韵母2个	ɚ	ɯ˞								
后喉塞音韵母1个	aʔ									
双唇鼻音1个	um									
前鼻音尾韵母6个	in	ɛn	an	ɔn	un	uan				

韵母说明：

1. 发韵母 u 音时，上齿与下唇轻微摩擦，实际音质为 ɣ，但元音 ɣ 与 u 不对立。因此，本音系 ɣ 记为 u。

2. 发儿化元音韵母 ɚ 时，口自然半开，舌尖松弛，舌头向后缩进，舌面后几乎贴近上腭，伴有口腔和鼻腔的共鸣。

3. 单元音韵母 i、a、o 等见部分老年人中，有的词带紧元音特征，但不形成松紧对立。本音系只记作松元音，未记紧元音。

4. 元音 ɔ 多见于汉语借词中，后喉塞音韵母 aʔ 是紧元音消失的残余。

5. 在长篇语料中，发现部分汉语借词有鼻化元音 ĩ、ɛ̃、ɔ̃、ã，如 pa³³phĩ⁴² "扒平"、mɛ̃⁵⁵ "焖"、ɕɔ²¹phɔ̃⁴² "小棚子"，pã⁴²pi³¹³ "板壁" 等，但不稳定，与其对应的非鼻化元音不形成对立，因此本音系忽略不计。

6. 部分汉语借词中有双元音 ei、ɛi，如 tjɛn⁵⁵fei⁵⁵ "电费"、xua⁵⁵fei²¹ "化肥"、tɛi⁵⁵ "代"、phu²¹khɛi³³ "打开" 等，不稳定，因此本音系只记为相应的单元音 e、ɛ。有双唇鼻音尾韵母 um，有前鼻音尾韵母 in、ɛn、an、ɔn、un、uan 等。其中 -un 元音韵母例词较少。后鼻音尾韵母 aŋ、uaŋ 不稳定。本音系归入相应的前鼻音尾韵母 an、uan。复合元音韵母 ɔu、ui、uɛ、ua 等，出现在固有词和汉语借词上。

7. 少量词的头一个音节有以元音结尾与后一个音节以元音开头的词出现合并现象，构成双元音或三元音复合词，例如 xɯ³¹³sua⁵⁵ɕi³³ "家畜"，sua 是 su²¹a⁵⁵ 的合音；xoua⁴² "符合"，是 xo²¹ua⁴² 的合音。韵母例词见表2-4。

表2-4 韵母例词

序号	音标	音标	汉义	音标	汉义
1	ɿ	tshɿ³³	漱	tshɿ⁵⁵	撕
2	i	tshi³³	刨平	tshi²¹	琴

续表

序号	音标	音标	汉义	音标	汉义
3	e	ne³³	霜	ne³¹³	鬼
4	ɛ	lɛ²¹	迟	ŋɛ²¹	是
5	a	ma²¹	不	ma⁴²	乞讨
6	ə	sə³³	三	sə³¹³	瘪
7	u	su⁵⁵	泄	su³³	学
8	ɯ	mɯ⁵⁵	吹，细	mɯ³³	天
9	o	lo³¹³	裤子	lo⁴²	群
10	ɔ	mɔ⁵⁵	梦	mɔ³³kə³³	脾
11	ɚ	nɚ³³	小	ɣɚ³³	大
12	uɚ	khuɚ³³	劈，破	guɚ⁴²	说
13	ui	khui⁵⁵	咬	khui³³	狗
14	ua	khua⁵⁵	村子	xua⁵⁵	老鼠
15	uɛ	khuɛ²¹	结实	wuɛ²¹	圆
16	ɔu	khɔu⁵⁵	靠	phɔu⁵⁵	炮
17	aʔ	ɣaʔ⁴²	编	naʔ⁴²	深
18	um	ʔum³³	高	ʔum³³vɚ³³	头巾
19	in	tsin⁴²	紧	phin⁴²	瓶
20	ɛn	sɛn⁴²	铁	tshɛn⁴²	城
21	an	tsan⁵⁵	丈	tshan⁵⁵	阵
22	ɔn	sɔn⁵⁵	松	tsɔn⁵⁵	跺
23	un	tshun³³	香椿	se²¹tshŋ⁵⁵nun⁴²	斧子头
24	uan	tshuan²¹	传	khuan²¹	讲

三 声调

  撒都语声调有5个。高平55、中平33、低降21、低降升313和高降调42。高平55、中平33、低降21、低降升313是基本调，高降调42与紧元音变为松元音有关[①]。声调及例词见表2-5。

[①] 高降调42音节中的元音略带紧喉音，有急促高降的特点。

表 2-5　声调及例词

序号	调类调质	例词	汉义	例词	汉义	例词	汉义
1	高平 55	ma^{55}	整整	mɯ^{55}	吹	tsʅ^{55}	在
2	中平 33	ma^{33}ma^{33}	饭	mɯ^{33}	天	tsʅ^{33}	洗
3	低降 21	ma^{21}	不	mɯ^{21}	做	tsʅ^{21}	甜
4	低降升 313	ma^{313}	擦	mɯ^{313}	孵	tsʅ^{313}	烂
5	高降 42	ma^{42}	乞讨	mɯ^{42}	做	tsʅ^{42}	掐

声调说明：

1. 高降调42的音节中的元音有略带紧喉、急促高降的特点。

2. 在本书收集的3000个通用词和扩展词中，33调最多，其次是21调，再次是55调，次之是42调，最少的是313调。

四　音节

撒都语的音节类型有7种。多数音节由辅音声母、元音韵母和声调构成。少数音节由元音韵母和声调构成。音节类型及例词见表2-6。

表 2-6　音节类型及例词

序号	音节类型	例词	汉义	例词	汉义
1	元音 + 声调	a^{55}u^{33}	姨父	ɯ^{55}	叫，雇
2	辅音 + 单元音 + 声调	za^{21}me^{21}	女儿	tsho^{21}	人
3	辅音 + 元音儿化 + 声调	nɚ^{33}	近	nɚ^{55}	浑
4	辅音 + 双元音 + 声调	khua^{55}	村子	khui^{33}	狗
5	辅音 + 元音 + 元音儿化 + 声调	khuɚ^{33}	破，劈	khuɚ^{21}	元
6	辅音 + 单元音 + 鼻音尾 + 声调	kum^{21}	矿	tsɔn^{55}	跺
7	辅音 + 双元音 + 鼻音尾 + 声调	khuan^{21}	讲	tsuan^{55}	砖

音节说明：

上述7类音节类型中，第1、2、3、4、5类是本族群固有的音节结构。其中，第2类出现的频率最高，其次是第1、3类，第4、5类出现频率较低。第6、7类主要见于汉语借词中，是语言接触的结果。

第二节

音变

音变现象主要有以下四种：

一　相邻21变调

语流中，两个相邻的21调音节，头一个21调变读为33调。例如：

tshe²¹ ʑi²¹ "下去" → tshe³³ ʑi²¹
下　去　　　　下　去

du²¹ lɛ²¹ "来喝" → du³³ lɛ²¹
喝　来　　　　喝　来

二　三个相邻的21变调

三个相邻的21调音节，头一个21调变读为33调，后面的声调不变，例如：

bɛ²¹u²¹mo²¹ "蝙蝠" → bɛ³³u²¹mo²¹
蝙蝠　野　　　　蝙蝠　野

ɕi²¹ ma²¹ dzo²¹ "不用牵" → ɕi³³ ma²¹ dzo²¹
牵　不　着　　　　牵　不　着

a⁵⁵ne²¹　du²¹　dzɚ²¹ "门牙" → a⁵⁵ne³³　du²¹　dzɚ²¹
奶汁　吸　牙齿　　　　奶汁　吸　牙齿

21调在33调前的变调：21调音节在33调音节前，变读为313。例如：

xɯ²¹ pan³³ "搬家" → xɯ³¹³ pan³³
家　搬　　　　家　搬

三 合音变调

部分零声母音节有与前一个音节合并,形成合音,伴有变调现象。例如：xɯ²¹sua⁵⁵ɕi³³ "家畜",其中 sua⁵⁵ɕi³³ 是 su²¹ "养" 和 a⁵⁵ "的" 的合音。xoua⁴² "正确、对了",是 xo²¹ "对" 和 ua⁴² "了" 的合音。

四 数词变调

数词 tɕhi²¹ "十",有 tɕhi²¹、tɕi³³、tɕhi³³ 三种不同的音变。单说 "十" 时,读为 tɕhi²¹。说 "二十" 时,读为 tɕi³³,例如 ȵi²¹tɕi³³ "二十"、tɕi³³ȵi²¹ "二十二"、tɕi³³li³³ "二十四"、tɕi³³xe⁴² "二十八"、tɕi³³gɯ³³ "二十九" 等。三十至九十,读为 tɕhi³³,如：sə³³tɕhi³³ "三十"、li³³tɕhi³³ "四十" 等。

第三节 拼写符号

撒都人没有书写本族群语言的符号。日常生活中记账、记事主要使用汉字。为便于记录、学习、传承撒都语，笔者以玉溪市红塔区北城镇大石板村委会椒园村的撒都话语音为标准音，以现代撒都话为语法规范，以罗马拉丁字母为书写符号，借鉴汉语拼音方案拼写规则、正字法拼写原则，参考哈尼语书写符号的设计方案，制定了一套撒都语拼写符号，以期达到简洁明确、精炼易学、简便易用、好学好记的目的。同时，考虑到在汉语拼音的基础上，能够快速识别、认读、记忆、书写撒都语，并方便利用现代科学技术，如电脑、互联网、手机等传递信息。因此，撒都语与汉语相同或相近的语音，尽量使用汉语拼音方案中的拼写符号；撒都语中独有的语音，采用增加字母或双写字母的原则。

一　字母

撒都语以罗马拉丁字母为书写符号，字母及读音见表2-7：

表2-7　字母及其读音

大写	A	B	C	D	E	F	G	H	I
小写	a	b	c	d	e	f	g	h	i
读音	a	pe	tshe	te	ə	ef	ke	xa	i
大写	J	K	L	M	N	O	P	Q	R
小写	j	k	l	m	n	o	p	q	r
读音	tɕe	khe	el	em	en	o	phe	khiu	ar
大写	S	T	U	V	W	X	Y	Z	
小写	s	t	u	v	w	x	y	z	
读音	es	the	u	ve	wa	ɕi	ja	tse	

二 声母

声母书写符号及例词见表2-8。

表2-8 声母书写符号及例词

序号	声母	书写	例词	书写	汉义	例词	书写	汉义
1	p	b	pa^{33}	ba	如果	pan^{33}	ban	搬
2	ph	p	pha^{55}	pal	半	phə^{42}	ped	肿
3	b	bb	çi^{55}ba^{55}	xilbbal	棍子	bə^{55}	bberl	射击
4	m	m	mu^{33}	mee	天	ma^{33}ma^{33}	mama	米饭
5	pj	by	kho^{21}pja^{55}	koqbyal	躲藏	pja^{21}	byaq	扁
6	phj	py	phjo^{21}	pyoq	衣服	çi^{55}phjo^{33}	xilpyo	树叶
7	bj	bby	bjo^{33}	bbyo	蜜蜂	bjo^{313}	bbyof	抢
8	mj	my	mja^{55}	myal	眼	mjo^{313}zo^{33}	myotro	工具
9	f	f	fa^{55}	fal	雪	fa^{42}	fad	扶
10	v	v	va^{42}	vad	猪	ve^{21}	veiq	拿
11	w	w	wua^{33}	wua	河	wua^{33}to^{33}	wuado	柴刀
12	t	t	ta^{55}	dal	抱	ta^{42}	dad	别
13	th	t	tha^{55}	tal	锋利	tha^{55}la^{55}	tallal	兔子
14	d	dd	da^{55}zi^{21}	ddalyiq	上去	dzu^{33}da^{55}	dziiddal	生锈
15	n	n	na^{55}	nal	黑	na^{42}	nad	早
16	l	l	la^{21}	laq	辣	lo^{313}mo^{21}	lofmoq	老虎
17	tj	dy	tjɔu^{55}	dyaol	钓	tjɔu^{33}	dyao	叮
18	thj	ty	thja^{55}la^{55}lo^{33}	tyallallo	笛子	thjə^{55}	tyerl	踢
19	dj	ddy	djo^{55}zo^{33}tshua^{55}	ddyolrocual	急忙	te^{21}djə^{55}	deiqddyerl	一点儿
20	lj	ly	ljo^{55}	lyol	炒	ljo^{21}	lyoq	轻
21	ts	z	tsa^{55}	zal	麻线	u^{313}tsa^{21}	ufzaq	蔬菜
22	tsh	c	tshɔu^{42}	coud	丑	tsha^{33}	ca	欠,差

续表

序号	声母	书写	例词	书写	汉义	例词	书写	汉义
23	dz	dz	dza^{55}	dzal	滴	dza^{42}	dzad	挤
24	s	s	sa^{42}	sad	气	so^{55}	sol	困，累
25	z	r	za^{21}mei^{21}	raqmeiq	女儿	za^{55}lo^{33}	rallo	席子
26	tɕ	j	tɕi^{21}	jiq	根	tɕi^{33}	ji	肥料
27	tɕh	q	tɕho^{55}	qol	好、秤	tɕhɚ^{313}	qerf	懂
28	dʑ	dj	dʑi^{313}n̩i^{33}	djifnyi	想	pa^{55}dʑi^{33}	baldji	话
29	n̩	nj	n̩i^{55}	njil	牛	na^{55}n̩i^{33}	nalnji	看
30	ɕ	x	ɕi^{55}	xil	柴	ɕi^{55}gu^{21}	xilgguq	犁
31	ʑ	y	ʑo^{21}	yoq	绵羊	ʑo^{21}gə^{21}	yoqggeq	小勺
31	k	g	ko^{313}	gof	捧	ko^{33}tsha^{21}	gocaq	工厂
33	kh	k	kho^{33}	ko	苦、咸	kho^{42}kho^{55}	kodkol	盒子
34	g	gg	gɯ^{33}	ggee	棵	gɯ^{21}mɯ^{21}	ggeeqmeeq	背部
35	ŋ	ng	ŋo^{55}	ngol	借、五	ŋo^{21}	ngoq	我
36	x	h	xa^{55}	hal	熬	xa^{21}	haq	打
37	ɣ	hh	ɣa^{55}	hhal	鸡	ɣaʔ^{42}	hhavd	编
38	kj	gy	kji^{55}	gyil	打	a^{55}tsɯ^{55}kja^{55}gɯ^{55}	alziilgyalggeel	为什么
39	ʔ	0	ʔum^{33}	um	高	ʔum^{55}tɕi^{55}	umljil	筛子

声母符号说明：

在拼写符号系统里，喉塞辅音声母ʔ-拼写为零声母。喉塞韵尾-ʔ拼写为v字母。

三 韵母

韵母书写符号及例词见表2-9。

表2-9 韵母书写符号及例词

序号	声母	书写	例词	书写	汉义	例词	书写	汉义
1	ɿ	ii	sɿ^{55}	siil	血	tshɿ^{33}	cii	屎

续 表

序号	声母	书写	例词	书写	汉义	例词	书写	汉义
2	i	i	vi^{55}	vil	开	vi^{33}	vi	蛇，远
3	e	ei	ne^{313}	neif	鬼	te^{21}	deiq	一
4	ɛ	ai	tɕɛ^{55}	jail	弓	tɕɛ^{21}	jaiq	箭
5	a	a	fa^{55}	fal	雪	fa^{42}	fad	扶
6	ə	e	zə^{33}	re	结巴	sə^{21}	seq	铁
7	u	u	mu^{33}	mu	马	pu^{33}	bu	蒸
8	ɯ	ee	mɯ^{55}	meel	吹，细	sɯ^{21}xɯ^{21}	seeqheeq	人家
9	o	o	tsho^{21}no^{21}	coqnoq	病人	no^{33}bo^{33}	nobbo	耳朵
10	ɔ	ao	mɔ^{55}	maol	梦	tɕhɔ^{55}	qaol	撬
11	ɚ	er	ɣɚ^{55}	hherl	划	tɚ^{33}mi^{33}	dermi	田
12	uɚ	uer	khuɚ^{33}	kuer	劈，破	guɚ^{42}	gguerd	说
13	ui	ui	khui^{55}	kuil	狗咬	khui^{21}	kuiq	窝
14	ua	ua	khua^{55}	kual	村子	tshua^{55}	cual	快
15	uɛ	ue	ɣuɛ^{21}	hhueq	次	la^{42}kuɛ^{21}tsɯ^{33}	ladgueqzii	肘
16	ɔu	ou	tshɔu^{42}	coud	坏，丑	khɔu^{33}	kou	敲，打
17	aʔ	av	ɣaʔ^{42}	hhavd	编	naʔ^{42}	navd	深
18	um	um	ʔum^{33}	um	高	ʔum^{55}tɕi^{55}	umljil	筛子
19	in	in	pin^{55}	binl	兵	ʑi^{21}tin^{55}	yiqdinl	一定
20	ɛn	en	pa^{21}tɛn^{55}	baqtenl	凳子	tsə^{33}ɣə^{55}kɛn^{55}	zehherlgenl	鱼腥草
21	an	an	kan^{33}tsɯ^{55}	ganziil	甘蔗	mo^{42}fan^{55}	modfanl	模范
22	ɔn	on	lɔn^{21}	lonq	两	sa^{313}phɔn^{21}	safponq	拍马屁
23	un	un	tshun^{33}	cun	香椿	se^{21}tshŋ^{55}nun^{42}	seiqciilnund	斧子头
24	uan	uan	tshuan^{21}	cuanq	传	khuan^{21}	kuanq	讲

四 声调

声调书写符号及例词见表2-10。

表2-10 声调书写符号及例词

序号	调类调质	音标	书写	汉义	音标	书写	汉义
1	高平55	tshɯ^{55}	ciil	在	mɯ^{55}mɯ^{55}	meelmeel	帽子
2	中平33	tshɯ^{33}	cii	洗	mɯ^{33}	mee	天
3	低降21	tshɯ^{21}	ciiq	甜	bɯ^{21}	bbeeq	山
4	低降升313	tshɯ^{313}	ciif	塞	tsɯ^{313}	zeef	咳嗽
5	高降42	tshɯ^{42}	ciid	掐	sɯ^{42}	siid	渴

五 书写规则

书写规则遵循《汉语拼音方案》的书写规则：句子开头第一个字母大写；专有名词的第一个字母大写；以词为单位，词与词之间有空格；表示一个整体概念的词，无论是双音节，还是多音节，都要连写；标点符号也借用汉语拼音中的书写形式；音节界限混淆时，用隔音符号"'"隔开。分述如下：

（一）以词为单位，词与词之间有空格。例如：

te^{21} ȵi^{21} sə^{33}

deiq njiq se

一 二 三

tshɯ^{21} dzo^{21}

ceeq dzo

饭 吃

a^{33}dɛ^{33} a^{33}mo^{33}

a'ddai amo

爸爸 妈妈

dzʅ^{21} te^{21} mə^{21} du^{21}

dziiq deiq meq dduq

酒 一 口 喝

（二）表示整体概念的词，无论是双音节，还是多音节，都要连写。例如：

mja^{55}bi^{33} 眼泪

myalbbi

tsha^{55}pɯ^{21}ti^{55}li^{55} 肚脐

calbeeqdillil

a^{55}tsha^{21}tsha^{21}mo^{21} 喜鹊

alcaqcaqmoq

la^{42}pha^{55} 手

ladpal

sa^{55}du^{42}pho^{313} 撒都人

salddudpof

ma^{313}tsa^{55}tsa^{55}mo^{21}sʅ^{55}sʅ^{55}zo^{33} 蚂蚱鸟

mafzalzalmoqsiilsiilro

（三）句子开头的第一个字母大写。例如：

i³³ ʑi²¹, ŋo²¹ gɚ³³ ʑi²¹.
I yiq, ngoq gger yiq.
3sg 去　1sg 也　去
他去我也去。

ne³³na³³ gɛ²¹ ʑi²¹du⁵⁵ du⁵⁵.
Neina ggaiq yiqddul ddul.
那里　TOP　泉水　　出
那里出泉水。

a⁵⁵tɕi³³ nɯ³³mo²¹ sə³³ te⁵⁵ ʔum³³vɚ³³ te²¹ tɕi³³ li⁵⁵.
Alji　neemoq　se deil umver　deiq ji lil.
姐　妹　　三 个 头巾　　一　条 绕
姐妹三个戴一条头巾。

（四）专有名词第一个字母要大写。例如：

ŋo²¹ li³³lɛ⁵⁵mi²¹ tʂʰʅ⁵⁵ lɛ⁵⁵.
Ngoq Li'lailmiq ciil lail.
1sg　椒园村　　住　PRT
我住在椒园村。

ŋo²¹dzʅ³³ tɕin⁵⁵lin²¹ɕɛn⁵⁵ gɛ²¹ mi²¹pʰi³³ xɯ⁴² ʑi²¹dʐa⁵⁵ so³³gua⁴² tʰɯ³³ ʑi²¹.
Ngoqdzii Jinllinqxainl ggaiq miqpi heed yiqdjal sogguaq tee yiq.
1pl　晋宁县　　STPT 地界　里　水　找　挑 去
我们去晋宁县境内找水挑。

nɚ²¹ nu³³ na⁵⁵sʅ³³mo²¹ ŋo²¹ nu³³ sa⁵⁵du⁴²pʰo³¹³.
Nerq nu Nalsiimoq ngoq nu Salddudpof.
2sg TOP 彝族　女　1sg TOP 撒都男人
你是彝族女人，我是撒都男人。

（五）标点符号借用汉语拼音中的书写形式。例如：

ɣɯ³¹³n̠i⁴² te²¹ɣɚ⁴²po⁴² so³³do²¹ ya²¹, ŋɛ²¹ ŋɛ²¹?
Hheefnjid deiqhherdbod so'ddoq hhaq, ngaiq ngaiq?
今天　　大家全都　　努力　AST 是　是
今天大家全都努力了，是不是？

a²¹me⁵⁵, dzu⁵⁵ se⁴² ɣa⁵⁵ la³³!
Aqmeil, dzul seid hhal la!
哎呀！ 吓 死 PRT

哎呀！吓死了！

（六）如果双音节或多音节的界限混淆，用隔音符号"'"隔开。例如：

a⁵⁵u²¹ 姨父   su²¹u³³pho³¹³ 女婿
al'uq   suq'upof
so³³do²¹ 努力   mu³³li³³mo²¹ 太阳
so'ddoq   mee'limoq

第三章 词汇

本章讨论撒都语的词汇特点、构词法、词汇的构成和民俗文化词。撒都语是语素音节语言，大部分语素可独立使用。词汇由单音节、双音节、多音节构成。其构词方式，除了有彝语支语言的共同特征外，还有自己的一些特点。

第一节

词汇特点

一 单纯词

在撒都语中,单纯词在词汇中占重要地位。以音节划分,有单音节、双音节、多音节(三音节以上)词。

(一)单音节单纯词

指由一个音节构成并表达独立意义的词,主要分布于名词、基数词、量词、代词、副词、形容词、动词、连词、叹词等词中。例如:

dzə^{42}	花椒	dzə^{21}	牙齿
zʅ^{42}	豹	pu^{33}	豪猪
ve^{21}	客人	fu^{33}	出嫁
phə^{42}	肿	tsɯ^{313}	咳嗽
te^{21}	一	ȵi^{21}	二
dɚ^{33}	短	nɚ^{33}	近
nɚ^{42}	湿	fə^{42}	干
ŋo^{21}	我	nə^{21}	你
ȵi^{21}	红	phi^{21}	白
pa^{33}	如果	ta^{42}	别
ɣə^{313}	越	o^{42}	喔

(二)双音节单纯词

指由两个无独立意义的个体音节构成的单纯词。例如:

ɕi⁵⁵ɕi⁵⁵ 口哨	bə²¹gə²¹ 平地
ka²¹la²¹ 斗笠	tha⁵⁵la⁵⁵ 兔子
ɣə³³də³³ 商量	no³³po³³ 耳朵
tsi³³kaʔ⁴² 云	mɯ³³li³³ 风
mo³³xo²¹ 雨	lə³³go²¹ 玩
mɯ³³sɚ³³ 皇帝	ɣə⁵⁵dzə²¹ 正面
khu²¹mja³³ 脸	sa⁴²tu⁵⁵ 害羞

（三）多音节单纯词

指由三个或三个以上音节组成，其音节不能拆开，须连在一起才能表达同一概念或意义的词。例如：

in⁵⁵pin⁵⁵tsha²¹ 钹	thi⁵⁵li⁵⁵lu³³ 笛子
te²¹ɣə²¹po⁴² 大家	xo⁵⁵xo⁵⁵mo²¹ 猫头鹰
ho⁵⁵tho⁵⁵lo⁵⁵mo²¹ 野鸡	phja³³la³³mo²¹ 狗熊
thi⁵⁵thu⁵⁵ŋa⁵⁵thu⁵⁵mo²¹ 啄木鸟	so⁵⁵bo³³bo³³mo²¹ 蝗虫
tho³³dɯ³³mə³³dɯ³³lɯ³³ 红娃娃_{云南方言，即红瘰疣螈}	thi⁵⁵li⁵⁵li⁵⁵mo²¹ 蟋蟀

二 合成词

指两个或两个以上有独立意义的语素结合在一起，构成新概念或意义的词。从词根和词根之间的关系看，可分为复合式合成词和附加式合成词两类。其中，复合式合成词较多，附加式合成词较少。

（一）复合式

复合式合成词可分为并列、修饰、重叠和解释四种。

1. 并列式合成词由两个或两个以上有独立意义的语素构成。例如：

i³³tɕi⁴²i³³ɣɯ³³ 根茎	dzo²¹bo³¹³dzo²¹la⁴² 邻居
其根 其茎	附近 周边
a³³dɛ³³a³³mo³³ 父母	a³³zu³³a³³li⁵⁵ 弟兄
父亲 母亲	弟弟 哥哥

2. 修饰类合成词由修饰语素＋中心语素构成，修饰语素和中心语素均可由名词、形容词、动词充当。不同的是名词修饰语素通常置于中心语素之前，形容词修饰语素置于中心语素之后，动词修饰语素既可置于中心语素之前，也可置于中心语素之后。

（1）名词类合成词由"名词修饰语素＋名词中心语素"构成，即名词＋名词＝名词。例如：

pa⁵⁵thu²¹ 谷桶　　　　　　　　　mi²¹phi³³ 地界
饭碗桶　　　　　　　　　　　　地 边

ne³¹³va⁴² 野猪　　　　　　　　　tɕho³³mja⁵⁵ 秤星
鬼 猪　　　　　　　　　　　　秤 眼

lɛ²¹bɛ²¹tsʅ⁴² 喉结　　　　　　　a⁵⁵ne²¹du²¹dzəʴ²¹ 门牙
脖子 节子　　　　　　　　　　乳汁 喝 牙

（2）"名词中心语素＋单音节形容词修饰语素"构成的形容词，即名词＋形容词＝形容词。例如：

so³³do³³na⁵⁵ 红糖　　　　　　　u³¹³tsa²¹na⁵⁵ 青菜
糖 黑　　　　　　　　　　　　菜 黑

nu³¹³khu²¹tshɯ²¹ 鼻尖　　　　　la³¹³tsʅ⁴²ȵiɔ²¹ 红椒
鼻梁 尖头　　　　　　　　　　椒子 红

（3）"名词中心语素＋双音节动词修饰语素"构成名词，即名词＋动词或＋名词＝名词。例如：

nə³³bi³³ɣə³³mo²¹ 大白豆　　　　a⁵⁵gu⁴²na⁵⁵mo²¹ 黑画眉
豆 大　　　　　　　　　　　　画眉 黑 小

lu⁵⁵də²¹lə⁵⁵ 鹅卵石　　　　　　no²¹tshʅ³³də²¹lə⁵⁵ 药丸
石 圆形　　　　　　　　　　　药 圆形

（4）"名词中心语素＋动词修饰语素"构成名词，即名词＋动词或＋名词＝名词。例如：

mɯ³³li³³mo²¹du⁵⁵ 日出　　　　　mi²¹lɯ⁵⁵ 地震
日 出　　　　　　　　　　　　地 滚动

zi²¹ve⁵⁵bəʴ⁵⁵ 狩猎　　　　　　　mɯ³³tsəʴ³³ 响雷
野兽 打　　　　　　　　　　　天 响

（5）"动词修饰语素＋名词中心语素"构成名词，即动词＋名词＝名词。例如：

fu³³tɕo³³mo²¹ 媒人　　　　　　　ŋo³³zo³³tjɔu⁵⁵mo²¹ba⁵⁵ 钓鱼竿
说媒 女人　　　　　　　　　　鱼 钓 竿子

dzo²¹ma⁴²pho³¹³ 乞丐　　　　　　ze²¹ve⁵⁵ga⁴²gɛ²¹khui³³ 猎狗
饭 讨 男人　　　　　　　　　野兽追赶STPT狗

3. 重叠式合成词是撒都语构词中的一大特点，使用频率高。可重叠单音节、双音节词，分别构成双音词或四音节词。例如：

xa²¹nɛ³³nɛ³³ 好好地　　　　　　tə⁵⁵tə⁵⁵ma⁵⁵ 故意地
好 好　　　　　　　　　　　　故意地

mja⁵⁵bi³³mja⁵⁵dza³³　眼泪汪汪　　　　　　dzɿ⁵⁵na⁴²dzɿ⁵⁵na⁴²　黏黏糊糊的
眼泪　眼　淌　　　　　　　　　　　　黏糊　黏糊

4. 解释类复合词指由三个或三个以上词素通过解释的方式构成新词。例如：

li³¹³ɣɚ⁵⁵pho³¹³　摆渡人　　　　　　　　lu⁵⁵dza⁵⁵dzi⁵⁵pho³¹³　石匠
船划　男人　　　　　　　　　　　　　石头　打　男人

tɕhi⁵⁵mo²¹sɿ²¹phi⁴²　鳏夫　　　　　　　ɕi⁵⁵phjo³³bɚ⁵⁵tsɿ²¹　秋天
妻子　死　ASP　　　　　　　　　　　树叶　落　季节

（二）附加式

附加式合成词由词根＋前缀或后缀合成。

1. 前缀主要出现在名词和形容词中，有 a³³、a⁵⁵、a²¹ 等变体，通常置于称谓名词、动、植物名词前表示类别。例如：

a³³po³³　爷爷　　　　　　　　　　　　a³³dе³³　父亲
a⁵⁵mjo⁴²zo³³　猴子　　　　　　　　　　a⁵⁵thi²¹　喷嚏
a²¹mo²¹sɿ⁵⁵　婶母　　　　　　　　　　　a²¹ɕi⁵⁵mɯ⁵⁵　姑父

2. 后缀常见的有 pho³¹³、mo²¹ 或 mo²¹phi³³、zo³³、po³¹³、dzɿ³³。pho³¹³ 和 mo²¹ 附着于名词、动词或形容词后表示从事某一类职业的人。其中，pho³¹³ 指男人，mo²¹ 指女人。例如：

gɚ²¹sɿ⁵⁵gɚ²¹pho³¹³　男裁缝　　　　　　gɚ²¹sɿ⁵⁵gɚ²¹mo²¹　女裁缝
针线　缝　男人　　　　　　　　　　　针线　缝　女人

dzo²¹ma⁴²pho³¹³　男花子　　　　　　　dzo²¹ma⁴²mo²¹　女花子
饭　讨　男人　　　　　　　　　　　　饭　讨　女人

3. po³¹³ 和 mo²¹ 用于动物名词，表示"阳性"和"阴性"。例如：

khui³³po³¹³　公狗　　　　　　　　　　a⁵⁵mi³³ʐa³³mo²¹　母猫
狗　公　　　　　　　　　　　　　　　猫　它母

tha⁵⁵la⁵⁵mɚ³³ʐa³³po³¹³　公毛驴　　　　tha⁵⁵la⁵⁵mɚ³³ʐa³³mo²¹　母毛驴
毛驴　它公　　　　　　　　　　　　　毛驴　它母

4. zo³³, tsha⁵⁵zo³³ 表示"童子、儿子、小、少"等多重意义。例如：

tshua⁴²la⁴²zo³³tsha⁵⁵zo³³　男孩　　　　no²¹tshɿ³³mɯ²¹zo³³　药粉
男孩　　小　　　　　　　　　　　　　药　　粉

ȵi³³tsha⁵⁵zo³³　牛犊　　　　　　　　　pa²¹tə⁵⁵tsha⁵⁵zo³³　小板凳
牛　小　　　　　　　　　　　　　　　板凳　小

第二节

构词法

　　撒都语构词既有彝语支语言的共性，也有自身的一些特点。从语素或词的构成要素看，其构词类型有派生、合成、重叠、拟声等手段。

一　派生

（一）词根加前缀 a⁵⁵、a³³、a²¹ 构成的词。例如：

a⁵⁵ɲi⁵⁵　姑　　　　　　　　　　a⁵⁵ʐɿ³³　姨

a⁵⁵vi²¹a⁵⁵ŋe⁵⁵　妯娌　　　　　　a⁵⁵tɕi³³nɯ³¹³mo²¹　姊妹

a³³ɣɯ³³　舅舅　　　　　　　　　a²¹me³¹³　嫂子

a⁵⁵se⁵⁵　曾曾祖父辈　　　　　　a⁵⁵ma²¹　曾祖父辈

a³³bo³³gɚ⁴²mo²¹　老大爷　　　　a³³de³³　父亲

a²¹mo²¹sɿ⁵⁵　婶母　　　　　　　a²¹ɕi⁵⁵mɯ⁵⁵　姑父

a⁵⁵na⁵⁵mo²¹　乌鸦　　　　　　　a⁵⁵ko⁴²kɚ⁵⁵lə⁵⁵　螺蛳

a²¹gɯ²¹mɯ³¹³tɕhi⁴²　明晚　　　　a²¹mɯ³¹³tɕhi⁴²　昨晚

a²¹ɲi⁵⁵khu⁴²　去年　　　　　　 a²¹ɣɯ³³nɯ³³tho³³　古时候

（二）前缀 i³³ 后加词根构成的词。例如：

泛指　　　　　　　　　　　　　特指

i³³tɕi⁴²　根　　　　　　　　　　su³³tɕi⁴²　小麦根
根　　　　　　　　　　　　　　小麦根

i³³vi⁵⁵　花　　　　　　　　　　u³¹³tɕo³³vi⁵⁵　油菜花
花　　　　　　　　　　　　　　油菜　花

前缀 i³³ 来源于第三人称代词单数"他、她、它",附着于一些植物名称前表示泛指。泛指时,前缀 i³³ 虚化,与词根结合紧密,不能省略。但若词根前有修饰性词素时,前缀 i³³ 可省略。前缀 i³³ 除泛指外,还有"头"之义,作为实词时,不能省略。例如:

i³³mə³³　尾巴　　　　　　　　　khui³³mə³³ẓ₁³³　狗尾草
它尾　　　　　　　　　　　　　狗　尾　草

i³³dɯ³³ku⁵⁵　脑壳　　　　　　　va⁴²i³³dɯ³³ku⁵⁵　猪脑壳
他头脑壳　　　　　　　　　　　猪　头　脑　壳

(三)后缀 pho³¹³ 和 mo²¹ 附着于名词、动词或形容词后,表示从事某类职业者。其中,pho³¹³ 指男性,mo²¹ 指女性。例如:

sʅ³³su³³pho³¹³　男学生　　　　　su⁵⁵tsu³³pho³¹³　男老师
字　读　男人　　　　　　　　　师傅　男人

khu²¹tha⁴²pho³¹³　昆明男人　　　khu²¹tha⁴²mo²¹　昆明女人
昆明　　男人　　　　　　　　　昆明　　女人

后缀 po³¹³ 和 mo²¹ 用于动物名词,表示"阳性"和"阴性"。例如:

khui³³po³¹³　公狗　　　　　　　khui³³mo²¹　母狗
狗　公　　　　　　　　　　　　狗　母

a⁵⁵mi³³ẓa³³po³¹³　公猫　　　　　a⁵⁵mi³³ẓa³³mo²¹　小母猫
猫　小　公　　　　　　　　　　猫　小　母

(四)ẓa³³phɯ³³ 或 phɯ³³ 和 mo²¹phi³³ 表示"阳性"和"阴性",常用于一些家禽名词后。例如:

ɣa⁵⁵phɯ³³　公鸡　　　　　　　ɣa⁵⁵mo²¹phi³³　母鸡
鸡　公　　　　　　　　　　　　鸡　母

ʔum⁴²mo²¹pa³³pa³³ẓa³³phɯ³³　公鸭　　ɚ⁵⁵lo³³mo²¹ẓa³³mo²¹phi³³　母鹅
鸭　　　　　公　　　　　　　　鹅　　　　母

(五)后缀 zo³³ 表示"童子、儿子、小、少"多层意义。例如:

du²¹zo³³　侄子　　　　　　　　li³³zo³³　孙子
旁系儿子　　　　　　　　　　　旧儿子

u²¹zo³³　小肠　　　　　　　　　ljo³³zo³³　小舌
肠小　　　　　　　　　　　　　舌小

(六)后缀 -mo²¹ 也表示动物的类别。例如:

tshɚ⁴²ti³³ti³³mo²¹　穿山甲　　　a⁵⁵mi³³u³³mo²¹　野猫

tsʅ³³kɚ³³li⁵⁵mo²¹　燕子　　　　be²¹u²¹mo²¹　蝙蝠

a⁵⁵tsha²¹tsha³¹mo²¹　喜鹊　　　a⁵⁵na⁵⁵mo²¹　乌鸦

（七）后缀 -dzɿ³³ 用于代词、名词后，表示复数。例如：

nɚ²¹ 你   nɚ²¹dzɿ³³ 你们
tha²¹su³³ 朋友   tha²¹su³³dzɿ³³ 朋友们
ku³³ka⁴² 亲戚   ku³³ka⁴²dzɿ³³ 亲戚们
su⁵⁵tsu³³pho³¹³dzɿ³³ 老师们   tsho²¹ɣɚ³³mo²¹dzɿ³³ 大人们

二 合成

合成指两个或两个以上有独立意义的语素合在一起，表达新概念或意义。从词根与词根之间的关系看，可分为复合式和附加式合成词两类。复合式有并列、修饰、支配、解释等形式，下面分别举例说明。

（一）复合式

1. 并列

mu³³sɚ³³pho³¹³ 皇帝   dzo²¹bo³³dzo³³la²¹ 邻居
天 黄金男人   旁边 旁边

tsho²¹so²¹pho³¹³mo²¹ 富人   a⁵⁵se⁵⁵ma²¹mo²¹ 曾祖祖父
钱 有 男人 女人   第四代第五代

2. 修饰

（1）名词 + 名词 = 名词

a⁵⁵na⁵⁵mo²¹ta⁵⁵dzɚ³³ 梯子   buɯ²¹i³³duɯ³³ 山峰
乌鸦 楼梯   山 头

o⁵⁵phuɯ³³tsɿ²¹bje²¹ 葫芦   a⁵⁵tɕi³³nuɯ³³mo²¹ 兄弟姐妹
瓜 酒罐   阿姐 妹子

（2）名词 + 形容词 = 名词

tsho²¹u³³ 疯子   zi²¹lo²¹muɯ³³ 热水
人 不正常   水 热

nɚ³³bi³³ɣɚ³³mo²¹ 人白豆   a³³gu⁴²na⁵⁵mo²¹ 黑画眉
豆 大   画眉 黑 小

（3）名词 + 形容词 = 形容词

tsho³³kho³³ 咸   tsho²¹bja³³ 淡
盐 咸   盐 淡

khui³³puɯ³³sɿ³³ 歪嘴   tsho²¹bjo²¹ 懒
嘴 歪   人 懒

（4）名词 + 动词 = 名词

phi^{33}dzo^{21}fɚ^{42}　疟疾　　　　　　　　muɯ^{33}tshu^{21}　太阳光
病　　发　　　　　　　　　　　　天　　烧

tsho^{21}no^{21}　病人　　　　　　　　　la^{42}dzu^{21}　手镯
人　　病　　　　　　　　　　　　手　　有

（5）动词 + 名词 = 名词

tse^{313}zi^{21}　口水　　　　　　　　　dzo^{21}ma^{42}pho^{313}　乞丐
淌　　水　　　　　　　　　　　　乞讨　　男人

sɚ^{21}mo^{21}　女祭司　　　　　　　　sɚ^{21}po^{21}　男祭司
祭祀女人　　　　　　　　　　　　祭祀男人

3. 支配

zɚ^{42}mɔ^{55}　梦　　　　　　　　　　mja^{55}tsi^{33}　仇恨
睡　梦　　　　　　　　　　　　　眼　　戳

u^{313}tsa^{42}　蔬菜　　　　　　　　　zi^{21}du^{55}　井
菜　煮　　　　　　　　　　　　　水　出

4. 解释

dze^{33}mu^{33}lu^{21}zo^{33}　牧童　　　　　　no^{21}tshŋ^{55}buɯ^{21}buɯ^{21}mo^{21}　巫婆
牲口　放　儿子　　　　　　　　　药　　　放置　　　　女人

sa^{21}phɚ^{21}bɚ^{55}lɚ^{55}mo^{21}　泡沫　　　　ɕi^{55}phjo^{33}bɚ^{55}tsŋ^{21}　秋天
膀胱　泡冒　小的　　　　　　　　树叶　　落　季节

（二）附加式

1. 附加式合成词由词根 + 前缀或后缀组成。前缀主要出现在名词和形容词中，有 a^{33}、a^{55}、a^{21} 三个变体，通常置于称谓名词、动、植物名词前。例如：

a^{21}mo^{21}sŋ^{55}　婶母　　　　　　　　a^{21}ɕi^{55}muɯ^{55}　姑父

a^{55}na^{55}mo^{21}　乌鸦　　　　　　　　a^{55}ko^{42}kɚ^{55}lɚ^{55}　螺蛳

2. 常用的后缀有 pho^{313}、mo^{21} 或 mo^{21}phi^{33}、zo^{33}、po^{313}、dzŋ^{33} 等。pho^{313}、mo^{21} 附着于名词、动词或形容词后表示从事某类职业者。pho^{313}、po^{313}、za^{33}phuɯ^{33}、phuɯ^{33} 指男性，mo^{21}、mo^{21}phi^{33} 指女性。zo^{33} 表示"童子、儿子、小、少"等意义。例如：

gɚ^{21}sŋ^{55}gɚ^{21} pho^{313}　男裁缝　　　　dzo^{21}ma^{42}mo^{21}　女花子
针线　缝　男人　　　　　　　　　饭　讨　女人

u^{21}zo^{33}　小肠　　　　　　　　　　li^{33}zo^{33}　孙子
肠　小　　　　　　　　　　　　　旧　儿子

三 重叠

音节重叠合成新词是撒都语构词的一大特点，使用频率高。从重叠方式看，有韵母重叠、AA式、AAB式、ABB式、ABAC式等重叠。

（一）韵母重叠。例如：

bɯ³³lɯ³³ 摇动　　　　　　　　　　so³³ɣo³³ 穷
推　闪　　　　　　　　　　　　　苦　力气

mɯ³³khɯ³³ 火烟　　　　　　　　　ɕi⁵⁵li³³ 森林
天　灰尘　　　　　　　　　　　　柴　林

（二）AA式重叠，有的是固有词，有的是汉语借词。例如：

mɯ⁵⁵mɯ⁵⁵ 帽子　　　　　　　　　dɚ³³dɚ³³ 独自地
帽　　　　　　　　　　　　　　　独自

tshe³³tshe³³ 开始　　　　　　　　vɚ⁴²vɚ⁴² 横的
开始　　　　　　　　　　　　　　横

（三）AAB式重叠，一些单音节形容词或副词，重叠词根后常与后缀 zo³³、ɣa³³ 或 ma⁵⁵ 连用。例如：

ljo⁵⁵ljo³¹³ɣa³³ 轻轻地　　　　　　tshua³³tshua³³zo³³ 快快地
轻　轻　STPT　　　　　　　　　　快　快　STPT

tɚ³³tɚ³³zo³³ 慢慢地　　　　　　　sʅ²¹sʅ²¹ma³³ 斜的
慢　慢　STPT　　　　　　　　　　斜　斜　STPT

（四）ABB式重叠。例如：

ɕum³³phə⁵⁵phə⁵⁵ 香喷喷的　　　　tshŋ²¹bɛ⁴²bɛ⁴² 胖嘟嘟的
香　喷喷　　　　　　　　　　　　胖　嘟嘟

tsi³³lɚ³³lɚ³³ 酸溜溜的　　　　　　na⁵⁵bɯ²¹bɯ²¹ 黑漆漆的
酸　溜溜　　　　　　　　　　　　黑　漆漆

（五）ABAC格式重叠，构成四音节词。例如：

dzo⁷¹bo³¹³dzo²¹la²¹ 隔壁邻居　　　xɯ²¹dzɛ²¹xɯ²¹la²¹ 房前房后
旁边　旁边　　　　　　　　　　　房前　房后

mja⁵⁵bi³³mja⁵⁵dza³³ 泪汪汪地　　　la⁵⁵li⁵⁵la⁵⁵gɛ⁴² 花花绿绿
眼泪　淌眼泪状　　　　　　　　　花　花

（六）AABB式重叠。例如：

ʔum³³ʔum³³di⁵⁵di⁵⁵ 高高低低　　　tɕho³³tɕho³³tshɔ⁴²tshɔ⁴² 好好丑丑
高　高　低　低　　　　　　　　　好　好　丑　丑

la⁵⁵li⁵⁵la⁵⁵gu²¹　歪歪扭扭　　　　　ɣə³³ɣə³³nə³³nə³³　大大小小
歪　歪　　　　　　　　　　　　大　大　小　小

（七）AABC式重叠，常与后缀zo³³ ɣa³³构成的一些形容词或副词。例如：

phi⁵⁵phi²¹zo³³ɣa³³　白白的　　　　na⁵⁵na⁵⁵zo³³ɣa³³　黑黑的
白　白　　　　　　　　　　　　　黑　黑

də³³də³³zo³³ɣa³³　短短的　　　　　vi³³vi³³zo³³ɣa³³　远远的
短　短　　　　　　　　　　　　　远　远

（八）ABAB式重叠。例如：

dʐɿ³³na⁴²dʐɿ⁵⁵na⁴²　黏黏糊糊　　　phi²¹thə²¹phi²¹thə²¹　慢腾腾
黏糊　黏糊　　　　　　　　　　　慢腾　慢腾

dʑi³¹³ȵi³³dʑi³¹³ȵi³³　反复考虑　　　ɣə³³də³³ɣə³³də³³　反复商量
想来　想来　　　　　　　　　　　商量　商量

四　拟声

拟声是构词中的一小部分，其构词主要与声音有关，有两种方式。

（一）拟声词（名词）

有少数词直接使用实物声音表示事物名称。例如：

thja⁵⁵la⁵⁵lu³³　笛子　　　　　　　pi²¹li²¹　箫
拟声　　　　　　　　　　　　　　拟声

li⁵⁵lə³³　唢呐　　　　　　　　　　khə³³lə⁵⁵　小铃铛
拟声　　　　　　　　　　　　　　拟声

（二）拟声词＋mo²¹（名词）

通过模仿动物声音，后加mo²¹或zo³³表示部分小动物，如昆虫、鸟类等名称。例如：

thi⁵⁵li⁵⁵li⁵⁵mo²¹　蟋蟀　　　　　　ku²¹li⁵⁵pa³³pa³³mo²¹　蝴蝶
蟋蟀声　　　　　　　　　　　　　蝴蝶声

a⁵⁵tsha²¹tsha²¹mo²¹　喜鹊　　　　　ko⁵⁵po³³mo²¹　布谷鸟
喜鹊声　　　　　　　　　　　　　布谷鸟声

第三节

词汇的构成

词汇的构成主要包括两大部分：同源词和汉语借词。

一 同源词

撒都语词汇中，有部分词与彝语支的彝语、哈尼语、傈僳语、拉祜语、纳西语、怒语、基诺语[①]等有明显的同源关系[②]。具体例子见表3-1。

表3-1 同源关系词

汉	撒都	哈尼	彝	傈僳	拉祜	纳西	怒	基诺
偷	khɯ³³	xø³¹	khu³³	khu³¹	qho⁵³	khu³³	khɯ⁵⁵	tɕhø³³
挖	kə⁴²	du³¹	ndu³³	tɕhu⁵⁵	du⁵³	ndv³³	du⁵⁵	tu³³
盛	khə⁴²	khu³¹	khi⁵⁵	kho³¹	ko³³	khu⁵⁵	khu⁵⁵	khu⁴⁴
煮	tsa⁴²	tɕa³¹	tɕo⁵⁵	tɕa⁵⁵	tsa³⁵	tɕo⁵⁵	dza⁵³	tʃha⁵⁵
飞	bɛ²¹	bjɔ⁵⁵	dzi³³	be³³	po³¹	mbi³¹	bia³³	plɛ³¹
沈	tsl̩³³	tsʰɿ³¹	tsʰŋ³³	tsʰŋ³¹	tsʰŋ⁵³	tʂhor³³	tʂʰŋ⁵⁵	tshŋ⁴⁴

[①] 本书所引用的词出自《藏缅语语音和词汇》，中国社会科学出版社，1991年1月第1版。各语言点分别是哈尼语是哈雅方言绿春哈尼语（31），彝语是北部方言喜德彝语（21），傈僳语是福贡傈僳语（27），拉祜语是澜沧拉祜语（33），纳西语是丽江纳西语（28），怒语是碧江怒语（45），基诺语是景洪基诺语（34）。该书中没有的词标注为"缺"。

[②] 同源词表参考了马学良的《汉藏语概论》第456—460页的词表，但在本书所做的比较中略有改动。

续表

汉	撒都	哈尼	彝	傈僳	拉祜	纳西	怒	基诺
滴	dza⁵⁵	dza̠³³	ndzo³³	dzɛ³³	dza̠⁵³	ndə³³	dza⁵³	tsa³¹
吃	dzo³³	dza³¹	dzɯ³³	dza³¹	tsa⁵¹	ndzɿ³³	dza⁵⁵	tsɔ⁴⁴
睡	zɚ⁴²	zu̠³¹	i⁵⁵	e³¹ta⁵⁵	zʅ²¹	zi⁵⁵	iǫ⁵³ɔ³¹	ji⁴⁴
老	mo³¹³	mo³¹	mo³¹	mo³¹	mɔ⁵³	mo⁵⁵	mɯ⁵⁵	a³³ɬi³³
黑	na⁵⁵	na̠³³	a⁴⁴nɔ³³	nɛ⁴⁴	nʌ⁵⁴	na³¹	na³⁵na⁵³	a³³na⁴²
冷	dza⁵⁵	ga³³	ŋgo³³	dzɛ³³	ka⁵³	tɕhi⁵⁵	gɹa⁵³	tʃho⁵⁵
甜	tshɿ²¹	tɕhu⁵⁵	tɕɿ³³	tʃɿ³³	tshɔ³³	tɕhi⁵⁵	gɹa⁵³	a³³tʃhi³³
酸	tsi³³	tɕhe⁵⁵	tɕi³³	tɕɯ³³	tsi³³	tɕi³¹	tɕɤ³³	a³³tʃhu³³
饿	mi⁴²	me̠³¹	mi⁵⁵	mɯ⁴¹	mə¹¹	zu³¹	muɔɿ⁵³	mæ⁴⁴
厚	thu²¹	thu⁵⁵	a³³tu³³	thu³³	thu³³	la⁵⁵	thu³³	a³³thu⁵⁵
薄	bo³³	ba³¹	i³³bo³³	ba³¹	pa⁵³	mbe³³	ba⁵³	a³³pɔ³³
二	ȵi²¹	ȵi³¹	ȵi³¹	ȵi³¹	ni⁵³	ȵi³¹	ȵi³¹	ni⁵⁵
五	ŋo³³	ŋa̠³¹	ŋɯ³³	ŋua³¹	ŋa⁵³	ua³³	ŋa⁵⁵	ŋɔ³³
八	xɚ⁴²	ɕe̠³¹	hi⁵⁵	he⁴¹	xe³⁵	xo⁵⁵	ʂaɹ⁵³	xɛ⁴⁴
九	gɯ³³	ɣø³¹	gu³³	ku⁴⁴	qɔ⁵³	ŋgv³³	gɯ³⁵	tɕy³³
双	dzə²¹	dzo⁵⁵	dzi³¹	dze³³	tsɛ³³	dzʅ³³	dza³¹	tsø⁵⁵
节	tsʅ⁴²	tsʅ³¹	tsʅ⁵⁵	tho³³	tsʅ⁵³	tʂər⁵⁵	tsi⁵³	to³³
我	ŋo²¹	ŋa⁵⁵	ŋa³³	ŋua³³	ŋa³¹	ŋɔ³¹	ŋa³³	ŋɔ³¹
你	nə²¹	no⁵⁵	nɯ³³	nu³³	nɔ³¹	nu³¹	nɯ⁵⁵	nɐ³¹
不	ma²¹	ma³¹	a³¹	ma³¹	ma⁵³	mə³³	ma⁵⁵	mɔ³³
勿	ta⁴²	tha³¹	tha³¹	thɑ³¹	tʌ⁵³	tha³¹	tha⁵⁵	thɐ³³
虱	se²¹	se⁵⁵	ʂɯ³³	xɯ³³	se³³	ʂo³³	ʂə⁵⁵	ʂɑ⁵⁵
蜂	bjo⁵⁵	bja³¹	dzi³³	biɛ³¹	pɛ⁵³	mba³³	bia⁵⁵	pjo³³
狗	khui³³	a³¹khui³¹	khu³³	khu³¹	phu⁵³	khɯ³³	khui⁵⁵	khɯ³³jo³³
鸡	ɣa⁵⁵	a³¹xa³³	va³³	a⁵⁵ɣa⁵⁵	ɣʌ⁵⁴	æ³¹	ɹaɹ⁵³	ja⁴²
针	ɣə²¹	a³¹ɣo³¹	zi⁵⁵	ɣo⁴¹	ɣo¹¹	ko³¹	ɣa⁵³	a³³tɕø⁵⁵
柴	ɕi⁵⁵	mi³¹kho³¹	sʅ³³	sʅ³⁵	sʅ⁵³	sər³³	si⁵³	mi³³tsɔ³³
马	mu³³	mo³¹	mu³³	a⁵⁵mo⁵³	i³⁵mu⁵³	zoa³³	mɹɯ³¹la⁵⁵	mjo³³

续表

汉	撒都	哈尼	彝	傈僳	拉祜	纳西	怒	基诺
血	sɿ³³	sɿ³¹	sɿ³³	sɿ³¹	sɿ³¹	sæ³³	sui⁵⁵	a³³ɕi⁴⁴
肠	u²¹	u⁵⁵	vu³³	vu³³	ɔ³¹ɣu³¹	bv³³	u³⁵a⁵⁵	a³³vu³³
儿子	zo³³	za³¹	zɯ³³	za³¹	ɔ³¹zA⁵³pA¹¹	zo³³	za⁵⁵	zɔ³³ku³³
猪	va⁴²	a³¹ɣa³¹	vo⁵⁵	a⁵⁵vɛ⁴¹	vA²¹	bu³¹	va⁵³	va⁴⁴ni⁴⁴
胆	tɕi³³	phi³¹khɯ⁵⁵	tɕɿ³³	tʃɿ⁴⁴	ɔ³¹kə⁵⁵	kɯ³³	kɹə³³	a³³phe³³
山羊	tshɚ⁴²	a³¹tsi̠³¹	tʂʰɿ⁵⁵	a⁵⁵tʃʰɿ⁴¹	A³⁵tshe²¹	tshu⁵⁵	tʂhɚ̃ɹ⁵⁵	tɕhi⁴⁴pɛ⁴³
裤子	lo³¹³	la³¹tshø³¹	ɬa⁵⁵	lu⁵⁵the³³	xA³¹thɔ³³	le³³	ɬa⁵⁵	la³³tsho³³
天	mɯ³³	ɔ³¹	mo³³m̩³³	mo³¹kua⁴⁴	mu⁵³nɔ³³mA³³	mɯ³³	mɯ⁵⁵	tshɯ⁴⁴na⁴²
黄牛	ɲi³³	ɲu³¹ɲi⁵⁵	nɔ³³ɲi³³	a⁵⁵ɲi³³	nu⁵³	na³¹ɣɯ³³	nɔ⁵⁵	mɛ⁴²ŋo³³
眼	mja⁵⁵	mja³³	nɔ³³dzɿ³³	miɛ⁴⁴sɯ³¹	mɛ⁵⁴si¹¹	miə³¹ly³³	mia⁵³dʑi³¹	mja⁴²tsi⁴⁴

表3-1显示撒都语单音节词根与同语支语言单音节词根的同源关系。同时，还有一部分单音节词根也与同语支语言双音节词的词根词素有同源关系。例如：

汉语 眼　　　　　　　　　　　　汉语 黄牛
撒都语 mja⁵⁵　　　　　　　　　　撒都语 ɲi³³
彝语 nɔ³³dzɿ³³　　　　　　　　　哈尼语 ɲu³¹ɲi⁵⁵
傈僳语 miɛ⁴⁴sɯ³¹　　　　　　　　彝语 nɔ³³ɲi³³
拉祜语 mɛ³³si³¹　　　　　　　　 傈僳语 a⁵⁵ɲi³¹
纳西语 miə³¹ly³³　　　　　　　　纳西语 na³¹ɣɯ³³
怒语 mia⁵³dʑi³¹　　　　　　　　 基诺语 mɛ³¹ŋjo⁴⁴
基诺语 mja⁴²tsi⁴⁴

汉语 天　　　　　　　　　　　　汉语 山羊
撒都语 mɯ³³　　　　　　　　　　撒都语 tshɚ⁴²
彝语 mo³³m̩³³　　　　　　　　　哈尼语 a³¹tsi̠³¹
傈僳语 mo³¹kua⁴⁴　　　　　　　 傈僳语 a⁵⁵tʃʰɿ⁴¹
拉祜语 mu⁵³nɔ³³mA³³　　　　　　拉祜语 A³⁵tshe²¹
基诺语 tshɯ⁴⁴na⁴²　　　　　　　基诺语 tɕhi⁴⁴pɛ⁴³

汉语　裤子
撒都语　lo³¹³
哈尼语　la³¹tshø³¹
傈僳语　lɯ⁵⁵the³³
拉祜语　xʌ³¹thɔ³³
基诺语　la³³tsho³³

汉语　胆
撒都语　tɕi³³
哈尼语　phi³³khɯ⁵⁵
拉祜语　ɔ³¹kə⁵⁵
基诺语　ɑ³³phe³³

汉语　肠
撒都语　u²¹
拉祜语　ɔ³¹ɣu³¹
怒语　u³⁵ɑ⁵⁵
基诺语　ɑ³³vu³³

汉语　马
撒都语　mu³³
傈僳语　ɑ⁵⁵mo⁵³
拉祜语　i³⁵mu⁵³
怒语　mɹɯ³¹lɑ⁵⁵

汉语　儿子
撒都语　zo³³
拉祜语　ɔ³¹zʌ⁵³pʌ¹¹
基诺语　zɔ³³ku³³

汉语　猪
撒都语　va⁴²
哈尼语　a³¹ɣa³¹
傈僳语　ɑ⁵⁵vɛ⁴¹
基诺语　va⁴⁴ni⁴⁴

汉语　狗
撒都语　khui³³
哈尼语　a³¹khɯ³¹
基诺语　khɯ³³jo³³

汉语　鸡
撒都语　ɣa⁵⁵
哈尼语　a³¹xa³³
拉祜语　ɑ⁵⁵ɣa⁵⁵

从上述例词可以看出，有的是单语素词同源词，但在彝语支语言中是通过附着前缀或后缀的方式构成了双语素词。有的声母、韵母、声调均发生了变化，有的还增添了音节。

还有一部分固有词，反映出声母与彝语支语言对应简单、韵母对应较复杂的现象。例如：

汉语　母亲
撒都语　a³³mo³³
哈尼语　a³¹ma³³
彝语　a²¹mo²¹
傈僳语　ɑ⁴⁴mɑ⁴⁴

汉语　花
撒都语　i³³vi⁵⁵
哈尼语　a⁵⁵zɛ³³
彝语　ve⁴⁴ve³³
傈僳语　e⁵⁵ve⁴⁴

拉祜语 ɔ³¹e³³ 拉祜语 ɔ²¹ve⁵⁴
纳西语 ə³¹mɑ³³ 纳西语 bɑ³¹
怒语 ia⁵⁵m̩³¹ 怒语 vɑɪ⁵³ɑɪ³¹
基诺语 a⁴⁴mo³³ 基诺语 a³³pɔ³³

汉语 风 汉语 糠
撒都语 mɯ³³li³³ 撒都语 va⁴²phi³³
哈尼语 dʑa³¹le⁵⁵ 哈尼语 xa³¹phɯ³¹
彝语 mu³³ɬŋ³³ 彝语 tʂhɯ³⁴pu³³
傈僳语 mi³¹hi³³ 拉祜语 vʌ³¹phɯ⁵³
拉祜语 mu⁵³xɔ³³ 基诺语 pha⁵⁵khɯ⁴⁴
怒语 mɯ⁵⁵ɑ³¹ɬi³⁵ 基诺语 li³¹phʑɐ³³

汉语 手 汉语 鱼
撒都语 la⁴²pha⁵⁵ 撒都语 ŋo³³zo³³
哈尼语 a³¹la̠³¹ 哈尼语 ŋa³¹de⁵⁵
傈僳语 lɛ³¹phɛ³⁵ 基诺语 ŋo⁴⁴so⁴⁴
基诺语 la³³pu³³

虽然上述列举的同源词中，区分出早期借词与同源词的难度很大，但至少可以说明一点，即撒都语与彝语支语言之间在发生学上有密切的联系，也反映出撒都语在历史发展中的一些变化轨迹。

二 借词

在词汇系统中，除固有词外，撒都语还吸收了大量明显的汉语借词。从词汇输入形式看，汉语借词有以下四类情况：

（一）整体借用

借用汉语时，将汉语的语音、语义、语素一起借入撒都语。例如：

tjɛn⁵⁵fan⁵⁵ko³³ 电饭锅 xo²¹tshə³³ 火车
va²¹lo⁵⁵ 网络 fe³³tɕi³³ 飞机
sui⁵⁵su²¹ 尿素 phu⁵⁵kɛ²¹ 普钙一种化肥
la⁴²tsu⁴² 蜡烛 tɛn⁵⁵lo⁵⁵ 灯笼
lin²¹ 零 ʑi⁵⁵ 亿

tɕin⁵⁵lin²¹ɕɛn⁵⁵　晋宁县　　　　　ta⁵⁵li²¹　大理

tshui⁵⁵we²¹xui⁵⁵　村委会　　　　kɔn³³ɕɔ³³sɿ⁵⁵　供销社

su³³tɕi⁵⁵　书记　　　　　　　　ɕɛ⁵⁵tsa⁴²　县长

（二）撒汉合璧

在吸收汉语借词时，输入部分语音、语义、语素。所构成的词一部分是撒都语语音、语义或语素；另一部分是汉语语音、语义或语素。例如：

1. 汉语语素 + 撒都语语素 = 名词或动词

kɔ²¹kɛ⁵⁵nɚ⁴²　葛根藤　　　　　thɔu²¹li⁵⁵kɯ³³　桃李树
葛根　藤　　　　　　　　　　　桃李　树

u³¹³ku³³zə³³ʑi³³　蜈蚣　　　　　xo²¹tsə³³dzo²¹mo²¹　铁路
蜈蚣　香油　　　　　　　　　　火车　路

xua⁵⁵phi⁴²　溶化　　　　　　　pjɛ⁵⁵ɣɚ³³　变大
化　掉　　　　　　　　　　　　变　大

2. 撒都语语素 + 汉语语素 = 名词或动词

ʑi²¹thum²¹　水桶　　　　　　　ma³¹³tsa⁵⁵tsa⁵⁵mo²¹sɿ⁵⁵sɿ⁵⁵zo³³　蚂蚱鸟
水　桶　　　　　　　　　　　　蚂蚱　　　小　拟声　小

ɕi⁵⁵tsuan³³　树桩　　　　　　　mu³³tshə³³　马车
树　桩　　　　　　　　　　　　马　车

sa⁴²tshua²¹　喘气　　　　　　　phu²¹khɛ³³　睁开
气　喘　　　　　　　　　　　　睁　开

3. 撒都语语素 + 汉语语素 + 撒都语语素 = 名词

zo³³tɕhi⁵⁵mo²¹　妻子　　　　　le⁵⁵gɚ³³xɯ⁴²　街上
儿　妻　女　　　　　　　　　　街　里

sɿ³³su³³zo³³　小学生　　　　　te²¹djɚ³³ zo³³　一小点儿
字　书　小　　　　　　　　　　一　点儿　小

4. 撒汉合璧。有名词、动词、形容词等。例如：

撒都　　　　撒+汉　　　　　　撒都　　　　汉+撒

gu²¹ ku⁵⁵　　gu²¹ ɣuɚ³³　弄弯　　tɕa³¹³ zɚ³³　　kha²¹ dzɛ³³　卡住
弄　弯　　　弄　弯　　　　　　卡　住　　　　卡　住

fi⁵⁵ be³³　　fi⁵⁵ lua⁵⁵　弄乱　　ku³³ fɚ⁴²　　kɔu³³ fɚ⁴²　烤干
弄　乱　　　弄　乱　　　　　　烤　干　　　　烤　干

这类词不仅体现了借词方式，而且还体现了撒都语与汉语接触后，经历了"借入—并存—替换—覆盖"的演变轨迹。

（三）借汉重组

撒都语中不仅整体借用汉语的语音、语义、语素，有的还借用动宾结构，按撒都语的习惯进行改造，重组结构，使借用的汉语语义或语素符合撒都语的语序。例如：

tɕhi⁵⁵tshə³³khɛ³³　开车　　　　　　tsui⁵⁵fa⁵⁵　犯罪
汽车　开　　　　　　　　　　　　罪　犯

sɛn²¹mɛ³¹³tin⁵⁵　钉钉子　　　　　tsa⁵⁵tɛ³¹³　打仗
钉子　钉　　　　　　　　　　　　仗　打

（四）仿汉新造

随着社会的发展，越来越多的新事物、新概念不断涌入撒都人日常生活中。但撒都语中又没有表达这些新事物、新概念的词。于是，在理解汉语语义的基础上，撒都人用自己固有的词素，将新事物、新概念的语义表达出来。例如：

sɛ⁵⁵ʑi⁵⁵mu²¹pho³¹³　商人　　　　　su⁵⁵tsu³³pho³¹³　老师
生意　做　人　　　　　　　　　　书　教　人

thɛ⁵⁵ʑi³³pho³¹³　医生　　　　　　sɛn⁴²ljo³¹³pho³¹³　铁匠
病　治疗　人　　　　　　　　　　铁　炼　人

第四节

民俗文化词

调查点椒园村（li^{33}lɛ^{55}mi^{21}）（图1）、新村、大水塘村有自称。村子（khua^{55}）与地名连用时叫（mi^{21}）。撒都语中房子（xɯ^{21}）（图2）和家（ɣə^{42}）用不同的词。

图1 椒园村 红塔区北城镇/
2015.5.1/许鲜明 摄

图2 房子 红塔区北城镇/
2015.5.1/许鲜明 摄

撒都人的传统住房分为土墙木板房（ne³¹³dzu³³bu⁵⁵ɕi⁵⁵xɯ²¹）（图3）、土墙瓦房（ne³¹³dzu³³bu⁵⁵xɯ²¹）、砖墙瓦房（tsuan³³bu⁵⁵ŋɚ⁴²xɯ²¹）。一套房屋又分正房（xɯ²¹mo²¹）、耳房（xɯ²¹zo³³）、天井（ʑa⁵⁵tsʅ²¹）、厨房（tshu²¹dɯ⁵⁵xɯ²¹）等。厨房里有灶、火塘（mɚ⁵⁵tu³³tɯ³¹³）等。通常一家只有一个火塘，遇到办红白喜事时，室外会烧多个火塘（图4）。

撒都人建房时要留出庭院，院子用土墙（ne³¹³dzu³³bu⁵⁵）（图5）围起来，上面铺上瓦不让雨淋。院内种梨（zɛ²¹ʐʅ²¹）、桃子（sʅ³³gə²¹də²¹lə²¹）、李子（sa²¹tso³³kɚ⁵⁵lɛ⁵⁵）、樱桃（lɛ³³kho³³mo²¹）、苹果、山楂（sʅ⁵⁵u²¹）、花红（dʑi³³li³³mo²¹）等果树。

图3　土墙木板房　红塔区北城镇/2015.5.1/许鲜明 摄

图4　火塘　红塔区北城镇/2015.5.1/许鲜明 摄

图5　土墙　红塔区北城镇/2015.5.1/许鲜明 摄

撒都人建两层楼房，用木头和木板做楼梯（$ta^{55}dzɯ^{33}$）。大门（$lo^{21}go^{21}mo^{21}$）（图6）是一家的门面，十分讲究。门头上有各种各样的雕花（$lo^{21}go^{21}mo^{21}vi^{55}lo^{21}kə^{42}$）。

撒都人堆放苞谷的方式很特别。天井边挂苞谷时，一般从楼上廊杆上拴一根绳子垂到离地面一公分，然后结一个疙瘩，把苞谷捆在一起，从下到上往上放，成串地挂起来，形成苞谷堆（$ʑi^{55}mɚ^{33}dze^{21}$）（图7）。有的人家就直接挂在庭院的树丫杈上。

图6　大门　红塔区北城镇/2015.5.1/许鲜明 摄

图7　苞谷堆　红塔区北城镇/2015.5.1/许鲜明 摄

村内有大路（khua⁵⁵xɯ³³gɛ³³dʑo²¹mo²¹）。过去，撒都人烧柴。只要一生火，就会有炊烟（mɯ³³khɯ³³）升起。炊烟是家庭主妇判断隔壁邻居是否开始生火做饭的信号。每家都在靠墙处堆柴。柴堆（ɕi⁵⁵phɯ²¹）(图8)的大小表明了家庭主妇的勤劳程度。

撒都人居住的地方相当缺水。他们没田，只种山地（bɯ²¹mi²¹）。他们的经济来源主要靠种烤烟、豆类、蔬菜等。种烟需建烤烟房（khɔu³³pho²¹），烤好后还要一叶一叶地把它的等级分出来（zi³³ɕi⁵⁵）。撒都人在山地里还种大白豆，发芽前要去砍大白豆架（nɛ³³bi³³kuɚ⁵⁵）。

过去，每家都养一两条黄牛（bɯ²¹n̠i³³）或水牛（a⁵⁵nɛ⁵⁵po³³mo²¹）来犁地。但现在整村只剩一头水牛了。放牛（n̠i³³lu⁴²）(图9)是主人每天要做的一件事。撒都人养鸡，小鸡

图8　柴堆　红塔区北城镇/2015.5.1/许鲜明 摄

图9　放牛　红塔区北城镇/2015.5.1/许鲜明 摄

图 10　花眼背箩　红塔区北城镇 /2018.4.23/ 沐华 摄

图 11　蓑衣　红塔区北城镇 /2018.4.23/ 沐华 摄

图 12　碗箩和筷箩　红塔区北城镇 /2018.4.23/ 许鲜明 摄

关在鸡笼（ɣa⁴²lo²¹）里，大鸡在柴堆上或果树上过夜。

撒都人常用背箩背菜、玉米、烟、猪草等。背箩有大背箩、小背箩（tə³³dɯ⁵⁵），还有通风透气的花眼背箩（lo³³dɯ⁵⁵）（图10）。

撒都人生活中用一些竹器，如筲箕（so³³tɕi²¹），有大有小，用来装菜、淘米、晒东西。

筛子是撒都人生活中必不可少的工具之一，分为粗筛（um⁵⁵tɕho³³）和细筛（um⁵⁵tɕi³³）。粗筛筛米，细筛筛麦面、苞谷面、荞面等。

撮箕（tɕhi³³khu³³）有两用途，一是用来撮垃圾，二是用来搬运建筑材料，如沙、土、小石子等。

簸箕（um⁵⁵mo²¹）过去用来簸米，现在主要用来晒东西、揉面等。

草墩（tsha²¹tə³³）是撒都人用稻草秆编成的凳子，柔软舒适，有冬暖夏凉的特点。

蓑衣（so²¹bɛ²¹）（图11）是撒都人的雨具，不仅可遮风避雨，还能保暖。

过去撒都人用竹篾编制碗箩和筷箩（pa⁵⁵ɕi³³dɯ⁵⁵gə³³mu⁵⁵dzu²¹pu³³）（图12）。小碗放上层，大碗放下层，筷子放侧边的小竹箩里。

用罐/bə²¹/腌制酸菜是撒都妇女的一技之长。她们能腌制各种各样的酸菜，如青菜、萝卜、香椿、豆腐、肉等。

瓦盆（$pa^{55}mo^{21}$）有大有小。大瓦盆用来装猪油，小瓦盆用来装菜汤。

在生活困难的年代，每家都有一个揉面盆（$go^{33}pɯ^{55}ʐʅ^{42}lu^{33}$）（图13）用来揉荞面、麦面、苞谷面等。有用木板做成的米柜（$tɕi^{42}$）（图14）、木箱（$ɕi^{55}gɛ^{21}ɕa^{55}tsʅ^{21}$）、首饰盒

图 13　揉面盆　红塔区北城镇 /2018.4.23/ 沐华　摄

图 14　米柜　红塔区北城镇 /2018.4.23/ 沐华　摄

（so³³xo²¹）（图15）等。首饰盒用来存放耳环、手镯等贵重物品。木饭勺（图16）用来盛饭和汤，但现在木饭勺几乎没人用了。

过去，斗是丈量谷物的器具，有大斗（la⁴²ɕi³³tɕi⁴²）（图17）、小斗（sə⁵⁵mo²¹）。大斗15斤，小斗5斤。平时，亲戚朋友间借米用斗来量。

有的撒都男人会做木匠活儿，木匠工具箱（pa⁵⁵dẓɿ²¹mjo³¹³zo³³ke⁴²sɿ³³）（图18）里常装墨线盒、钉子、弯尺等。

图15　首饰盒　红塔区北城镇 /2018.4.23/ 沐华　摄

图16　木饭勺　红塔区北城镇 /2018.4.23/ 沐华　摄

图 17　大斗
红塔区北城镇 /2018.4.23/ 许鲜明　摄

图 18　木匠工具箱
红塔区北城镇 /2018.4.23/ 许鲜明　摄

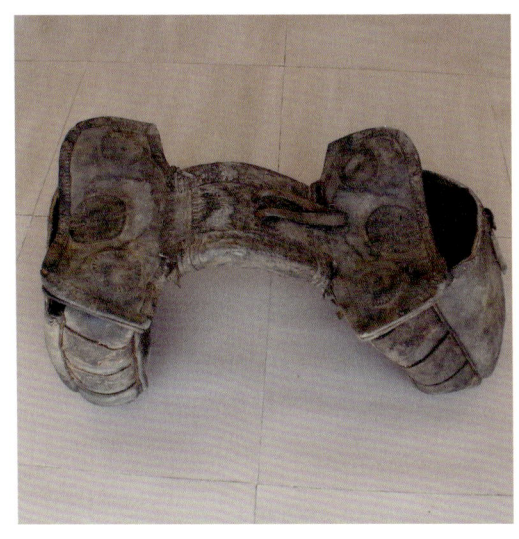

图 19　马鞍子
红塔区北城镇 /2018.4.23/ 许鲜明　摄

图 20　石磨
红塔区北城镇 /2018.4.23/ 许鲜明　摄

过去，撒都人用马或牛驮东西。用马驮东西时要把马鞍子（mu^{33}sa^{42}）（图19）放在马背上。马鞍子有的用牛皮做成，有的用帆布缝成。

撒都人使用石器，如磨石（sə^{33}lu^{55}）、碓臼（pa^{33}tshə^{33}tɯ^{33}）、猪食槽（va^{42}lu^{33}）、石磨（图20）、石缸（lo^{55}ʑi^{21}ka^{55}）等。石磨用来碾碎玉米、荞麦、小麦等。

第四章 分类词表

分类词表中的词汇包括三部分：语保通用词、扩展词和其他词。语保通用词和扩展词是在语保工程中收集的，因此，词汇收集中没有的词汇则空缺。分为以下14类：

一　天文地理	六　服饰饮食	十一　动作行为
二　时间方位	七　身体医疗	十二　性质状态
三　植物	八　婚丧信仰	十三　数量
四　动物	九　人品称谓	十四　代副介连词
五　房舍器具	十　农工商文	

其他词是后来补充记录的，本书作者也按上述义类做了分类。

第一节

《中国语言资源调查手册·民族语言（藏缅语族）》通用词

一 天文地理

太阳~下山了 mɯ³³li³³mo²¹
月亮~出来了 xo²¹da⁵⁵mo²¹
星星 kɚ³¹³zo³³
云 tsi³³ka⁴²
风 mɯ³³li³³
台风 mɯ³³li³³na⁵⁵mo²¹
闪电名词 mɯ³³ljo⁴²
雷 mɯ³³kɯ³¹³
雨 mo³³xo²¹
下雨 mo³³xo²¹lɛ²¹
淋衣服被雨~湿了 tɕi⁵⁵
晒~粮食 lə⁴²
雪 fa³³
冰 ne³³
冰雹 fa³³sa⁵⁵
霜 ne³³

雾 mjo⁴²kɯ³³
露 tsə³¹³ʑi²¹
虹统称 va⁴²mo²¹ɕi³³
日食 mɯ³³li³³mo²¹khui³³kɯ⁵⁵dzo³³phi⁴²
月食 xo²¹da⁵⁵mo²¹khui³³kɯ⁵⁵dzo³³phi⁴²
天气 mɯ³³
晴天~ mɯ³³li³¹³
阴天~ mɯ³³ʑi⁵⁵
旱天~ mɯ³³fɚ⁴²
涝天~ nɚ⁴²
天亮 mɯ³³thi³¹³
水田 tɚ³³mi³³
旱地浇不上水的耕地 fɚ⁴²mi²¹
田埂 tɚ³³mi³³di²¹to³³
路野外的 dʐo²¹mo²¹
山 bɯ²¹
山谷 bɯ²¹dzu³³
江大的河 ʑi²¹tsho³³mo²¹

溪小的河 ʑi²¹tsho³³zo³³
水沟儿 ʑi²¹tsho³³
湖 xɯ²¹mo²¹
池塘 ʑi²¹bɯ²¹
水坑儿地面上有积水的小洼儿 ʑi²¹tɯ³¹³
洪水 ʑi²¹na⁵⁵mo²¹
淹被水~了 ɣɚ³¹³
河岸 ʑi²¹tsho³³dzɛ²¹
坝拦河修筑拦水的 pa⁵⁵tha²¹
地震 mi²¹lɯ⁵⁵
窟窿小的 mi²¹kho³³lo³³
缝儿统称 lu³³dza³³tsə⁴²
石头统称 lu³³dza³³
土统称 ne³¹³mɯ²¹
泥湿的 ne³¹³fu³³
瓦整块的 ŋɚ⁴²
炭木炭 sɯ⁵⁵dzɯ²¹
灰烧成的 khu³¹³mɯ²¹
灰尘桌面上的 khu³¹³mɯ²¹
火 mɚ⁵⁵tu⁴²
烟烧火形成的 mɯ³³khɯ³³
失火 mɚ⁵⁵tu²¹du⁴²
水 ʑi²¹dza⁵⁵
凉水 ʑi²¹tsu⁴²
热水如洗脸的热水，不是指喝的开水 ʑi²¹lo²¹mɯ³³
开水 ʑi²¹xa⁵⁵bja⁵⁵

二 时间方位

时候吃饭的~ i⁵⁵tsʅ⁴²
什么时候 xa³¹³tɕha⁵⁵
现在 te³³xɚ³³
以前 ne³³tho³³
以后 du²¹mi⁴²tho³³
一辈子 te²¹sʅ⁵⁵po⁴²
今年 tɕhi⁵⁵khu⁴²
明年 na⁵⁵xa⁴²
后年 na⁵⁵n̩i⁵⁵
去年 a²¹n̩i⁵⁵khu⁴²
前年 sʅ³³n̩i⁵⁵khu⁴²
往年 ne³³n̩i⁵⁵khu⁴²
年初 khu⁴²ku²¹
年底 khu⁴²tɕhi²¹
今天 ɣɯ³¹³n̩i⁴²
明天 a²¹gɯ²¹ta⁴²
后天 pha⁴²n̩i⁴²
大后天 phe²¹o⁵⁵tsʅ²¹n̩i⁴²
昨天 a²¹n̩i⁴²
前天 sʅ⁵⁵n̩i⁴²
大前天 sʅ⁵⁵o⁵⁵tsʅ²¹n̩i⁴²
整天 te²¹n̩i⁴²po⁴²
每天 be²¹n̩i⁴²
早晨 na³¹³ta⁴²
上午 na³¹³ta⁴²
中午 mɯ³¹³n̩i⁴²
下午 mɯ³¹³tɕhi²¹
傍晚 mɯ³¹³tɕhi²¹
白天 mɯ³¹³n̩i⁴²
夜晚与白天相对，统称 mɯ³¹³tɕhi⁴²
半夜 sʅ²¹dzʅ²¹pa³¹xa⁴²
大年初一农历 da⁵⁵thi³³
元宵节 tsɛn⁵⁵ʑi⁵⁵tɕhi²¹ŋo³³
地方 mi²¹phi³³
什么地方 xa³³mi²¹dɛ²¹
家里 xɯ³¹³

城里 tshɛn⁴²xɯ⁴²

乡下 khua⁵⁵xɯ⁴²

上面从~滚下来 ga²¹bɯ⁵⁵

下面从~爬上去 dzi²¹bɯ⁵⁵

左边 a⁵⁵fɚ³³

右边 a⁵⁵dzu³³

中间排队排在~ i³³tɕo³³

前面排队排在~ ɣɯ³¹³dzu²¹

后面排队排在~ du²¹mi⁴²

末尾 i³³mɚ³³

对面 o⁵⁵ti³³ko⁴²

面前 mja⁵⁵go²¹dɛ²¹

背后 du²¹mi⁴²

里面躲在~ i³³xɯ²¹

外面衣服晒在~ na⁵⁵bɯ⁵⁵

旁边 dzo²¹bo³¹³

上碗在桌子~ ga²¹bɯ⁵⁵

下凳子在桌子~ dzi²¹bɯ⁵⁵

边儿桌子的~ i³³dzɛ²¹

角儿桌子的~ ko³¹³lɯ⁵⁵

上去他~了 da⁵⁵ʑi²¹

下来他~了 tshe²¹lɛ²¹

进去他~了 gɯ³³ʑi²¹

出来他~了 du⁵⁵lɛ²¹

出去他~了 du⁵⁵ʑi²¹

回来他~了 gɯ³³lɛ²¹

起来天冷~了 tu³³lɛ²¹

三　植物

树 ɕi⁵⁵kɯ³³

木头 ɕi⁵⁵lu⁵⁵

松树统称 su⁴²kɯ³³

柏树统称 pjɔ²¹pə⁴²kɯ³³

杉树 tho³³sa³³kɯ³³

竹子统称 mo²¹

笋 mo²¹nɔ⁵⁵

叶子 i³³phjo³³

花 vi⁵⁵lo⁴²

花蕾花骨朵 vi⁵⁵lo⁴²bə²¹lə²¹

荷花 ɣə²¹mja⁵⁵thu³³vi⁵⁵

草 zɹ³³bɛ³³

藤 nɚ²¹

刺名词 dzɯ³¹³

水果 li⁵⁵dzi³³li⁵⁵mo²¹

桃子 sɹ³³gə²¹də²¹lə²¹

梨 zɛ²¹zɹ²¹

李子 sa²¹dzo³³kɚ⁵⁵lɚ⁵⁵

杏 ɕi²¹xɚ⁵⁵zo³³

橘子 sa⁴²lɯ²¹

柿子 tha⁵⁵dzɹ²¹mo²¹

栗子 tsɚ³³mo²¹

核桃 sɹ⁵⁵mɛ²¹

木耳 a²¹nɛ³³gɚ⁴²mo²¹no³³po³³

蘑菇野生的 mɯ³¹³lɯ²¹

香菇 mɯ³¹³lɯ²¹

稻子指植物 tshe²¹

稻谷指籽实（脱粒后是大米）tshe²¹

稻草脱粒后的 tshe²¹pə⁴²

大麦指植物 zɹ²¹

小麦指植物 so³³

麦秸脱粒后的 zɹ²¹pə⁴²

棉花指植物 so³³lo³³

油菜油料作物，不是蔬菜 u³¹³tɕo³³

向日葵指植物 xo²¹da⁵⁵mo²¹ɲi⁵⁵

蚕豆 nu̠³³

花生 指果实 lu²¹ti⁵⁵ɕum³³

黄豆 nu⁵⁵mo²¹sə̠³³

绿豆 nə̠³³bi³³ljo⁵⁵

大白菜 东北~ u³¹³tsa⁴²phi²¹

包心菜 卷心菜，圆白菜，球形的 u³¹³tsa⁴²də²¹lə⁵⁵

芹菜 u³¹³ljo³³mo²¹

韭菜 kɯ³³

蒜 tsi³³bə̠³¹³

姜 tshu³³bə̠³¹³

辣椒 统称 la³¹³tsʅ⁴²

茄子 统称 tɕə³³tsʅ⁴²

萝卜 统称 u³¹³tshe²¹

胡萝卜 u³¹³tshe²¹sə̠³³

黄瓜 ɕi²¹ku³³

丝瓜 无棱的 ɕi²¹kuʔ³³

南瓜 扁圆形或梨形，成熟时赤褐色 u⁵⁵phur³³mjɛ⁵⁵kua³³

荸荠 a⁵⁵di²¹

红薯 统称 mi²¹tshu⁴²

芋头 ɕa³³i⁵⁵tu³³mo²¹

山药 圆柱形的 ŋə̠³³

藕 ɣə²¹mjɛ⁵⁵thu³³

四 动物

老虎 lo³¹³mo²¹

猴子 a⁵⁵mjo⁴²zo³³

蛇 统称 vi³³

老鼠 家里的 xua⁵⁵

蝙蝠 bɛ²¹u²¹mo²¹

鸟儿 飞鸟，统称 ɣa⁵⁵mo²¹

麻雀 dzo²¹ɣa⁵⁵mo²¹

喜鹊 a⁵⁵tsha⁴²tsha⁴²mo²¹

乌鸦 a⁵⁵na⁵⁵mo²¹

翅膀 鸟的，统称 do²¹la⁴²

爪子 鸟的，统称 tɕhi²¹pɯ³³

尾巴 i³³mə̠³³

窝 鸟的 khuɛ²¹

虫子 统称 bɯ³³

蝴蝶 统称 ku²¹li⁵⁵pa³³pa³³mo²¹

蜜蜂 bjo³³

蜂蜜 bjo³³ʑi²¹

知了 统称 ti³¹³li³³li³³mo²¹

蚂蚁 a⁵⁵u³³mo²¹

蚯蚓 bɯ⁵⁵di²¹mo²¹

蜘蛛 会结网的 xo²¹da⁵⁵mo²¹

蚊子 统称 ʐo²¹su³³mo²¹

苍蝇 统称 ʐo²¹mo²¹

跳蚤 咬人的 khui⁵⁵sɛ²¹mo²¹

虱子 sɛ²¹

鱼 ŋo³³zo³³

鳞 鱼的 ŋo³³zo³³kə̠⁵⁵sə̠⁵⁵

虾 统称 bɯ⁵⁵dzɯ²¹

青蛙 统称 a⁵⁵po³³mo²¹

癞蛤蟆 表皮多疙瘩 a⁵⁵po³³dzi³³gə³³də³³lə³³mo²¹

马 mu³³

驴 tha⁵⁵la⁵⁵mə̠³³mo²¹

牛 ɲi³³

公牛 统称 ɲi³³lo³³xə̠³³

母牛 统称 ɲi³³mo²¹pja⁵⁵

放牛 ɲi³³lu⁴²

羊 tshə̠⁴²

猪 va⁴²

种猪 配种用的公猪 va⁴²po³¹³

公猪 成年的，未阉的 va⁴²po³¹³

母猪成年的，未阉的 va⁴²mo²¹

猪崽 va⁴²tsha⁵⁵

猪圈 va⁴²lo⁴²

养猪 va⁴²su²¹

猫 a⁵⁵mi³³

公猫 a⁵⁵mi³³po³¹³

母猫 a⁵⁵mi³³mo²¹

狗统称 khui³³

公狗 khui³³po³¹³

母狗 khui³³mo²¹

叫狗~ ljo³¹³

兔子 tha⁵⁵la⁵⁵

鸡 ɣa⁵⁵

公鸡成年的，未阉的 ɣa⁵⁵phɯ³³

母鸡已下过蛋的 ɣa⁵⁵mo²¹phi³³

叫公鸡~（即打鸣儿）bɯ³³

下鸡~蛋 fu⁴²

孵~小鸡 mɯ³¹³

鸭 um⁴²pa⁵⁵pa⁵⁵

鹅 ɚ⁵⁵lo³³mo²¹

阉~公猪 tsho⁵⁵

阉~母猪 tsho⁵⁵

喂~猪 tso³³

杀猪 va⁴²se⁴²

杀~鱼 phja³³

五　房舍器具

村庄一个~ khua⁵⁵

街道 li⁵⁵gɚ³³

盖房子 xɯ²¹phɯ²¹

房子整座的，不包括院子 xɯ²¹

屋子房子里分隔而成的，统称 kə³³

卧室 zə⁴²nɛ³³gɛ²¹

茅屋茅草等盖的 zɿ³³xɯ²¹

厨房 tshu²¹dɯ⁵⁵xɯ²¹

灶统称 lo⁴²tso⁴²

锅统称 tshə³³

菜锅炒菜的 tshə³³

厕所旧式的，统称 tshɿ³³tə³¹³

柱子 tɕu³³ʑi³³mo²¹

大门 lo²¹go²¹mo²¹

门槛儿 lo³³go³³pu³³

窗旧式的 tsho²¹mja³³

梯子可移动的 a⁵⁵na⁵⁵mo²¹ta⁵⁵dzə³³

扫帚统称 me³¹³sɿ⁵⁵

扫地 dzo³³dzo³³sɿ⁵⁵

东西我的~ mjo³¹³zo³³

床木制的，睡觉用 dzi³¹³mɯ²¹

枕头 i³³dɯ³³ʑi³¹³

被子 phɯ³¹³sɿ³³

棉絮 so³³lo³³ȵi⁵⁵

席子 za⁵⁵lo³³

蚊帐 ʐo²¹su²¹mo²¹pɯ²¹

柜子统称 tɕi⁴²

菜刀 po³¹³to³³

瓢舀水的 phi³³bi³³

缸 ʑi²¹kã⁵⁵

坛子装酒的~ dzɿ²¹bjɛ²¹

盖子杯子的~ i³³kə⁵⁵

碗统称 pa⁵⁵ɕi³³

筷子 mu⁵⁵dzu²¹

汤匙 ʐo²¹kə²¹

柴火 tɕi²¹ɕi⁵⁵

火柴统称 ʐa²¹fa²¹tsu³³

锁 dzu⁵⁵pu³³

钥匙 dzu⁵⁵phu²¹

脸盆 khu²¹mja⁵⁵tsɿ³³lu³³

洗脸水 khu²¹mja⁵⁵tsɿ³³ʑi²¹

毛巾洗脸用 so²¹tɕi³³

手绢 xa̠⁵⁵phã³³

肥皂洗衣服用 ʑe²¹tɕɛ²¹

梳子旧式的，不是篦子 u³³pi³³tɕa⁵⁵

缝衣针 ɣə⁴²

剪子 tse²¹ta⁵⁵

雨伞挡雨的，统称 ʐa⁵⁵sa²¹

六 服饰饮食

衣服统称 phjo²¹

穿~衣服 ve⁴²

脱~衣服 lɯ⁵⁵

系~鞋带 nɛ²¹phi⁴²

棉衣 so³³lo³³phjo²¹

袖子 la⁴²dʑi³³

口袋衣服上的 tu⁵⁵tu⁵⁵

裤子 lo³¹

短裤外穿的 lo³¹³dɚ³³zo³³

裤腿 lo³¹³tɕhi²¹pha⁵⁵

帽子统称 mə⁵⁵mə⁵⁵

鞋子 tɕhi²¹nə⁵⁵

尿布 pə⁴²zo³³

扣子 phi²¹tsha⁵⁵mo²¹

扣 khɚ⁵⁵

戒指 la⁴²vɚ⁴²

手镯 la⁴²dzu²¹

理发 i³³tshu³³tshu⁵⁵

梳头 i³³tshu³³khɚ⁵⁵

米饭 tshe²¹phe²¹ma³³ma³³

稀饭用米熬的，统称 la⁵⁵xa³³

面粉麦子磨的，统称 so³³mɯ²¹

面儿玉米~，辣椒~ mɯ²¹

包子 so⁵⁵po³³

油条长条形的，旧称 so³³tsa⁵⁵kɚ³³

元宵食品 tshe²¹mɯ²¹də²¹lə⁵⁵

菜吃饭时吃的，统称 u³¹³

干菜统称 u³¹³fɚ⁴²

猪血当菜的 va⁴²sɿ³³

猪蹄当菜的 va⁴²tɕhi²¹bə⁴²

猪舌头当菜的 va⁴²ljo³³

猪肝当菜的 va⁴²kɚ³³

鸡蛋 ɣa⁵⁵fu⁴²

猪油 va⁴²tshɚ²¹

香油 zə³³ʑi³³

盐名词 tsho³³

香烟 zi³³

白酒 dzɿ²¹

江米酒酒酿，醪糟 dzɿ²¹phjo²¹

沏~茶 to⁵⁵

做饭统称 tshu²¹dɯ⁵⁵

炒菜统称，和做饭相对 u³¹³ljo⁵⁵

煮~带壳的鸡蛋 dɯ⁵⁵

煎~鸡蛋 pu⁴²

炸~油条 pu⁴²

蒸~鱼 pu³³

揉~面做馒头等 zɿ²¹

吃早饭 na³³ta⁴² gɛ²¹ tshu²¹ dzo³³

吃午饭 dzu³³dzo³³

吃晚饭 mɯ³¹³tɕhi³³ gɛ²¹ tshu²¹ dzo³³

吃~饭 dzo³³

喝~酒 du²¹

喝~茶 du²¹

抽~烟 du²¹

盛~饭 khə⁴²

夹用筷子~菜 tsɚ²¹

斟~酒 to⁵⁵

渴口~ sɿ⁴²

饿肚子~ mi⁴²

噎吃饭~着了 an⁵⁵tshɯ⁵⁵

七　身体医疗

头人的，统称 i³³dɯ³³

头发 i³³tshɯ³³

辫子 i³³tshɯ³³phe³¹³

旋 sui⁵⁵

额头 ɲi⁵⁵phɯ³³

相貌 za⁵⁵fɚ⁵⁵

脸 khu³³mja⁵⁵

眼睛 mja⁵⁵

眼珠统称 mja⁵⁵sɚ³³ku³³

眼泪哭的时候流出来的 mja⁵⁵bi³³

眉毛 mja⁵⁵bɯ²¹mə⁴²

耳朵 no³³po³³

鼻子 nu³³khu²¹

鼻涕统称 na²¹be³³

擤~鼻涕 fɯ²¹

嘴巴人的，统称 khui³³bɯ³³

嘴唇 khɯ³³bɯ³³phu³¹³

口水~流出来 tse³³ʑi²¹

舌头 ljo⁵⁵

牙齿 dzɚ²¹

胡子嘴周围的 me³¹³tsa⁵⁵

脖子 lɛ²¹bɛ²¹

喉咙 lɛ²¹bɛ²¹tsɿ⁴²

肩膀 lɛ²¹bɛ²¹tɯ⁵⁵

胳膊 la⁴²pa²¹

手他的~摔断了 la⁴²pha⁵⁵

左手 la⁴²pha⁵⁵a⁵⁵fɚ³³

右手 la⁴²pha⁵⁵a⁵⁵dzu³³

拳头 la⁴²gu²¹tsŋ⁵⁵

手指 la⁴²ɲi³³

大拇指 la⁴²ɲi³³mo²¹

食指 la⁴²ɲi²¹

中指 la⁴²ɲi²¹i³³tɕo³³tɕi³³

小拇指 la⁴²ɲi³³zo³³

指甲 la⁴²ɲi³³sɚ³³ku⁵⁵

腿 gə²¹pɯ³³

脚他的~压断 tɕhi²¹pha⁵⁵

膝盖指部位 gɚ²¹tsɿ⁴²

背名词 gɯ²¹mɯ²¹

肚子腹部 xa³³pɯ³³

肚脐 tsha⁵⁵pɯ²¹ti⁵⁵li⁵⁵

乳房女性的 a⁵⁵ne²¹

屁股 do²¹pɯ³³

肛门 do²¹pɯ³³mja⁵⁵

阴茎成人的 dɚ²¹pa⁵⁵

女阴成人的 du³³bi⁵⁵

龟头动词 khɯ²¹

精液 lɚ⁵⁵ʑi²¹

来月经 phjo²¹tshŋ³³ʑi²¹lɛ²¹

拉屎 tshŋ³³li⁵⁵

撒尿 ʑi²¹sɚ⁴²li⁵⁵

放屁 tshŋ³³kə³¹³

病了 no²¹ɛ⁴²

着凉 tɕhi⁵⁵ẓi²¹no²¹
咳嗽 tsɯ³¹³
发烧 phi³³dzo²¹fɚ⁵⁵
发抖 bi²¹li²¹ko⁵⁵
肚子疼 xa⁴²pɯ⁴²no²¹
拉肚子 xa⁴²pɯ⁴²su⁵⁵
患疟疾 phi³³dzo²¹fɚ⁵⁵
肿 phə⁴²
化脓 be²¹khuɛ⁴²
痣 凸起的 me³¹³na⁵⁵
疙瘩 蚊子咬后形成的 bɚ²¹
看病 no²¹na⁵⁵ɲi³³
打针 tsɛn³³dzɯ⁵⁵
打吊针 tsɛn³³dzɯ⁵⁵
吃药 统称 no²¹tshŋ³³du²¹
汤药 no²¹tshŋ³³
病轻了 no²¹kho²¹a⁵⁵la³³

八　婚丧信仰

说媒 fu³³tɕo³³
媒人 fu³³tɕo³³mo²¹
相亲 tɕhi⁵⁵mo²¹de³¹³ẓi²¹
结婚 统称 tɕhi⁵⁵mo²¹kɯ³³
娶妻子 男子~，动宾 tɕhi⁵⁵mo²¹kɯ³³
出嫁 女子~ fu³³
新娘子 tɕhi⁵⁵mo²¹sɚ³³
孕妇 so³³ma²¹do²¹a³³ẓa⁵⁵
怀孕 xa³³pɯ²¹dɚ²¹
害喜 妊娠反应 dzo²¹ẓi²¹ɕi³³
分娩 a⁵⁵kɯ⁵⁵nɯ³³
流产 sa³³phi²¹
坐月子 la⁴²mɯ²¹

吃奶 a⁵⁵ne²¹du²¹
断奶 a⁵⁵ne²¹kə³¹³
满月 la⁴²bɛ²
死 统称 sŋ²¹
死 婉称，最常用的几种，指老人：他~了 ẓi²¹phi⁴²
自杀 la⁴²pha⁵⁵thu²¹
入殓 ɕi⁵⁵thi³³tsɯ³³
棺材 ɕi⁵⁵thi³³
出殡 ɕi⁵⁵thi³³thu³³
灵位 a²¹po³³go²¹so²¹mo²¹
坟墓 单个的，老人的 le⁴²bɯ²¹
上坟 le⁴²da⁵⁵
纸钱 tha²¹ẓi³³
老天爷 mɯ³³mi²¹
菩萨 统称 vi⁵⁵mo²¹
观音 vi⁵⁵mo²¹
寺庙 vi⁵⁵xu²¹
运气 mjɚ⁴²

九　人品称谓

人 一个~ tsho²¹
男人 成年的，统称 tshua⁴²la²¹zo³³
女人 三四十岁已婚的，统称 za²¹me²¹zo³³
单身汉 a²¹po³³ti³³
老姑娘 a²¹nɛ³³ti³³
婴儿 me³³me³³tsha⁵⁵zo³³
小孩 三四岁的，统称 a⁵⁵kɯ⁵⁵tsha⁵⁵zo³³
男孩 外面有个~在哭 tshua⁴²la²¹zo³³tsha⁵⁵zo³³
女孩 外面有个~在哭 za²¹me²¹tsha⁵⁵zo³³
老人 七八十岁的，统称 tsho²¹mo³¹³gɚ²¹
亲戚 统称 ku³³ka⁴²
朋友 统称 tha²¹su³³

邻居统称dzo²¹bo³¹³dzo²¹la²¹

客人 ve²¹

农民 mi²¹gɯ³³pho³¹³

商人 vɚ²¹lɛ⁴²mɯ²¹pho³¹³

木匠 pa⁵⁵dzŋ²¹pho³¹³

裁缝 phjo²¹gə⁴²mo²¹

理发师 i³³tshɯ³³tshu³³pho³¹³

厨师 tshɯ²¹dɯ³³pho³¹³

师傅 su⁵⁵tsu³³

乞丐统称，非贬称dzo²¹ma⁴²pho³¹³

流氓 la⁵⁵kə²¹

贼 dzɚ⁵⁵

瞎子统称，非贬称mja⁵⁵tɚ³³

聋子统称，非贬称no³³po³³bo³³

瘸子统称，非贬称phi³³thə³³

疯子统称，非贬称tsho²¹u³³mo²¹

傻子统称，非贬称tsho²¹thɯ⁵⁵

爷爷呼称，最通用的a³³po³³

奶奶呼称，最通用的a³³ne³³

外祖父叙称a³³ku³³

外祖母叙称a³³pho²¹

父母合称a³³dɛ³³a³³mo³³

父亲叙称a³³dɛ³³

母亲叙称a³³mo³³

爸爸呼称，最通用的a³³dɛ³³

妈妈呼称，最通用的a³³mo³³

继父叙称ʐa³³dɛ³³fɚ⁴²

继母叙称ʐa³³mo³³fɚ⁴²

岳父叙称a³³ɣɯ³³mo²¹

岳母叙称a³³mɯ³³mo²¹

公公叙称ʐo²¹pho³¹³

婆婆叙称ʐo²¹mo²¹

叔父呼称，统称a⁵⁵zi³³

排行最小的叔父呼称，如"幺叔"
　　a⁵⁵zi³³ tsha⁵⁵zo³³

叔母呼称，统称a²¹mo²¹sŋ⁵⁵

姑呼称，统称a⁵⁵ȵi⁵⁵

姑父呼称，统称a²¹ɕi⁵⁵mɯ⁵⁵

舅舅呼称，统称a³³ɣɯ³³

舅妈呼称，统称a²¹gɯ²¹mɯ²¹

姨呼称，统称a⁵⁵zŋ³³

姨父呼称，统称a⁵⁵u³³

弟兄合称a³³zu³³a³³li⁵⁵

姊妹合称a⁵⁵tɕi³³nɯ³¹³mo²¹

嫂子呼称，统称a²¹me³¹³

弟弟叙称ŋo²¹nɛ²¹

弟媳叙称ŋo²¹nɛ²¹tɕhi⁵⁵mo²¹

姐姐叙称a⁵⁵tɕi³³

姐夫叙称a²¹mɯ⁵⁵

妹妹叙称nɯ³¹³mo²¹

妯娌弟兄妻子的合称a⁵⁵vi²¹a⁵⁵ŋɛ⁵⁵

连襟姊妹丈夫的关系，叙称i²¹fu³³

儿子叙称：我的～ zo³³

儿媳妇叙称：我的～ zo³³tɕhi⁵⁵mo²¹

女儿叙称：我的～ za²¹me²¹

女婿叙称：我的～ su³³pho³¹³

孙子儿子之子li³³zo³³

重孙子儿子之孙la⁵⁵zo³³

侄子弟兄之子du²¹zo³³

外甥姐妹之子du²¹zo³³

外孙li³³zo³³

夫妻合称mɚ³¹³zu⁵⁵

丈夫叙称，最通用的，非贬称：她的～ tshua⁴²la²¹

妻子叙称，最通用的，非贬称：她的～ tɕhi⁵⁵mo²¹

名字 me³¹³

绰号 me³¹³xo²¹me³¹³thɚ³³

十　农工商文

干活儿统称：在地里～ mjo³¹³mɯ²¹

事情一件～ sɿ²¹dze²¹

插秧 tshe²¹tɚ³³

割稻 tshe²¹tshɚ³¹³

种菜 u³¹³tsa²¹tɚ³³

犁名词 ɕi³³gu⁴²

把儿刀～ mɚ³³ɣɯ³³

箩筐 lo³³dɯ⁵⁵

筛子统称 um⁵⁵tɕi⁵⁵

簸箕农具，有梁的 um⁵⁵mo²¹

碓整体 pa³³tshɯ³³

臼 pa³³tshɯ³³tɯ³¹³

磨名词 lo⁵⁵tshɯ⁵⁵

打工 sa³¹³dʑo²¹

斧子 se²¹tshɿ⁵⁵

锤子 la³³thu³³

钉子 sɛn⁴²me³¹³

绳子 tsa⁵⁵

棍子 ɕi⁵⁵ba⁵⁵

做买卖 vɚ²¹lɛ⁴²mɯ²¹

贵 phɯ³³bo²¹

合算 xua⁴²tshɯ⁵⁵do²¹

钱统称 dzi³³phe³¹³

工钱 ɣo³³phɯ³³

路费 dʑo²¹mo²¹phɯ³³

花～钱 zɯ³³

挣打工～了一千块钱 so³³gua⁴²

秤统称 tɕho³³

称用秤秤～ tɕho³³

赶集 li⁵⁵ʑi²¹

集市 li⁵⁵gɚ³³

庙会 xui⁵⁵mɯ²¹

上学 sɿ³³su³³ʑi²¹

书包 po³³fu³³

本子 sɿ³³pɯ²¹

捉迷藏 pho²¹pja⁵⁵lɚ³³go²¹

跳绳 tsa⁵⁵tsum⁵⁵

毽子 tsu²¹ʑi⁵⁵

鞭炮统称 phu⁵⁵tsa²¹

唱歌 ko⁵⁵tsho²¹

演戏 ɕi⁵⁵tsho²¹

笛子 thi⁵⁵li⁵⁵lu²¹

打扑克 phɛ⁴²dzɿ³³

打麻将 ma²¹tɕa⁵⁵dzɿ³³

讲故事 ku²¹tsi³³khua²¹

猜谜语 ku²¹tsi³³tshɛ⁵⁵

玩儿游玩：到城里～ lɚ³³go²¹

走亲戚 ku³³ka⁴²xɯ²¹ʑi²¹

十一　动作行为

看～电视 na⁵⁵ȵi³³

听用耳朵～ no³³ȵi³³

闻嗅：用鼻子～ nɯ³¹³

睁～眼 phu²¹

闭～眼 mi⁵⁵

眨～眼 mja⁵⁵tshɯ⁵⁵

张～嘴 ŋa⁴²

闭～嘴 mi⁵⁵

咬狗～人 khui⁵⁵

嚼把肉～碎 gu³³

咽~下去 no⁴²
舔人用舌头~ lja⁴²
亲嘴 dzo³³
吮吸 用嘴唇聚拢吸取液体，如吃奶时 mjo⁴²
吐上声，把果核儿~掉 phi⁴²
吐去声，呕吐：喝酒喝~了 khu⁴²
打喷嚏 a⁵⁵thi²¹thi²¹
拿用手把苹果~过来 ve²¹
给他~我一个苹果 gɯ³¹³
伸~手 dze³¹³
挠~痒痒 khɚ⁵⁵
掐用拇指和食指的指甲~皮肉 tshη⁴²
捻用拇指和食指来回~碎 lɯ²¹
掰把橘子~开，把馒头~开 khɚ⁴²
剥~花生 phɚ⁵⁵
撕把纸~了 phe²¹
折把树枝~断 tshη³³
拔~萝卜 tsη⁵⁵
摘~花 tshɚ⁵⁵
站站立：~起来 xe⁴²
蹲~下 mɯ³¹³
坐~下 ȵa⁵⁵
跳青蛙~起来 tsum⁵⁵
迈跨过高物：从门槛上~过去 thu²¹
踩脚~在牛粪上 dzɯ⁵⁵
弯·腰 ku³³
爬小孩在地上~ mɚ⁵⁵
走慢慢儿~ sɯ³³
跑慢慢儿走，别~ tshe⁵⁵
逃逃跑：小偷~走了 pho²¹
追追赶：~小偷 ga⁴²
抓~小偷 tɕa⁵⁵

抱把小孩~在怀里 ta⁵⁵
背~孩子 bɯ³¹³
搀~老人 tsa⁴²
推几个人一起~汽车 bɯ⁵⁵
摔跌：小孩~倒了 kua³³pu³³
撞人~到电线杆上 phɯ⁵⁵
挡你~住我了，我看不见 dɯ²¹
躲躲藏：他~在床底下 pho²¹pja⁵⁵
藏藏放，收藏：钱~在枕头下面 kə⁴²tsə³³
放把碗~在桌子上 to³³
摞把砖~起来 phɯ²¹
埋~在地下 tɯ³¹³
盖把茶杯~上 phɯ³¹³
压用石头~住 zi⁵⁵
摁用手指按：~图钉 zi⁵⁵
捅用棍子~鸟窝 fi⁵⁵
插把香~到香炉里 tshɯ⁵⁵
戳~个洞 tɕhɚ⁵⁵
砍~树 dzi⁵⁵
削~苹果 tshu⁵⁵
裂木板~开了 be²¹
皱皮~起来 tɯ³³
腐烂死鱼~了 tshη³¹³
擦用毛巾~手 sη⁵⁵
倒把碗里的剩饭~掉 to⁵⁵
扔丢弃：这个东西坏了，~了它 lu⁵⁵
掉掉落，坠落：树上~下一个梨 ka⁴²tshe²¹
滴水~下来 dza⁵⁵
丢丢失：钥匙~了 tshɚ³¹³phi⁴²
找寻找：钥匙~到 so³³gua⁴²
捡~到十块钱 kɚ³³
挑~担 thɯ³³

抬~轿thɯ³³
举~旗子thɯ³³
撑~伞thɯ³³
挑挑选，选择：你自己~一个ɕi³³
收拾~东西kɚ³³tu³³
挽~袖子tshɯ⁵⁵
洗~衣服tsʅ³³
拴~牛ne⁴²phi⁴²
捆~起来ne⁴²phi⁴²
解~绳子phi²¹
端~碗thɯ³³
摔碗~碎了ka⁴²tshe²¹
烧~柴tɕi⁴²
拆~房子phja⁵⁵
转~圈儿tsu³³
打架动手：两个人在~ dzʅ²¹dzi²¹khɯ³³
休息lɚ³³go²¹
打哈欠a⁵⁵xa²¹xa²¹
打瞌睡zɚ⁴²mɚ³³tsum⁵⁵
睡他已经~了zɚ⁴²
打呼噜zɚ⁴²no³³gu²¹
做梦zɚ⁴²mɔ³³mɔ³³
起床tu³³lɛ²¹
刷牙dzɚ⁴²tshʅ³³
洗澡gɯ²¹mɯ²¹tshʅ³³
想思索：让我~一下dʑi³¹³
想想念：我很~他dʑo³³
打算我~开个店dʑi³¹³
忘记n̠i⁵⁵ʑi⁴²
怕害怕：你别~ dzu⁵⁵
讨厌~这个人mja⁵⁵tsi³³
舒服凉风吹来很~ lɚ³³go²¹ɕo²¹

难受生理的ku⁴²so³³
难过心理的ku⁴²so³³
生气ɕɛ⁴²tsʅ³³
忌妒n̠i⁵⁵phe³³
害羞sa⁴²tu³³
丢脸khu³³mja⁵⁵tshu²¹
疼~小孩儿n̠i⁵⁵no²¹
要我~这个mo³³
有我~一个孩子dzu²¹
没有他~孩子ma²¹dzu²¹
是我~老师ŋɛ²¹
不是他~老师ma²¹ŋɛ²¹
在他~家tshʅ⁵⁵
不在他~家ma²¹tshʅ⁵⁵
知道我~这件事sʅ³¹³
不知道我~这件事ma²¹tɕhe³³
懂我~英语sʅ³¹³
不懂我~英语ma²¹sʅ³¹³
会我~开车tɕi⁴²
不会我~开车ma²¹tɕi⁴²
认识我~他tɕhe³³
不认识我~他ma²¹tɕhe³³
行应答语do²¹
不行应答语ma²¹do²¹
肯~来sʅ³¹³
应该~去do²¹la³³
可以~去do²¹la³³
说~话gɯɚ⁴²
话说~ ba⁵⁵dʑi³³
叫~他一声儿ɯ⁵⁵
吆喝大声喊wua⁵⁵
哭小孩~ ŋɯ²¹

骂当面~人 xɚ⁵⁵
吵架动嘴：两个人在~ dzŋ²¹dzŋ²¹xɚ⁵⁵
骗~人 sa³¹³gui⁵⁵
哄~小孩 gui⁵⁵
撒谎 sa³¹³gui⁵⁵
拍马屁 sa³¹³phɔn²¹
开玩笑 ɕɔ⁵⁵xua⁵⁵guɚ²¹
告诉~他 de³¹³gɯ³³
谢谢致谢语 na³³ɣui³³la³³
对不起致歉语 tui⁵⁵tsu⁵⁵ma²¹do²¹

十二 性质状态

大苹果~ ɣɚ³³
小苹果~ nɚ³³
粗绳子~ phə⁴²
细绳子~ mɯ⁵⁵
长线~ ɕi³³
短线~ dɚ³³
长时间~ ɕi³³
短时间~ dɚ³³
窄路~ ȵo⁵⁵
高飞机飞得~ um³³
低鸟飞得~ di⁵⁵
高他比我~ um³³
矮他比我~ di⁵⁵
远路~ vi³³
近路~ nɚ³³
深水~ na⁴²
浅水~ dɯ²¹
清水~ dʑi²¹
浑水~ nɚ⁵⁵
圆 wuɛ²¹

扁 pja⁴²
尖 tshɯ²¹
平 du²¹
肥~肉 tshŋ²¹
瘦~肉 do³³
肥形容猪等动物 tshŋ²¹
胖形容人 tshŋ²¹
瘦形容人、动物 do³³
黑黑板的颜色 na⁵⁵
白雪的颜色 phi²¹
红国旗的主颜色，统称 ȵi²¹
黄国旗上五星的颜色 sɚ³³
蓝蓝天的颜色 ljo⁵⁵
绿绿叶的颜色 ljo⁵⁵
多东西~ mjo³³
少东西~ mə⁴²
重担子~ li³³
轻担子~ ljo²¹
直线~ dzu²¹
陡坡~，楼梯~ ta⁵⁵
弯弯曲：这条路是~的 gu²¹
厚木板~ thu²¹
薄木板~ bo³³
密菜种得~ dzɯ²¹
稀稀疏：菜种得~ bo³³
亮指光线，明亮 bo²¹li³³
黑指光线，完全看不见 na⁵⁵bɯ²¹dɯ³³
热天气 xɯ⁵⁵
暖和天气 lo²¹mɯ³³
冷天气 dʑa⁵⁵
热水 lo²¹mɯ³³
凉水 tsu⁴²

干 干燥：衣服晒~了 fɚ⁴²

湿 潮湿：衣服淋~了 nɚ⁴²

干净 衣服~ su²¹dʐa⁴²

快 锋利：刀子~ tha⁵⁵

钝 刀~ ma²¹tha⁵⁵

快 坐车比走路~ tshua⁵⁵

慢 走路比坐车~ phi²¹

早 来得~ na⁴²

晚 来~了 lɤ²¹

晚 天色~ mɯ³³tɕhi²¹

容易 这道题~ gu²¹no³³

难 这道题~ gu²¹so³³

新 衣服~ ssɚ⁴²

旧 衣服~ sli³³

老 人~ mo³¹³

年轻 人~ khu⁴²tho³³nɛ³³

软 糖~ fu³³

硬 骨头~ kɯ⁵⁵

煳 饭烧~了 tshɚ⁴²

结实 家具~ khuɛ²¹

破 衣服~ thɚ⁴²

富 他家很~ bo²¹

穷 他家很~ so³³ɣo³³

闲 最近比较~ ɕa³³

累 走路走得很~ so³³

疼 摔~了 no²¹

痒 皮肤~ ʐo³³

陌生 ma²¹tɕhɛ³³

气味 闻闻~ i⁵⁵sa⁴²

咸 菜~ kho³³

淡 菜~ bja⁵⁵

酸 tsi³³

甜 tshŋ²¹

苦 kho³³

辣 phe²¹

香 ɕum³³

臭 bɯ³¹³nɯ²¹

馋 tsi³³

好 no³³

懒 bjo²¹

乖 fɚ³³

傻 痴呆 thɯ⁵⁵

笨 蠢 thɯ⁵⁵

直爽 性格~ dzu²¹

犟 脾气~ vɚ²¹

十三　数量

一 te²¹

二 n̪i²¹

三 sə³³

四 li³³

五 ŋo³³

六 tshu⁴²

七 sɿ³¹³

八 xe⁴²

九 gɯ³³

十 tɕhi²¹

二十 有无合音 n̪i²¹tɕi³³

三十 有无合音 sə³³tɕhi³³

一百 te²¹xo²¹

一千 te²¹sə²¹

一百零五 te²¹xo²¹gɚ⁵⁵ŋo³³mo³³

一百五十 te²¹xo²¹ŋo³³tɕhi³³mo³³

二两 重量 n̪i²¹lo²¹

几个 你有~孩子？xa²¹mja⁴²tɕe⁵⁵
俩 你们~ ȵi²¹tɕe⁵⁵
仨 你们~ sə³³tɕe⁵⁵
个 把 tɕe⁵⁵pa⁴²
个 一~人 tɕe⁵⁵
匹 一~马 dzə³³
头 一~牛 tɕi³³
头 一~猪 mo³³
只 一~狗 mo³³
只 一~鸡 mo³³
只 一~蚊子 mo³³
条 一~鱼 tsa⁴²
条 一~蛇 tsa⁴²
张 一~嘴 mo³³
张 一~桌子 tsu³³
床 一~被子 tso³³
领 一~席子 tso³³
双 一~鞋 dzə²¹
把 一~刀 tsa⁴²
把 一~锁 mo³³
根 一~绳子 tɕi³³
支 一~毛笔 ba⁵⁵
副 一~眼镜 dzə²¹
面 一~镜子 thi³³
辆 一~车 dzɻ²¹
座 一~房子 tsu³³
条 一~路 tɕi³³
棵 一~树 kɯ³³
朵 一~花 pɯ³³
颗 一~珠子 mo³³
粒 一~米 mo³³
顿 一~饭 bɛ²¹

剂 一~中药 fu⁵⁵
股 一~香味 thə⁴²
行 一~字 lu⁵⁵
块 一~钱 li⁴²
毛角：一~钱 sə⁴²
件 一~事情 ɕo²¹
点儿 一~东西 djɚ⁵⁵zo³³
些 一~东西 tɕe²¹dze⁴²mo²¹
下 打一~，动量，不是时量 ku⁵⁵
会儿 坐了一~ tɕe²¹thə⁵⁵zo³³
顿 打一~ tɯ³¹³
阵 下了一~雨 bə³³
趟 去了一~ po²¹

十四 代副介连词

我 ~姓王 ŋo²¹
你 ~也姓王 nə²¹
您 尊称 nə²¹
他 ~姓张 i³³
我们 不包括听话人：你们别去，~去 ŋo²¹dzɻ³³
咱们 包括听话人：他们不去，~去吧 na⁵⁵dzɻ³³
你们 ~去 nə²¹dzɻ³³
他们 ~去 i³³dzɻ³³
大家 ~一起干 tɕe²¹ tɕe²¹ɣə²¹po⁴²
自己 我~做的 a⁵⁵mə³³mə³³
别人 这是 ~的 sɻ²¹
我爸 ~今年八十岁 wua³³dɛ³³
你爸 ~在家吗？na³³dɛ³³
他爸 ~去世了 za³³dɛ³³
这个 我要~，不要那个 tɕe³³mo³³
那个 我要这个，不要~ ne³³mo³³
哪个 你要~杯子？xa³³mo³³

谁你找~？ a²¹sɿ³³
这里在~，不在那里 te³³na³³
那里在这里，不在~ ne³³na³³
哪里你到~去？ xa³³na³³
这样事情是~的，不是那样的 te³³ɕo⁴²
那样事情是这样的，不是~的 ne³³ɕo⁴²
怎样什么样：你要~？ xa³¹³kja⁵⁵
这么~贵啊 te⁵⁵mja⁴²
怎么这个字~写？ xa³¹³
什么这个是~字？ a⁵⁵tsɿ⁵⁵
什么你找~？ a⁵⁵tsɿ⁵⁵
为什么你~不去？ a⁵⁵tsɿ⁵⁵kja⁵⁵gɯ⁵⁵
干什么你在~？ a⁵⁵tsɿ⁵⁵kji⁵⁵
多少这个村有~人？ xa²¹mja⁴²
很今天~热 tɕa⁴²pa⁴²
非常比上条程度深：今天~热 tɕa⁴²pa⁴²
更今天比昨天~热 ma²¹bo³³
太这个东西~贵，买不起 tɕa⁴²pa⁴²
最弟兄三个中他~高 tso²¹
都大家~来了 də⁵⁵
一共~多少钱？ te²¹dze²¹po⁴²
一起我和你~去 te²¹tʰɯ³¹³
只我~去过一趟 də³³də³³
刚这双鞋我穿着~好 tɕa⁴²pa⁴²

刚我~到 tshe²¹
才你怎么~来啊？ tshe²¹
经常我~去 be²¹tɕha⁵⁵
还他~没回家 xɚ⁵⁵
再你明天~来 tsi⁵⁵
也我~去；我~是老师 gɚ³³
反正不用急，~还来得及 tso²¹xo⁴²
没有昨天我~去 ma²¹
不明天我~去 ma²¹
别你~去 ta⁴²
甭不用，不必：你~客气 ta⁴²
快~亮了 a⁵⁵la³³
差点儿~摔倒了 te²¹
宁可~买贵的 ne⁵⁵do²¹
故意~打破的 pa⁵⁵ʑi⁵⁵ma⁵⁵
可能~是他干的 a⁵⁵ba⁵⁵ne⁵⁵
一边~走，~说 te²¹bi³³
和我~他都姓 gɚ³³
和我昨天~他去城里了 tɕa⁴²
对他~我很好 tɕa⁴²
向他~我很好 tɕa⁴²
替~他写信 tɕa⁴²
如果~忙你就别来了 pa³³

第二节

《中国语言资源调查手册·民族语言（藏缅语族）》扩展词

一 天文地理

天~地 mɯ³³

阳光 mɯ³³tshu²¹

日出 mɯ³³li³³mo²¹du⁵⁵

日落 mɯ³³li³³mo²¹dzɯ²¹

光~线 mɯ³³tshu²¹

影子 a⁵⁵ʑi⁵⁵mo²¹

刮风 mɯ³³li³³mɯ⁵⁵

风声 风呼呼声 mɯ³³li³³mi²¹

打雷 mɯ³³kɯ³¹³

响雷 霹雳 mɯ³³tsɚ⁵⁵

大雨 mo³³xo²¹po³¹³mo²¹

小雨 mo³³xo²¹zo³³

毛毛雨 mo³³xo²¹mɯ⁵⁵lɯ⁵⁵zo³³

暴风雨 mɯ³³kɯ³¹³mɯ³³tsɚ⁵⁵mo²¹

雨声 mo³³xo²¹mi²¹

下雪 fa³³dzo²¹

雪崩 fa³³su⁵⁵tshe²¹lɛ²¹

雪水 fa³³ʑi²¹

结冰 ne³³tɛn⁵⁵

融化 fa³³xua⁴²

乌云 tsi³³ka³³na⁵⁵bɯ⁴²tshə⁴²

彩云 tsi³³ka³³phi⁵⁵tɚ⁴²

地 总称 mi²¹

土地 mi²¹

坡地 bɯ²¹dzʅ³³mi²¹

荒地 a⁵⁵kho³³mi²¹

山地 bɯ²¹mi²¹

平地 平坦的土地 bə²¹gə²¹

地界 田地的边界 kə³¹³dzo³¹³

庄稼地 lo⁴²mɯ³³tɚ³³mi²¹

地陷 mi²¹kho³³lo³³

海 xɯ²¹mo²¹

田 总称 tɚ³³mi³³

田坎 tɚ³³mi³³di²¹do³³

秧田 li³¹³mi²¹

小山 bɯ²¹zo³³

荒山 ɕa³³dzɚ³¹³bɯ²¹mi²¹

雪山 fa³³bɯ²¹

山顶 bɯ²¹i³³dɯ³³

山峰 bɯ²¹i³³dɯ³³

山腰 bɯ²¹pa⁴²dzu³³

山脚 bɯ²¹tɕhi²¹pha⁵⁵du⁴²

阴山 指山背阴一面 bɯ²¹tɕhi⁵⁵ziŋ³³

阳山 指山朝阳一面 bɯ²¹taŋ⁵⁵ʑaŋ⁴²

岩洞 lu⁵⁵dʑa⁵⁵mja⁵⁵

岩石 lu⁵⁵dʑa⁵⁵

花岗岩 lu⁵⁵dʑa⁵⁵

鹅卵石 lu⁵⁵də²¹lə⁵⁵

滑坡 bɯ²¹su⁵⁵

陡坡 bɯ²¹ta⁵⁵

悬崖 峭壁 lu⁵⁵tsʅ⁴²lu⁵⁵ŋa⁵⁵

石板 lu⁵⁵thi³³

小河 ʑi²¹tsho³³zo³³

河水 ʑi²¹tsho³³ʑi²¹

上游 河的~ ga⁴²bɯ⁵⁵

下游 河的~ dʑi²¹bɯ⁵⁵

漩涡 河里的~ a⁵⁵kho³³la⁵⁵sɯ³³

泉水 ʑi²¹du⁵⁵du⁵⁵

清水 与浊水相对 ʑi²¹su²¹

草原 zʅ³³phɚ³³de²¹

峡谷 wua⁵⁵

泥石流 bɯ²¹mi³³su⁵⁵

地洞 bɯ²¹mja⁵⁵

洞口 i³³go²¹khui³³

山路 bɯ²¹dzo²¹mo²¹

岔路 dzo²¹mo²¹fi³³

大路 野外的 dzo²¹mo²¹mo²¹

小路 野外的 dzo²¹mo²¹zo³³

桥 统称 dzu²¹

石桥 lu³³dzu²¹

菜园 u³¹³tɚ³³mi²¹

果园 li⁵⁵dzi³³mi²¹

尘土 干燥的泥路上搅起的 ne³¹³mɯ²¹

红土 ne³¹³mɯ²¹n̠i²¹

粉末 mɯ²¹

渣滓 榨油剩下的~ tshɚ²¹tɕi³³pa⁴²

煤渣 炭屑煤炭燃烧后余下的东西 me²¹pa⁴²

锅烟子 mɯ³³khɯ³³sa²¹

金 sɚ³³

银 phju²¹

铜 thɔŋ⁴²

铁 sɛn⁴²

锈 名词 dzʅ³³

生锈 动词 dzʅ³³da⁵⁵

火种 mɚ⁵⁵tu³³sʅ³¹³

火光 mɚ⁵⁵tu⁴²ljo³³

火焰 mɚ⁵⁵tu³³ljo³³

火塘 mɚ⁵⁵tu³³be²¹

打火石 mɚ⁵⁵dɚ⁵⁵

火舌 火苗 mɚ⁵⁵tu⁴²ljo³³

火灾 mɚ⁵⁵tu³³du²¹

火石 mɚ³³dɚ⁵⁵

井水~ ʑi²¹du⁵⁵

沸水 xa⁵⁵tu³³

温水 ʑi²¹dʑa⁵⁵lo²¹mɯ³³

二 时间方位

春天 fɚ⁴²tsʅ²¹

夏天 mo³³xo²¹lɛ²¹tsʅ²¹

秋天 ɕi⁵⁵phjo³³bɚ⁵⁵tsʅ²¹

冬天 dʑa⁵⁵tsʅ²¹

过年 khu⁴²sɚ³³xɯ³³ku⁴²

过节 khu⁴²ku⁴²

每年 be²¹khu⁴²

上半年 ɣə³³dzə²¹ne³³pa⁴²khu⁴²

下半年 du²¹mi⁴²ne³³pa⁴²khu⁴²

闰月 la⁴²tɯ⁵⁵

二月 ȵi²¹la⁴²

三月 sə³³la⁴²

四月 li³³la⁴²

五月 ŋo³³la⁴²

六月 tshu⁴²la⁴²

七月 sʅ³¹³la⁴²

八月 xe⁴²la⁴²

九月 gɯ³³la⁴²

十月 tɕhi²¹la⁴²

十一月 tɕhi²¹tɕi³³la⁴²

十二月 tɕhi²¹ȵi²¹la⁴²

每月 sui²¹la⁴²

月初 la⁴²i³³dɯ³³

月底 la⁴²a²¹mɚ³³

初一除了正月以外，其他月份的初一 da⁵⁵thi³³

昼夜 mɯ³¹³tɕhi²¹mɯ³¹³ȵi²¹

半天 te²¹pa⁴²ȵi⁴²

古时候 a²¹ɣə²¹nɯ³³ne³³tho³³

东 mɯ³³li³³mo²¹du⁵⁵a⁵⁵ne³³bi³³

西 mɯ³³li³³mo²¹dzʅ²¹a⁵⁵ne³³bi³³

正面 ɣə⁵⁵dzə²¹

反面 du²¹mi⁴²

附近 dzo²¹bo³¹³

周围 dzo²¹bo³¹³dzo²¹la⁴²

对岸河的~ o⁵⁵ti³³ku⁴²

门上挂在~ lo²¹go²¹tha⁴²

楼上 lɯ²¹tha⁴²

楼下 lɯ²¹dʑi²¹

在……后 du²¹mi⁴²

在……前 ɣə³³dzə²¹

在……之间 i³³tɕo³³

三 植物

樟树 mi²¹nə³³ɕi⁵⁵kɯ³³

桑树 so³³mo²¹kɯ³³

椿树 tshui³³kɯ³³

棕树 tsho³³bi³³kɯ³³

冷杉一种树种 tho³³sa³³kɯ³³

漆树 tɕhi⁵⁵kɯ³³

水冬瓜树 ȵi³³ɕi⁵⁵kɯ³³

青冈栎 ɕi⁵⁵kha⁵⁵ɕi⁵⁵

树皮 ɕi⁵⁵kɯ³³ku⁵⁵

树枝 ɕi⁵⁵ka⁴²la⁴²

树干 ɕi⁵⁵kɯ³³

树梢 ɕi⁵⁵i³³dɯ³³

根树~ i³³tɕi⁴²

树浆 ɕi⁵⁵kɯ³³zi²¹

松球 tho³³bɛ²¹lɛ²¹

松针 tho³³tshɯ³³

松脂 su⁵⁵dzi³³

松香 tho³³lo³³tshʅ³³

松苞松树枝头上的果实 su⁴²bɛ²¹

松明劈成细条的山松，可以点燃照明 si³³du²¹

荸荠 a⁵⁵di²¹

桃核 sʅ⁵⁵mɛ²¹

葡萄 ȵi³³mo²¹do²¹pɯ³³tshu⁵⁵
樱桃 lə³³kho³³mo²¹
壳核桃～ i³³ku⁵⁵
核儿枣～ i³³ȵi⁵⁵
山楂 sɿ⁵⁵u²¹
果皮 i³³ku⁵⁵
果干晒干了的果实 li⁵⁵dzi³³li⁵⁵mo²¹fɚ⁴²
杏仁 ɕi²¹xɚ⁵⁵zo³³ȵi⁵⁵
葵花籽未去壳的 xo²¹ta⁵⁵mo²¹ȵi⁵⁵
荆藤 dzɯ³¹³ȵɚ²¹
瓜蔓 o⁵⁵phɯ³³ȵɚ²¹
艾草 a⁵⁵kho³³
狗尾草 khui³³mɚ³³zɿ³³
车前草 a⁵⁵po³³u³³
草根 zɿ³³bɛ³³tɕi⁴²
青苔 a⁵⁵po³³tshɚ²¹ʑi²¹
鸡冠花 ɣa⁵⁵phɯ³³ɣɚ⁵⁵mo²¹vi⁵⁵
葵花 xo²¹da⁵⁵mo²¹vi⁵⁵
桃花 sɿ⁵⁵gə²¹də²¹lə²¹vi⁵⁵
芦苇 fɚ⁵⁵ka³³
鸡棕菌 mɯ³¹³lɯ²¹
红菌 mɯ³¹³lɯ²¹ȵi²¹
黄菌 mɯ³¹³lɯ²¹sɚ³³
笋衣指笋的嫩壳 u²¹ku³³
瓜子西～ o⁵⁵phɯ³³ȵi⁵⁵
籽菜～ i³³ȵi⁵⁵
荷叶 ɣə²¹mja⁵⁵thu³³phjo³³
银耳 a²¹nɛ³³gɚ⁴²mo²¹no³³po³³phi²¹
竹根 mo²¹tɕi⁴²
竹节 mo²¹tsɿ⁴²
竹竿 mo²¹ba⁵⁵
篾条编篮子的～ mo²¹me⁵⁵

发芽 i³³dzɚ²¹dzɚ²¹
结果 i³³mo²¹də⁴²
成熟 me²¹
开花 i³³vi⁵⁵vi⁵⁵
吐须 i³³me³¹³tsa⁵⁵du⁵⁵
凋谢 vi⁵⁵sə³¹³phi⁴²
粮食统称 tshu²¹ʑi²¹
种子 sɿ³¹³zo³³sɿ³¹³mo²¹
秧植物幼苗的统称 i³³za³³
稻穗 tshe²¹nɯ³³
抽穗 i³³nɯ³³du⁵⁵
大米脱粒后的 tshɛ²¹phɛ²¹
糯米 ȵo³³
红米 tshɛ²¹phɛ²¹ȵi²¹
秕谷 tshɛ²¹pja⁵⁵
稗子 a²¹bɚ⁴²
糠 tshɛ²¹phi³³
玉米苞玉米棒子 ʑi⁵⁵mɚ³¹³pjo³¹³
玉米秆 ʑi⁵⁵mɚ³¹³pə⁴²
玉米须 ʑi⁵⁵mɚ³¹³me³¹³tsa⁵⁵
燕麦 so³³kho³³zɿ³³
荞麦 go³³
苦荞 tshu⁵⁵go³³
麦芒 so³³tsɯ³³
麦穗 so³³nɯ³³
麦茬麦秆割过余下的部分 so³³tsuan³³
荞花 go³³vi⁵⁵
荞壳 go³³ku⁵⁵
豆子统称 nɚ³³bi³³
豆秸 nɚ³³bi³³pə⁴²
豆芽 nu⁵⁵dzə²¹zo³³
四季豆 nɚ³³bi³³mɯ⁵⁵zo³³

豆苗豆类的幼苗 nɚ³³bi³³kɯ³³
扁豆 nɚ³³bi³³pja⁵⁵thɚ⁴²
青菜 u³¹³tsa⁴²na⁵⁵
菜花一种蔬菜 u³¹³vi⁵⁵
蕨菜 do²¹ŋu⁴²
卷心菜所有菜心卷起来的菜的统称 u³¹³tsa⁴²phi²¹
苦菜 u³¹³tsa⁴²na⁵⁵
青椒 la³¹³tsʅ⁴²ljo⁵⁵
红椒 la³¹³tsʅ⁴²ɲi²¹
干辣椒 la³¹³tsʅ⁴²fɚ⁴²
春笋 mo²¹no⁵⁵
冬笋 mo²¹no⁵⁵
笋壳 u²¹ku³³
笋干 mo²¹no⁵⁵fɚ⁴²
萝卜干 lo²¹pu⁵⁵tɕɚ⁴²
萝卜缨子 u³¹³tshe²¹no⁵⁵
根茎菜的~ i³³tɕi⁴²i³³ɣɯ³³

四　动物

野兽 ze²¹ve⁵⁵
豹 zʅ⁴²
狗熊 phja³³la³³la³³mo²¹
熊掌 phja³³la³³la³³mo²¹la⁴²pha⁵⁵
熊胆 phja³³la³³la³³mo²¹tɕi³³
野猪 ne³¹³va⁴²
豺狗 ve²¹mo²¹
豪猪 pu³³
麂总称 tshʅ²¹mo²¹
狐狸 ɯ⁵⁵ʑi³³dɯ³³
狼 ve²¹mo²¹
黄鼠狼 xua⁵⁵lo³³mo²¹
穿山甲 tshɚ⁴²ti³³ti³³mo²¹

旱獭土拨鼠 xua⁵⁵la⁴²pu³³
野牛 ȵi³³xo²¹
挤~牛奶 nɯ⁵⁵
驼峰 lo²¹tho³³bu²¹
大象 a⁵⁵pa⁴²fu²¹mo²¹
象牙 a⁵⁵pa⁴²fu²¹mo²¹dzɚ²¹
象鼻 a⁵⁵pa⁴²fu²¹mo²¹nu³¹³khu²¹
松鼠 xua⁵⁵tɕɚ⁴²pu³³
啄木鸟 thi⁵⁵thu⁵⁵ŋa⁵⁵thu⁵⁵mo²¹
布谷鸟 ko⁵⁵po³³mo²¹
燕子 tsʅ⁵⁵kɚ³³li⁵⁵mo²¹
野鸡 tho⁵⁵tho⁵⁵lo⁵⁵mo²¹
老鹰 dzɯ²¹mo²¹
鹰爪 dzɯ²¹mo²¹tɕhi²¹pha⁵⁵
猫头鹰 xo⁵⁵xo⁵⁵mo²¹
鹦鹉 zi⁵⁵kɚ⁵⁵zo³³
画眉鸟 tjɚ⁴²tshʅ²¹mo²¹
鸟蛋 ɣa⁵⁵mo²¹fu⁴²
鸟笼 ɣa⁵⁵mo²¹lo²¹dɯ⁵⁵
野兔 tha⁵⁵la⁵⁵xo²¹
毒蛇 vi³³mɚ⁴²tshɚ⁴²
蟒蛇 lɚ⁴²mo²¹
水蛇 ʑi²¹vi³³
眼镜蛇 vi³³na⁵⁵mo²¹
菜花蛇 vi³³
竹叶青 种毒蛇 vi³³ljo⁵⁵mo²¹
蛇皮 vi³³dʑi²¹ku⁵⁵
七寸 vi³³lɛ²¹bɛ²¹
蛇胆 vi³³tɕi³³
蛇洞 vi³³mja⁵⁵
刺猬 pu³³
田鼠 tɚ³³mi³³xua⁵⁵

母老鼠母的家鼠 xua⁵⁵mo²¹

蜥蜴 tho³³lo³³mɚ³³dɯ³³

蜈蚣 u³¹³ku³³zɚ³³ʐi³³

头虱 sɛ²¹

虮子虱卵 sɛ²¹fu⁴²

蟑螂 bɯ³³li⁵⁵mo²¹

蝗虫蚱蜢 so⁵⁵bo³³bo³³mo²¹

螳螂 a²¹po³³go²¹so⁴²mo²¹

蟋蟀蛐蛐 thi⁵⁵li³³li⁵⁵mo²¹

地蚕土壤里吃土豆、花生的虫，似蚕 bɯ³³mo²¹phjo²¹

蜂总称 bjo³³

蜂窝 bjo³³pu³³

蜂王 bjo³³ɕi³¹³mo²¹

蜂箱 bjo³³pu³³

蜂蜡 bjo³³su³³

飞蛾 ku²¹li⁵⁵pa³³pa³³mo²¹

萤火虫 bɯ³³mɚ⁵⁵tu²¹

白蚁 a⁵⁵u³³mo²¹phi²¹

蚁窝 a⁵⁵u³³mo²¹khuɛ⁴²

蚁蛋 a⁵⁵u³³mo²¹fu⁴²

田蚂蟥 ʑi²¹ve⁴²

牛虻 ȵi³³sɛ²¹

蠓墨蚊 ȵi³³ʑo²¹mo²¹

臭虫 mo²¹sɛ²¹mo²¹

毛毛虫 a⁵⁵tɕi⁵⁵bjɛ³³bjɛ³³mo²¹

蛔虫肚子里的 bɯ⁵⁵di²¹mo²¹

肉蛆 fu⁵⁵

屎蛆 fu⁵⁵

滚屎虫屎壳郎 ȵi³³tʂʅ³³bə²¹lə²¹mo²¹

绿头蝇 ʑo²¹mo²¹ljo⁵⁵mo²¹

蜘蛛网 xo²¹da⁵⁵mo²¹pɯ²¹

织网蜘蛛~ i³³pɯ²¹ɣa⁴²

蜗牛 a²¹ljɚ⁴²mo²¹

蚌 a⁵⁵ko⁴²kɚ⁵⁵lɚ⁵⁵

田螺 a⁵⁵ko⁴²kɚ⁵⁵lɚ⁵⁵

海螺 a⁵⁵ko³³kɚ⁵⁵lɚ⁵⁵

蝌蚪 ŋo³³zo³³tsɯ⁵⁵lɯ⁵⁵zo³³

鱼鳍鱼翅膀 ŋo³³zo³³do²¹la⁴²

鱼刺 ŋo³³zo³³dzɯ³¹³

鱼子 ŋo³³zo³³fu⁴²

鱼苗 ŋo³³zo³³tsha⁵⁵zo³³

鱼饵 ŋo³³zo³³tshɯ²¹

剖鱼 ŋo³³zo³³phja⁵⁵

钓鱼竿 ŋo³³zo³³tjɔ⁵⁵mo²¹ba⁵⁵

皮子总称 dʑi²¹ku⁵⁵

毛总称 mə⁴²

羽毛 i³³mə⁴²

角动物身上长的 ko³¹³

蹄子统称 tɕhi²¹bə⁴²

产崽动物~ i³³zo³³sɚ³¹³

开膛剖开宰杀动物的腹部 phja⁵⁵

蝉脱壳 i³³dʑi²¹lɚ³¹³

水牛 a⁵⁵nɚ⁵⁵po³³mo²¹

黄牛 bɯ²¹ȵi³³

公牛阉过的 lo³³bɯ⁵⁵mo²¹

牛犊 ȵi³³tsha⁵⁵zo³³

牛角 ȵi³³ko³¹³

牛皮 ȵi³³dʑi²¹

牛筋 ȵi³³dzu³³

牛垂皮黄牛颈项垂下的~ tɚ³³lɚ³³phi⁴²

牛打架 ȵi³³dzʅ²¹dzʅ²¹thu³¹³dzo²¹

牛反刍 dzo²¹gə⁴²

公马 mu³³po³¹³
母马 mu³³mo²¹
马驹 mu³³zo³³
马鬃 mu³³mə²¹tsʅ⁴²
绵羊 zo²¹
山羊 tshɚ⁴²
公羊 tshɚ⁴²po³¹³
母羊 tshɚ⁴²mo²¹
羊羔 tshɚ⁴²zo³³
羊毛 tshɚ⁴²mə⁴²
羊皮 tshɚ⁴²dʑi²¹
公驴 tha⁵⁵la⁵⁵mə³³po³¹³
母驴 tha⁵⁵la⁵⁵mə³³mo²¹
看家狗 khui³³
猎狗 ze²¹ve⁵⁵ga⁴²gɛ²¹khui³³
疯狗 khui³³u³³mo²¹
狗窝 khui³³lo⁴²
冠鸡~ ɣa⁵⁵vi⁵⁵lo⁴²
鸡崽 ɣa⁵⁵tsha⁵⁵zo³³
鸡爪 ɣa⁵⁵tɕhi²¹pha⁵⁵
鸡屎 ɣa⁵⁵tshʅ³³
鸡胗 mə³³tɚ⁵⁵pu³³
蛋壳 ɣa⁵⁵fu⁴²ku⁵⁵
蛋清 ɣa⁵⁵fu⁴²phi²¹
蛋黄 ɣa⁵⁵fu⁴²sə³³
鸡内金金嗉囊 mə³³tɚ⁵⁵pu³³i³³ku⁵⁵
嗉囊 dzo²¹bə²¹lə⁵⁵
脚蹼鸭子的 tɕhi²¹pha⁵⁵
蜕皮 lɚ³¹³
叮蚊子~ khui⁵⁵
蜇蜂子~ dɯ³¹³
爬虫子~ mɚ⁵⁵

叫牛~ bɯ³³

五　房舍器具

楼房 lɯ²¹dɚ³¹³ɕi³³
木板房 ɕi⁵⁵thi³³xɯ²¹
碓房 pa³³tshɯ³³kɚ³³
磨坊 lo⁵⁵tshɯ⁵⁵xɯ²¹
棚子 ɣo³³po³³xɯ²¹
草棚 ɣo³³po³³xɯ²¹
窑炭~ sɯ⁵⁵dzɯ²¹tɯ³¹³
山寨 khua⁵⁵zo³³khua⁵⁵mo²¹
屋顶 ŋɛ²¹tha⁴²
梁 tshɚ⁴²tsum⁵⁵
椽子 ku³³tsʅ⁴²
立柱房屋中间的主要支柱 xɯ²¹tu³³
榫头 i³³suɛ⁴²
门 lo²¹go²¹
寨门 lo²¹go²¹mo²¹
门口 lo²¹go²¹ta⁵⁵
闩门~ lo²¹go²¹kan⁵⁵sʅ⁵⁵
篱笆竹木条~ mo²¹phjɛ⁴²
桩子 ɕi⁵⁵tsuan³³tsuan³³
级楼梯的~ ta⁵⁵dzɯ³³
木料 ɕi⁵⁵lu⁵⁵
圆木 ɕi⁵⁵lu⁵⁵
板子 ɕi⁵⁵thi³³
墙板 pan⁴²pi³¹³
楼板 lɯ²¹thi³³
木板 ɕi⁵⁵thi³³
门板 lo²¹go²¹thi³³
墙壁 ne³¹³dzu³³bu⁵⁵
砌墙 ne³¹³dzu³³bu⁵⁵tɕhi⁵⁵

砖墙 tsuan³³bu⁵⁵
土墙 ne³¹³dzu³³bu⁵⁵
石墙 lu³³dʐa³³bu⁵⁵
房间 xɯ³¹³
外间 na⁵⁵bɯ⁵⁵kɚ³³
里间 kho³³bɯ⁵⁵kɚ³³
木箱 ɕi⁵⁵gɛ²¹ɕa⁵⁵tsʅ²¹
饭桌 tse³³tsʅ³³
小板凳 pa²¹tɚ⁵⁵tsha⁵⁵zo³³
油灯 tɛn³³tsɚ⁴²
灯花 烧过的灯芯 mɚ³³vi⁵⁵
松明灯 si⁵⁵du⁴²tu⁴²
盆 洗脸~ khu³³mja⁵⁵tshʅ³³lu³³
镜子 tsɔ⁵⁵tsʅ²¹
袋子 装粮食的~ fɚ⁴²
麻袋 fɚ⁴²po³¹³mo²¹
手纸 便后用的~ tha²¹ʑi³³
蓑衣 so²¹bɛ²¹
斗笠 ka²¹la²¹
吹火筒 fu²¹thu³³
铁锅 lo³³ko³³
小锅 tshɚ³³tsha⁵⁵zo³³
锅铲 ku³³pa³³tshan²¹
调羹 ʐo²¹gə⁴²tsha⁵⁵zo³³
勺子 ʐo²¹gə⁴²
木勺子 ɕi⁵⁵ʐo²¹gə⁴²
饭勺 ʐo²¹gə⁴²
饭碗 pa⁵⁵ɕi³³
大碗 pa⁵⁵bə²¹lɛ⁵⁵
小碗 pa⁵⁵tɚ⁵⁵lɚ³³
木碗 ɕi⁵⁵pa⁵⁵ɕi³³
筷子筒 mu⁵⁵dzu²¹pu³³
刀 总称 pa⁵⁵te³¹³

尖刀 pa⁵⁵te³¹³
刀刃 pa⁵⁵te³¹³ljo³³
缺口 刀刃上坏掉缺少的一块 tshui³¹³phi⁴²
刀面 pa⁵⁵te³¹³ljo³³
刀背 pa⁵⁵te³¹³dzu³³
刀鞘 pa⁵⁵te³¹³pu³³
磨刀石 sɚ³³lu⁵⁵
瓦罐 bə²¹
酒杯 dzʅ²¹pa⁵⁵
瓢子 mja⁴²pu³³
臼窝 pa³³tshɯ³³tɯ³¹³
碓杵 pa³³tshɯ³³
工具 统称 mjo³¹³zo³³
铁锤 sɛn⁴²la³³thu³³
锯子 tsɚ⁴²
推刨 thui³³pu⁵⁵
凿子 dzʅ³³zo³³
尺子 tshʅ²¹kɚ³³
织布机 tɕhi²¹khu²¹tsɛ²¹tɕa⁵⁵
针眼 ɣə⁴²mja⁵⁵
顶针 te²¹tsɚ³³
枪 tshu⁵⁵
子弹 mɚ³³lu⁵⁵
子弹头 mɚ³³lu⁵⁵i³³dɯ³³
土铳 tshu⁵⁵
马笼头 mu³³lɔn²¹thɔn³³
马鞭 lo³³dɯ³³
马鞍 mu³³sa⁴²
前鞘 固定马鞍用的~ pha³³ɕum³³
后鞘 固定马鞍用的~ wua³³tɕhu³³
缰绳 mu³³tsa⁵⁵
箍桶~，名词 vɚ⁴²

柴草枝叶柴 ɕi⁵⁵mɯ⁵⁵zo³³
槌子 sa⁵⁵lə²¹
锥子 sa⁵⁵lə²¹
铃打～ khɚ⁵⁵lɚ⁵⁵
拐杖 tu⁵⁵ɕi⁵⁵ba⁵⁵
笼子用来笼虱子用的～ um³³bi³³dzʅ²¹
钱包 pɔ³³tsɚ³³
烟头 zi³³pa⁴²
烟灰 zi³³vi⁵⁵
烟丝 zi³³mɯ⁵⁵zo³³
烟斗 zi³³ko³³thɛ⁴²
水烟筒 zi³³ko⁵⁵
竹签 mo²¹ɣə⁴²
水桶 ʑi²¹thu²¹
花瓶 vi⁵⁵lo²¹bə⁴²
花盆 vi⁵⁵lo²¹phɛ⁴²
刀架放刀的木架 po³³to³³tɕa⁵⁵
刨花 thui³³pu⁵⁵thui³³pa⁴²
锯末 tsə²¹mɯ²¹
水磨 ʑi²¹lo⁵⁵tshɯ⁵⁵
磨盘 lo⁵⁵tshɯ⁵⁵pha⁴²
磨眼儿 lo⁵⁵tshɯ⁵⁵mja⁵⁵
剃头刀 be²¹thu³³lu³³
剃须刀 be²¹thu³³lu³³
棉被 phɯ³¹³sʅ⁵⁵
被里 so³³lo³³ɲi⁵⁵
被面儿 phɯ³¹³sʅ⁵⁵mjɛn³³tsʅ²¹
枕芯 i³³dɯ³³dʑi³¹³ɲi⁵⁵
水池洗碗或涮墩布使用的池子 pa⁵⁵mo²¹
沉淀物潲清后沉在底层的东西 ʑi²¹nɚ⁴²mo²¹
大刀 pa⁵⁵te³¹³ɣə³³mo²¹
小刀 pa⁵⁵te³¹³tsha⁵⁵zo³³

匕首 pa⁵⁵te³¹³tsha⁵⁵zo³³
铁箍 sɛn⁴²vɚ⁴²
火镰 mɚ³³dɚ⁵⁵
炭火盆 mɚ⁵⁵tu³³phɛ⁴²
瓶塞儿 tshʅ³¹³sʅ⁵⁵
水碓 ʑi²¹pa³³tshu³³
木臼 ɕi⁵⁵tsho⁵⁵lo³³
水碾 ʑi²¹lo⁵⁵tshɯ⁵⁵
驮架 mu³³tɕa⁵⁵tsʅ²¹

六　服饰饮食

布总称 tɕhi²¹khu²¹
棉布 so³³lo³³tɕhi²¹khu²¹
线 tɕhi²¹
棉线 tɕhi²¹
麻线 dzʅ³³tsa⁵⁵
线团 tɕhi²¹pɯ⁵⁵
皮革 dʑi²¹
皮袄 dʑi²¹phjo²¹
长袖 la⁴²dʑi²¹ɕi³³
短袖 la⁴²dʑi²¹dɚ³³zo³³
扣眼 phi²¹tsha⁵⁵mo²¹ɣo³³
袖口 la⁴²dʑi²¹khui³³
衣襟 phjo²¹ko³¹³
大襟 phjo²¹ko³¹³
小襟 phjo²¹ko³¹³
绣花名词 vi⁵⁵lo²¹pjɚ⁴²
花边 vi⁵⁵lo²¹ɕan³³
领子 lɚ⁴²khui³³
衣袋 tu⁵⁵tu⁵⁵
裤裆 lo³¹³tho²¹
布鞋 tɕhi²¹nɯ⁵⁵

草鞋凉帽 tsho⁴²xui²¹
鞋底 tɕhi²¹nɯ⁵⁵tho²¹
鞋后跟 tɕhi²¹nɯ⁵⁵xə⁵⁵kə³³
鞋带 tɕhi²¹nɯ⁵⁵tsa⁵⁵
草帽 so³³pɚ⁴²ga⁴²la⁴²
皮帽 dʑi²¹mɚ⁵⁵mɚ⁵⁵
棉帽 so³³lo³³mɚ⁵⁵mɚ⁵⁵
手套 la⁴²thɔu⁵⁵
腰带 dzu³³sɚ⁴²
围腰帕 ʑa²¹pu⁵⁵
带子统称 tsa⁵⁵
头巾 ɕi⁵⁵tɕi³³
头绳 i³³tshɯ³³tsa³¹³sɿ⁵⁵
镯子 la⁴²dzu²¹
耳环 no³³lo³³
项链 lə²¹tɚ⁵⁵
珠子 la⁵⁵sɚ²¹zo³³
食物总称 dzo³³sɿ⁵⁵
肉总称 so³³bɚ³¹³
肥肉 so³³bɚ³¹³tshɿ²¹mo²¹
瘦肉 so³³bɚ³¹³tɕi³³zo³³
肉皮指猪、牛、羊等可食用的~ so³³bɚ³¹³dʑi²¹ku⁵⁵
剔骨头 ɣɯ⁵⁵kɯ⁵⁵phɛ²¹
熏腊肉 so³³bɚ³¹³xɯ³³
炖肉 so³³bɚ³¹³tsa⁴²
坨坨肉一块一块的肉 so³³bɚ³¹³lɚ⁵⁵dzɿ²¹
猪腰子 va⁴²ʐɔ⁵⁵tsɿ⁴²
粉丝细条~ so³³fɛ²¹
米线米粉 mi⁵⁵tsa⁴²
素菜 u³¹³ljo⁵⁵
荤菜 so³³bɚ³¹³
酸菜 u³¹³tsi³³

豆豉 nu³³tshŋ³³pa⁴²
汤总称 ʑi²¹xa⁵⁵
米汤 tshe²¹phe²¹bi³¹³ʑi²¹
肉汤 so³³bɚ³¹³ʑi²¹xa⁵⁵
菜汤 u³¹³ʑi²¹xa⁵⁵
舀汤 ʑi²¹xa⁵⁵khə⁴²
豆腐干 do²¹fu³³fɚ⁴²
糖总称 li⁵⁵dze³³
红糖 so³³do³³na⁵⁵
瓜子儿 o⁵⁵phɯ³³ȵi⁵⁵
油总称 tshɚ²¹
猪油炼过的~ va⁴²tshɚ²¹
油渣 tshɚ²¹tɕi³³pa⁴²
菜籽油 zə³³ʑi³³
花椒 dzə⁴²
胡椒面儿 sa⁵⁵dzə⁴²mɯ²¹
豆腐渣 do²¹fu³³pa⁴²
麻花 so³³tsa⁵⁵kə³³
牛奶 ȵi³³a⁵⁵nɛ²¹
酒总称 dzŋ²¹
蛇胆酒 vi²¹tɕi³³dzŋ²¹
酒曲 dzŋ²¹phjo²¹no²¹tshŋ³³
冷水 ʑi²¹tsu⁴²
蒸饭 ma³³ma³³pu³³
白饭 ma³³ma³³phi⁵⁵phi²¹
硬饭 ma³³ma³³kɯ⁵⁵mo²¹
软饭 ma³³ma³³fu³¹³ɕi³³
碎米 tshe²¹phe²¹dʑi²¹zo³³
搅团一种用玉米、荞麦面做的糊糊 la⁵⁵xan³³

七　身体医疗

皮肤 dʑi²¹phi⁴²

皱纹 i³³dʐo²¹
血液 sɿ³³
骨头 ɣɯ³³kɯ⁵⁵
骨髓 ɣɯ³³kɯ⁵⁵tshɚ⁴²
脊椎 dzu⁴²tsɿ²¹
头盖骨 i³³dɯ³³ku⁵⁵
肩胛骨 xa⁵⁵tɕɛ³³ku²¹
踝骨 tɕhi²¹mja⁵⁵sɚ³³
心 ȵi⁵⁵mo²¹
肝 kɚ³³
脾 mɔ³³kɚ³³
胃 xa³³pɯ³³
胆 tɕi³³
筋 dzu³³
血管 sɿ³³dʐo²¹
肠子 u²¹
大肠 u²¹ɣɚ³³mo²¹
小肠 u²¹tsha⁵⁵zo³³
发髻 i³³tshɯ³³tsa³¹³
头顶 i³³dɯ³³ka⁵⁵la⁵⁵
头旋_{脑旋} sui⁵⁵
脑髓 nu⁴²
后脑 i³³dɯ³³bo²¹
囟门 nu⁴²ma²¹be²¹
白发 i³³tshɯ³³phi²¹
睫毛 mja⁵⁵tsɿ³³
喉结 lɛ²¹bɛ²¹tsɿ⁴²
太阳穴 mja⁵⁵mɚ³³
眼皮 mja⁵⁵ku³³
眼角 mja⁵⁵kʋ³¹³lɯ⁵⁵
眼白 mja⁵⁵phi²¹
眼屎 mja⁵⁵tshɿ³³

耳孔 no³³po³³mja⁵⁵
耳垂 no³³po³³phjo³³
耳屎 no³³po³³tshɿ³³
痰 tsə³³pe⁵⁵
鼻孔 nu³¹³khu²¹mja⁵⁵
鼻尖 nu³¹³khu²¹tshɯ²¹
鼻梁 nu³¹³khu²¹dzu³³
鼻毛 nu³¹³khu²¹mə⁴²
鼻屎 nu³¹³khu²¹tshɿ³³
门牙 a⁵⁵ne²¹du²¹dzɚ²¹
齿龈 dzɚ²¹vi⁵⁵lo²¹
牙缝 dzɚ²¹tsə⁴²
牙垢 dzɚ²¹tshɿ³³
小舌 ljo³³zo³³
舌尖 ljo³³i³³dɯ³³
兔唇 khui³³thɚ²¹
乳头_{女性的} a⁵⁵ne²¹bɚ²¹lɚ²¹
乳汁 a⁵⁵ne²¹ʑi²¹
胸脯 ȵi⁵⁵mo²¹tsa⁴²
腰 dzu⁴²
手心 la⁴²kho³³phe³³
手背 la⁴²bɚ²¹bɯ²¹
手腕 la⁴²tsɿ²¹
汗毛 mə⁴²khɯ³³zo³³
粉刺_{脸上的~} kha⁵⁵ti³³
痱子 kha⁵⁵ti³³
腋窝 la⁴²gu²¹dʐo³³dʑi²¹
腿肚子 gə²¹pɯ³³tɚ²¹lɚ⁵⁵
脚心 tɕhi²¹pha⁵⁵ti²¹
脚趾 tɕhi²¹ȵi³³
脚印 tɕhi²¹du²¹
响屁 tshɿ³³kə³¹³

稀屎 tshŋ³³pjɛ²¹tɚ²¹lɚ²¹mo²¹
膀胱_{尿泡} sa⁴²phə²¹
子宫 me³³me³³ke²¹pu³³
阴道 du³³bi⁵⁵
阴毛 du³³bi⁵⁵mə⁴²
睾丸 dɚ²¹fu⁴²
汗 kɚ³¹³
汗垢 sɚ⁵⁵
唾沫 tse³¹³ʑi²¹
医院 no²¹na⁵⁵ȵi³³xɯ²¹
药店 no²¹tshŋ³³xɯ²¹
小病 no²¹ljo²¹
大病 no²¹li⁵⁵
内伤 i³³xɯ⁴²no²¹
外伤 na⁵⁵bɯ⁵⁵no²¹
药_{总称} no²¹tshŋ³³
药丸 no²¹tshŋ³³də²¹lə⁵⁵
药粉 no²¹tshŋ³³mɯ²¹zo³³
药水 no²¹tshŋ³³ʑi²¹
开药方 no²¹tshŋ³³ khɛ³³
熬药 no²¹tshŋ³³ xa⁵⁵
搽药 no²¹tshŋ³³ sɯ⁵⁵
忌口 khui³³bɯ³³ tɕi⁵⁵
治~病 no²¹ʑi³³
呕干~ khu⁴²
发冷_{感冒前兆时}~ dʑa⁵⁵
打冷战_{发疟疾时}~ bi²¹li²¹dʑa⁵⁵ko³³
感冒 tɕhi⁴²ʑi²¹no²¹
传染 kɚ³¹³
头晕 i³³dɯ³³ mjɛ²¹
头疼 i³³dɯ³³ no²¹
按摩 ʐɿ⁴²

发汗 kɚ³¹³ du⁵⁵
牙痛 dzɚ²¹ no²¹
瘟疫 tsho²¹no²¹no²¹
麻风 tsho²¹no²¹pho³¹³
天花 vi⁵⁵lo²¹zo³³
痢疾 xa³³bɯ³³sɯ³³
中风 mɯ³³li³³dzu³³
大脖子病 lɛ²¹bɛ²¹bɛ²¹
骨折 ɣɯ³³dzŋ³³
脱臼 ɣɯ³³tsŋ⁴²thɚ⁵⁵
伤口 i³³khə²¹
痂_{伤口愈合后结的}~ i³³pa³³
疮_{总称} gui³³
起泡 phɔ⁵⁵tu³³
水泡 phɔ⁵⁵
血泡 sŋ³³phɔ⁵⁵
流鼻血 nu³³khɯ²¹sŋ³³du⁵⁵
伤痕_{未好的} no²¹pa³³
胀肚子~ xa³³pɯ³³tshɛn³³
麻_{手发}~ ɕo⁴²
僵硬 tsu⁴²kɚ⁵⁵
伤_受~ no²¹ɣo⁴²
出血 sŋ³³du⁵⁵
瘀血 sŋ³³tɛn⁵⁵
茧_{手上长的老}~ so²¹
结巴 a⁵⁵zɚ²¹zɚ²¹
脚气 tɕhi²¹pha⁵⁵sa⁴²
灰指甲 sɚ³³ku⁵⁵na⁵⁵
瘌痢头_{癞子} a⁵⁵li³³gɚ³³
左撇子 a⁵⁵fɚ³³ta³³
六指 la⁴²ȵi³³bɚ²¹
近视眼 zo²¹mja⁵⁵dɚ⁴²

老花眼 mja⁵⁵xui³³
鸡眼 脚茧病 ɣa⁵⁵mja⁵⁵
独眼 mja⁵⁵ti³³
对眼 mja⁵⁵sɿ³³
斜眼 mja⁵⁵sɿ³³
歪嘴 khui³³sɿ³³

八　婚丧信仰

招赘 su³³u³³pho³¹³tsou⁵⁵
接亲 tɕhi⁵⁵mo²¹sɚ²¹tsɿ³³
抢婚 tɕhi⁵⁵mo²¹bjo³¹³
胎衣 me³³me³³phjo²¹
脐带 tsha⁵⁵puɯ³³ti⁵⁵li⁵⁵tsa⁵⁵
小产 sa³³phi⁴²
打胎 dzɯ⁵⁵phi⁴²
寿命 zɚ²¹
岁数 khu⁴²tho³³
送葬 ma⁵⁵so²¹
尸体 ma⁵⁵
寿衣 sɿ²¹phjo²¹
唱丧歌 pe⁵⁵mo²¹be⁵⁵
土葬 kɚ⁴²tuɯ³¹³
坟地 le⁴²buɯ²¹mi²¹
灵魂 ʑi⁵⁵xo⁴²
命运 mjɚ⁴²
打卦 sɚ⁴²mo²¹sɚ⁴²
拜菩萨 i³³du³³thɚ⁴²
佛 vi⁵⁵mo²¹
鬼 ne³¹³
巫师 sɚ⁴²po³¹³
巫婆 sɚ⁴²mo²¹
龙 ljo³³

占卜 ȵi²¹xa⁴²na⁵⁵ȵi³³
鬼火 ne³¹³mɚ⁵⁵tu²¹

九　人品称谓

高个儿 ko⁵⁵pa⁵⁵um³³
光头 i³³du³³lu³³
老太婆 a²¹ne³³gɚ²¹mo²¹
老头子 a²¹po³³gɚ²¹mo²¹
年轻人 kho⁴²tho³³ȵe³¹³ɕi³³
小伙子 tshua²¹la⁴²zo³³
姑娘 za²¹me²¹la⁴²mo²¹
熟人 tsho²¹sɿ³¹³ɕi³³
生人 ma²¹tɕhɚ³¹³ɕi³³
富人 tsho²¹so²¹pho³¹³mo²¹
穷人 tsho²¹so³³zo³³
官 总称 ɣɚ³³pho³¹³
头目 ɣɚ³³pho³¹³
医生 thɛ⁵⁵ʑi³³pho³¹³
猎人 ɣa⁵⁵mo²¹bɚ⁵⁵pho³¹³
屠夫 va⁴²se⁴²pho³¹³
强盗 dzɚ⁵⁵
土匪 dzɚ⁵⁵
骗子 sa³¹³phjɛ⁵⁵pho³¹³
胖子 tshŋ²¹be⁴²tɚ³³
撒都人 撒都人自称 sa⁵⁵du⁴²pho³¹³
汉族 phi²¹ȵi³³pho³¹³
老百姓 mjo³¹³mɯ²¹pho³¹³
姓 你~什么？ sin⁵⁵
主人 ɕi²¹pho³¹³
兵 总称 pin³³
老师 su⁵⁵tsu³³pho³¹³
学生 sɿ³³su³³pho³¹³

伙伴 tshu³¹³zo³³

摆渡人 li³¹³ɣɚ⁵⁵pho³¹³

酒鬼 dzŋ²¹ze⁴²pho³¹³

鳏夫 a²¹po³³ti³³

寡妇 mɚ⁴²tshŋ³³mo²¹

国王皇帝 muɯ³³sɚ³³pho³¹³

王后皇后 muɯ³³sɚ³³mo²¹

头人 ɣɚ³³pho³¹³

石匠 lu⁵⁵dʐa⁵⁵dʑi⁵⁵pho³¹³

篾匠 mo²¹ɣa⁴²pho³¹³

铁匠 sɛn⁴²ljo³¹³pho³¹³

渔夫 ŋo³³zo³³tɕa⁵⁵pho³¹³

回族 xui³³xui³³pho³¹³

囚犯 tɕhi³³khu³³thuɯ³³

赶马人 mu³³ga⁴²pho³¹³

曾祖父 a⁵⁵ma²¹

曾祖母 a⁵⁵ma²¹

大舅 a³³ɣuɯ³³ɣɚ⁵⁵mo²¹

小舅 a³³ɣuɯ³³tsha⁵⁵zo³³

大舅母 a²¹guɯ²¹muɯ²¹ɣɚ⁵⁵mo²¹

小舅母 a²¹guɯ²¹muɯ²¹tsa⁵⁵zo³³

兄弟 ŋo²¹nɛ²¹

姐妹 a⁵⁵tɕi³³nuɯ³¹³mo²¹

子女 zo³³muɯ³³nuɯ³³

侄女 du²¹mo²¹

外甥女 du²¹mo²¹

孙女 li³³mo²¹

外孙女 li³³mo²¹

重孙 la⁵⁵zo³³

祖宗 a⁵⁵gə³³də³³lə³³

母女俩 ȵi²¹ma⁴²

男朋友 tshua⁴²la⁴²dzuɯ³³mo²¹

女朋友 za²¹me²¹la⁴²mo²¹

大舅子 na³³ɣuɯ³³ɣɚ⁵⁵mo²¹

小舅子 na³³ɣuɯ³³tsha⁵⁵zo³³

大姨子 a⁵⁵tɕi³³

小姨子 nuɯ³¹³mo²¹

兄弟俩 ȵi²¹fɚ³³

夫妻俩 me³¹³zu³³te²¹dzə⁴²

姐妹俩 ȵi²¹nuɯ³³

曾孙 la⁵⁵zo³³

母子俩 ȵi²¹ma⁴²

父女俩 ȵi²¹pho³¹³

婆家 ʐo⁴²mo²¹xuɯ²¹

父子 ȵi²¹pho³¹³

父女 ȵi²¹pho³¹³

母子 ȵi²¹ma⁴²

母女 ȵi²¹ma⁴²

十　农工商文

种水稻 tshe²¹tɚ³³

播种 lu³³mu³³ɕa⁵⁵

点播 tjɛ²¹tɚ³³

撒播 si⁵⁵

犁田 tɚ³³mi³³mo³³

种田 tshe²¹tɚ³³

栽种 tɚ³³

耙田 tɚ³³mi³³tɕa⁵⁵

挖地 mi²¹kɚ⁴²

锄地 ʐŋ³³be³³tshu⁵⁵

除草 ʐŋ³³be³³tshɚ³¹³

收割 tshɚ³¹³ɣɚ⁵⁵

开荒 mi²¹khɛ³³

浇水 ʑi²¹dʑa⁵⁵tshu⁴²
肥料 tɕhi³³
施肥 tɕhi³³ʑi⁵⁵
沤肥 tɕhi³³xɯ⁵⁵
掰玉米 ʑi⁵⁵mɚ³³pan³³
杠子 抬物用的 ɕi⁵⁵ba⁵⁵
楔子 㰭 ɕi⁵⁵dzɯ³³
连枷 a⁵⁵kho³³
连枷把 a⁵⁵kho³³mo²¹
连枷头 a⁵⁵kho³³zo³³
锄柄 pan²¹tshu⁴²mɚ³³ɣə³³
犁头 lo³³khui³³
犁铧 bja⁴²thu²¹
犁架 ɕi⁵⁵gu⁴²
犁弓 ɕi⁵⁵gu⁴²bu⁵⁵
犁把 ɕi⁵⁵gu⁴²mɚ³³ɣə³³
耙 tɕa⁵⁵
牛轭 ȵi³³wua⁵⁵tɚ³³
打场 指在谷场上脱粒 dʑi³³kɚ³³
晒谷 tshe²¹lə⁴²
晒谷场 tshe²¹lə⁴²dʑi³³kɚ³³
麻绳 dzɿ³³tsa⁵⁵
撮箕 tɕhi³³khu³³
木耙 ɕi⁵⁵la²¹tɕa⁵⁵
鞭子 lo³³dɯ³³
牛鼻绳 ȵi³³nu³¹³khu⁴²tsa⁵⁵
筐 统称 lo³³dɯ⁵⁵
粗筛 指眼大的筛子 um⁵⁵tɕho³³
细筛 指眼小的筛子 um⁵⁵tɕi³³
圈儿 统称，名词 lo⁴²
牛圈 ȵi³³lo⁴²
马棚 mu³³lo⁴²

羊圈 tshɚ⁴²lo⁴²
鸡窝 ɣa⁵⁵khuɛ⁴²
笼子 lo⁴²dɯ⁵⁵
猪槽 va⁴²lu³³
木槽 ɕi⁵⁵lu³³
谷桶 pa⁵⁵thu²¹
碾米 tshe²¹phe²¹nɛ²¹
舂米 tshe²¹tɚ³¹³
猪草 va⁴²zɿ³³
猪食 va⁴²tshɯ²¹
利息 bɯ²¹zo³³
买 vɚ²¹
卖 u³¹³
交换 物物~ po³³
价钱 i³³phɯ³³
借钱 dʑi³³phe³¹³tsɿ³³
还钱 dʑi³³phe³¹³khu⁴²
讨价 i³³phɯ³³guɛ⁴²
还价 i³³phɯ³³gɯ³¹³
出租 sa³¹³tsu³³
债 tsa⁵⁵
赢 ~钱 ɣo³³
输 ~钱 dɯ³¹³
秤盘 厘秤 tɕho³³phɚ⁴²
秤星 tɕho³³mja⁵⁵
秤砣 tɕho³³lu⁵⁵
船 总称 li³¹³
渡船 专门用于摆渡用的~ li³¹³
划船 li³¹³ɣɚ⁵⁵
属相 khu⁴²
子属鼠 xua⁵⁵
丑属牛 ȵi³³

第四章 分类词表

93

寅属虎 lo³¹³
卯属兔 tha⁵⁵la⁵⁵
辰属龙 ljo³³
巳属蛇 vi³³
午属马 mu³³
未属羊 zo²¹
申属猴 mjo²¹
酉属鸡 ɣa⁵⁵
戌属狗 khui³³
亥属猪 va⁴²
村行政~ tshui⁵⁵wui²¹xui⁵⁵
纸总称 tha²¹ʑi³³
书总称 sɿ³³pɯ²¹
念书 sɿ³³su³³
荡秋千 ɕo²¹lo²¹ɕo²¹
踩高跷 mu³³tsɿ⁵⁵ɕi²¹dzɚ³³
吹口哨 ɕi⁵⁵ɕi⁵⁵mɯ⁵⁵
唱调子指民族地区说唱的一种形式 tjɔ⁵⁵tsɿ²¹tsho²¹
打弹弓 ɕa²¹phi⁴²bɚ⁵⁵
翻筋斗 u³¹³lo²¹tɚ³³
潜水 ʑi²¹mɚ⁵⁵mɚ⁵⁵
跳舞 tɛn³³tshe⁵⁵
锣总称 su³³lɚ²¹
钹 pin⁵⁵pin⁵⁵tsha²¹
琴总称 zɿ²¹tshi²¹
箫 pi²¹li²¹
唢呐 li⁵⁵lɚ³³
口弦 mo⁵⁵ka⁵⁵
簧口弦~ mo⁵⁵ka⁵⁵ljo³³
戏演~ pa²¹ɕi⁵⁵
照相 ɕa⁵⁵phjɛ⁵⁵ tsɔ⁵⁵
射击 bɚ³³

糨糊 mjɛn⁵⁵fu³³
字写~ sɿ³³vɚ⁵⁵
数~数 ɣə²¹
球总称 po⁴²tɕo⁴²
倒立 to⁵⁵
对歌 tjɔ⁵⁵tsɿ²¹tsho²¹
唱山歌 tjɔ⁵⁵tsɿ²¹tsho²¹
游泳 ʑi²¹ɕa⁴²ɕa⁴²
骑马 mu³³dzɚ³³
钓鱼 ŋo³³zo³³tjɔ⁵⁵
燃烧火~ du⁴²tshɚ³¹³
哈气 i³³sa⁴²

十一 动作行为

流水~动 lɯ³³
飞在天上~ bɛ²¹
住~旅馆 tshɿ⁵⁵
来~家里 lɛ²¹
吹~火 mɯ⁵⁵
拉~车 tho³³
挖~土豆 kɚ⁴²
捉~鸡 tɕa⁵⁵
挠用手指或指甲抓人 tɕa⁵⁵
圈动词，~牲口 kɯ³³
刺~了一刀 tɕhɚ⁵⁵
搓 gɚ³³
抹~水泥 ɳa⁴²
笑 ɣɯ³³zɿ²¹
旋转 wuɛ²¹lɛ²¹tsu³³
沉~没 lo³¹³tshe²¹phi⁴²
浸~泡 tɕi⁵⁵
漏~雨 zɿ²¹

溢水~出来了 bɛ²¹
取名 me³¹³ɯ⁵⁵
晾衣 phjo²¹lə⁴²
补~衣服 phjo²¹du⁴²
剪~布 dɚ⁵⁵
裁~衣服 dɚ⁵⁵
织~毛线 gə⁴²
扎~稻草人、风筝等 ne⁴²
砍柴 ɕi⁵⁵dzi⁵⁵
淘米 tshe²¹phe²¹tʂʅ³³
洗碗 pa⁵⁵ɕi³³tʂʅ³³
搅拌 ɣɚ⁵⁵dzo²¹
焖~米饭 ma³³ma³³mɛ⁵⁵
烤~白薯 ku³³
腌~咸肉 so³³bɚ³³ɚ⁵⁵
饱吃~了 bu⁵⁵
醉酒~ dzʅ²¹ze⁴²
打嗝 ɯ⁵⁵lɯ⁵⁵ʐa⁵⁵
讨饭 dzo²¹ma⁴²ma⁴²
酿酒 dzʅ²¹tsa⁴²
搬家 xɯ²¹pan³³
分家 ɣə⁴²fi³³
开门 lo²¹go²¹phu²¹
关门 lo²¹go²¹pi³¹³
洗脸 khu²¹mja⁵⁵tʂʅ³³
漱口 dzɚ⁴²tʂʅ³³
伸懒腰 gɯ²¹dze²¹dze²¹
点灯 tɛn³³tu²¹
熄灯 tɛn³³tsʅ⁵⁵se⁴²
说梦话 zɚ⁴²du²¹yuɚ⁴²
醒睡~ so³¹³lɛ²¹
晒太阳 mɯ³³tshu²¹ku³³

烤火 mɚ⁵⁵tu³³ku³³
暖被窝 phɯ³¹³sʅ⁵⁵lo²¹mɯ³³
等待 fu²¹dzɛ³¹³
走路 dzo²¹sɯ³³
遇见 phɯ⁵⁵dzʅ²¹
去~街上 zi²¹
进~山 gɯ³³
出~操 du⁵⁵
进来 gɯ³³lɛ²¹
上来 da⁵⁵lɛ²¹
下去 tshe²¹zi²¹
帮忙 dzo²¹
请客 ve²¹tɕhɚ³³
送礼 mjo³¹³zo³³gɯ³¹³
告状 dzʅ²¹dzʅ²¹kɔu⁵⁵
赌博 zo²¹mo²¹dzɚ⁵⁵
坐牢 kɯ³³dzɛ³³
砍头 i³³du³³dɚ⁵⁵
吻 dzo³³
呛喝水~着了 sa⁴²tshua²¹
抬头 i³³du³³thɯ³³
低头 i³³du³³di⁵⁵
摇头 i³³du³³ŋɛ⁵⁵
摇动 ŋɛ⁵⁵lɯ³³
招手 la⁴²pha⁵⁵fi⁵⁵
举手 la⁴²pha⁵⁵tu³³
笼手~在袖子里 la⁴²pha⁵⁵ta⁵⁵dzɛ³¹³
拍手 la⁴²pha⁵⁵khɔu³³
握手 la⁴²pha⁵⁵nɯ⁵⁵
弹手指~ la⁴²ȵi²¹bɚ⁵⁵
掐双手指~虱子 tʂʅ⁴²
抠手指~ kɚ⁴²

牵~一条牛 εi^{21}
捧~水 ko^{313}
抛向空中~物 lu^{55}
掏从洞中~出来 mo^{55}
骟~猪 $tsho^{55}$
抓~把米 $tɯ^{55}$
甩~水 vi^{33}
搓~面条 $z\lstroke^{42}$
跟~在别人的后面 $du^{21}mi^{42}ʑi^{21}$
踢~了他一脚 $thjɚ^{55}$
躺~在地上 $zɚ^{42}$
侧睡 $tsə^{21}lə^{55}zɚ^{42}$
遗失 $tshɚ^{313}phi^{42}$
堆放 $phɯ^{21}$
叠~被子 $tsə^{42}$
摆~碗筷 ti^{33}
搬~粮食 $thɯ^{33}$
塞堵~ $dɯ^{21}dzɛ^{313}$
抢~东西 bjo^{313}
砸~核桃 $tɛ^{313}$
刮~胡子 $me^{313}tsa^{55}tshɯ^{55}$
揭~锅盖 phu^{42}
翻~地 pu^{55}
割~麦子 $tshɚ^{313}$
锯~木头 $tshɚ^{313}$
雕~花 $khə^{55}$
装~口袋 ke^{42}
卷~席子 li^{55}
染~花布 fu^{42}
吓~人 $tsho^{21}tsu^{55}$
试~衣服 $ȵi^{33}$
换~灯泡 po^{33}

留~在我这里 $to^{33}tɕi^{33}$
使用 $zɯ^{33}$
顶用角~ $thɯ^{313}$
刨食鸡用脚~ $i^{33}tshɯ^{21}tɕha^{55}$
晒衣 $phjo^{21}lə^{42}$
摘菜 $u^{313}tshɚ^{55}$
切菜 $u^{313}dɚ^{55}$
烧开水 $ʑi^{21}xa^{55}bja^{55}xa^{55}$
熬~茶 tsa^{42}
烘把湿衣服~干 ku^{33}
蘸~一点儿辣椒 $tɕi^{55}$
洒水 $ʑi^{21}dza^{55}pi^{313}$
返回 $tsə^{313}gɯ^{33}lɛ^{21}$
到达~北京 $tɕhi^{21}la^{33}$
招待 $tsɔ^{33}fu^{33}$
卖淫 $gɯ^{21}mɯ^{21}u^{313}$
偷盗 $khɯ^{33}$
毒~死 tu^{42}
听见 $bo^{21}dzo^{33}$
偷听 $khɯ^{33}no^{33}ȵi^{33}$
看见 mo^{21}
剐蹭我的车被他的车~了 $gɚ^{33}tshɯ^{55}$
啃~骨头 $khui^{55}$
磕头 $i^{33}dɯ^{33}thə^{42}$
拍~肩 $khɔu^{33}$
托用双手~ $thɯ^{33}$
压双手~ $ʑi^{55}$
抽鞭~ $dzɚ^{42}$
勒~在脖子上 $ne^{42}phi^{21}$
抖~袋 tha^{42}
拄~杖 tu^{55}
垫~在屁股地底下 khu^{33}

锉~锯子 sɚ³³
钻~在地洞里 lə⁴²
渗~透 tɕi⁵⁵
滤~沙子 sʅ³¹³
叼~烟 thɯ³³
叉腰 dzu²¹tsha³³dzɛ³¹³
赤膊 la⁴²pa²¹lə⁴²du⁵⁵lɛ²¹
敲打 khɔu³³
撒娇 lɛ⁵⁵tshuɛ⁵⁵
仰睡 ta⁵⁵ta⁵⁵zɚ⁴²
喂草 zʅ³³tso³³
放夹捕捉猎物方式 xo²¹pɚ⁵⁵ti³³
装索套捕捉猎物方式 tsa⁵⁵ɣo³³ti³³
拔毛 i³³mə⁴²tsʅ⁵⁵
燎毛 i³³mə⁴²ljɔ⁴²
剥皮剥动物皮 dʑi²¹ku⁵⁵phɚ⁵⁵
烧砖 tsuan³³tshu²¹
烧窑 tshu²¹
烧石灰 sʅ³³xui³³tshu²¹
刷墙 ne³¹³tsʅ³³bu⁵⁵n̥a⁴²
穿针 ɣə⁴²sɚ²¹
绣花 vi⁵⁵lo²¹pjɛ³³
缠足 tɕhi²¹pha⁵⁵pan⁴²
磨刀 pa⁵⁵te³¹³sɚ³³
劈柴 ɕi⁵⁵khuɚ³³
酒醒 dzʅ²¹so³¹³lɛ²¹
闩门 lo²¹go²¹kan⁵⁵
剪指甲 la⁴²n̠i³³sɚ³³ku⁵⁵tɕa³¹³
掏耳朵 no³³po³³tshʅ³³kɚ⁴²
动身 de²¹du⁵⁵
赶路 dʐo²¹ga⁴²
让路 dʐo²¹za⁵⁵

劝架 sa³¹³tɕhɛ⁵⁵
报恩 tshi²¹kan²¹
报仇 so⁵⁵po³³khu⁴²
收礼 mjo³¹³zo³³tse³¹³
抢劫 bjo³¹³
杀人 tsho²¹se⁴²
劳改 tɕhi³³khu³³thɯ³³
鞭打 dzɚ⁴²
胜利 ɣo³³
失败 dɯ³¹³
瞪~着双眼 mja⁵⁵ti⁵⁵ti²¹a³³
拽用绳子~ tsʅ⁵⁵
捋~袖子 tshɯ⁵⁵
搁把东西~在房顶上 to³³
揣怀~ tsɯ³¹³
携带 ve²¹
扒~土 fi⁵⁵
蹦一~老高 tsum⁵⁵
跺脚 tsum⁵⁵
打滚 də²¹lə²¹lɯ⁵⁵
粘~贴 the³¹³
剖~膛开肚 phe⁴²
劈分开 khuɚ³³
搓~绳 vɚ⁴²
钉~钉子 tin⁵⁵
发脾气 phi²¹tɕhi⁵⁵fa³¹³
赌气 ɕa⁴²fɚ³³
生长 nɯ³³
打猎 zi²¹ve⁵⁵bɚ⁵⁵
蛀虫子吃 bɯ³³dzo³³
系围裙 za³³pu⁵⁵ne⁴²
打结 bə²¹lə⁵⁵thɚ⁵⁵

认得 sʅ³¹³

伤心 tɕi³¹³

恨你别~我 mja⁵⁵tsi³³

着急 ku⁴²so³³

担心 khua⁵⁵dzɛ³¹³

恼火 ku⁴²so³³

心痛 n̠i⁵⁵mo²¹no²¹

害 sa³¹³khɛn³³

反悔 thui⁵⁵tha²¹dzʅ³³

声音 tshu²¹tɕhi³³

喊~话 ɯ³³

问~话 no³³n̠i³³

答应 de³¹³khu⁴²

回答 de³¹³khu²¹

造谣 xui³³guɚ⁴²

打听 khɯ³³no³³n̠i³³

十二 性质状态

凸 tɯ³³

凹 di⁵⁵

正 ɣɚ³³dzɚ⁴²

反 du²¹mi²¹

斜 bɯ²¹dzɯ³³

横 vɚ⁴²

竖 dzu²¹

活~鱼 sʅ³¹³lɯ⁵⁵

满 水很~ bɛ²¹

足 分量~ lu⁴²

光滑 鱼很~ le⁵⁵pe⁵⁵pe⁵⁵

冷清 街上~得很 dzɚ²¹

浊 nɚ⁵⁵

嫩 nɯ²¹

生 dzɯ³³

熟 me⁴²

暗 光~ na⁵⁵bɯ²¹

闷热 xɯ⁵⁵

破 碗~了 thɚ⁴²phi⁴²

困 了 so³³

瘪 压~了 pja⁵⁵

倒 ~着放，去声 le⁴²

纯 ~棉衣服 tɕho³³

潮 衣服~ nɚ⁴²

强 身体~ tɕhi⁴²do²¹

弱 身体~ lɚ⁵⁵

焦 烤~了 tshɚ⁴²

清楚 tɕhɚ³¹³

准确 xo³¹³

耐用 zɯ³³khuɛ⁴²

空闲 mɚ²¹

涩 柿子~嘴 tsʅ²¹

霉烂 tshʅ³¹³

不要紧 ma²¹kuɚ³³

方便 gu²¹no³³

浪费 gu²¹phja⁵⁵

聪明 ɕum³³

狡猾 kuɛ²¹

大胆 ta²¹tsʅ³³ɣɚ³³

胆小 ta²¹tsʅ³³nɚ³³

勇敢 xa²¹mja⁴²dzɯ³³

可怜 zu²¹ma²¹

孤独 i³³ti³³

亲 ku³³

十三 数量

十一 tɕhi²¹tɕi³³

十二 tɕhi²¹n̩i²¹
十三 tɕhi²¹sə³³
十四 tɕhi²¹li³³
十五 tɕhi²¹ŋo³³
十六 tɕhi²¹tshu⁴²
十七 tɕhi²¹sɿ³¹³
十八 tɕhi²¹xe⁴²
十九 tɕhi²¹gɯ³³
二十一 tɕi³³tsɿ²¹
四十 li³³tɕhi³³
五十 ŋo³³tɕhi³³
六十 tshu⁴²tɕhi³³
七十 sɿ³¹³tɕhi³³
八十 xe⁴²tɕhi³³
九十 gɯ³³tɕhi³³
一百零一 te²¹xo²¹gɛ⁵⁵te²¹mo³³
百把个 te²¹xo²¹mo³³to⁴²
千把个 te²¹sɚ⁴²to⁴²
左右 to⁴²
三四个 sə³³li³³mo³³
十几个 tɕhi²¹mo³³ma²¹bo³³
十多个 tɕhi²¹mo³³ma²¹bo³³
第二 ti⁵⁵ɚ⁵⁵
第三 ti⁵⁵san³³
大约 to⁴²
半个 te²¹pa⁴²mo³³
倍 mja⁴²
间一~房 xɯ²¹te²¹kɚ³³
堆一~垃圾 bɯ²¹
节一~竹子 ba⁵⁵
本一~书 pɯ²¹
句一~话 kui³³

庹两臂伸展开后的长度 lɯ²¹
斤重量单位 tɕi³³
两重量单位 lɔn²¹
斗 tɕi⁴²
升 sɯ³³
步 bɛ²¹
次 po²¹

十四 代副介连词

这些近指 te³³dze⁴²
那些中指 ne³³dze⁴²
那些远指 ne³³dze⁴²
那些更远指 ne³³bi³³ne³³dze⁴²
哪些 xa³³ɣɚ⁴²
我俩 na⁵⁵n̩i²¹te⁵⁵
咱俩 na⁵⁵dzɿ³³n̩i²¹te⁵⁵
他俩 i³³dzɿ³³n̩i²¹te⁵⁵
人家 i³³dzɿ³³
每人 sui⁴²te⁵⁵
多久 xa²¹mja⁴²te²¹kɚ⁴²
人们 tsho³¹³ɣɚ⁴²
马上 tshuɛ⁴²
先~走 ɣə³¹³dzɚ⁴²
后~走 du²¹mi⁴²
一直 te²¹thɚ⁵⁵
从前 nɕ³³tho³³
后来指过去 du²¹mi⁴²tho³³
来不及 ka²¹tɕi³³ma²¹do²¹
来得及 ka²¹tɕi³³do²¹
偷偷地 mi⁵⁵tɕha⁵⁵zo³³
够~好 lu⁴²
真~好 tɕa⁴²pa⁴²tɕho³³

好~看 na⁵⁵n̠i³³no³³

难~看 na⁵⁵n̠i³³so³³

完全 dzɿ⁵⁵dzɿ³¹³po⁴²

全部 dzɿ⁵⁵dzɿ³¹³po⁴²

也许 a⁵⁵ba⁵⁵ne⁵⁵

互相 dzɿ²¹dzɿ²¹tɕa⁴²

趁~热吃 sɚ⁴²

像~他那样 ʐa⁵⁵

归~你管 gɯ⁵⁵

第三节

其他词

一 天文地理

鹅毛雪 fa³³bo⁴²lo²¹mo²¹dzo²¹

融雪化雪 fa³³xua⁵⁵

打霜下霜 ne³³phi⁴²

白霜 ne³³phi⁵⁵tɚ⁴²tɚ⁴²a³³ʐa⁵⁵

晚露 mɯ³³tɕhi⁴²gɛ²¹tsə³¹³ʑi²¹

晨露 na³³ta⁴²gɛ²¹tsə³¹³ʑi²¹

降雾 ɲo²¹kho³³zɚ⁴²

瘦地 mi²¹do³³

肥地 mi²¹fe⁴²

菜地 u³¹³tɚ³³mi²¹

稀泥巴 ne³¹³fu³³tha³³

深峡谷 wua³³na⁴²a⁵⁵ɕi³³

窄峡谷 wua⁵⁵ɲo⁵⁵ɕi³³

宽峡谷 wua³³khua⁵⁵ɕi³³

土山 ne³¹³mɯ²¹i²¹bɯ²¹

柴山 ɕi⁵⁵li³³mi²¹

火烧山 mɚ⁵⁵tu²¹du⁴²bɯ²¹

竹山 mo²¹mo²¹li³³

悬崖峭壁 lu⁵⁵tsɿ⁴²lu⁵⁵ŋa⁵⁵

石缝 lu⁵⁵dʑa⁵⁵tsə⁴²

石笋石头似笋 a⁵⁵bɛ²¹mɚ³³thu⁵⁵lu⁵⁵

深岩洞 lu⁵⁵dʑa⁵⁵mja⁵⁵a²¹na⁴²to⁴²

铁水 sɛn⁴²ʑi²¹

灶火 lo²¹tso²¹mja⁵⁵xɯ⁴²mɚ⁵⁵tu³³

木炭火 sə⁵⁵dʑə²¹mo²¹mɚ⁵⁵tu³³

大火 mɚ⁵⁵tu³³a²¹phə⁴²

火炕 mɚ⁵⁵tu³³bɛ²¹

浓烟 mɯ³³khɯ³³sa⁴²mo²¹

黑烟 mɯ³³khɯ³³na⁵⁵mo²¹

冒烟 mɯ³³khɯ³³tu³³

波浪 ʑi²¹na⁵⁵mo²¹

冒水泡 sa²¹bə²¹bə⁵⁵də⁵⁵mo²¹

鱼塘 ŋo³³zo³³ʑi²¹dʑa⁵⁵tɯ³¹³

水坑 ʑi²¹dʑa⁵⁵tha²¹

屋檐水 ŋɛ²¹phɔ⁴²lɚ²¹ʑi²¹

脏水 tsa³³pa³³li⁵⁵sɿ³³ma³³ʑi²¹dʑa⁵⁵

浑水 ʑi²¹nɛ⁴²mo²¹

浮着漂在水上 phjɔ⁵⁵zɛ³³

沉下去 tə⁵⁵tu³³lɛ²¹

沉淀 tə⁵⁵dʑi²¹ɛ²¹

冲刷 tshɔm³³tshɿ³³

霹雳 mɯ³³tsɚ⁵⁵

下霜 ne³³phjo²¹

下雾 mjɛ²¹khɯ³³zɚ⁴²

下露 tsə³¹³ʑi²¹dzu²¹

下雹 fa³³sa⁵⁵lɛ²¹

火炭 su⁵⁵dzə²¹mo²¹

火烟 mɯ³³khɯ⁴²

下露水 tsə³¹³ʑi²¹tu³³

滇池 tɕhi³³dʑi³³xɯ²¹mo²¹

二　时间方位

地上 mi²¹tha⁴²

地下 mi²¹dʑi²¹

底下 mi²¹di²¹

下方 i³³dʑi²¹

墙上 ne³¹³dzɿ³³bu⁵⁵tha⁴²

桌上 tse³³tsu³³tha⁴²

床上 zɚ²¹gɛ²¹tha⁴²

床底下 zɚ²¹gɛ²¹ti²¹

手里 la⁴²pha⁵⁵xɯ⁴²

心里 ȵi⁵⁵mo²¹xɯ⁴²

窗外 tsho³³mja⁵⁵na⁵⁵bɯ⁵⁵

车上 tshə³³tha⁴²

山前 bɯ²¹tha⁴²

山后 bɯ²¹du⁴²mi⁴²

山上 bɯ²¹tha⁴²

山下 bɯ²¹dʑi²¹

屋前 lo²¹go²¹ta⁵⁵

屋后 xɯ²¹bo²¹

路边 dʑo²¹mo²¹dze²¹

街上 li⁵⁵gɛ²¹xɯ⁴²

村头 指村子的上方 khua⁵⁵dɯ³³

村尾 指村子的下方 khua⁵⁵mɚ³³

脚底下 tɕhi²¹pha⁵⁵ti²¹

井底下 ʑi²¹du⁵⁵ti²¹

屋顶上 ŋɚ²¹tha⁵⁵bi³³

往里走 i³³xɯ⁴²sɯ³³gu³³ʑi²¹

往外走 na⁵⁵bɯ⁵⁵sɯ³³du⁵⁵ʑi²¹

往上走 i³³tha⁴²sɯ³³da⁵⁵ʑi²¹

往下走 i³³dʑi³³sɯ³³tse²¹ʑi²¹

往回走 i³³xɯ⁴²sɯ³³gu³³lɛ²¹

往前走 ɣə³¹³dzə²¹sɯ³³

往后走 du²¹mi⁴²sɯ³³

咱们之间 na⁵⁵dzɿ³³i³³tɕo⁵⁵

全年 te²¹khu⁴²bo⁴²

半年 pa⁴²khu⁴²

一年到头 te²¹khu⁴²tɔ⁵⁵thə⁴²

新年 khu⁴²sə⁴²xɯ⁴²

大前年 指春节前 sɿ⁵⁵tsɿ²¹ȵi⁵⁵khu⁴²

大月 指有三十一日月份 la⁴²ɣɚ³³

小月 指有三十日月份 la⁴²n̩ɚ³³

这边 te³³bi³³

那边 ne³³bi³³

这天 te³³ȵi⁴²

那天 ne³³ȵi⁴²

这会儿 te³³xɚ³³

那会儿 ne³³xɚ³³

立刻 tshuɛ⁴²

常常 sui⁴²xɚ³³

底下 i³³dʑi²¹

底层 i³³dʑi²¹

界线 kɚ⁵⁵ɕɚ⁵⁵

桌子上 tse³³tsu³³tha⁴²
桌子下 tse³³tsu³³dʑi²¹
天底下 mɯ³³dʑi²¹
春 fɚ⁴²tsʅ²¹
立春 nɛ³³ljo⁴²
夏 xɯ⁵⁵tsʅ²¹
秋 ɕi⁵⁵phjo³³lo³¹³tsʅ²¹
冬 dʑa⁵⁵tsʅ²¹
老年 khu⁴²tho³³ɣɚ³³
年纪 khu⁴²tho⁴²

三　植物

植物 ɕi⁵⁵kɯ⁵⁵lu⁵⁵mo²¹
花玉米 ʑi⁵⁵mɚ³³la⁵⁵gɛ²¹
油菜薹 u³¹³tɕo³³no⁵⁵
油菜籽 u³¹³tɕo³³ɳi⁵⁵
烟叶 ʑi³³phjo³³
烟叶秆 ʑi³³ka³³
豆藤 nɛ³³bi³³nɛ²¹
豆皮 nɛ³³bi³³dʑi²¹kɯ⁵⁵
豆壳 nɛ³³bi³³kɯ⁵⁵
豆荚 nɛ³³bi³³pjo³¹³
大豆指白银豆 nɛ³³bi³³ɣɚ³³mo²¹
红豆指红色的豆 nɛ³³bi³³ɳi²¹zo³³
豆芽菜 nu⁵⁵dzɚ²¹zo³³bu³¹³
根须 i³³tɕi⁴²mɯ⁵⁵lɯ⁵⁵zo³³
白菜 u³¹³tsa⁴²phi²¹
细韭菜 kɯ³³mɯ⁵⁵lɯ⁵⁵zo³³
大叶韭 kɯ³³pja⁵⁵mo²¹
野韭 bɯ²¹kɯ³³
韭黄指野的 kɯ³³sɚ³³
花菜 u³¹³vi⁵⁵

白心薯 mjɛ²¹tshu²¹i³³phi²¹
瓜总称 o⁵⁵phɯ³³
瓜藤总称 o⁵⁵phɯ³³nɛ³³
瓜花总称 o⁵⁵phɯ³³vi⁵⁵
茄子柄 tɕo³³tsʅ²¹mɚ³³ɣɚ³³
茄子帽 tɕo³³tsʅ²¹mɯ⁵⁵
葫芦瓜 o⁵⁵phɯ³³dʐʅ²¹bjɛ²¹
慈姑 a⁵⁵dɯ³³lɯ³³
野蒜指野的 bɯ²¹kɯ³³
蒜头 tsi³³bɚ³³
蒜叶 tshi³³suan⁵⁵phjo³³
葱头 tshɔm⁵⁵thɚ³³
葱叶 tshɔm⁵⁵thɚ³³phjo³³
葱白 tshɔm⁵⁵thɚ³³phi²¹
仔姜嫩姜 tshu³³bɚ³³i³³zo³³
黄叶 ɕi⁵⁵phjo³³sɚ³³
嫩叶 ɕi⁵⁵phjo³³nɯ³³zo³³
叶柄 ɕi⁵⁵phjo³³i³³mɚ³³ɣɚ³³
叶脉 ɕi⁵⁵phjo³³i³³dzo²¹
落叶 ɕi⁵⁵phjo³³ka⁴²tshe⁴²lɛ²¹
主根 ɕi⁵⁵tɕi⁴²ɣɚ³³mo²¹
次根 ɕi⁵⁵tɕi⁴²mɯ⁵⁵lɯ⁵⁵zo³³
树墩 ɕi⁵⁵tsuan³³
树疙瘩 ɕi⁵⁵tsʅ⁵⁵
直树 ɕi⁵⁵kɯ³³dzu⁵⁵dzu²¹
弯树 ɕi⁵⁵kɯ³³wuɛ³³tɚ³³
虫蛀树 ɕi⁵⁵kɯ³³bɯ³³dzo³³
杉树 tho³³sa³³kɯ³³
苦楝树 dzɚ³³ljo⁵⁵mo²¹
棕丝 tsho³³be³³ljo³³
棕籽包 tsho³³be³³vi⁵⁵
藤刺 nɛ²¹dzʅ³¹³

树刺 ɕi⁵⁵dzʅ³¹³
黄连 dzu³³sɚ³³mə³¹³kua⁴²
浮萍 ʑi²¹vi⁵⁵
臭牡丹 bu³¹³nu²¹ɕi⁵⁵ɕi⁵⁵mo²¹
梨花 ze²¹zʅ²¹vi⁵⁵
红杜鹃 ta⁵⁵xua³³xua³³mo²¹i³³ȵi²¹
白杜鹃 ta⁵⁵xua³³xua³³mo²¹i³³phi²¹
黄杜鹃 ta⁵⁵xua³³xua³³mo²¹i³³sɚ³³
菌柄 mɯ³¹³lɯ²¹mɚ³³ɣə³³
牛肝菌 ɕi⁵⁵kha⁵⁵mɯ³¹³lɯ²¹
籽种 sʅ³¹³zo³³sʅ³¹³mo²¹
野黑草莓 ɕa⁴²lu³³na⁵⁵na⁵⁵
树芽 i³³dzɚ⁴²zo³³
蓓蕾 i³³bə²¹lə²¹
飞松树 tho³³kɯ³³
赤松 su⁴²kɯ³³
爬地松 tho³³bɛ²¹lɛ²¹kɯ³³
松子 su⁴²ȵi⁵⁵
竹林 mo²¹li³³
丛 pja⁴²
嫩竹子 mo²¹mɯ²¹zo³³
竹篾 mo²¹mi⁴²
竹疙瘩 mo²¹tsʅ⁵⁵
藤子 nɚ⁴²
硬藤子 nɚ⁴²kɯ⁵⁵mo²¹
葛根藤 ko²¹kɛ³³nɚ⁴²
刺儿 dzu³¹³
橘子 tɕi²¹tsʅ²¹
椎栗野坚果 pan⁴²li²¹
泡核桃 sʅ⁵⁵me²¹no³³zo³³
铁核桃 sʅ⁵⁵me²¹kɯ⁵⁵
野核桃 a⁵⁵mjo⁴²sʅ⁵⁵me²¹

花红 dʑi³³li³³mo²¹
稻谷穗 tshe²¹nu³³
小麦草 so³³pɚ⁴²
甜荞 go³³tshʅ²¹
荞麦草 go³³pɚ⁴²
苤菜 ɣu³³ljo³³mo²¹
辣椒碟子 la³¹³tsʅ²¹pa⁵⁵
葫芦 o⁵⁵phu³³dzʅ²¹bjɚ²¹
黑豆 nu⁵⁵mo²¹sɚ³³na⁵⁵
花豆 nɚ³³bi³³la⁵⁵gɚ⁴²
白豆 nɚ³³bi³³phi²¹
大白豆 u³¹³phɛ²¹phi²¹mo²¹
草丛 zʅ³³be³³
尖刀草 lo²¹sɚ³³zʅ³³
蓝靛草 zʅ³³ka³³tsha²¹
鸡棕 tɕi³³tsɔm³³
庄稼 lja³³sʅ³³lja³³mo²¹
谷种 tshe²¹sʅ³¹³
嫩芽 i³³dzɚ²¹nu³³zo³³
侧芽 i³³dze²¹bi³³gɛ²¹i³³dzɚ²¹
稻禾 tshe²¹kɯ³³
早稻 tshe²¹na⁴²mo²¹
晚稻 tshe²¹lɛ²¹zo³³
糯稻 ȵo³³
粳稻 tshe²¹
稻草垛 tshe²¹pɚ⁴²bu²¹
稻花 tshe²¹vi⁵⁵
青冈树 ɕi⁵⁵kha⁵⁵ɕi⁵⁵
竹笋 mo²¹ȵo⁵⁵
荞子 go³³
蔬菜 u³¹³ljo⁵⁵
杂草 zʅ³³be³³

穗 i³³nɯ³³
草木灰 kho³³mɯ²¹
山林 ɕi⁵⁵li³³
树苗 ɕi⁵⁵kɯ³³ʑa³³

四 动物

阉牛 lo³³pɯ⁵⁵mo²¹
花牛 ȵi³³la⁵⁵gɚ²¹
牛峰 ȵi³³bɯ²¹
马尾 mu³³mɚ³³
蹄壳 tɕhi²¹bə⁴²
换马 mu³³po³³
肥猪 va⁴²tshη²¹də²¹mo²¹
肉猪 va⁴²so³³
骟羊 kɚ⁴²ʑa³³mo²¹
野羊 tshɚ⁴²xo²¹
羊蹄 tshɚ⁴²tɕhi²¹bə⁴²
狗崽 khui³³tsha⁵⁵zo³³
花狗 khui³³la⁵⁵gɚ²¹
狗屎 khui³³tshη³³
猫崽 a⁵⁵mi³³tsha⁵⁵zo³³
家猫 xɯ²¹gɛ²¹a⁵⁵mi³³
白兔 tha⁵⁵la⁵⁵phi²¹
灰兔 tha⁵⁵la⁵⁵phɚ²¹
豹子 ʐη⁴²
未下蛋母鸡 ɣa⁵⁵ɣɯ²¹zo³³
阉鸡 ɣa⁵⁵ɕɛ⁵⁵
山鸡 li³³su³³
蛋白 ɣa⁵⁵fu²¹phi²¹
公虎 lo³¹³mo²¹ʑa³³po³¹³
母虎 lo³¹³mo²¹ʑa³³mo²¹
花豹 ʐη²¹la⁵⁵kɚ⁴²

山猫 a⁵⁵mi³³u³¹³mo²¹
野猫 a⁵⁵mi³³i³³xo²¹
竹鼠 mo²¹xua⁵⁵
鸟窝 ŋa⁵⁵mo²¹khue⁴²
长尾鸟 li³³su³³
水鸡 ʑe²¹ɣa⁵⁵
白鹇 ɣa⁵⁵phi²¹
野鸭 um⁴²mo²¹pa³³pa³³xo²¹
雁 o²¹lo²¹kɚ⁵⁵lɚ⁵⁵mo²¹
八哥 pa⁴²kə³³
幼鸟 ŋa⁵⁵mo²¹tsha⁵⁵zo³³
公蛇 vi³³ʑa³³po³¹³
母蛇 vi³³ʑa³³mo²¹
蛇蛋 vi³³fu⁴²
蚱蜢 ma³¹³tsa⁵⁵tsa⁵⁵mo²¹
灰蝗 ma³¹³tsa⁵⁵tsa⁵⁵mo²¹sɚ³³
绿蝗 ma³¹³tsa⁵⁵tsa⁵⁵mo²¹ljo⁵⁵
黄蚁 a⁵⁵u³³sɚ³³zo³³
小黄蚁 a⁵⁵u³³sɚ³³zo³³
黑蚁 a⁵⁵u³³mo²¹na⁵⁵
鸡虱 ɣa⁵⁵se²¹
细蚊蝇 zo²¹sŋ³³mo²¹mɯ⁵⁵lɯ⁵⁵
蚂蟥 ʑi²¹ve⁴²
蛀虫 bɯ³³dzo³³
钩虫 bɯ⁵⁵di²¹mo²¹
松树虫 su³³ɕi⁵⁵bɯ³³
蚜虫 bɯ³³ȵo⁵⁵tshη³³
菜虫 bɯ³³ljo⁵⁵mo²¹
水蚴/水蚊 zo²¹su³³mo²¹mɯ⁵⁵lɯ⁵⁵
毛虫 a⁵⁵tɕi⁵⁵bjɛ³³bjɛ³³mo²¹
黄毛虫 a⁵⁵tɕi⁵⁵bjɛ³³bjɛ³³mo²¹i³³sɚ³³
牛蛔虫 ȵi³³bɯ⁵⁵di²¹mo²¹

黑蝴蝶 ku²¹li⁵⁵pa³³mo²¹i³³na⁵⁵

蜂巢 bjo³¹³tshui³¹³

幼蜂 bjo³¹³tsha⁵⁵zo³³

鬼头蜂 ti⁵⁵tɔm⁵⁵fɔn³³mo²¹

黄蜂 so³¹³mo²¹

细腰蜂 bjo³¹³sɚ³³i³³zo³³

吊窝蜂 so³¹³mo²¹pɯ³³

田鸡/虎纹蛙 a⁵⁵po³³mo²¹

绿皮蛙 a⁵⁵po³³mo²¹ljo⁵⁵

鱼卵 ŋo³³zo³³fu⁴²

小鱼 ŋo³³zo³³tsha⁵⁵zo³³

公鱼 ŋo³³zo³³ʑa³³po³¹³

母鱼 ŋo³³zo³³ʑa³³mo²¹

大虾 bɯ⁵⁵dzɯ²¹ɣɚ³³mo²¹

虾皮 bɯ⁵⁵dzɯ²¹ku⁵⁵

螺 a⁵⁵ko³³kɚ⁵⁵lɚ⁵⁵

河螺 a⁵⁵ko³³kɚ⁵⁵lɚ⁵⁵

家畜 dze³³mu³³

阉公牛 lo³³pɯ⁵⁵mo²¹

小猪 va⁴²tsha⁵⁵zo³³

猪肥 va⁴²tshŋ²¹dɚ²¹

小鸡 ɣa⁵⁵tsha⁵⁵zo³³

鸭蛋 ɚ⁵⁵fu⁴²

小母鸡 ʑa³³mo²¹zo³³

旱鸭子 um⁴²mo²¹pa³³pa³³

猪皮 va⁴²dʑi²¹

豺狼 ve⁴²se³³zo³³

小鸟 ɣa⁵⁵mo²¹

箐鸡 li³³su³³

扎拉雀 dza²¹la²¹mo²¹

画眉 tjɚ⁴²tshŋ²¹mo²¹

公主鸟 mɯ³³sɚ³³za²¹me²¹

蚂蚱鸟 ma³¹³tsa⁵⁵tsa⁵⁵mo²¹ɕi⁵⁵ɕi⁵⁵zo³³

鸟做窝 ɣa⁵⁵mo²¹khue⁴²khue⁴²

鸟啼 ŋa⁵⁵mo²¹mi²¹

四脚蛇 tho³³dɯ³³lɯ³³mɚ³³dɯ³³lɯ³³

小黄青蛙 a⁵⁵po³³ljo⁵⁵mo²¹

黄青蛙 a⁵⁵po³³sɚ³³tɕɚ³³zo³³

鳝鱼 xua²¹sa⁵⁵

蜜蜂 bjo³¹³

蜂蜡 bjo³¹³tshui³³

蟹壳 pha²¹xɛ⁴²ku⁵⁵

蟹蛋 pha²¹xɛ²¹fu⁴²

螺蛳 a⁵⁵ko³³kɚ⁵⁵lɚ⁵⁵

五　房舍器具

梁 ljan⁴²

门背 lo²¹go²¹bo²¹

门扣 dzu⁵⁵la⁴²

门礅 lo²¹go²¹tun³³

门缝 lo²¹go²¹tsə²¹

窗子 tshu³³mja⁵⁵

窗格 tshu³³mja⁵⁵kɚ²¹tsʅ²¹

内墙 ne³¹³dʐŋ³³bu⁵⁵i³³xɯ²¹

竹墙 mo²¹ne³¹³dʐŋ³³bu⁵⁵

村寨门 tsa⁵⁵tsʅ²¹lo²¹go²¹mo²¹

正屋 i³³tɕo³³kɚ³³

石屋 lu³³dʐa⁵⁵xɯ²¹

雕刻楼 tjɔ³³khə³¹³ɕi³³xɯ²¹

竹楼 mo²¹gɛ²¹lɯ²¹

前楼 lɯ²¹ɣə³¹³dzə²¹

后楼 lɯ²¹du²¹mi⁴²

院子 ʑa⁵⁵tsʅ²¹

客厅 tha²¹u²¹xɯ²¹
天井 ʐɛ⁵⁵tsʅ²¹
耳房/偏房 xɯ²¹zo³³
睡房 zɚ⁴²gɛ²¹gɛ²¹xɯ²¹
柴房 ɕi⁵⁵to³³xɯ²¹
屋角 xɯ²¹ko³¹³lɯ⁵⁵
瓦沟 ŋɛ⁴²kə³³
柱石 tsu⁵⁵tɕo²¹sʅ⁴²
楼梯 ta⁵⁵dzʅ³³
瓦窑 tsuan³³ʐo²¹tsʅ²¹
砖模子 tsuan³³tshu²¹tɯ³¹³
上梁 ljan⁴²da⁵⁵
盖瓦 ŋɛ⁴²sa³¹³
铁板 sɛn²¹thi³³
杉皮瓦 tho³³sa³³gɯ³³ku⁵⁵gɛ²¹ŋɚ⁴²
竹瓦 mo²¹gɛ²¹ŋɚ⁴²
碎瓦 ŋɛ⁴²gɛ²¹thɚ²¹
草墩 tshɔ²¹tuɛ³³
木墩 ɕi⁵⁵tuɛ³³thɯ²¹
石墩 lu⁵⁵dza⁵⁵tuɛ³³thɯ²¹
老房子 xɯ²¹li³³mo²¹
房顶 xɯ²¹tha⁴²
地盘 xɯ²¹du²¹mi²¹
夯土屋 thu³³tsan³³fa⁴²
打基脚 sʅ²¹tɕo²¹ɕa⁵⁵
打桩 tsuan³³tsuan³³tɿn⁵⁵
打砖 tsuan³³dɯ⁵⁵
捡漏 ŋɛ²¹so³³
拌泥灰 ne³¹³fu³³pan⁵⁵
安装楼板 lɯ²¹tsa⁵⁵
家乡 mi²¹phi²¹
磨坊 lo⁵⁵tshu⁵⁵tshu⁵⁵xɯ⁴²

土坯 ne³¹³dzʅ³³ma³³
门槛 lo²¹go²¹pu³³
门框 mɛn⁴²fan⁵⁵
门闩 lo²¹go²¹kan⁵⁵sʅ⁵⁵
台阶 lu⁵⁵ta⁴²
屉子 phu³³ti³³
竹箱 mo²¹gɛ²¹ɕa⁵⁵ɕa⁵⁵
煤油灯 tɛn³³tsɛn²¹pɚ⁵⁵
灯火 tɛn³³mɚ⁵⁵tu²¹
网袋 fɚ⁴²
聋锁 tsu⁵⁵pu³³gɛ²¹thɚ⁴²
旱烟袋 ʑi³³ko⁵⁵pa³³thɚ⁴²
洗脚盆 tɕhi²¹pha⁵⁵tshʅ³³lu³³
擦脚布 tɕhi²¹pha⁵⁵sʅ⁵⁵sʅ⁵⁵
脸盆架 khu²¹mja⁵⁵tshʅ³³lu³³to³³tɕa⁵⁵
篦梳 um³³phi³³tsʅ²¹
挖耳勺 no³³po³³tshʅ³³kɚ²¹sʅ⁵⁵
扫把 me³¹³sʅ⁵⁵
竹枝扫帚 mo²¹me³¹³sʅ⁵⁵
高粱穗笤帚 kɔ³³ljan⁵⁵me³¹³sʅ⁵⁵
尿桶 ʑi²¹so²¹bə²¹
棕斗笠 ga²¹la²¹
马灯 tɛn³³tsɚ⁴²
柴疙瘩 ɕi⁵⁵tsʅ⁵⁵
烧香 ɕɔm³³tshu²¹
炒菜锅 tshɚ⁵⁵
土锅 a⁵⁵lo²¹bə⁴²
砍柴刀 ɕi⁵⁵dzi⁵⁵pa⁵⁵te³³
弯刀 wua³³to³³
漏勺 lə⁵⁵so⁴²
小勺 ʐo⁴²gə⁴²tsha⁵⁵zo³³
罐子 bə²¹

腌菜罐 u³¹³tsi³³bə²¹

三脚架 sa³³tɕo²¹

货物 mjo³¹³zo³³

拐棍 tu⁵⁵ɕi⁵⁵ba⁵⁵

牛绳 ȵi³³tsa⁵⁵

马绳 mu³³tsa⁵⁵

喂猪槽 va⁴²tshə²¹lu³³

马料槽 mu³³tshə²¹lu³³

猪食料棒 va⁴²tshə²¹ɣɚ⁵⁵ɕi⁵⁵ba³³

斧子头 se²¹tʂʅ⁵⁵

斧子口 se²¹tʂʅ⁵⁵tha⁵⁵

刨子 thui³³pu⁵⁵

锛 dzi⁵⁵mo²¹

耙齿 tɕa⁵⁵sɛn³³

条锄 thjɔ²¹tshu³³

牛皮绳 tsa⁵⁵lɯ²¹

木桩 ɕi⁵⁵tsuan³³

粪箕 tɕhi³³khu³³

水槽 ʑi²¹tsho³³bi³³

箩筛 so³¹³lo²¹

密筛子 um³³tɕi³³tsʅ²¹

小筛子 um³³tɕi³³tsha⁵⁵zo³³

铁夹子 sɛn²¹tɕa³¹³tsʅ²¹

陷阱 i³³tɯ³¹³

渔网 ŋo³³zo³³pɯ²¹

椿钩摘椿芽的钩子 tshui³³kha⁴²sʅ⁵⁵

松苞钩采松苞的钩子 su⁴²bɛ²¹kha⁴²sʅ⁵⁵

单牛牛轭 ȵi³³wua⁵⁵tɚ⁵⁵

双牛牛轭 lo²¹li³³

针 ɣə⁴²

竹枪 mo²¹tshu⁵⁵

弹弓 ɕa²¹phi⁴²tɕa⁵⁵

扫帚 me³¹³sʅ⁵⁵

箍子 vɚ³³

床板 zɚ⁴²gɛ²¹thi³³

床架 zɚ⁴²gɛ²¹tɕa⁵⁵

床凳 zɚ⁴²gɛ²¹tɕa⁵⁵

竹床 mo²¹gɛ²¹zɚ⁴²gɛ²¹

帐竿 ʐo²¹su³³mo²¹kə³³sʅ²¹

蚊帐钩子 kə³³sʅ²¹

蚊帐夹 ʐo²¹su³³mo²¹tsʅ⁵⁵gɛ²¹

蚊帐架 ʐo²¹su³³pɯ²¹mo²¹tsʅ⁵⁵gɛ²¹

烟窗 ʐɛn⁵⁵tshɔm⁵⁵mja⁵⁵kja²¹

砂锅 a⁵⁵lo³³bə⁴²

大锅 tshɚ³³

锅耳 tshɚ³³no³³po³³

海碗 pa⁵⁵sɚ³³mo²¹

碗边 pa⁵⁵ɕi³³pjɛn⁵⁵

碗盖 pa⁵⁵ɕi³³kɚ⁵⁵

缺口碗 pa⁵⁵ɕi³³tshui³³khɛ²¹

铁勺子 sɛn²¹ʐo²¹kə⁴²

粥勺 ʐo²¹kə⁴²

洗涤剂 ɕi³³ti²¹tsin⁵⁵

竹筷 mo²¹gɛ²¹mu⁵⁵dzu²¹

骨筷 mɯ³³kɯ⁵⁵mu⁵⁵dzu²¹

木筷 ɕi⁵⁵gɛ²¹mu⁵⁵dzu²¹

竹筒 mo²¹pu³³

茶筒 tsha⁴²ʑi³³ke²¹pu³³

酒筒 dzʅ²¹fu⁴²

水筒 ʑi²¹dʑa⁵⁵pu³³

盐筒 tsho³³bə⁴²

刀口 pa⁵⁵te³³khə²¹

骨头刀 ɣɯ³³kɯ⁵⁵pa⁵⁵te³³

饮水池 ʑi²¹du⁵⁵

盐缸 tsho³³bə⁴²
腌菜坛 u³¹³tsi³³bə⁴²
酒坛 dzɿ²¹bə⁴²
瓶塞 phi⁴²phi⁴²i²¹kɚ⁵⁵
沙罐 a⁵⁵lo³³bə⁴²sa³³kuɚ⁵⁵
猪油罐 tshɚ²¹bə⁴²
饭桶 ma³³ma³³ke²¹zi²¹thu⁴²
水瓢 phi³³bi³³
磨眼 lo⁵⁵tshɯ⁵⁵mja⁵⁵
磨脐 lo⁵⁵tshɯ⁵⁵mja⁵⁵
斧头 se²¹tsɿ⁵⁵
锯齿 dzə²¹dzɚ²¹
拉锯 dzə²¹tshɚ³¹³
垫肩 tjɛn⁵⁵tɕɛ³³
扁凿 dzɿ³³zo³³khua⁵⁵ɕi³³
圆凿 dzɿ³³zo³³wui³¹³ɕi³³
墨线 mə³¹³tə²¹tsa⁵⁵
锛斧 dzi⁵⁵mo²¹
水平尺 phi⁴²sui³³tshɿ²¹
木马 ɕi⁵⁵mu³³
石钻子 tsa⁵⁵tsɿ²¹
调线 tjɔ⁵⁵ɕɛn⁵⁵
泥板 ȵi⁴²pan²¹
理发椅 i³³tshu³³tshu⁵⁵gɛ²¹na⁵⁵tə³³
剃刀 be²¹thu³³lu³³
木板桥 ɕi⁵⁵dzɯ²¹
马车 mu³³tshə³³
除草剂 zɿ³³be³³bɚ⁵⁵sɿ⁵⁵
播种机 tɚ³³tɕa⁵⁵
插秧机 tshe²¹tɚ³³tɕa⁵⁵
喷雾器 bɚ³³bɚ⁵⁵tɕa⁵⁵
碾米机 tshe²¹ȵɛ²¹tɕa⁵⁵

井绳打井水的绳子 zi²¹dza⁵⁵tjɔ⁵⁵zi²¹tsa⁵⁵
粗棕绳 tsho³³bi³³ljo⁵⁵tsa⁵⁵
木扁担 ɕi⁵⁵pe²¹ta⁵⁵
竹扁担 mo²¹pe²¹ta⁵⁵
钩担有钩的扁担 ta⁴²ko³³
竹篾箩 mo²¹lo³¹³du⁵⁵
粗眼筛 um³³tɕho³³
糠筛 um³³tɕho³³
木杠 ɕi⁵⁵zi²¹kan³³
三锄有三齿的锄头 la⁴²tɕa⁵⁵
榔头 la⁴²tɕa⁵⁵
板锄 pan³³tshu⁴²
锄柄 pan³³tshu⁴²mɚ³³ɣə³³
装柄 pan³³tshu⁴²mɚ³³ɣə³³tə⁵⁵
咬口相互扣在一起的部位 ɕi⁵⁵mu³³
搂耙 ta⁵⁵tsa⁵⁵mu²¹u⁵⁵sɿ⁵⁵
剪禾刀 tse²¹ta⁵⁵
钉耙 tɕa⁵⁵sə³³
耙把 tɕa⁵⁵bu⁵⁵
耙绳 tɕa⁵⁵tsa⁵⁵
耙耳 tɕa⁵⁵nu³³po³³
颈袢绳 ȵi³³zo³³sɚ⁴²
牛嘴套 ȵi³³tho⁵⁵khə²¹
赶牛鞭子 ȵi³³ka³³ɕi⁵⁵ba⁵⁵
石槽 lu⁵⁵dza⁵⁵ɕi⁵⁵lu³³
粪池 tshɿ³³tə³³
粪桶 fɛn⁵⁵thɔm²¹
粪勺 tshɿ³³tə³³zi²¹khə²¹sɿ⁵⁵
猪菜板剁猪食的木板 va⁴²tshə²¹
猪笼 va⁴²lɔm²¹lɔm²¹
牲口圈 se⁵⁵khə²¹ɣɛ²¹
马笼嘴 mu³³tho⁵⁵khə²¹

马鞭子 mu³³ga⁴²ɕi⁵⁵ba⁵⁵
婴儿椅 me³³me³³n̩a⁵⁵sɿ⁵⁵

六　服饰饮食

丝线 tsa⁵⁵muɯ⁵⁵luɯ⁵⁵zo³³
衣领 lɚ²¹khui³³
长衫 phjo²¹ɕi³³mo²¹
麂子皮褂 tʂʅ²¹mo²¹dʑi²¹kua⁵⁵kua⁵⁵
羊皮褂褂 tʂʰɚ⁴²dʑi²¹kua⁵⁵kua⁵⁵
纽洞 phi²¹tsa⁵⁵mo²¹ɣo³³
纽扣 phi²¹tsa⁵⁵mo²¹khɚ⁵⁵
裤腿儿 lo³¹³tɕhi²¹pha⁵⁵
裤裆破 lo³¹³tho²¹thu³³
裤腰 lo³¹³tshu³³
短裤 lo³¹³dɚ³³
头帕 te⁵⁵tse³³
包头 um³³vɚ³³
女子包头 um³³vɚ³³dɚ⁴²
女子腰带 dzu³³sɚ⁴²
小脚女人 tɕhi²¹n̩i³³ba⁴²dɚ⁵⁵lə⁵⁵
背带 tsa⁵⁵phe³¹³
布面 tɕhi²¹khu²¹mja⁵⁵tsɿ²¹
里子 i³³xuɯ⁴²tsɿ²¹
花布 xua³³pu⁵⁵
黑布 tɕhi²¹khu²¹na⁵⁵bə²¹
补丁衣 phjo²¹du⁴²
扣襻 phi²¹tsha⁵⁵mo²¹
布扣 tɕhi²¹khu²¹ɣo³³
裤带 phi²¹thjɔ³³
解放鞋 pa⁵⁵tho²¹xɛ⁴²
绣花鞋 vi⁵⁵lo⁴²pjɛ²¹ɛ⁵⁵ɕi³³tɕhi²¹nuɯ⁵⁵
女弓鞋 tɕhi²¹nuɯ⁵⁵ko³¹³pɚ⁵⁵

草鞋耳 tsho⁴²xui²¹nu³³po³³
鞋帮 tɕhi²¹nuɯ⁵⁵pan³³
鞋口 tɕhi²¹nuɯ⁵⁵khə⁴²
红米 tshe²¹phe²¹tsha⁵⁵zo³³
谷壳 tshe²¹ku⁵⁵
粗糠 tshe²¹phi³³tshu³¹³ɕi³³
细糠 tshe²¹phi³³muɯ⁵⁵ɕi³³
发夹 i³³tshuɯ³³tɕa³¹³sɿ⁵⁵
辫绳 tsa⁵⁵phe³³
围头布 te⁵⁵tse³³
腰围帕 ʐɔ²¹pu⁵⁵
绣花帕 so²¹tsi³³tsha⁵⁵zo³³
被窝 phuɯ³¹³sɿ⁵⁵
被面 phuɯ³¹³sɿ⁵⁵mjɛn⁵⁵tsɿ²¹
被套 phuɯ³¹³sɿ⁵⁵thɔ⁵⁵kho²¹
竹枕 mo²¹gɛ²¹i³³duɯ³³dʑi²¹
枕套 i³³duɯ³³dʑi²¹ku⁵⁵
枕芯 i³³duɯ³³dʑi²¹n̩i⁵⁵
垫床草 ʐɔ⁴²gɛ²¹khu³³sɿ⁵⁵
篾席 za⁵⁵lo³³tsɛ³³
草席 zɿ³³be³³za⁵⁵lo³³
稻草席 tshe²¹pə⁴²za⁵⁵lo³³
垫被 phuɯ³¹³ɕi²¹phuɯ³¹³n̩i⁵⁵
眉笔 mja⁵⁵tsə³³xua⁵⁵sɿ⁵⁵
衣袖 la⁴²dʑi²¹
裹脚 tɕhi²¹n̩i³³ba²¹dɚ⁵⁵lə⁵⁵
糯米饭 ȵo³³ma³³ma³³
豆腐饭 nɛ³³bi³³ɛ²¹ma³³ma³³
白薯饭 mjɛ²¹tshu²¹i⁵⁵phi³³ɛ²¹ma³³ma³³
竹筒饭 mo²¹pu³³xuɯ²¹ɛ²¹ma³³ma³³
剩饭 ma³³ma³³dʑa⁵⁵mo²¹
热饭 ma³³ma³³lo²¹muɯ³³

冷饭 ma³³ma³³tsu³³də⁵⁵mo²¹
淘米水 tshe²¹phe²¹thɚ⁴²ʑi²¹
米线 mi⁵⁵tsa⁴²
米豆腐 tshe²¹do²¹fu³³
粥 la⁵⁵xan⁵⁵
薯片 mjɛ²¹tshu²¹phjɛ⁵⁵
薯丝 mjɛ²¹tshu²¹su³³sɛ³³
酵面团 so³³mɯ²¹fa³³sɿ⁵⁵
汤圆 tshe²¹mɯ²¹də²¹lə⁵⁵
荞麦粑 go³³pa³³pa³³
煎蛋 ɣa⁵⁵fu⁴²pu⁴²
炒蛋 ɣa⁵⁵fu⁴²ljo³³
剩菜 u³¹³dza⁵⁵
蛋汤 ɣa⁵⁵fu⁴²ʑi²¹xa⁵⁵
盐水汤 tsho³³ʑi²¹xa⁵⁵
酿豆腐 do²¹fu³³tɕhi⁴²
豆瓣酱 ɕa³³tɚ⁵⁵
甜酒 dzɿ²¹phjo²¹
玉米酒 ʑi⁵⁵mɚ³³dzɿ²¹
纸烟 tsɿ²¹zɛ⁵⁵
烟油屎 zi³³ko³³tshɿ³³
蜂蜜 bjo³¹³ʑi²¹
麦芽糖 tɛn⁵⁵lɛn⁵⁵than⁴²
纸包糖 ɕan⁵⁵ku⁵⁵than⁴²
爆米花 a⁵⁵fu²¹thu⁵⁵lu⁵⁵
牛油 ȵi³³tshɚ²¹
面酱 tɕo⁴²
辣椒粉 la³¹³tsɿ²¹mɯ⁵⁵zo³³
吹叶哨 ɕi⁵⁵phi⁵⁵mɯ⁵⁵
灶门 ma³³ma³³dɯ⁵⁵xɯ²¹ɛ²¹lo²¹go²¹
火柴皮 ʐa⁴²fa²¹tsu³³ku⁵⁵
火柴头 ʐa⁴²fa²¹tsu³³ȵi⁵⁵

秤杆 tɕho³³mɚ³³ɣɯ³³
过秤 tɕho³³gu⁵⁵tɕho³³
够秤 tɕho³³lu⁴²
干柴 ɕi⁵⁵fɚ⁴²
生柴 ɕi⁵⁵dzɯ³³
木炭 sɯ⁵⁵dzu²¹mo²¹
枯炭 kho³³mɯ²¹
猪肉 va⁴²so³³
牛肉 ȵi³³so³³
肉片 so³³bɚ³¹³i³³phjɛ⁵⁵
肉丝 so³³bɚ³¹³su⁵⁵sɛ³³
里脊 nui⁵⁵li²¹
屁股肉 指猪大腿上的肉 xə⁵⁵tso⁵⁵tuɛn³³
猪头肉 va⁴²i³³dɯ³³so³³
狗肉 khui³³so³³
虾肉 bɯ⁵⁵dzu²¹so³³
牛肚 ȵi³³xa³³pɯ⁴²
猪肺 va⁴²fe⁵⁵
猪腰 va⁴²ljɛ²¹ʐo⁵⁵xua⁵⁵
鹅肉 ɚ⁵⁵lo³³mo²¹so³³
鸭肉 um⁴²mo²¹pa³³pa³³so³³
干鱼 ŋo³³zo³³fɚ⁴²
羊油 tshɚ⁴²tshɚ²¹
胡椒 sa⁵⁵dzə²¹
甜白酒 dzɿ²¹phjo²¹
茶水 tsha⁴²ʑi³³ʑi²¹
松苞 su⁴²bɛ²¹

七 身体医疗

耳根 no³³po³³tsɿ⁵⁵
塌鼻 nu³³khu²¹pja⁴²
钩鼻子 nu³³khu²¹kə³³

舌尖 ljo³³i³³dɯ³³

舌苔 ljo³³

大舌头 ljo³³ɣɚ³³mo²¹

龅牙 dzɚ²¹pɚ⁵⁵

乳牙 a⁵⁵ne²¹du²¹dzɚ²¹

掌纹 la⁴²go²¹phɛ²¹xɯ⁴²i³³dzo²¹

腘纹 pa³³thu²¹

箕纹 tɕhi³³khu³³

指缝 la⁴²ɲi²¹tsə⁴²

膝盖骨 gɛ²¹tʂʅ⁴²ɣɚ³³ku⁵⁵

脚踝骨 tɕhi²¹mja⁵⁵sɚ³³

赤脚 bə⁴²tɕa⁵⁵

脚步 tɕhi²¹bɛ²¹

丰乳房 a⁵⁵ne²¹ɣɚ³³

脊背 gɯ²¹mu²¹tɕho³³

水蛇腰 dzu⁴²tshɚ⁵⁵tshɚ⁵⁵

软腰 dzu⁴²zua²¹

光屁股 do²¹pɯ³³phi²¹

胯下 phi³¹³tsə⁴²

毛孔 mə²¹khə³³kua²¹

胃病 wui⁵⁵no²¹

种痘 vi⁵⁵lo²¹zo³³tə³³

便秘 tshʅ³³fɚ⁴²

小儿惊风 me³³me³³mɯ³³li³³dzu³¹³

着凉 dʑa⁵⁵tshʅ⁵⁵

发痧 sa³³fɚ⁵⁵

不消化 xa⁴²pɯ⁴²kə³¹³

口臭 khui³³pɯ³³bɯ³¹³nɯ²¹

受惊 tsu⁵⁵tshɯ⁵⁵

酸痛 tsi⁵⁵te⁵⁵te⁵⁵ɛ⁵⁵no²¹

红肿 ɲi⁵⁵bo²¹bo²¹a³³phə⁴²

晕车 tshə³³zi⁵⁵

晕船 tshuan²¹zi⁵⁵

跌伤 kuan⁵⁵san⁵⁵

碰伤 phɔm⁵⁵san⁵⁵

烧伤 tshu²¹san⁵⁵

烫伤 thi²¹san⁵⁵

刀伤 pa⁵⁵te³³dɚ⁵⁵ɣo⁴²

瘀青 u³¹³

溃脓 be²¹khuɛ⁴²

瘸腿 tɕhi²¹pha⁵⁵tsa⁴²

茧 lɔ²¹tɕɛ²¹

起茧 lɔ²¹tɕɛ²¹tu³³

鸡皮疙瘩 ɣa⁵⁵dzi²¹phi²¹

夜盲症 ɣa⁵⁵mja⁵⁵

腮腺炎 ʑi²¹tsho²¹mo²¹po³³thɛ³³

鼻子不灵 nu³³khu²¹ma²¹tha⁵⁵

沙哑 tshu³³sa⁵⁵

耳鸣 no³³po³³mi²¹

换牙 dzɚ²¹po³³

补牙 dzɚ²¹du⁴²

脱皮 dzi²¹phi²¹bɚ⁵⁵

癫子 lɛ⁵⁵tsʅ²¹

瞎~子 tə³³

聋~子 bo³³

跛脚跛腿 phi³³thə³³phi³³thə³³

秃子 i³³dɯ³³lɯ³³

牛驼峰 ɲi³³bɯ²¹

弓背 pe⁵⁵ko⁵⁵

结巴结 a⁵⁵zə²¹zə²¹

病人 tsho²¹no²¹

麻风病人 tsho²¹no²¹pho³¹³

拐手 to³³ɕi³³ba⁵⁵

弓背 ku⁵⁵lu⁵⁵

痛苦 ku⁴²so³³

烫 thi²¹

中毒他吃菌子~了 tu⁴²tshɯ⁵⁵

大小便 tshŋ³³ʑi²¹sɚ⁴²

八　婚丧信仰

神龛 a²¹po⁵⁵gɚ²¹sɚ²¹mo²¹

龙王 ljo³³ɣɚ³³pho³¹³

断气他奶奶~了 sa⁴²tshe⁵⁵

投水 dʑa⁵⁵tsɔm⁵⁵

上吊 le²¹bɛ²¹ne⁴²

病死 no²¹se⁴²phi⁴²

老死 mo³¹³se⁴²phi⁴²

墓碑 pe³³

抬棺 kuan³³tshe³³thɯ³³

戴孝 ɕɔ⁵⁵də⁴²

邪法佬 pe³³mo³³pe³³pho³¹³

招魂 ʑi⁵⁵xo²¹ɯ³³

算命先生 suan⁵⁵mi⁵⁵suan⁵⁵pho³¹³

风水师 ti⁵⁵li²¹ɕɛ⁵⁵sɛn⁵⁵

女祭司 sɚ²¹mo²¹

男祭司 sɚ²¹po³¹³

择地 mi²¹ɕɛ²¹

拜~父母 pɚ⁵⁵

魂魄 ʑi⁵⁵xo²¹

磷火 ne³¹³mɚ⁵⁵tu²¹

九　人品称谓

叔叔 a⁵⁵zi³³

婶母 a²¹mo²¹sŋ⁵⁵

姑母 a³³ȵi³³

舅母 a²¹gu²¹mɯ²¹

姨母 a⁵⁵ʐɿ³³

高曾祖 a⁵⁵se⁵⁵ma²¹mo²¹

高祖父辈 a⁵⁵se⁵⁵

曾祖父辈 a⁵⁵ma²¹

老大爷 a³³bo³³

老奶奶 a³³ne³³

干爹 ʑa³³te³³fɚ⁴²

干妈 ʑa³³mo³³fɚ⁴²

姨妈 a⁵⁵ʐɿ³³

二婶 a²¹mo²¹le⁵⁵

三婶 a²¹mo²¹bɚ⁵⁵

四婶 a²¹mo²¹sŋ⁵⁵

二姨 a⁵⁵ʐɿ³³le⁵⁵

三姨 a⁵⁵ʐɿ³³bɚ⁵⁵

四姨 a⁵⁵ʐɿ³³tshɚ⁵⁵tshɚ³³

小姨 a⁵⁵ʐɿ³³tsha⁵⁵zo³³

姨妹 ʑi⁴²me⁵⁵

孩子 me³³me³³

儿女 za²¹me²¹

幺女 za²¹me²¹tsha⁵⁵zo³³

孙子孙女 li³³zo³³li³³mo²¹

二哥 a³³le⁵⁵

三哥 a³³bɚ⁵⁵

四哥 a⁵⁵tshɚ³³

姑嫂 a⁵⁵vi²¹a⁵⁵ŋɛ⁵⁵

大嫂了 a²¹me³¹³

二嫂子 a²¹me³¹³li⁵⁵

三嫂子 a²¹me³¹³bɚ⁵⁵

四嫂子 a²¹me³¹³tshɚ⁵⁵tshɚ³³

大姐姐 a⁵⁵tɕi³³

二姐 a⁵⁵tɕi³³li⁵⁵

三姐 a⁵⁵tɕi³³bɚ⁵⁵

四姐 a⁵⁵tɕi³³tshɚ⁵⁵tshɚ³³	母子俩 ȵi²¹ma⁴²
哥弟兄 a³³zo³³a³³le⁵⁵	母女俩 ȵi²¹ma⁴²
丈夫 背称 tshua⁴²la⁴²	爷孙 phi³³li³³
老公 面称 tshua⁴²la⁴²	婆孙 phi³³li³³
妻子 背称 tɕhi⁵⁵mo²¹	父子俩 ȵi²¹pho³¹³
老婆 面称 tɕhi⁵⁵mo²¹	丈人 ʐa³³ɣɯ³³mo²¹
正房 mɚ³¹³ɣɚ³³mo²¹	丈母 ʐa³³mo²¹mo²¹
小妾 mɚ³³nɚ³³mo²¹	男方 tshua⁴²la⁴²zo³³ɣɚ⁴²gɛ²¹
填房 mɚ³³nɚ³³mo²¹	女方 ʐa²¹me²¹zo³³ɣɚ⁴²gɛ²¹
结拜兄弟 tha²¹su³³thu²¹	伴郎 sin⁵⁵kɯ⁵⁵ʑi⁵⁵tshu³¹³
大姑子 ʐa³³nɛ⁵⁵mo²¹	伴娘 tɕhi⁵⁵mo²¹ɚ⁴²tshu³¹³
小姑子 ʐa³³nɛ⁵⁵tsha⁵⁵zo³³	偷汉子 找野男人 tshua⁴²la⁴²zo³³mo²¹lɚ³³go²¹
小叔子 a⁵⁵zi³³	偷女人 找野女人 ʐa²¹ma²¹la²¹mo²¹lɚ³³go²¹
兄弟俩 ʐa³³ɣɯ³³la⁴²	花子 乞丐 dzo²¹ma⁴²pho³¹³
姐妹俩 ʐa³³ɣɯ³³la⁴²	公子 mɯ³³sɚ³³zo³³
儿媳 zo³³tɕhi⁵⁵mo²¹	公主 mɯ³³sɚ³³mo²¹
长子 zo³³ɣɚ³³zo³³	苦命人 mjɚ⁴²do³³zo³³
次子 zo³³ti⁵⁵ə⁵⁵kə⁵⁵	牧童 dze³³mu³³lu⁴²pho³¹³
小儿子 zo³³tsha⁵⁵zo³³	放牛人 ȵi³³lu⁴²pho³¹³
长女 ʐa²¹me²¹ɣɚ³³mo²¹	补锅匠 tshɚ³³du⁴²pho³¹³
次女 ʐa²¹me²¹le⁵⁵le⁵⁵a⁵⁵te⁵⁵	银匠 phi²¹ljo³¹³pho³¹³
小女 ʐa²¹me²¹tsha⁵⁵zo³³	磨刀师傅 pa⁵⁵te³³se³³pho³¹³
养子 so³³su³³	理发匠 i³³dɯ³³tshu⁵⁵pho³¹³
义子 zo³³zə⁵⁵	鞋匠 tɕhi²¹nɯ⁵⁵gu²¹pho³¹³
侄媳 du²¹zo³³tɕhi⁵⁵mo²¹	帮工 ɣo³³zo³³
侄婿 du²¹mo²¹	搬运夫 mjo³³zo³³pan³³pho³¹³
孙媳 li³³zo³³tɕhi⁵⁵mo²¹	挑夫 thu³³pho³¹³
孙婿 li³³mo²¹tshua⁴²la⁴²	扛夫 khan⁴²pho³¹³
同胞 a⁵⁵ne²¹dzɚ²¹tjɔ⁵⁵	轿夫 tɕɔ⁵⁵tsʅ²¹thu³³pho³¹³
远亲 a²¹vi³³to⁵⁵ɕi³³kɯ³³	车夫 tshɚ³³khɛ³³pho³¹³
近亲 a⁵⁵ne²¹zo³³ɕi³³kɯ³³	售票员 phjɔ⁵⁵u³¹³pho³¹³
父子俩 ȵi²¹pho³¹³	缝衣人 phjo²¹gə⁴²pho³¹³

船夫 tshuan⁴²ɣɚ⁵⁵pho³¹³
猎人 ɣa⁵⁵mo²¹bɚ⁵⁵pho³¹³
饲养员 su²¹pho³¹³
生意人 vɛ²¹lə³³mɯ⁴²pho³¹³
账房先生 tsa⁵⁵sua⁵⁵pho³¹³
守门人 lo²¹go²¹su³³pho³¹³
护路工 dʐo²¹mo²¹gua²¹pho³¹³
清洁工 dʐo²¹mo²¹sʅ⁵⁵pho³¹³
恶人 tsho²¹ɣo³¹³
好人 ɲi⁵⁵mo²¹no³³ɕi³³
懒鬼 tsho²¹bjo²¹
小偷 dzɚ⁵⁵
扒手 to³³ɕi³³khɯ³³pho³¹³
强盗 dzɚ⁵⁵
鼻涕虫 na⁴²bi⁵⁵bɯ³³
丑八怪 tsha²¹li⁵⁵u⁴²kɚ³³
骚货 fɔm³³
跟屁虫 do²¹ga⁴²pho³¹³
爱夸口的人 khui³³pɯ³³khua⁴²lɛ⁴²pho³¹³
哭脸虫 ŋɯ²¹do²¹mo²¹
本地人 ti³³xa³³gɛ²¹tsho²¹
外人 na⁵⁵bɯ⁵⁵gɛ²¹tsho²¹
自家人 te³³ɣɚ⁴²tsho²¹
皇帝 mɯ³³sə³³pho³¹³
皇后 mɯ³³sə³³mo²¹
结拜弟兄 tha²¹su³³
房主 xɯ²¹tshʅ⁵⁵gə²¹
地主 mi⁴²ɕi²¹pho³¹³
亲属 ku³³
本家 te²¹ɣə⁴²
仇人 tshə⁴²dzu³¹³ɕi³³
男客 tshua⁴²la⁴²zo³³vɛ²¹
女客 za²¹me²¹zo³³ɛ²¹vɛ²¹
远客 a²¹vi³³to³³bi³³ɛ²¹vɛ²¹
哥弟俩 ɲi²¹fə³³
男女两个 ɲi²¹te⁵⁵
爷孙两个 ɲi²¹phi³³li³³
小孩子 a³³kɯ⁵⁵tsha⁵⁵zo³³
小男孩 tshu⁴²la⁴²zo³³tsha⁵⁵zo³³
小姑娘 za²¹me²¹zo³³tsha⁵⁵zo³³
小女孩 me³³me³³tsha⁵⁵zo³³
二婚婆 mɛ³¹³ȵɛ³³mo²¹

十　农工商文

山歌 tjɔu⁵⁵tsʅ²¹
牛角号 ɲi³³ko³¹³
镲 pin⁵⁵pin⁵⁵tsha²¹
竖笛 pi²¹li²¹
语言 ba⁵⁵dʑi³³
汉语 phi²¹ɲi³³ŋɯ²¹
彝族语 na⁵⁵sʅ³³ŋɯ²¹
白语 sa⁵⁵du³³guɚ⁴²
笑话 ɣɯ³³zʅ²¹ɕi²¹
大锣 kɚ³¹³lo³³
胡琴 ɚ⁵⁵fu⁴²
三弦 sa³³ɕɛ⁴²
四弦 sʅ⁵⁵ɕɛ²¹
铜铃 thɔm⁴²li²¹khɚ⁵⁵lɛ³³
撒都人 sa⁵⁵du⁴²pho³¹³
撒都语 sa⁵⁵du⁴²ŋɯ²¹
彝人 na⁵⁵sʅ³³
干部 ɣɚ³³pho³¹³
小学生 sʅ³³su³³pho³¹³

外国人 wɛ⁵⁵ko²¹gɛ²¹tsho²¹
长官 ɣɚ³³pho³¹³
乳名 a⁵⁵ne²¹du²¹me³¹³
外号 me³¹³fu²¹me³¹³thɚ⁴²
唱花灯 tɛn³³tsho²¹
对联 mə⁴²sɚ³³
谜语 ku²¹tsi³³
笑话 ɣɯ³³zɿ²¹ɕi²¹guɚ⁴²
扫墓 le⁴²da⁵⁵
猪粪肥料 va⁴²tɕhi³³
鸡粪肥料 ɣa⁵⁵tɕhi³³
牛粪肥料 ȵi³³tɕhi³³
隔壁邻居 dzo²¹bo³¹³dzo²¹la²¹
米铺 tshe²¹phe²¹phu⁵⁵tsɿ²¹
肉铺 so³³bɚ³³phu⁵⁵tsɿ²¹
开铺子 phu⁵⁵tsɿ²¹khɛ³³
抛绣球 传统择偶方式 tɕi⁵⁵tɕho²¹lu³³

十一 动作行为

栽秧 tshe²¹tɚ³³
砍明子 su³³dʑi³¹³dzi⁵⁵
砍松明 si³³du⁴²dzi⁵⁵
播麦子 so³³zɿ²¹se⁵⁵
撒油菜 u³¹³tɕo³³se⁵⁵
种洋芋 ʑa²¹zi⁵⁵tɚ³³
撒秧 tshe²¹ʑa³³se⁵⁵
育秧 tshe²¹ʑa³³tsɿ⁵⁵
移栽 tsan⁴²tɚ³³
锄草 zɿ³³be³³tshu⁵⁵
积肥 tɕhi³³kɚ⁴²
拾粪 tɕhi³³kɚ³³
灌农田 tɚ³³mi³³zi²¹dʑa⁵⁵fan⁵⁵

看水 ʑi²¹dʑa⁵⁵na⁵⁵ȵi³³
烧山 bɯ²¹tu⁴²
浇肥 tɕhi³¹³tshu⁴²
施化肥 xua⁵⁵fe⁴²tso³³
打农药 no²¹tshŋ³³bɚ⁵⁵
砍甘蔗 kan³³tsɿ⁵⁵dzi⁵⁵
挖红薯 mjɛ²¹tshu²¹kɚ⁴²
采穗 i³³nɯ³³tshɚ⁵⁵
摘果 ko²¹tsɿ³³kha⁴²
打稻子 tshe²¹ko³³
扎稻草 tshe²¹pə⁴²tsa³¹³
用耙翻谷 tshe²¹ɣɚ⁵⁵
种树 ɕi⁵⁵kɯ³³tɚ³³
砍树 ɕi⁵⁵kɯ³³dzi⁵⁵
爬树 ɕi⁵⁵kɯ³³mɚ⁵⁵
嫁接树 ɕi⁵⁵kɯ³³tsa⁴²
配种 i³³sɿ³¹³phe⁵⁵
摆尾 i³³mɚ³³vi³³
牛交配 ȵi³³phe⁵⁵
蛇交配 vi³³phe⁵⁵
生蛋 i³³fu⁴²fu⁴²
孵化 i³³fu⁴²mɯ³³
踢腿 tɕhi²¹pa⁵⁵thjɛ⁵⁵
狗抢屎 khui³³tshŋ³³bjo³¹³
狗咬狗 khui³³dzŋ²¹dzŋ²¹khui⁵⁵
猪拱土 va⁴²ne³¹³mu²¹bɯ³³
猪撩食 va⁴²tshə²¹kɔm⁴²
斗鸡 ɣa⁵⁵dzŋ²¹dzŋ²¹thu⁵⁵dzo²¹
鸡啄米 ɣa⁵⁵tshe²¹phe²¹thu⁵⁵
觅食 i³³tshə²¹dzo³³
鸡刨食 i³³tshə²¹tɕho⁵⁵
鸡赖蒗 ɣa⁵⁵mo²¹khui²¹də⁴²

鸭觅食 um⁴²mo²¹pa³³pa³³tshə²¹dzo³³
兔打洞 tha⁵⁵la⁵⁵mja⁵⁵kɚ⁴²
鸟筑巢 ŋa⁵⁵mo²¹khue⁴²khue⁴²
蚂蚁做窝 a⁵⁵u³³mo²¹i³³khue⁴²gu²¹
蚂蚁搬家 a⁵⁵u³³mo²¹xɯ²¹pan³³
蛇蜕皮 vi³³dʑi²¹ku⁵⁵thui⁵⁵
蜂采蜜 bjo³¹³gu³³
蜘蛛织网 xo²¹ta⁵⁵mo²¹bɯ²¹ɣa⁴²
蜻蜓点水 mɔ³³ljɚ⁵⁵ʑi²¹dza⁵⁵tjɛ²¹
斗蟋蟀 thi⁵⁵li⁵⁵li⁵⁵mo²¹dʐɿ²¹khui⁵⁵
蚯蚓打滚 bɯ⁵⁵di³³mo²¹dɚ²¹lɚ²¹lɯ³³
鱼浮头 ŋo³³zo³³i³³dɯ³³lɯ²¹du⁵⁵lɛ²¹
鱼跳水 ŋo³³zo³³ʑi²¹dza⁵⁵tsɔm⁵⁵
黄鼠狼偷鸡 xua⁵⁵lo³³mo²¹ɣa⁵⁵khu³³
黄鼠狼放屁 xua⁵⁵lo³³mo²¹tshʅ³³kɯ³³
老鹰抓小鸡 dzu²¹mo²¹ɣa⁵⁵tsha⁵⁵thɯ³³
伸腿 临死前～ thi²¹thjɛ⁵⁵
蚊叮 ʐo³³su³³mo²¹khui⁵⁵
蜂蜇 bjo³¹³dɯ³¹³
龇牙 dzɚ⁴²tɕɚ⁵⁵
蜂拥 bjo³¹³pɯ⁵⁵
虎纵扑 lo³¹³mo²¹phu³¹³lɛ²¹
鸟扑棱 ŋa⁵⁵mo²¹phu³¹³lɛ²¹
虫盘卷 bɯ³³khui²¹ɣa⁴²
蛇绞缠 vi³³tɕhɚ³³tu³³lɛ²¹
蜷缩 tɕhɚ³³zɛ³¹³
虫爬 bɯ³³mɚ⁵⁵
头拱 i³³dɯ³³kɔm²¹
鸡瘟 tɕi⁵⁵wɛn⁵⁵
猪瘟 va⁴²wɛn⁵⁵
牛瘟 ɲi³³wɛn⁵⁵
牛叫 ɲi³³bɯ³¹³

虎吼 lo³¹³mo²¹mi²¹
狗吠 khui³³ljo³¹³
鸡啼 ɣa⁵⁵bɯ³¹³
鸟鸣 ŋa⁵⁵mo²¹mi²¹
饲养 su²¹
采猪草 va⁴²tshə²¹tshɚ³¹³
打鱼草 ŋo³³zo³³tshə²¹lau⁴²
喂食 i³³tshə²¹tso³³
养鸡 ɣa⁵⁵su²¹
喂猪 va⁴²tshə²¹tso³³
唤鸡 ɣa⁵⁵u³³
唤狗 khui³³u³³
逗狗 khui³³na³³tɚ³³
阉猪 va⁴²tshɔm⁵⁵
阉牛 ɲi³³ve³¹³lɚ³¹³
拴牛 ɲi³³ne⁴²phi⁴²
穿牛鼻 ɲi³³nu³³khu²¹mja⁵⁵thu³³
赶牛 ɲi³³ga⁴²
赶马帮 mu³³ga⁴²
赶鸭子 um⁴²mo²¹pa³³pa³³ga⁴²
设陷阱 i³³tu³¹³tsho²¹
放暗枪 tshu³³bə³³
装火药 xo³³ʐo²¹tsuan⁵⁵
捞鱼 ŋo³³zo³³lɔ⁴²
抓鱼 ŋo³³zo³³tɕa⁵⁵
卜网 i³³pɯ²¹tan⁵⁵
电鱼 ti⁵⁵kɯ⁵⁵ŋo³³zo³³tsu³¹³
毒鱼 用植物～ ŋo³³zo³³tu⁴²
照泥鳅 用火把～ ɲi²¹tɕhu³³na³³tsɔ⁵⁵
抓泥鳅 ɲi²¹tɕhu³³tɕa⁵⁵
捡田螺 a⁵⁵ko³³kɚ⁵⁵lɚ⁵⁵kɚ³³
翻肠 i³³u²¹pɯ⁵⁵

挤牛奶 ɲi³³a⁵⁵ne²¹nɯ⁵⁵
采石头 lu⁵⁵dʐa⁵⁵tɕhɔ⁵⁵
打炮眼 phɔ⁵⁵ʐɛ²¹tɛ³¹³
引线 xo²¹ɕɛ⁵⁵mo²¹
放炮 phɔ⁵⁵pɔm⁵⁵
抽鞭 khɔu⁵⁵
挡住 dɯ²¹tsʅ⁴²
堵塞 dɯ²¹zɛ³¹³
捆绑 ne⁴²phi⁴²
凿~石头 tha⁴²
拄杖 tu⁵⁵ɕi⁵⁵ba⁵⁵tu⁵⁵
嗅~味道 bɯ³¹³nɯ²¹
握~手 nɯ⁵⁵
搔~头 khɚ⁵⁵
拾~东西 kɚ³³
掷~东西 lu⁵⁵
跨~过去 ta³¹³
跌倒 kua⁵⁵pu⁵⁵
看家 xɯ²¹na⁵⁵ɲi³³
锁门 lo²¹go²¹nɯ⁵⁵tsɚ⁵⁵
掀被 phɯ³¹³sʅ⁵⁵pɯ³³
盖被 phɯ³¹³sʅ⁵⁵phɯ³¹³
叠被 phɯ³¹³sʅ⁵⁵tsɚ⁴²
扎发髻 i³³tshɯ³³tsa³¹³
刮胡子 me³³tsa⁵⁵tsu⁵⁵
开灯 tɛn³³phu²¹
关灯 tɛn³³pi³¹³
打盹 a⁵⁵xa²¹xa²¹
睡下去 zɚ⁴²tshe²¹ʑi²¹
酣睡 zɚ⁴²zɛ³¹³
半夜醒来 te²¹pan⁴²xa⁴²so³¹³lɛ²¹
睡着 kɯ³³sʅ²¹phi⁴²
睡不着 kɯ³³sʅ²¹ma²¹tɕi⁴²
沉睡酣睡 kɯ³³no³³
趴睡 mɚ⁵⁵zɛ³¹³zɚ⁴²
踢被 phɯ³¹³sʅ⁵⁵thjɚ⁵⁵
说梦话 zɚ⁴²du²¹guɚ⁴²
睡醒来 zɚ⁴²mɯ²¹so³³lɛ²¹
尿床 zɚ⁴²gɛ²¹tha⁴²ʑi²¹sɚ⁴²dɯ³¹³
扇风 san²¹tsʅ²¹gɯ⁵⁵san³¹³
歇气 ɕu³³ɕi²¹
扣扣子 phi²¹tsha⁵⁵mo²¹khɚ⁵⁵
钉扣子 phi²¹tsha⁵⁵mo²¹tin⁵⁵
打补丁 du⁴²
弹棉花 so³³lo³³ɲi⁵⁵bɚ⁵⁵
穿鞋 tɕhi²¹nɯ⁵⁵dɚ⁴²
脱鞋 tɕhi²¹nɯ⁵⁵lɯ⁵⁵
纳鞋底 tɕhi²¹nɯ⁵⁵ti²¹gɚ⁴²
系鞋带 tɕhi²¹nɯ⁵⁵tsa⁵⁵ne⁴²phi⁴²
涂口红 khɚ³³xɔn⁴²fu⁴²
画眉毛 mja⁵⁵tsɯ³³xua⁵⁵
点痣 me³³na⁵⁵tjɛn²¹
洗衣 phjo²¹tshʅ³³
剃~头 tshu⁵⁵
梳~头 khɚ⁵⁵
编~篾箩 phe³¹³
铺~床 khu³³
开~门 phu⁴²
放置~东西 to³³zɛ³¹³
挑选 ɕɛ⁴²
得到 ɣo²¹bo⁴²
玩耍 lɚ³³go²¹
玩具 lɚ³³go²¹do²¹sʅ⁵⁵
好玩 lɚ³³go²¹so³³

抽陀螺传统活动 tə³³lə³³dzɚ⁴²
坐跷跷板 tsʅ⁵⁵kɚ⁵⁵li⁵⁵tɕhɔ⁵⁵
抓瞎子传统游戏 mja⁵⁵mo⁵⁵lɚ³³go²¹
猜谜 ku²¹tsi³³tshɛ³¹³
抓石子传统游戏 nu⁵⁵zo³³ki⁵⁵
吹泡 mɔ³¹³tsʅ²¹mɯ⁵⁵
扳手劲 sə²¹tɕɚ⁵⁵pan³³
登山 bɯ²¹mɚ⁵⁵
耍猴 a⁵⁵mjo²¹zo³³sua²¹
耍魔术 mo²¹su²¹sua²¹
耍把戏 pa²¹ɕi⁵⁵sua²¹
耍龙灯 lɔm²¹tɛn³³sua²¹
哭调民俗活动 ŋɯ²¹tjɔ⁵⁵
打腰鼓传统活动 ku⁴²khɔ⁵⁵
猜~谜语 tshɛ³¹³
回想 dʑi³¹³so³³
沸水~了 xa⁵⁵
长大 ɣɚ³³
生火 mɚ⁵⁵tu³³gu²¹tɕi⁴²
烧火 mɚ⁵⁵tu³³gu²¹tɕi⁴²
借火 mɚ⁵⁵tu³³tsʅ³³
拾柴 ɕi⁵⁵kɚ³³
焖饭 ma³³ma³³mɚ⁵⁵
揉面 so³³mɯ²¹zʅ⁴²
蒸馒头 ma²¹thə³³pu³³
摆碗筷 pa⁵⁵ɕi⁵⁵mjo³³zo³³pɛ²¹
摘豆 ne³³bi³³kha⁴²
剥豆 nu³³phɚ⁵⁵
磨豆 nu³³tshɯ⁵⁵
择菜 u³¹³ɕi³³
削皮 i³³ku³³tshu⁵⁵
剥壳 i³³ku³³phɚ⁵⁵

做菜 u³¹³gu²¹
煮汤 ʑi²¹xa⁵⁵gu²¹
炖汤 ʑi²¹xa⁵⁵gu²¹
熬粥 la⁵⁵xan³³ɣɔ⁴²
去骨 ɣu³³ku⁵⁵ve²¹phi⁴²
切片 i³³phjɛ⁵⁵dɚ⁵⁵
切丝 so³³sɛ³³dɚ⁵⁵
捣蒜 tsi³³bɚ³³khɔu³³
饭好了 ma³³ma³³du⁵⁵me²¹la³³
饭糊 ma³³ma³³du⁵⁵phi⁴²la³³
油溅出 tshɚ²¹tsa⁵⁵du⁵⁵lɛ²¹la³³
红烧 lɚ⁵⁵tsʅ²¹phɔ⁴²
爬楼 lɯ²¹mɚ⁵⁵
送草鞋 tshɔ⁴²xui²¹so²¹
做媒 fu³³tɕo³³mo²¹ki⁵⁵
看中 na⁵⁵ȵi³³tshʅ⁵⁵
抚养 su²¹
肚兜 a⁵⁵na³³zo³³
喂奶 a⁵⁵ne²¹tu²¹
绝症 kho³³ma²¹do²¹
拔火罐 pa⁴²thɔm²¹
包扎 pɔ³³tu³³lɛ⁴²
戒口不吃的食物 khui³³pɯ³³tɕi⁵⁵
刮痧 sa⁵⁵kua³¹³
哽咽 no²¹
流泪 mja⁵⁵bi³³du⁵⁵
害怕 dzu⁵⁵
吓人 tsho²¹tsu⁵⁵
依从 sui⁵⁵zɛ³¹³
惊卟 tsu⁵⁵tshɯ⁵⁵
想念 dʑi³¹³
挂念 dʑi³¹³zɛ³³

119

想起 dʑi³¹³so³³

说话 ba⁵⁵dʑi³³guɚ⁴²

胡说 xui³³guɚ⁴²

说假话 ma²¹ŋɛ⁵⁵ɕi³³guɚ⁴²

说谎 sa³³gui⁵⁵

下流话 mo³³ma²¹do²¹ɕi²¹ba⁵⁵dʑi³³

粗话 no³³ɲi³³so³³ɕi²¹ba⁵⁵dʑi³³

说坏话 sɿ²¹do²¹guɚ⁴²

多嘴 ba⁵⁵dʑi³³mjo³³

嘴甜 khui³³pɯ³³tʂhɿ²¹

吓唬 tsu⁵⁵

耽误 tan³³ko⁵⁵

做客 ve²¹mɯ²¹

来客 ve²¹lɛ²¹

迎客 ve²¹tsɿ³³

送客 ve²¹so²¹

结疙瘩 bə²¹lə⁵⁵ne⁴²phi²¹

给水喝 zi²¹dza⁵⁵tu²¹

十二　性质状态

短短的 dɚ⁵⁵dɚ²¹a³³

矮墩墩 di³³li³³pɚ⁴²

圆溜溜 də²¹le²¹le²¹

平坦坦 phi²¹tha²¹tha²¹

皱巴巴 tɯ³³gɛ²¹gɛ²¹

直溜溜 dzu⁵⁵dzu²¹a³³

弯弯曲曲 wuɛ⁵⁵tə⁵⁵tə⁵⁵

硬邦邦 kɯ³³lɯ⁵⁵bɛ⁵⁵

软绵绵 fu²¹nɯ³³nɯ³³

活生生 sɿ³¹³lɯ⁵⁵lɯ⁵⁵

紧绷绷 tsin⁵⁵tsin⁵⁵a³³

慢腾腾 li²¹lɯ⁵⁵zo³³

沉甸甸 li³³də²¹də²¹

轻飘飘 ljo²¹phi³³phi³³

稠密密 tshə²¹to³³to³³

嫩生生 nə²¹phə⁵⁵phə⁵⁵

乱蓬蓬 i³³dɯ³³bɛ³¹³

湿淋淋 nɚ²¹thə⁴²bo³³

颤抖抖 bi²¹li²¹ko³³

静悄悄 dzɛ⁵⁵dzɛ²¹a³³

暖烘烘 lo²¹mɯ⁵⁵mɯ²¹a³³

热乎乎 lo²¹mɯ⁵⁵mɯ²¹a³³

冷冰冰 dza⁵⁵lɯ⁵⁵lɯ⁵⁵

肥墩墩 tshɿ²¹bɛ²¹bɛ²¹

瘦精精 do³³gɛ²¹gɛ²¹

漂漂亮亮 tɕho³³mɯ³³mɯ³³

呆头呆脑 tɛ³³li⁵⁵tɛ³³tɕhi⁵⁵

面色白色 khu²¹mja⁵⁵

你俩 nɚ²¹ɲi²¹tɛ⁵⁵

我们的 ŋo²¹dzɿ³³gɛ²¹

你们的 nɚ²¹dzɿ³³gɛ²¹

他们的 i³³dzɿ³³gɛ²¹

咱们的 na⁵⁵dzɿ³³gɛ²¹

这次 tɛ³³pe⁵⁵

那次 ne³³pe⁵⁵

这种 tɛ³³ɕo²¹

那种 ne³³ɕo²¹

哪个人 a³³tɛ⁵⁵

哪样 a³³ɕo²¹

哪年 a³³khu⁴²

有力气 ɣo³³ɲi²¹

势力大 ɣo³³ɣɚ³³

假话 ba⁵⁵dʑi³³i³³xo²¹

十三　数量

这么多 te⁵⁵mja⁴²mjo³³
那么多 ne⁵⁵mja⁴²mjo³³
一行麦子 so³³te²¹luɯ⁵⁵
一抱菜 u³¹³te²¹ta⁵⁵
一背蔬菜 u³¹³te²¹ve²¹
份儿 mja⁵⁵fɚ⁵⁵
一份儿 te²¹ɕo²¹

大堆烟叶 zi³³dzŋ³³phɯ²¹mo²¹
半桶水 te²¹pa⁴²thu²¹
事情多 mjo³¹³mjo³³

十四　代副介连词

做什么 a⁵⁵tsʅ⁵⁵gu²¹
怎么做 xa³¹³gu²¹
哪个人 a⁵⁵te⁵⁵

第五章 语法

第一节

词 类

一 名词

(一) 类别

撒都语名词表示人或事物名称，有表示具体、抽象事物的名词，也有表示时间、方位、处所、亲属称谓、新文化概念的名词等，下面逐一举例说明。

1. 具体名词

fa^{33} 雪 ŋɚ^{42} 瓦
mɯ^{33}li^{33} 风 mja^{55} 洞
vi^{55}lɔ^{21} 花 mo^{21} 竹子

2. 抽象名词

ne^{313} 鬼 mjɚ^{42} 命运
zɚ^{42}mɔ^{55} 梦 mja^{55}tsi^{33} 仇恨

3. 时间名词

ɯ^{313}ɲi^{42} 白天 mɯ^{313}tɕhi^{42} 夜晚
xua^{55} 子_{地支} ɲi^{55} 丑_{地支}

4. 方位处所名词

ga^{21}bɯ^{55} 上 dʑi^{21}bɯ^{55} 下
i^{33}tɕo^{33} 中间 dzo^{21}bo^{313} 旁边
a^{55}fɚ^{33}bi^{33} 左边 a^{55}dzu^{33}bi^{33} 右边

5. 亲属称谓名词

a^{55}vi^{21}a^{55}ŋɛ^{55} 妯娌 ŋo^{21}nɛ^{21}tɕhi^{55}mo^{21} 弟媳

a^{55}se^{55}se^{55}ma^{21}mo^{21}　烈祖　　　　　　　　a^{55}se^{55}ma^{21}mo^{21}　天祖

a^{55}se^{55}　高祖父辈　　　　　　　　　a^{55}ma^{21}　曾祖父辈

6. 新文化概念名词

ɕo^{21}ɕɔ^{55}　学校　　　　　　　　　　sa^{33}diɛn^{55}　商店

mo^{21}tho^{21}　摩托车　　　　　　　　　pin^{33}ɕaŋ^{33}　冰箱

（二）词缀

名词中有起结构作用的前缀和后缀。前缀分为虚化前缀和实义前缀。虚化前缀通常无实在意义，它与词根结合后构成名词；实义前缀有实在意义，与另一个有意义的语素合成新词。

1. 前缀

前缀有a^{55}、a^{33}、a^{21}，常见于部分亲属称谓、动植物名称、时间等名词前。前缀a通常与词根紧密相连，离开词根无意义，也不能独立使用。例如：

a^{55}mjo^{21}zo^{33}　猴子　　　　　　　a^{55}na^{55}mo^{21}　乌鸦

a^{33}po^{33}　爷爷　　　　　　　　　　a^{33}nɛ^{33}　奶奶

a^{21}mo^{21}sʅ^{55}　婶母　　　　　　　　a^{21}ɕi^{55}mɯ^{55}　姑父

2. 后缀

撒都语中，表示人和事物的名词，本身无性别形态变化，区别性别主要靠后缀、半虚化的实词表示"阴性、阳性、老、大、小"等意义。部分人和动物名用mo^{21}、phi^{33}表示"阴性、大"，一些胎生、卵生动物，寄生物等，用zo^{33}表示"小"；pho^{313}表示"人、阳性"；po^{313}表示"阳性"。例如：

ʑo^{21}mo^{21}　婆婆　　　　　　　　　tɕhi^{55}mo^{21}　妻子

khui^{33}mo^{21}　母狗　　　　　　　　la^{42}n̩i^{33}mo^{21}　拇指

ɚ^{55}lo^{33}mo^{21}　鹅　　　　　　　　　lo^{313}mo^{21}　老虎

ve^{21}mo^{21}　狼　　　　　　　　　　a^{55}pa^{33}fv^{21}mo^{21}　大象

n̩i^{55}mo^{21}　心　　　　　　　　　　u^{21}mɛ^{33}mo^{21}　阑尾

dzo^{21}mo^{21}　路　　　　　　　　　　xɯ^{21}mo^{21}　海

ʑo^{33}gə^{33}tsha^{55}zo^{33}　小勺　　　　　ɣa^{55}tsha^{55}zo^{33}　小鸡

ɣa^{55}phɯ^{33}mo^{21}　大公鸡　　　　　a^{55}mi^{33}za^{33}po^{313}　公猫

（三）数

表达名词复数主要在名词后加dzʅ^{33}"们"，te^{21}ɣɚ^{21}"一些（物体）"学。例如：

su^{55}tsu^{33}pho^{313}dzʅ^{33}　老师们　　　　tsho^{21}ɣɚ^{33}mo^{21}dzʅ^{33}　大人们

mɛ^{33}mɛ^{33}dzʅ^{33}　孩子们　　　　　　za^{21}mɛ^{21}dzʅ^{33}　女儿们

ɣa⁵⁵mo²¹te²¹ɣə²¹ 一些鸟   va⁴²te²¹ɣə²¹ 一些猪

（四）语法功能

名词在句子中主要做主语、宾语和定语，下面逐一举例说明。

1. 做主语

a²¹n̠i⁴² mɯ³³ li³¹³.
昨天　天气　晴
昨天天气晴。

ŋo²¹ nɛ²¹ n̠i³³ lu⁴² zi²¹ phi⁴² la³³.
1sg　弟　牛　放　去　AST　AST
弟弟放牛去了。

wua³³ mo³³ mɯ³¹³lɯ²¹ u³¹³ zi²¹ phi⁴² la³³.
1sg　妈　鸡棕菌　卖　去　AST　AST
妈妈去卖鸡棕菌去了。

2. 做宾语

a⁵⁵zi³³ pa⁵⁵te³¹³ɣə³³mo²¹ gɯ⁵⁵ ɕi⁵⁵kɯ³³ dzi⁵⁵ ɣɛ³³.
叔叔　大刀　　　INST　树　砍　PRT
叔父用大刀砍树。

i³³dzʅ³³ ɣə³³dzə²¹ nɛ³³ la⁴² xɯ²¹ phɯ²¹.
3pl　先前　　那　月　房　盖
他们上个月盖房子。

na³³ dɛ³³ nu³³ tshɯ²¹ dɯ⁵⁵ nə²¹ nu³³ pa⁵⁵ɕi³³ tshʅ³³.
2sg　爹　TOP　饭　做　2sg　TOP　碗　洗
你爹做饭，你洗碗。

3. 做定语

ŋo²¹dzʅ³³ phi²¹n̠i³³pho³¹³ gɛ²¹ phjo²¹ ve⁴² lɛ³³.
1pl　汉族　　　　STPT　衣服　穿　PRT
我们穿汉族衣服。

a³³mo³³mo²¹ lo⁴²mɯ³³tə³³mi²¹ kə⁴² zi²¹ phi⁴² la³³.
岳母　　庄稼地　　　挖　去　AST　AST
岳母去挖庄稼地了。

nə²¹dzʅ³³ nɛ³¹³dzu⁴²bu⁵⁵xɯ²¹ tshʅ⁵⁵ ɣɛ⁵⁵.
2pl　　土墙楼房　　　　住　PRT
你们住土墙楼房。

二 代词

(一) 类别

代词是代替名词、动词、形容词、副词和数量短语的词。按意义和功能，可分为人称代词、不定代词、指示代词和疑问代词等。

1. 人称代词

有单数、双数和复数之分，还有主格、宾格、领格之分。单数人称代词主格有 ŋo²¹ "我"、nə²¹ "你"、i³³ "他，她，它"；宾格有 wua³¹³ "我"、na³¹³ "你"、ʐa³¹³ "他，她，它"；领格有 wua³³、ŋo²¹、wua⁴²、ŋo²¹ gɛ²¹ "我的"；na³³、na³³gɛ²¹ "你的"、i³³gɛ²¹、ʐa³³、i³³ "他的，她的"。

双数人称代词主格有 ŋo²¹ɳi²¹te⁵⁵ "我俩"、nə²¹ɳi²¹te⁵⁵ "你俩"、i³³ɳi²¹te⁵⁵ "他俩"；宾格有 ŋo²¹ɳi²¹te⁵⁵la³³ "我俩"、nə²¹ɳi²¹te⁵⁵la³³ "你俩"、i³³ɳi²¹te⁵⁵la³³ "他俩"；领格有 ŋo²¹ɳi²¹te⁵⁵gɛ²¹ "我俩的"、nə²¹ɳi²¹te⁵⁵gɛ²¹ "你俩的"、i³³ɳi²¹te⁵⁵gɛ²¹ "他俩的"。

复数人称代词主格有 ŋo²¹dzɿ³³ "我们"、na⁵⁵dzɿ³³ "咱们"、nə²¹dzɿ³³ "你们"、i³³dzɿ³³ "他们"；宾格有 ŋo²¹dzɿ³³ "我们"、na⁵⁵dzɿ³³la³³ "咱们"、nə²¹dzɿ³³la³³ "你们"、i³³dzɿ³³la³³ "他们"。领格有 ŋo²¹dzɿ³³gɛ²¹ "我们的"、na⁵⁵dzɿ³³gɛ²¹ "咱们的"、nə²¹dzɿ³³gɛ²¹ "你们的"、i³³dzɿ³³gɛ²¹ "他们的"。

2. 不定代词

分为人称、事物、时间和混合式四类，下面逐一举例说明。

(1) 人称

tsho³¹³ɣə⁴² 人人　　　　　　　　dzɿ⁵⁵dzɿ³¹³po⁴² 全部
sui⁴²te²¹te⁵⁵ 每个　　　　　　　a²¹tu⁴² 别人

(2) 事物

te²¹djə⁵⁵zo³³ 一点儿　　　　　　a²¹tu³³tsho²¹ 全部
te²¹dze⁴²mo²¹ 很多　　　　　　　te²¹dze⁴² 一些

(3) 时间

sui⁴²te²¹ɳi⁴² 随哪天，天天　　　be²¹ɳi⁴² 天天

(4) 混合

ma²¹mə⁴² 不少　　　　　　　　ma²¹mjo³³ 不多
te²¹dze⁴²mo²¹ 许多　　　　　　 te²¹dze⁴²po⁴² 全部

3. 指示代词

有单数、复数及近指、远指之分。例如：

te³³te⁵⁵ 这个 　　　　　　　　　　ne³³te⁵⁵ 那个
这个　　　　　　　　　　　　　　那个

te³³dze⁴² 这些　　　　　　　　　ne³³dze³³ 那些
这些　　　　　　　　　　　　　　那些

te³³bi³³ 这边　　　　　　　　　　ne³³bi³³ 那边
这边　　　　　　　　　　　　　　那边

ne³³na³³ 那近指　　　　　　　　 ne³³thə²¹ 那远指
那里　　　　　　　　　　　　　　那里

4. 疑问代词

有人或物、地点、数量、时间、方式或程度等。人或物用a²¹sʅ⁵⁵"谁"、xa³³te⁵⁵"哪个人"、xa³³ɕo²¹"哪样、哪种（指物）"、sʅ²¹"别人"。地点用xa²¹na³³"哪里"。数量用xa²¹mja⁴²"几个"。时间用a³³xɚ⁵⁵zo³³"什么时候"、xa⁵⁵kɚ⁴²xɯ⁴²"什么时间"、xa³³kɚ⁴²to⁴²"哪段时间"。方式或程度用a⁵⁵tsʅ⁵⁵kja⁵⁵gɯ⁵⁵"为什么"、xa³¹³kja⁵⁵gɯ⁵⁵"怎么"、xa³¹³ŋɛ²¹"怎么了"、xa³¹³ʐa⁵⁵"怎样"。

5. 反身代词

有a⁵⁵mɚ³³、a⁵⁵mɚ³³mɚ³³、dzʅ²¹dzʅ²¹等，通常在主格人称代词后加a⁵⁵mɚ³³或a⁵⁵mɚ³³mɚ³³构成。例如：

ŋo²¹a⁵⁵mɚ³³mɚ³³ 我自己　　　　　nɚ²¹a⁵⁵mɚ³³mɚ³³ 你自己
1sg 自己　　　　　　　　　　　　2sg 自己

nɚ²¹dzʅ³³a⁵⁵mɚ³³mɚ³³ 你们自己　　na⁵⁵dzʅ³³a⁵⁵mɚ³³mɚ³³ 咱们自己
2pl　　自己　　　　　　　　　　2dl　　自己

（二）数

复数人称代词是在单数人称代词末尾加词缀dzʅ³³构成。例如：

ŋo²¹ 我　　　　　　　　　　　　ŋo²¹dzʅ³³ 我们
nɚ²¹ 你　　　　　　　　　　　　nɚ²¹dzʅ³³ 你们
i³³ 他、她　　　　　　　　　　　i³³dzʅ³³ 他们
ŋo²¹gɛ²¹ 我的　　　　　　　　　ŋo²¹dzʅ³³gɛ²¹ 我们的
na³³gɛ²¹ 你的　　　　　　　　　nɚ²¹dzʅ³³gɛ²¹ 你们的
i³³gɛ²¹ 他的、她的　　　　　　　i³³dzʅ³³gɛ²¹ 他们的、她们的

（三）格

人称代词有主格和宾格之分。单数主格为ŋo²¹"我"、nɚ²¹"你"、i³³"他、她、它"，与之相对应的宾格为wua³¹³"我"、na³¹³"你"、ʐa³³"他、她、它"。主格在句中做主语，

宾格做宾语。第三人称代词 i³³、za³³ 无性别之分。区分性别的标记主要用 pho⁵⁵ 表阳性，mo⁵⁵ 表阴性。例如：

i³³　wua³¹³　be²¹tɕha⁵⁵　ɯ³³　la³³.
3sg　1sg　经常　　　叫　　PRT
他经常喊我。

ŋo²¹　gə³³　za³³　sə³³　po²¹　ɯ³³　la³³.
1sg　也　　3sg　三　　两　　叫　　PRT
我也叫他三回。

nɚ²¹　gɛ²¹　phjo²¹　dzo³³　kua⁵⁵　dzɛ³³　lɛ²¹!
2sg　STPT　衣　　那件　　挂　　　着　　　PRT
你的那件衣服挂起来吧！

领格比较复杂，有单数、双数和复数之分。在亲属称谓中，单数领格与辈分、性别、血缘等有关，有尊称和平称之分。

1. 第一人称代词领格有 wua³³、wua⁴²、wua⁵⁵、ŋo²¹、ŋo²¹gɛ²¹ 五种形式。wua³³ 用于爷爷奶奶、父亲母亲、岳父岳母、继父继母、舅舅、姑妈等称谓中；wua⁴² 用于婶婶、舅母、嫂子等称谓中；wua⁵⁵ 用于叔叔、姨妈、姐姐等称谓中；ŋo²¹ 用于伯父伯母、公公婆婆、儿子儿媳、女儿女婿、侄子侄女、孙子孙女、哥哥、弟弟、妹妹等称谓中；ŋo²¹gɛ²¹ 广泛用于非亲属称谓中，如夫妻、非血缘弟兄中等。例如：

wua³³ po³³　我的爷爷　　　　　　wua³³ ne³³　我的奶奶
1sg　爷　　　　　　　　　　　　1sg　奶

wua⁴² mo²¹ bɚ⁵⁵　我的三婶　　　　wua⁴² mo²¹ tshɛ⁵⁵ tshɛ³³　我的四婶
1sg　婶　三　　　　　　　　　　1sg　婶　四　四

wua⁵⁵ zi³³　我的叔叔　　　　　　wua⁵⁵ zl̩³³　我的姨妈
1sg　叔　　　　　　　　　　　　1sg　姨妈

ŋo²¹ ta⁵⁵dɛ³³　我的伯父　　　　　ŋo²¹ ta⁵⁵mo³³　我的伯母
1sg　大爹　　　　　　　　　　　1sg　大妈

ŋo²¹ gɛ²¹ a²¹ne³³ gɚ²¹mo²¹　我的老伴　　ŋo²¹ gɛ²¹ a³³zu³³ a³³le⁵⁵　我的弟兄
1sg　STPT　阿奶　年老　　　　　　　　　1sg　STPT　弟　兄

2. 第二人称领格有 na³³、ne³³gɛ²¹、na⁵⁵、nɚ²¹ 等。其中，na⁵⁵ 是 na³³ 的变体，是尊称，用于姐姐、姨妈，或大于外公外婆（含）、爷爷奶奶（不含）辈分的亲属称谓中；nɚ²¹ 是平称，使用范围狭窄，仅用于妹妹（含）以下晚辈称呼中。例如：

na³³zl̩³³ tsha⁵⁵ zo³³　你的小姨　　　　na³³ ɣɯ³³mo²¹　你的岳父
2sg　姨妈　　小　　　　　　　　　　　2sg　岳父

ne³³ gɛ²¹ ku³³　你的亲戚　　　　　　ne³³ gɛ²¹ ɣɯ⁴² xɯ⁴²　你的本家

2sg STPT 亲戚　　　　　　　　　　2sg STPT 家族　里

na⁵⁵ ku³³　你的外公　　　　　　　na⁵⁵ po³³　你的外婆

2sg 外公　　　　　　　　　　　　2sg 外婆

nɚ²¹ nɯ³³mo²¹　你的妹妹　　　　　nɚ²¹ ne²¹　你的弟弟

2sg 妹　　　　　　　　　　　　　2sg 弟

3. 第三人称领格用 i³³gɛ²¹，与亲属称谓连用时见 i³³、ʑa³³、i³³gɛ²¹ 等。其中，i³³ 是平称，用于同辈及伯父伯母、公公婆婆、子女、哥哥嫂子等称呼中；ʑa³³ 是尊称，用于爷爷奶奶、父亲母亲、继父继母、姐姐等称呼中；i³³gɛ²¹ 用来概括说明称谓之间的关系，用于老祖宗、子女、兄弟姐妹、亲戚等称谓中，无尊称和平称之别。例如：

i³³ ta⁵⁵dɛ³³　他的伯父　　　　　　i³³ ta⁵⁵mo³³　他的伯母

3sg 大爹　　　　　　　　　　　　3sg 大妈

ʑa³³ ʑi³³　他的叔叔　　　　　　　ʑa³³ mo²¹sɿ⁵⁵　他的婶母

3sg 叔　　　　　　　　　　　　　3sg 婶

i³³ gɛ²¹ a⁵⁵　se⁵⁵　ma²¹mo²¹　他的天祖　　i³³ gɛ²¹ a⁵⁵se⁵⁵　他的高祖父辈

3sg STPT 第五代 第四代　　　　　　3sg STPT 第五代

4. 有时用领格标记助词 gɛ²¹。例如：

ŋo²¹ȵi²¹te⁵⁵ gɛ²¹　我俩的　　　　　nɚ²¹dʐŋ³³ gɛ²¹　你们的

1dl　　　　STPT　　　　　　　　1pl　　　　STPT

ŋo²¹dʐŋ³³ gɛ²¹　我们的　　　　　　i³³dʐŋ³³ gɛ²¹　他们的

1pl　　　　STPT　　　　　　　　3pl　　　　STPT

（四）语法功能

1. 人称代词在句中做主语、宾语、定语。主格做主语，宾格做宾语。在人称代词后加 gɛ²¹ 表示"……的"，在句中修饰名词，做定语。例如：

<u>ŋo²¹</u>　gɯ⁵⁵　tse³³tsɿ³³　tha²¹　to³³　dzɛ³³ la³³.

1sg　AGT　桌子　　上　　放着　AST

我把书本搁在桌子上了。

<u>nɚ²¹</u>　pɔ³³fu³³　ɕi⁵⁵kɯ³³　tha²¹ kua⁵⁵ dzɛ³³ lɛ²¹!

2sg　书包　　树　　　上　挂　着　PRT

你把书包挂在树上吧！

ŋo²¹ xɛ⁵⁵ <u>i³³dʐŋ³³</u> la³³　mo²¹ ma²¹ ku⁴² sɛ³³.

1sg 还 3pl　PTPT 见　没　过　还

我还没有见到他们。

i³³dzʅ³³ gɯ⁵⁵ ŋo²¹dzʅ³³ la³³   dzə⁴² te²¹ lo³³dɯ⁵⁵ gɯ³¹³ lɛ³³.
3pl AGT 1pl   PTPT 花椒 一 箩筐 给 PRT
他们给我们一箩花椒。

nɚ²¹dzʅ³³ ŋo²¹dzʅ³³ la³³ dzo²¹ ŋo²¹dzʅ³³ gɛ³³ nɚ²¹dzʅ³³ la³³ dzo²¹.
2pl 1pl   PTPT 帮 1pl 也 2pl   PTPT 帮
你们帮助我们，我们也帮助你们。

i³³ gɛ²¹ no²¹ kho³¹³ kho³¹³ la³³?
3sg STPT 病 愈 愈 PRT
他的病好了吗？

nɚ²¹ gɛ²¹ ɕi⁵⁵tɕi³³ go⁵⁵ʑi³³ ɕi³³ la³³.
2sg STPT 包头巾 过于 长 PRT
你的包头巾太长。

i³³ gɛ²¹ pɔ⁵⁵fu⁵⁵ tɕa⁴²pa⁴² tɕho³³.
3sg STPT 背包 很 好看
他的背包很好看。

2. 不定代词在句中做谓语、定语和主语。例如：

khua³³ te³³ khua³³ xɯ⁴² sa⁵⁵du⁴²pho³¹³ ma²¹ mɚ⁴².
村 这 村 里 撒都人 不 少
这个寨子里有不少撒都人。

mɯ³³ tha⁴² gɛ³¹³ kɚ³³zo³³ ma²¹ mɚ⁴².
天 上 STPT 星星 不 少
天上有不少星星。

a²¹tu⁴² sʅ³³su³³zo³¹³ də³³ ȵu³³ lu⁴² ʑi³³ phi⁴² la³³.
其他 学生 小 都 牛 放 去 掉 PRT
其他学生都放牛去了。

a²¹tu⁴² tha⁵⁵la⁵⁵mɚ³³ tho⁵⁵ ma²¹ no²¹ za³³.
其他 毛驴   倒是 不 病 PRT
其他毛驴倒是没生病。

ȵi²¹ sə³³ dzɚ³³ xɛ⁵⁵ ma²¹ no²¹ sɛ³³.
两 三 匹 还 不 病 PRT
几匹还没病。

te²¹ȵi²¹te⁵⁵ lu²¹ la³³.

一 两个 够 AST

一两个人就够了。

3. 指示代词在句中做主语、定语、状语；可以与名词连用，也可单独使用。例如：

te³³na³³ lo⁴²mɯ³³ ɣa²¹ ne³³dze⁴² dza⁵⁵ ɣɛ⁵⁵.

这里 热 PRT 那里 冷 PRT

这里暖，那里冷。

te³³ bi³³ nu³³ tɚ³³mi²¹ ŋɛ²¹.

这边 TOP 田 是

这边是水田。

ne⁵⁵bi³³ nu³³ bɯ²¹mi²¹ ŋɛ²¹.

那边 TOP 山地 是

那边是旱地。

a⁵⁵mi³³ te³³ mo³³ nu³³ ʐa³³po³³ ŋɛ²¹ ɛ³³.

猫 这 个 TOP 公 是 PRT

这只猫是公的。

sa²¹tso³³kɚ⁵⁵lɚ⁵⁵ te³³dze⁴² dzo³³ ma²¹ mi²¹ ɣɛ³³.

李子 这些 吃 不 好 PRT

这些李子不好吃。

mjo³¹³zo³³ ne³³dze³³ ne⁵⁵ a³³po³³ gɛ²¹ ŋɛ³¹³.

工具 那些 TOP 阿爷 STPT 是

那些工具是阿爷的。

wua⁵⁵ tɕi³³ nu³³ ne⁵⁵bi³³ tʂʅ⁵⁵.

1sg 姐 TOP 那边 住

我姐姐住那边。

ŋo²¹ nu³³ e⁵⁵tɕo³³ tʂʅ⁵⁵.

1sg TOP 中间 住

我住中间。

4. 疑问代词在句中做表语、宾语、状语、补语等，通常置于所修饰的动词前。疑问代词与动词 ŋɛ²¹ 连用时在句中做表语；疑问代词与实义动词连用，做宾语；疑问代词与助词 ɣa³³ 连用做补语。下面逐一举例说明。

（1）表语

a⁵⁵tsɿ⁵⁵ ŋɛ²¹ dɛ⁴²?
什么　是　PRT
是什么呀？

a²¹sɿ³³ ŋɛ²¹　dɛ⁴²?
谁　　是　　PRT
是谁呀？

xa³³te⁵⁵ gɯ⁵⁵ nɚ²¹ nu³³mo²¹ ŋɛ²¹?
哪个　　TOP　2sg　妹妹　　是
哪个是你妹妹？

（2）宾语

a⁵⁵tsɿ⁵⁵ dɛ²¹ a³³ ŋo²¹ ma²¹ no³³ȵi³³ tɕhi³³ a²¹sɛ³³.
什么　说　PRT 1sg 没　听　　懂　　还
说什么啊，我还没听懂。

sɿ⁵⁵gə²¹də²¹lə²¹ gɛ⁵⁵ zɛ²¹ʐɿ²¹ te³³ ȵi²¹ɕo²¹ xa³³mo³³ mo³³ nu³³ xa³³mo³³ ve²¹.
李子　　　　和　梨　这　两种　　哪个　　想要 TOP 哪个　　拿
桃子和梨，你要哪个就拿哪个吧。

（3）状语

xa³¹³tɕha⁵⁵ si³¹³ ne⁵⁵ ɣɚ²¹ ga³³?
何时　　　才　大　PRT
何时才长大呢？

wua³³ dɛ³³ xa³³xɚ⁵⁵zo³³ zi²¹ phi⁴² lo³³?
1sg　爹　几时　　　　去　AST　PRT
我爹什么时候离开的？

nɚ²¹ zo³³tɕhi⁵⁵mo²¹ na⁵⁵xa⁴² xa⁵⁵kə⁴²xɯ⁴² kɯ³³ ɣa⁵⁵?
2sg　儿子媳妇　　明年　　哪段时间　　娶　PRT
你儿子明年什么时候娶媳妇？

tɕhi³³khu²¹ gɛ²¹ zi³³ a⁵⁵tsɿ⁵⁵kja⁵⁵gɯ⁵⁵ phu³³bo²¹ ɣa⁵⁵?
今年　　　STPT 烟　为什么　　　　　贵　　　PRT
今年烤烟为什么贵？

tshɿ³³tə³¹³ xa³³na³³ tsɿ⁵⁵ lo³³?
厕所　　　哪里　　在　PRT
厕所在哪里？

（4）补语

xɯ²¹ gu⁴² ɣa³³ xa³³ʑa⁵⁵ la³³?
房　　盖　STPT　怎么样　PRT
房子盖得怎么样了？

nɚ²¹ ku⁴² ɣa³³ xa³¹³ʑa⁵⁵?
2sg　过　STPT　怎么样
你过得怎么样？

三　数词

（一）类别

数词分为基数、序数、分数、倍数、概数、借词等。

1. 基数词

（1）分为单纯数词和合成数词，采用十进制计数。

一至十用本族语，"零""亿"借用汉语。例如：

lin²¹ 零　　　te²¹ 一　　　ȵi²¹ 二　　　sə³³ 三　　　li³³ 四
ŋo³³ 五　　　tshu⁴² 六　　　sʅ³¹³ 七　　　xe⁴² 八　　　gɯ³³ 九
tɕhi²¹ 十　　te²¹xo²¹ 百　　sə⁴² 千　　　va⁵⁵ 万　　　zi⁵⁵ 亿

数词tɕhi²¹ "十"、有tɕhi²¹、tɕi³³、tɕhi³³三种不同的音变。单说"十"时，读为tɕhi²¹。

（2）十以上、百以下的基数，表整数时，用单纯数词与位数tɕhi³³ "十"、xo²¹ "百"连用，但ȵi²¹tɕi³³ "二十"除外。例如：

gɯ³³ tɕhi³³　九十　　　　　　　　ŋo³³ tɕhi³³　五十
九　十　　　　　　　　　　　　　五　十

sə³³ tɕhi³³　三十　　　　　　　　te²¹ xo²¹　一百
三　十　　　　　　　　　　　　　一　百

（3）非整数时，用tɕhi³³ "十"与单纯数词构成，tɕhi²¹tɕi³³ "十一"除外。例如：

tɕhi²¹ ȵi²¹　十二　　　　　　　　tɕhi²¹ tshu⁴²　十六
十　二　　　　　　　　　　　　　十　六

li³³ tɕhi²¹ sə³³　四十三　　　　　xe⁴² tɕhi²¹ sʅ³¹³　八十七
四　十　三　　　　　　　　　　　八　十　七

sə³³ tɕhi²¹ ȵi²¹　三十二　　　　　ŋo³³ tɕhi²¹ gɯ³³　五十九
三　十　二　　　　　　　　　　　五　十　九

（4）二十一以上的两位数，可省去十位单位。例如：

li³³ sə³³　四十三　　　　　　　　xe⁴² sɿ³¹³　八十七
四　三　　　　　　　　　　　　八　七

ŋo³³ gɯ³³　五十九　　　　　　　sə³³ ȵi²¹　三十二
五　九　　　　　　　　　　　　三　二

（5）一百以上的基数表整数时，用单纯数词＋xo²¹"百"、sə²¹"千"构成。例如：

ȵi²¹ xo²¹　二百　　　　　　　　li³³ xo²¹　四百
二　百　　　　　　　　　　　　四　百

te²¹ sə²¹　一千　　　　　　　　ȵi²¹ sə²¹　二千
一　千　　　　　　　　　　　　二　千

（6）百位、十位不相连时，如"一百零一"，百位数后接gɛ⁵⁵，相当于汉语的"零"；百位和十位相连时、如"五百六十"、不用gɛ⁵⁵。例如：

te²¹ xo²¹ gɛ⁵⁵ te²¹ mo³³　一百零一　　ȵi²¹ xo²¹ gɛ⁵⁵ gɯ³³ mo³³　二百零九
一　百　和　一　个　　　　　　二　百　和　九　个

ŋo³³ xo²¹ xe⁴²　五百八十　　　　li³³ xo²¹ ȵi²¹　四百二十
三　百　八　　　　　　　　　　四　百　二

sɿ³¹³ xo²¹ tshu⁴²　七百六十　　　tshu⁴² xo²¹ gɯ³³　六百九十
七　百　六　　　　　　　　　　六　百　九

（7）"万"有两种表达方式，用sə²¹"千的倍数"或va⁵⁵"万"合成。例如：

tɕhi²¹ sə²¹　一万　　　　　　　te²¹ va⁵⁵　一万
十　千　　　　　　　　　　　　一　万

ȵi²¹ va⁵⁵　两万　　　　　　　　xe⁴² va⁵⁵　八万
两　万　　　　　　　　　　　　八　万

ŋo³³ va⁵⁵　五万　　　　　　　　tɕhi²¹ sɿ³¹³ va⁵⁵　十七万
五　万　　　　　　　　　　　　十　七　万

2. 序数词

（1）指次序、长幼排行、时间序列等。固有词中没有专门表序数的词，但有不同的表达。表示人或物的次序或排行时，用基数词和表人（物）量词与指示代词ne³³"那"连用；表示首位或末位时使用方位名词ɣə³³dzə²¹"前面"、du³³mi²¹"后面"；表示"第×个人"，用基数词与表人的专用量词te⁵⁵"个"连用，即用"数词＋te⁵⁵＋ne³³＋te⁵⁵"结构；指"第×个物"时，用"名词＋数词＋量词＋ne³³＋量词"结构。例如：

ɣə³³dzə²¹ ne³³ te⁵⁵　第一个人　　　ȵi²¹ te⁵⁵ ne³³ te⁵⁵　第二个人
前面　　那　个　　　　　　　　二　个　那　个

tɕhi²¹ n̠i²¹ te⁵⁵ ne³³ te⁵⁵ 第十二   　　　du³³mi²¹ ne³³ te⁵⁵ 最后一个
十 　二 个 　那 个 　　　　　　　　最后 　　那 　个

ɕi⁵⁵kɯ³³ li³³ kɯ³³ ne³³ kɯ³³ 第四棵树   mi̠²¹ ŋo³³ bə˞³³ ne³³ bə˞³³ 第五块地
树 　　四棵 　那 棵 　　　　　　　　地 五 块 那 块

（2）强调序数时用tsɔ²¹"最"表达，用"名词＋tsɔ²¹＋方位名词＋ne³³＋量词"结构。tsɔ²¹可重叠使用。例如：

tsɔ²¹ tsɔ²¹ ɣə³³dzɯ²¹ ne³³ te⁵⁵ 最前的那个人
最 最   前面 　　那 　个

tsɔ²¹ tsɔ²¹ du³³mi²¹ ne³³ te⁵⁵ 最后的那个人
最 最   后面 　　那 　个

ɣa⁵⁵mo²¹ tsɔ²¹ tsɔ²¹ ɣə³³dzɯ²¹ ne³³ mo³³ 最最前面的那只鸟
鸟 　　　最 最   前面 　　那 　只

ɣa⁵⁵mo²¹ tsɔ²¹ tsɔ²¹ du³³mi²¹ ne³³ mo³³ 最最后面的那只鸟
鸟 　　　最 最   后面 　　那 　只

（3）长幼排序用长幼称谓名词与排行次序数词连用，名词前置；排行次序为：ɣə˞³³"大"（排行一）、le⁵⁵"二"（排行二）、bə˞⁵⁵"三"（排行三）、tshə˞⁵⁵"四"（排行四）、n̠ə˞⁵⁵"小"（排行最小）。例如：

a²¹mo²¹ ɣə˞³³ ne³³ te⁵⁵ 大婶   　　a²¹mo²¹ le⁵⁵ ne³³ te⁵⁵ 二婶
婶子 　大 　那 　个 　　　　　　　婶子 　第二 那 　个

zo³³ bə˞⁵⁵bə˞⁵⁵ ne³³ te⁵⁵ 三儿子   　za²¹mɛ²¹ tsha⁵⁵ zo³³ 小女儿
儿子 第三 　　　那 　个 　　　　　　女儿 　小 　个

（4）时间顺序、月份次序，用"基数词＋la³¹＋xɯ⁴²"结构表示。例如：

te²¹ la⁴² xɯ⁴² 一月   　　　　　　sʅ³¹³ la⁴² xɯ⁴² 七月
一 月 内 　　　　　　　　　　　　　　七 月 内

n̠i²¹ la⁴² xɯ⁴² 二月   　　　　　　xe²¹ la⁴² xɯ⁴² 八月
二 月 内 　　　　　　　　　　　　　　八 月 内

3. 分数词

用分母＋ɕo²¹"份"＋gɛ²¹"的"＋分子＋ɕo²¹"份"表示。例如：

n̠i²¹ ɕo²¹ gɛ²¹ te²¹ ɕo²¹ 二分之一   　li³³ ɕo²¹ gɛ²¹ sə³³ ɕo²¹ 四分之三
两 份 STPT 一 份 　　　　　　　　　　四 份 STPT 三 份

te²¹ xo²¹ ɕo²¹ gɛ²¹ ŋo³³ ɕo²¹ 百分之五   te²¹ xo²¹ ɕo²¹ gɛ²¹ n̠i²¹ tɕi³³ ɕo²¹ 百分之二十
一 百 份 STPT 五 份 　　　　　　　　　　一 百 份 STPT 二 十 份

4. 倍数词

用基数词 + mja⁴² "倍" 表示。例如：

ȵi³¹ mja⁴²　两倍　　　　　　tɕhi²¹ mja⁴²　十倍
两　倍　　　　　　　　　　十　倍

sə³³ mja⁴²　三倍　　　　　　tshu⁴² tɕhi³³ mja⁴²　六十倍
三　倍　　　　　　　　　　六　十　倍

5. 概数词

（1）有母语表达和借用汉语两种形式。母语表达用 to⁴² "左右" 与 dzu²¹ ɣɛ³³ɕa⁵⁵ "有啦" 连用；汉语表达借词用汉语西南官话 ta⁵⁵phu²¹tɕhi⁵⁵ "大谱气（云南方言，大约、大概之义）" 置于基数词前。有时母语与汉语混合使用。例如：

tshu⁴² xo²¹ li²¹ to⁴² dzu²¹ ɣɛ³³ɕa⁵⁵.
六　　百　元　左右　有　　PRT
六百元左右。

ta⁵⁵phu²¹tɕhi⁵⁵ ȵi³³ tɕhi²¹ tɕi³³ dzu²¹ ɣɛ³³ɕa⁵⁵.
大谱气　　　　牛　十　头　有　　PRT
大约十头牛。

so³³bə³¹³ sɿ³¹³ tɕhi³³ to⁴² gɛ²¹ dzu²¹ ɣɛ³³ɕa⁵⁵.
肉　　　七　斤　左右 STPT 有　　PRT
七斤左右的肉。

khu⁴²tho³³ ŋo³³ tɕhi³³ khu⁴² to⁴² lu⁴² do²¹ ɣɛ³³ ɕa⁵⁵.
年纪　　　五　十　岁　左右 够　得　STPT PRT
年纪五十左右。

（2）表达 "……多" 时，用名词 + 基数/数量短语 + ma²¹ bo³³ "超过，不止" 结构。例如：

ȵi²¹ tɕhi³³ li²¹ ma²¹ bo³³　二十多元　　　te²¹ xo²¹ tɕhi³³ ma²¹ bo³³　一百多头
二　十　元　不　止　　　　　　　　　　百　头　不　止

有时在基数词后用 la³³da⁵⁵ "以上"，la³³ma²¹tɕhi²¹ "以下" 表示。例如：

te²¹ xo²¹ la³³da⁵⁵　一百以上　　　　tɕhi²¹ mo³³ la³³da⁵⁵　十个以上
一　百　以上　　　　　　　　　　十　个　以上

ȵi²¹ tɕhi³³ khu⁴² la³³ma²¹tɕhi²¹　二十岁以下　　tɕhi²¹ te⁵⁵ la³³ma²¹tɕhi²¹　十个人以下
二　十　岁　以下　　　　　　　　　　十　人　以下

（3）用两个或两个以上相邻的数字表示，也可与量短语成短语。例如：

li³³ ŋo³³ tɕhi³³　四五十　　　　　　xe⁴² gɯ³³ tɕhi³³　八九十
四　五　十　　　　　　　　　　　八　九　十

ȵi²¹ sə³³ xo²¹　两三百　　　　　　ŋo³³ tshu⁴² sə²¹　五六千
两　三　百　　　　　　　　　　　五　六　千

te²¹ ȵi²¹ ɕo²¹　一两种　　　　　　ȵi²¹ sə³³ te⁵⁵　两三个
一　两　种　　　　　　　　　　　两　三　个

xe⁴² gɯ³³ po²¹　八九次　　　　　　sə³³ li³³ ȵi⁴²　三四天
八　九　次　　　　　　　　　　　三　四　天

6. 借词

（1）借用汉语数词 ko³³ "过"、tsha³³ "差"，但声调有变化。例如：

pa⁴² tjɛn²¹ u²¹ sʅ⁴² lu⁴² fen⁵⁵　八点五十六分　　tɕo²¹ tjɛn²¹ tɕhi²¹ fen⁵⁵ ko³³　九点过七分
八　点　五十六　分　　　　　　　　　　　　　九　点　七　分　过

sʅ⁴² tjɛn²¹ u²¹ fen⁵⁵ tsha³³　十点差五分　　　　san³³ tjɛn²¹ sʅ²¹ u²¹ fen⁵⁵ tsha³³　三点差十五
十　点　五　分　差　　　　　　　　　　　　　三　点　十五　分　差

（2）表示计量、计价，有时借用汉语 khuɚ²¹ "块"。例如：

san³³ pə⁴² lin²¹ pa⁴² khuɚ²¹.
三　百　零　八　块

三百零八块。

ə⁵⁵ tɕhɛn³³ u²¹ pə⁴² sʅ⁵⁵ sʅ⁴² san³³ khuɚ²¹.
两　千　五　百　四　十　三　块

两千五百四十三块。

zi⁵⁵ khuɚ²¹ tɕhɚ²¹ sʅ⁵⁵ tɕi³³.
一　块　钱　四　斤

一块钱四斤。

sʅ⁴² khuɚ²¹ tɕhɚ²¹ ə⁵⁵ ljan²¹.
十　块　钱　二　两

十块钱二两。

（二）语法功能

数词与量词连用，置于名词后做定语、主语或宾语，下面逐一举例说明。

1. 做定语

sa⁵⁵ du⁴² pho³¹³ te²¹ te⁵⁵.
撒都　人　一　个

一个撒都人。
tsho²¹ te²¹ te⁵⁵   zi³³ te²¹ ko³³.
人   一 个   烟   一 支
一个人一支烟。

ŋo²¹ phjo²¹ te²¹ tso³³ və²¹ a³³   wua³³ dɛ³³ la³³   so²¹ gu³¹³ ɛ³³.
1sg 衣服   一 件 买 AST 1sg   PTPT   送给   PRT
我买了一件衣服送给爸爸。

2. 做主语或宾语

i³³ sui⁴² te²¹ te⁵⁵ la³³   ɕi²¹pu³³ ɲi²¹ mo³³   fi³³ gu³¹³ lɛ³³.
3sg 随   一 个 PTPT   多依果   两 个   分 给   PRT
他每人分给两个多依果。

tsho²¹ li³³ te⁵⁵   tse³³tsɿ³³ ma³¹³   tsho²¹ ŋo³³ te⁵⁵   dʐo³³dʐo³³ sɿ⁵⁵.
人   四 个   桌子   擦   人   五 个   地室   扫
四个人擦桌子，五个人扫地。

gu³³ mo³³   ne⁵⁵   li³³ mo³³ la³³   mjo³³ a²¹ .
九   个   TOP   四 个 PTPT 多   PRT
九比四多。

ŋo²¹ tshu⁴² ɕi²¹xua³³ sɿ³¹³   ma²¹ ɲi⁵⁵du³³.
1sg 六   喜欢   七   不   喜欢
我喜欢六不喜欢七。

te²¹ ɣə⁴² tsho²¹ xe²¹ te⁵⁵.
一   家   人   八 个
一家人有八个。

四 量词

（一）类别

量词分为名量词、动量词两类。通常量词与数词、名词结合的语序是"名词＋数词＋量词"；与动词、数词结合的语序是"名词＋数词＋量词＋动词"。

1. 名量词

可分为个体名量词、集体名量词、度量衡名量词、时间名量词等。

（1）个体量词

指称单一个体计量单位的词，分为反响型量词、类别量词、性状量词。

反响型量词又称"拷贝型"量词，分为整体反响型和部分反响型量词。

整体反响型量词：单音节名词，取全部音节为量词。既有固有词，也有汉语借词。例如：

ɣə^{42} te^{21} ɣə^{42}　一个家庭　　　　wua^{33} te^{21} wua^{33}　一个峡谷
家　一　家　　　　　　　　　　　峡谷　一　峡谷

khua^{55} te^{21} khua^{55}　一个村　　　　ma^{55} te^{21} ma^{55}　一具尸体
村　一　村　　　　　　　　　　　尸　一　尸

部分反响型量词：双音节或多音节名词，一般取后一音节为量词。例如：

ɕi^{55}thi^{33} te^{21} thi^{33}　一块木板　　ɕi^{55}ku^{33} te^{21} ku^{33}　一棵树
木板　　一　块　　　　　　　　　树　　一　棵

bə^{21}tsʅ^{42} te^{21} tsʅ^{42}　一节竹子　　ŋo^{33}zo^{33}pu^{21} te^{21} pu^{21}　一张网
竹子　　一　节　　　　　　　　　网　　　　一　张

tu^{33}ɕi^{55}ba^{55} te^{21} ba^{55}　一个拐棍　　i^{33}mo^{21} te^{21} mo^{33}　一个果子
拐棍　　　一　个　　　　　　　　果子　　一　个

类别量词：用于同类事物称量的少。te^{55}用于人，ku^{33}用于植物，mo^{33}是通用称量，表示"个、只、头、条"等。例如：

tsho^{21} te^{21} te^{55}　一个人　　　　tsho^{21}u^{33}mo^{21} ȵi^{21} te^{55}　两个疯子
人　一　个　　　　　　　　　　　疯子　　　两　个

tshe^{21}pəʔ^{42} te^{21} ku^{33}　一棵稻草　　so^{33}lo^{33} te^{21} ku^{33}　一棵韭菜
稻草　　一　棵　　　　　　　　　韭菜　一　棵

tshə^{42} lo^{33}xe^{33} ȵi^{21} mo^{33}　两头公羊　　mjə^{42} te^{21} mo^{33}　一条生命
公羊　　　　两　只　　　　　　　命　一　条

dzə^{33}用于马匹、骡子、毛驴等动物，dza^{42}用于指细条状动物或水中动物，ɕo^{21}用于表示事物的类别、种类；dzə^{21}用于成双成对的事物，the^{33}用于限定成双成对事物之一，tɕi^{33}表示细条状、易弯曲的事物。例如：

mu^{33} sə^{33} dzə^{33}　三匹马　　　　tha^{55}la^{55}mə^{33} te^{21} dzə^{33}　一匹毛驴
马　三　匹　　　　　　　　　　　毛驴　　　一　匹

ŋo^{33}zo^{33} te^{21} tsa^{42}　一条鱼　　　vi^{31} li^{33} tsa^{42}　四条蛇
鱼　　一　条　　　　　　　　　　蛇　四　条

u^{313}tsa^{42} te^{21} ɕo^{21}　一种菜　　mjo^{313}zo^{33} te^{21} ɕo^{21}　一种东西
菜　一　种　　　　　　　　　　　东西　一　种

la^{42}pha^{55} te^{21} dzə^{21}　一双手　　mu^{55}dzu^{21} ȵi^{21} dzə^{21}　两双筷子
手　一　双　　　　　　　　　　　筷子　　两　双

tɕhi²¹nɯ⁵⁵ te²¹ the³³　一只鞋子　　　　no³³lo³³ te²¹ the³³　一个耳环
鞋子　　一　边　　　　　　　　耳环　　　一　个

wua³³ te²¹ tɕi³³　一条河　　　　　　tsa⁵⁵ te²¹ tɕi³³　一条绳
河　　一　条　　　　　　　　　　绳　　一　条

（2）集体量词

指包含两个或两个以上的个体计量，分为定量和不定量集体量词。

定量集体量词：指一个或两个个体集体计量单位，如dzə²¹用来称量对称或成双成对的事物。te²¹ dzə²¹"一双"，the³³"边、条、只"用于限定成双成对的事物之一。例如：

mə³¹³zu⁵⁵ te²¹ dzə²¹　一对夫妻　　　no³³po³³mja⁵⁵ te²¹ dzə²¹　一对耳孔
夫妻　　　一　对　　　　　　　　耳孔　　　　　一　双

ʔum⁴²mo²¹pa³³pa³³ te²¹ dzə²¹　一对鸭子　　ʔum⁴²mo²¹pa³³pa³³ ȵi²¹ mo³³　两只鸭子
鸭子　　　　　　一　对　　　　鸭子　　　　　　　两　只

ɣa⁵⁵mo²¹zo³³ te²¹ dzə²¹　一对小鸟　　　ɣa⁵⁵mo²¹zo³³ ȵi²¹ mo³³　两只小鸟
小鸟　　　　一　对　　　　　　小鸟　　　　两　只

不定量集体量词：指三个以上或泛指大量个体计量单位，有te²¹dʑɚ⁵⁵zo³³"一点儿"、te²¹dzɚ⁴²mo²¹"一些"、ɣɚ²¹"群"、ɣɚ³³mo²¹"大群"、bɯ³³"堆"、bja²¹"蓬、丛"、tshua⁵⁵"串"、tsɚ⁵⁵"把（菜）"、tɯ⁵⁵tsa⁴²"把（米）"、ȵi²¹sɚ³³te⁵⁵"几个（人）"、ȵi²¹sɚ³³mo³³"几个（物）"等。例如：

ɚ⁵⁵lo³³mo²¹ te²¹ ɣɚ²¹　一群鹅　　　　tshɚ⁴² te²¹ khui²¹　一群羊
鹅　　　　一　群　　　　　　　　羊　　一　群

tsho²¹ te²¹ dzɚ⁴²mo²¹　一些人　　　　kɚ³¹³ te²¹dʑɚ⁵⁵zo³³　一点儿汗
人　　一　些　　　　　　　　　　汗水　一点儿

za⁴²mo²¹ɕi⁵⁵ te²¹ bja²¹　一蓬灌木　　　tshe²¹phe²¹ te²¹ tɯ⁵⁵tsa⁴²　一把米
灌木　　　　一　蓬　　　　　　米　　　　一　把

vi⁵⁵lo²¹ te²¹ tsɚ⁵⁵　一把花　　　　　pa⁵⁵tɕɔ⁵⁵ te²¹ tshua⁵⁵　一串芭蕉
花　　一　把　　　　　　　　　　芭蕉　　一　串

ve²¹mo²¹ te²¹ ɣɚ²¹　一群狼　　　　　ɣa⁵⁵ te²¹ ɣɚ²¹ mo²¹　一大群鸡
狼　　　一　群　　　　　　　　　鸡　一　大　群

（3）度量衡量词

分为标准和非标准度量衡量词。标准度量衡量词，既有固有词，也有汉语借词。表示计量时，用母语tɕi³³"斤（公）"。但现在几乎借用汉语，有时母语和汉语借词混用。例如：

te²¹ luɯ⁴² 一庹 　　　　　　　te²¹ be²¹ ɕi⁴² 一步长
一　庹　　　　　　　　　　　　一　步　长

sə³³ tsa²¹ 三拃 　　　　　　　te²¹ kue²¹ 一肘
三　拃　　　　　　　　　　　　一　肘

te²¹ tɕi³³ pha⁵⁵ 一斤半　　　　te²¹ kən⁵⁵ tɕi³³ 一公斤
一　斤　半　　　　　　　　　　一　公　斤

te²¹ pa⁴² tɕi³³ 半斤　　　　　sʅ⁴² khuə²¹ tɕhə²¹ ȵi²¹ lɔn²¹ 十块钱二两
一　半　斤　　　　　　　　　　十　块　　钱　二　两

（4）时间量词

用于计算时间单位，固有词少，汉语借词多。常用的有 tjɛn²¹ "点"、fen⁵⁵ "分"、te²¹thɯ³³ "一会儿"、ȵi⁴² "天"、xa⁴² "夜"、la⁴² "月"、khu⁴² "年"、sʅ⁵⁵ "辈子"、tɛ⁵⁵ "代、辈"、pɛ⁵⁵ "代（人）"等。例如：

te²¹ xa⁴² 一夜　　　　　　　　te²¹ pa⁴² ȵi²¹ 半天
一　夜　　　　　　　　　　　　一　半　天

te²¹ khu⁴² 一年　　　　　　　te²¹ sʅ⁵⁵po⁴² 一辈子
一　年　　　　　　　　　　　　一　辈　子

名量词和数词、名词、动词结合的语序为"名+数+量+动"。例如：

ɣa⁵⁵ te²¹ mo³³ vɤ²¹ 买一只鸡　　vi⁵⁵lo²¹ te²¹ pɯ³³ tshɚ⁵⁵ 摘一朵花
鸡　一　只　买　　　　　　　　花　　一　朵　摘

ȵi³³ te²¹ tɕi²¹ ɕi²¹ zi²¹ ɣɛ⁵⁵ 去牵头牛　　ɕi⁵⁵ ŋo³³ vɛ²¹ bɯ³¹³ zi²¹ la³³ 去背五背柴
牛　一　头　牵　去　PRT　　　柴　五　背　背　去　PRT

名词与数词、量词、指示代词结合时，其语序为"名词+指示代词+数词+量词"。该结构中数量为"一"时，数词可省略，量词可省略或不省略，其语序为"名词+指示代词+量词"结构。数量为"二"或大于"二"时，数词和量词均不可省略，例如：

tha⁵⁵dzʅ²¹mo²¹ te²¹ mo³³.

柿子　　一　个

一个柿子。

tha⁵⁵dzʅ²¹mo²¹ te³³ mo³³ dzo³³ mi²¹ ɣa²¹.

柿子　　这　个　吃　好　PRT

这个柿子好吃。

tha⁵⁵dzʅ²¹mo²¹ te³³ ȵi²¹ mo³³ dzo³³ mi²¹ ɣa²¹.

柿子　　这　二　个　吃　好　PRT

这两个柿子好吃。

tha⁵⁵dzɿ²¹mo²¹ te³³ dze⁴² dzo³³ mi²¹ ɣa²¹.
柿子　　　这些　吃　好　PRT
这些柿子好吃。

2. 动量词

撒都语的动量词较少，有的动量词与名量词同形，常用的动量词有 pe⁵⁵ "次"，po²¹ "次、回、趟"，pi⁵⁵ "遍"，ku⁵⁵ "下"，be²¹ "步" 等。可与数词、动词构成"数词＋量词＋动词"短语。例如：

te²¹ ku⁵⁵ dzɿ⁴²　拍一下　　　　　muɯ³³ te²¹ pe⁵⁵ kɯ³¹³　打了一次雷
一　下　拍　　　　　　　　　　雷　一　次　打

te²¹ be²¹ su³³　走一步　　　　　tshu²¹ te²¹ bɛ²¹ dzo³³　吃一顿
一　步　走　　　　　　　　　　饭　一　顿　吃

动量词与动词、名词、代词、数词等搭配，语序是"名词（代词）＋数词＋动量词＋动词"。例如：

ɣa³¹³ta⁴² mo³³xo²¹muɯ⁵⁵luɯ⁵⁵zo³³ te²¹ bə³³ lɛ²¹ la³³.
今早　　毛毛雨　　　　　　一　场　下　AST
今早下了一场雨毛毛雨。

khui³³po³¹³ guɯ⁵⁵　te²¹ ta³¹³ khui⁵⁵ gɛ²¹ tɕa⁴²pa⁴² naʔ⁴².
公狗　　　AGT　一　口　咬　　得　很　　深
被公狗咬了深深的一口。

ŋo²¹dzɿ³³ te²¹ pi⁵⁵ te²¹ pi⁵⁵ ɣa⁵⁵　na⁵⁵ni⁵⁵ la³³.
我们　　一　遍　一　遍　STPT　查看　AST
我们一遍又一遍地查看了。

su⁵⁵tsu³³pho³¹³ te²¹ khu⁴² tɔ⁵⁵ thə⁴² xuɯ³¹³ te²¹ po²¹ guɯ³³ ʑi²¹.
老师　　　　一　年　到　头　家　　一　次　回　去
老师们一年到头只回一次家。

i³³dzɿ³³ te²¹ po²¹ zo⁵⁵ te²¹ po²¹ ɣa⁵⁵　wua³¹³ dzo²¹.
他们　一　次　又　一　次　STPT　我　　帮
他们一次又一次地帮助我。

sɿ³³pə²¹ te³³ pə²¹ ŋo²¹ li³³ pe⁵⁵ na⁵⁵ni³³ ku²¹ la³³.
书本　这　本　我　四　次　看　　过　AST
这本书我看过四次了。

i³³dzɿ³³ mjo³¹³ te²¹ ɲi⁴² ma⁵⁵ te²¹ ɲi⁴² muɯ²¹ la³³.
他们　活计　一　天　整整一　天　做　PRT
他们做了一整天的活儿。

（二）语法功能

名量词与数词结合可做定语、主语、宾语、状语、补语，下面逐一举例说明。

1. 做定语

i³³ ba⁵⁵dʑi³³ te²¹ kui³³ də³³ ma²¹ guə⁴².
3sg 话　　　一　句　　都　不　讲

他一句话都不讲。

dzə²¹mo²¹ gu⁵⁵ ɣa⁵⁵tsha⁵⁵ te²¹ mo³³ thɯ³³ phi⁴² la³³.
老鹰　　AGT 小鸡　　一　只　叼　AST AST

老鹰叼走了只小鸡。

a⁵⁵mi³³ te³³ mo³³ xua⁵⁵ ɲi²¹ mo³³ dzo³³ phi⁴² la³³.
猫　　这 只 老鼠 两 只 吃 AST AST

这只猫吃掉了两只老鼠。

2. 做主语

ɲi²¹ ɣə⁴² pan⁵⁵ ki⁵⁵ ʑi²¹ phi⁴² la³³.
两　户　搬　　着　去　AST AST

两家人搬走了。

ɲi²¹ te⁵⁵ ma²¹ lɛ²¹ lo³³.
两　个　没　来　PRT

两个人没有来。

te²¹ tɕi³³ ne⁵⁵ ma²¹ lu⁴².
一　斤　TOP 不　够

一斤不够。

3. 做宾语

gə²¹sʅ⁵⁵gə²¹pho³¹³ ŋo³³ tso³³ gə⁴² lɛ³³.
裁缝　　　　　五　个　缝　AST

裁缝做了五件。

so³³bə³¹³ ŋo²¹ sə³³ mo³³ vɚ²¹ lɛ³³.
肉　　　1sg 三 块 买 AST

我买了三块肉。

te²¹ ɣə⁴² xe²¹ te⁵⁵ dzu²¹.
一　家　八　个　有

一家有八个。

4. 做状语

ŋo²¹ xɯ³¹³ te²¹ po²¹ gɯ³³ zi²¹ la³³.
1sg 家 一 次 回 去 AST
我只回了一次家。

ŋo²¹ tso⁵⁵thə²¹ tuɛn²¹tuɛn³¹³ ȵi²¹ mo³³ fu²¹ dzɛ³¹³ la³³.
1sg 小时 整整 两 个 等着 AST
我等了整整两个小时。

nɚ²¹ te²¹ po²¹ gɛ²¹ te²¹ po²¹ ya⁵⁵ wua³¹³ dzo²¹.
2sg 一 次 又 一 次 地 1sg 帮
你一次次地帮助我。

5. 做补语

vi³³ so³³ nɚ²¹ xa²¹mja⁴² po²¹ dzo³³ ku⁴²?
蛇 肉 2sg 多少 次 吃 过
蛇肉你吃过多少回？

khu²¹tha³³ nɚ²¹ xa²¹mja⁴² po²¹ zi²¹ ku⁴²?
昆明 2sg 多少 次 去 过
昆明你去过几次？

te²¹ tjɚ⁵⁵zo³³ mjo³³ phi⁴² la³³.
一小点儿 多 AST AST
多了一点儿。

五 动词

有单音节、双音节和多音节词动词，分为实义、判断、存在、能愿、趋向等动词。有自动和使动的对立。其语法范畴既有屈折式，也有分析式。还有名动同源和音节重叠等动词。

（一）类别

1. 实义动词

表示具体动作行为，具有一定实在意义的词。例如：

ve⁴² 穿　　　phja⁵⁵ 剥　　　phe³¹³ 编
sɯ⁵⁵ 擦　　　fu³³ 嫁　　　du⁵⁵ 出

2. 判断动词

判断动词 ŋɛ³¹³ 是 ŋ²¹ 和 ɛ³³ 的合音，在句中表示判断。疑问和否定句用 ŋɛ²¹。za³³ 放在句尾表示"是像什么样"或"是有什么样"。例如：

te³³ ɕo²¹ ne⁵⁵ su⁴²kɯ³³ ŋɛ³¹³.
这 种 TOP 松树 是
这种是松树。

dzə⁴² phjo³³ ne⁵⁵ i³³ljo⁵⁵ ŋɛ²¹ ŋɛ²¹?
花椒 叶子 TOP 绿色 是 是
花椒叶子是绿色的吗？

i³³ wua²¹ po²¹ ŋɛ³¹³ wua²¹ ne³³ ma²¹ ŋɛ²¹.
3sg 1sg 外婆 是 1sg 奶奶 不 是
她是我外婆，不是奶奶。

ta⁵⁵dɛ³³ gɛ²¹ va⁴² tshɿ²¹bɛ²¹bɛ²¹ ʑa³³.
大爹 STPT 猪 胖嘟嘟 像
大爹家的猪是胖的。

fə⁴²tsɿ²¹ ne⁵⁵ i³³phjo³³ ljo⁵⁵mɯ³³mɯ³³ ʑa³³.
春季 TOP 叶子 绿油油 像
春天时叶子是绿的。

3. 存在动词

表示存在概念的动词有 dzu²¹ "有"、tshɿ⁵⁵ "有"、ȵi²¹ "在……容器里"。其否定形式是在 dzu²¹ 前加否定副词 ma²¹。有的直接用实义动词。例如：

dzɿ²¹ dzu²¹ nu³³ dzɿ²¹ du²¹ tshə²¹ dzu²¹ nu³³ tshə²¹ dzo³³.
酒 有 TOP 酒 喝 饭 有 TOP 饭 吃
有酒喝酒，有饭吃饭。

bɯ⁵⁵di²¹mo²¹ ʑɿ³³be³³ xɯ²¹ ma²¹ tshɿ⁵⁵ lo³³.
蚯蚓 草地 里 没 在 PRT
草地里没有蚯蚓。

ʑɿ³³be³³ xɯ²¹ mɯ³³lɯ²¹ du⁵⁵ la³³.
草丛 里 菌子 出 AST
草丛里有菌子。

bjo³¹³pu³³ xɯ⁴² bjo³¹³ʑi²¹ ȵi²¹ ɛ³³.
蜂巢 里 蜜 有 PRT
蜂巢里有蜜。

4. 能愿动词

有 dzɿ⁵⁵ "愿意"、pi³¹³ "敢"，通常置于动词后，与句尾语气助词 a³³ 连用。否定副词

ma²¹ 置于能愿动词之前，构成否定式。例如：

i³³ la³¹³tsʅ²¹ dzo³³ ma²¹ pi³¹³.
3sg 辣椒 吃 不 敢
他不敢吃辣椒。

i³³ mjo³¹³ mɯ²¹ dzʅ⁵⁵ a³³.
3sg 活计 做 愿意 PRT
他愿意干活。

i³³ ma³³ma³³ dɯ⁵⁵ ma²¹ dzʅ⁵⁵.
3sg 饭 做 不 愿意
他不愿意干活。

ŋo²¹ nɯ⁵⁵mo²¹ su⁴²bɛ²¹ kha⁴² ma³¹ tɕi⁴².
1sg 妹妹 松苞 摘 不 会
我妹妹不会摘松苞。

5. 趋向动词

有 lɛ²¹ "来"、ʑi²¹ "去"，置于动词后，与有 "上" "下" "一起" "都" 等意义副词连用，有时与 "进" "出" 等动词构成合成词，表示不同的动作趋向。例如：

gɯ³³ lɛ²¹ 进来   da⁵⁵ lɛ²¹ 上来
le⁴²tshe²¹lɛ²¹ 塌下来   du⁵⁵lɛ²¹ 出来
gɯ⁴² ʑi²¹ 过去   tshe²¹ʑi²¹ 下去
da⁵⁵ʑi²¹ 上去   u⁵⁵ʑi²¹ 出去

6. 自动与使动

语法范畴既有分析式，也有屈折式。分析式有三种形式。屈折式有一种形式。

（1）在客体后加施动助词 gɯ⁵⁵，在句尾加 to³³；使用宾语助词 la³³ 时，gɯ⁵⁵ 放在客体前，表示主体促使客体参与动作，或主体允许让客体参与动作。例如：

ŋo²¹ ma³³ma³³ dzo³³.
1sg 饭 吃
我吃饭。

wua³³ mo³³ ŋo²¹ gɯ⁵⁵ ma³³ma³³ dzo³³ to³³.
1sg 妈 1sg AGT 饭 吃 CAUS
我妈妈让我吃饭。

ŋo³³ ko³³ko³³ ɲi³³ na⁵⁵ɲi³³.
1sg 哥哥 牛 看

我哥哥看牛。

wua³³ dɛ³³ ŋo³³ ko³³ko³³ gɯ⁵⁵ ɲi³³ na⁵⁵ɲi³³ to³³.

1sg 爹 1sg 哥哥 AGT 牛 看 CAUS

爹让我哥哥看牛。

wua⁵⁵ tɕi³³ la⁴²dzu²¹ də⁴².

1sg 姐 手镯 戴

我姐姐戴手镯。

wua³³ mɯ⁵⁵ gɯ⁵⁵ wua⁵⁵ tɕi³³ la³³ la⁴²dzu²¹ te²¹ the³³ də⁴² to³³.

1sg 姐夫 AGT 1sg 姐 PTPT 手镯 一 个 戴 CAUS

姐夫给我姐姐戴一个手镯。

（2）在自动词前加动词gu²¹"弄，使"表示使义，在主体和客体之间加施助动词gɯ⁵⁵，表示主体施以动作让客体状态发生变化。省略主体时，施助动词gɯ⁵⁵也省略。例如：

自动　　　　　　　　　　　　　使动

ŋɯ²¹ 哭　　　　　　　　　　　gu²¹ ŋɯ²¹ 弄哭

lo³¹³ 破　　　　　　　　　　　gu²¹ lo³¹³ 弄破

thɚ²¹ 通　　　　　　　　　　　gu²¹ thɚ²¹ 弄通

thu³³ 湿　　　　　　　　　　　gu²¹ thu³³ 弄湿

a. i³³ ŋɯ²¹ ɣa⁵⁵la³³.

　3sg 哭 AST

　他哭了。

b. ŋo²¹ gɯ⁵⁵ ʑa³³ gu²¹ ŋɯ²¹ phi⁴² lɛ⁵⁵.

　1sg AGT 3sg 弄 哭 AST AST

　我把他弄哭了。

a. i³³ so³¹³ lɛ²¹ la³³.

　3sg 醒 来 AST

　他醒来了。

b. ŋo²¹ gɯ⁵⁵ ʑa³³ gu²¹ so³¹³ lɛ²¹ la³³.

　1sg AGT 3sg 弄 醒 来 AST

　我把他弄醒了。

a. pe⁵⁵pe⁵⁵ ka⁴² tshe³³ lɛ²¹ la³³.

　杯子 掉 下 来 AST

　杯子掉下来了。

b. ŋo²¹ ne²¹ gɯ⁵⁵ pe⁵⁵pe⁵⁵ gu²¹ ka⁴² tshe³³ lɛ²¹ la³³.
1sg 弟弟 AGT 杯子 弄 掉 下 来 AST
弟弟把杯子掉下来了。

（3）通过语音屈折变化表示使动，表现形式是把实义动词的浊音变为清音。例如：

a. ŋɚ²¹ mɯ³³mɯ³³ te²¹ mo³³ də⁴².
2sg 帽子 一 顶 戴
你戴一顶帽子。

b. wua³³ mo³³ gɯ⁵⁵ na³¹³ mɯ³³mɯ³³ te²¹ mo³³ tə⁴².
1sg 妈 AGT 2sg 帽子 一 顶 给戴
我妈妈给你戴一顶帽子。

a. va⁴² tshɯ²¹ dzo³³.
猪 食 吃
猪吃食。

b. ŋo²¹ va⁴² tshə²¹ tso³³.
1sg 猪食 给吃
我喂猪食。

a. me³³me³³ a³³ne³³ du²¹.
娃娃 奶 喝
娃娃吃奶。

b. wua³³ mo³³ me³³me³³ la³³ a³³ne³³ tu²¹.
1sg 妈 娃娃 PTPT 奶 给喝
妈妈喂娃娃奶。

a. mu³³ i³³ ljɔu⁵⁵ dzo³³.
马 3sg 饲料 吃
马吃饲料。

b. nə²¹ mu³³ ljɔu⁵⁵ tso³³.
2sg 马 饲料 给吃
你喂马料。

7. 名动同源

有一批三音节动词与名词同源，其构成方式是重叠名词的第一个音节构成动词；有的有声调变化，呈 ABA 韵律格式。例如：

vi⁵⁵lo²¹   vi⁵⁵lo²¹ vi⁵⁵
花   花 开

mɯ³³li³³	mɯ³³li³³ mɯ⁵⁵
风	风 刮
wui⁴²tɕha⁴²	wui⁴²tɕha⁴² wui⁴²
围墙	围墙 围
thi²¹lo³¹	thi²¹lo³¹ thi²¹
提篮	提篮 提

8. 音节重叠

重叠名词的第二个音节构成动词，呈ABB格式。例如：

i³³dzɚ²¹	i³³dzɚ²¹ dzɚ²¹　发芽
芽	芽　发
u³¹³tsi³³	u³¹³tsi³³ tsi³³　腌酸菜
酸菜	酸菜　腌
ʑi²¹du⁵⁵	ʑi²¹du⁵⁵ du⁵⁵　出水
泉水	泉水　出
zɚ⁴²mɔ⁵⁵	zɚ⁴²mɔ⁵⁵ mɔ⁵⁵　做梦
梦	梦　做
ʑi²¹ɕa⁴²	ʑi²¹ɕa⁴² ɕa⁴²　游泳
游泳	泳　游

（二）语法功能

动词在句中做谓语、定语、主语、宾语和补语，下面逐一举例说明。

1. 做谓语

ŋo²¹ dzo³³ bu⁵⁵ la³³.

1sg 吃　饱　AST

我吃饱了。

ŋo²¹ sa⁵⁵dɚ⁴²ŋo²¹ su³³ lɛ²¹ ɛ⁵⁵.

1sg 撒都语　学　来　PRT

我来学撒都语。

i³³dʐ̩³³ gɯ⁵⁵ ŋo²¹dʐ̩³³ la³³ sʅ⁵⁵gɚ²¹dɚ²¹lɚ²¹ te²¹ lo³³ gɯ³¹³ lɛ³³.

3pl AGT 1pl　PTPT 桃子　　　一　箩筐　给　PRT

他们给我们一箩桃子。

2. 做定语

动词做定语时，加话题助词nu³³、结构助词gɛ²¹及ɕi³³等使动词形容词化，以修饰名词。例如：

i³³ guɚ⁴² ɕi³³ gɛ²¹ ba⁵⁵dʑi³³ tɕa⁴²pa⁵⁵ no³³.
3sg 说 STPT STPT 话 老实 好
他说的话真好。

i³³ guɚ⁴² gɛ²¹ xo³³ a²¹.
3sg 说 STPT 对 PRT
他说得对。

ŋo²¹ zi²¹ gɛ²¹ ne³³xɚ³³ nɚ²¹dʑi³³ te²¹yɚ²¹po⁴² kɯ³³sɿ²¹ phi⁴² la³³.
1sg 去 STPT 那时 2pl 全部都 睡着 AST PRT
我去时你们都睡着了。

3. 做主语

动词做主语时，其后加名词化助词 ɣa³³ne⁵⁵。例如：

khɔu⁵⁵ ɣa³³ne⁵⁵ sɿ³³dze⁴² ljou⁴² phi⁴² ma²¹ do²¹.
打 NMLZ 事情 AST AST 不 得
打解决不了问题。

tshe⁵⁵ ɣa³³ne⁵⁵ tsho²¹ la³³ no³³ ɣa²¹.
跑 NMLZ 人 PTPT 好 PRT
跑步对人很好。

dzo³³ ɣa³³ne⁵⁵ du²¹ mja⁴² ma²¹ bo³³ no³³ a³³.
吃 NMLZ 喝 一样 不 止 好 PRT
吃比喝好。

4. 做宾语

动词与其宾语构成动宾短语，一起做能愿动词的宾语。例如：

i³³ dzɿ²¹ du²¹ xɔu⁵⁵ ɛ³³.
3sg 酒 喝 喜欢 PRT
他喜欢喝酒。

i³³dzɿ³³ zi²¹ɕa⁴² ɕa⁴² tɕa²¹.
3pl 泳 游 会
他们会游泳。

wua³³ bo³³ zi³³ du²¹ xɔu⁵⁵.
1sg 爷 烟 抽 好
爷爷爱抽烟。

5. 做补语

在趋向动词，能愿动词做补语。例如：

i³³ guɚ⁴² gɚ³³ guɚ⁴² tɕi²¹ xɛ⁵⁵ mɯ²¹ gɚ³³ mɯ²¹ tɕi³¹.
3sg 说 也 说 会 还 做 也 做 会
他不仅会说，而且会做。

i³³ ȵi³³ pja⁵⁵ so³³gua⁴² ʑi²¹ phi⁴² la³³.
3sg 牛 母 找 去 AST AST
他去找母牛了。

i³³ tɕhi⁵⁵mo²¹ dɛ²¹ ʑi²¹ phi⁴² la³³ ŋa⁵⁵?
3sg 媳妇 谈 去 AST AST QUES
他去说媳妇了吗？

六 形容词

（一）类别

按意义分可分为性质形容词和关系形容词。性质形容词多数是词根词，关系形容词多数是派生词。

1. 性质形容词。例如：

ɣɚ³³ 大　　ȵɚ³³ 小　　phɚ²¹ 粗　　mɯ⁵⁵ 细　　ʔum³³ 高　　di⁵⁵ 矮

2. 关系形容词，例如：

ɣɚ³³ɣɚ³³ȵɚ³³ȵɚ³³　大大小小　　　　　　te⁵⁵ʔum³³ʔum³³　高高的
a⁵⁵di⁵⁵zo³³　矮矮的　　　　　　　　　　a⁵⁵dɚ³³zo³³　短短的

3. 在词根上加前缀 a⁵⁵ 或后缀 zo³³、zɚ²¹ 构成三音节词，表示一种程度。例如：

a⁵⁵di⁵⁵zo³³　矮矮的　　　　　　　　　　a⁵⁵dɚ³³zo³³　短短的
a⁵⁵dɯ²¹zo³³　浅浅的　　　　　　　　　　a⁵⁵zɚ²¹zɚ²¹　歪歪的

4. 加后缀 zo³³ɣa³³ 后构成"AA zo³³ɣa³³"形式。例如：

wui⁵⁵wui²¹zo³³ɣa³³　圆圆的　　　　　　sɿ²¹sɿ²¹zo³³ɣa³³　斜斜的
phi⁵⁵phi²¹zo³³ɣa³³　白白的　　　　　　na⁵⁵na⁵⁵zo³³ɣa³³　黑黑的
dɚ³³dɚ³³zo³³ɣa³³　短短的　　　　　　　vi³³vi³³ zo³³ ɣa³³　远远的
dɯ²¹dɯ²¹zo³³ɣa³³　浅浅的　　　　　　　nɚ³³nɚ³³ zo³³ɣa³³　近近的

5. 部分形容词无反义词，其反义形式通常在词根前加否定词 ma²¹ 表达。例如：

phɯ³³bo²¹　贵　　　　　　　　　　　　ma²¹phɯ³³bo²¹　便宜
tshɚ²¹　尖　　　　　　　　　　　　　　ma²¹ tshɚ²¹　秃

tha⁵⁵ 锋利   ma²¹ tha⁵⁵ 钝

xo²¹ 对   ma²¹ xo²¹ 错

tɕho³³ 美   ma²¹tɕho³³ 丑

naʔ⁴² 深   ma²¹ naʔ⁴² 浅

6. 单音节形容词词根可放在单音节名词后构成双音节形容词。例如：

kho³³ 咸   tsho³³ kho³³ 盐咸

bja³³ 淡   tsho²¹ bja³³ 盐淡

sɿ³³ 歪   khui³³puɯ³³sɿ³³ 歪嘴

bjo²¹ 懒   tsho²¹bjo²¹ 懒汉

7. ABB式形容词。例如：

sɔ⁵⁵pɚ⁵⁵pɚ⁵⁵ 粗糙的   i³³dzɯ³³dzɯ³³ 生生的

xa²¹nɛ³³nɛ³³ 好好的   te⁵⁵ɕi³³ɕi³³ 长长的

te⁵⁵ʔum³³ʔum³³ 高高的   dɚ²¹lə⁵⁵lə⁵⁵ 团碌碌的

dza⁵⁵lɯ⁵⁵lɯ⁵⁵ 冰冷   la⁵⁵gɚ⁴²gɚ⁴² 花花的

sɚ³³mɯ³³mɯ³³ 偏黄的   sɚ³³pa³³pa³³ 黄透的

8. AABB式形容词。例如：

ɣɚ³³ɣɚ³³nɚ³³nɚ³³ 大大小小   ʔum³³ʔum³³di⁵⁵di⁵⁵ 高高矮矮

ɕi³³ɕi³³dɚ³³dɚ³³ 长长短短   khuan⁵⁵khuan⁵⁵la³³la³³ 宽宽敞敞

9. ABAC式形容词。例如：

ma²¹ʔum³³ma²¹di⁵⁵ 不高不矮   ma²¹ɕi³³ma²¹dɚ³³ 不长不短

ma²¹vi³³ma²¹nɚ³³ 不远不近   ma²¹khuan⁵⁵ma²¹ŋo⁵⁵ 不宽不窄

dɯ³³li⁵⁵dɯ³³do²¹ 坑坑洼洼   ma²¹tɕhi³³ma²¹tsho²¹ 慌里慌张

（二）语法功能

形容词在句子中做主语、谓语、补语、定语、宾语及状语等，下面逐一举例说明。

1. 做主语

naʔ⁴² ɕi³³ne⁵⁵ sui²¹khu⁵⁵ ŋɛ³¹³ dɯ²¹ ɕi³³ne⁵⁵ zi²¹bɯ²¹ ŋɛ³¹³.

深的 TOP   水库   是   浅的 TOP   水塘   是

深的是水库，浅的是水塘。

ɣɚ³³ ɕi³³ ŋo²¹ ma²¹ ɕi²¹xua⁵⁵ nɚ³³ ɕi³³ ŋo²¹ ɕi²¹xua⁵⁵.

大的 TOP 1sg 不   喜欢   小的 TOP 1sg 喜欢

大的我不喜欢，小的我喜欢。

wui²¹ ɕi³³ne⁵⁵ xo²¹da⁵⁵mo²¹ ŋɛ³¹³.
圆的 TOP 月亮 是
圆的是月亮。

2. 做谓语

ŋo²¹ gɛ²¹ phjo²¹ tɕa⁴²pa⁴² phi²¹.
1sg STPT 衣服 很 白
我的衣服很白。

nɚ²¹ gɛ²¹ ɕi⁵⁵tɕi³³ go⁵⁵ʑi³³ ɕi³³ la³³.
2sg STPT 包头巾 过于 长 AST
你的包头巾太长。

i³³ gɛ²¹ khu²¹mja³³ ȵi⁵⁵bo²¹bo²¹ a³³ za³³ ɛ⁵⁵.
3sg STPT 脸 红扑扑的 PRT 像 PRT
他的脸红扑扑的。

3. 做补语

ŋo²¹ dzo³³ bu⁵⁵ la³³.
1sg 吃 饱 AST
我吃饱了。

ʑi²¹du⁵⁵ khə²¹ fɚ⁴² phi⁴² a⁵⁵ la³³.
井水 打 干 AST PRT PRT
井水打干了。

pa³³pa³³ khɔu³³ pja⁴² phi⁴² la³³.
粑粑 打 扁 AST PRT
粑粑打扁了。

4. 做定语

i³³ tɕhi²¹nɯ³³ la⁵⁵gɚ³³ ȵi⁵⁵dɯ³³ ŋo²¹ i³³ljo⁵⁵ ȵi⁵⁵dɯ³³.
3sg 鞋子 花的 喜欢 1sg 绿的 喜欢
她喜欢花鞋子,我喜欢绿的。

ʑi²¹du²¹ naʔ⁴²naʔ⁴² ne⁵⁵ mo³³ ŋo²¹dzɿ³³ gɛ²¹ sui²¹khu⁵⁵ ŋɛ³¹³.
塘子 深深的 那个 1pl STPT 水库 是
那个深水塘是我们的水库。

phu⁵⁵tsɿ²¹ ne⁵⁵ mo³³ xu⁴² phjo²¹ ȵi²¹ u³¹³ za⁴².
铺子 那 个 里 衣服 红 卖 PRT

那个铺子里卖着红色的衣服。

5. 做宾语

mjo³¹³ pa³³ mɯ³¹³ wua³³ dɛ³³ nu³³ li³¹³ ɕi³³ mɯ⁴² wua³³ mo³³ nu³³ ljo³¹³ ɕi³³ mɯ⁴².
活计 若 做 1sg 爹 TOP 重 那 做 1sg 妈 TOP 轻 那 做

爹爹做重活,妈妈做轻的。

pa³³pa³³ pa³³ dzo³³ ŋo²¹ fu²¹nu³³nu³³ ɕi³³ ɕi²¹xua⁵⁵ ɛ³³.
粑粑 若 吃 1sg 软糯糯 那 喜欢 PRT

吃粑粑我喜欢软的。

6. 做状语

ŋo²¹ ne²¹ ɣə³¹³ sɯ³³ ɣə³¹³ nə³³ ɣa⁵⁵la³³.
1sg 弟 越 走 越 近 PRT

弟弟越走越近。

i³³ nu³¹³mo²¹ ɣə³¹³ dzu²¹ ɣə³¹³ tɕho³³.
3sg 妹 越 来 越 漂亮

他妹妹越来越漂亮。

tɕhi⁵⁵khu³³ gɛ²¹ lu⁴²mɯ³³ a²¹ȵi⁵⁵khu³³ mja³³ ma²¹ bo³³ tɕho³³ tɕa⁴².
今年 STPT 庄稼 去年 一样 不 止 好 会

今年的庄稼会比去年的更好。

七 副词

副词有程度、时间、范围、次序等类别。程度副词有 ma²¹ bo³³ "不止"、xa²¹mja⁴² "非常、多少"、tɕa⁴²pa⁴² "很"、te²¹dze³³mo²¹ "很多"、go⁵⁵ʑi³³ "太"、ta⁵⁵phu²¹tɕhi⁵⁵ "大约"、xa²¹nɛ³³nɛ³³ "好好地" 等。时间副词有 ma²¹sa⁵⁵、tshuɛ⁴² "立刻"、bɛ²¹tɕha⁵⁵ "常常"、khɛ³³thə²¹、tshe³³tshe³³ "开头"、ma⁵⁵ "整整"、dzo⁵⁵ "一……就……" 等。范围副词有 tɕa⁴² "一起" 等。次序副词有 ɣə³³ "先、首先"、nu³³ʐo⁵⁵ "其次"、tsi⁵⁵ "再次" 等。

1. 程度副词

(1) 修饰形容词,表示性质状态程度;修饰动词,表示动作行为程度。常用的有 go⁵⁵ʑi³³ "太",tɕa⁴²pa⁴²、xa³¹³mja⁴² "很、非常、极",po⁴² "全" 等。例如:

nə²¹gɛ²¹ ɕi⁵⁵tɕi³³ go⁵⁵ʑi³³ ɕi³³ la³³.
2sg STPT 头巾 过于 长 PRT

你的包头巾太长了。

i³³ guə⁴² ɕi³³ gɛ²¹ ba⁵⁵dʑi³³ tɕa⁴²pa⁴² no³³.
3sg 说 事 STPT 话 老实 好
他说的话真好。

va⁴² te³³ də²¹ xa³¹³mja⁴² tsh̩²¹.
猪 这 头 非常 胖
这头猪非常肥。

su²¹ȵi³³ te²¹dze³³ po⁴² tɕho³³ a²¹.
松子 这些 全 好 PRT
这些松子全是好的。

（2）修饰动词的有 da⁵⁵phu²¹tɕhi⁵⁵ "大谱气（大概）"、te²¹dze³³mo²¹ "很多"、xa²¹nɛ³³nɛ³³ "好好地"、ma²¹bo³³ "不止"等。例如：

o²¹ da⁵⁵phu²¹tɕhi⁵⁵ ne⁵⁵ xo²¹ a²¹.
哦 大谱气 TOP 合 PRT
啊，大概是对的。

ŋo²¹ dʑi³³phe³¹³ te²¹dze³³mo²¹ dzu²¹.
1sg 钱 很多 有
我有很多钱。

ŋo²¹dzŋ³³ xa²¹nɛ³³nɛ³³ su⁵⁵tsu³³pho³¹³ gɛ²¹ ba⁵⁵dəi³³ no³³ȵi³³.
1pl 好好地 老师 STPT 话 听
我们要好好地听老师的话。

nə⁲¹gɛ²¹ dʑi³³phe³¹³ ŋo²¹gɛ²¹ mja⁴² ma²¹bo³³ dzu²¹ ya²¹.
2sg STPT 钱 1sg STPT 一样 不 止 有 PRT
你的钱比我多。

tɕhi³³khu²¹ a²¹ȵi³³khu²¹ mja⁴² ma²¹bo³³ xu⁵⁵ a²¹.
今年 去年 一样 不 止 热 PRT
今年比去年热。

2. 时间副词

有 ma²¹sa⁵⁵、tshuɛ⁴² "立刻"、bɛ²¹tɕha⁵⁵ "常常"、ma⁵⁵ "整整"、tɕo⁵⁵ "一……就……"等。例如：

i³³ za³³mo²¹ la³³ bɛ²¹tɕha⁵⁵ dʑi³¹³so³³.
3sg 母亲 PTPT 常常 想念
他常常想念母亲。

ŋo²¹ ɣu³³ȵi⁴² na³¹³ te²¹ ȵi⁴² ma⁵⁵ te²¹ ȵi⁴² so³³gua⁴² la³³.
1sg 今天　2sg 一 天 整整 一 天 找　　　AST
我今天找了你整整一天。

i³³ ŋo²¹dʐʅ³³ la³³　mo²¹ tɕo⁵⁵ tshe⁵⁵du³³ phi⁴² la²¹.
3sg 1pl　　PTPT 见 就 跑 　　掉 AST
他一看见我们就跑掉了。

3. 范围副词

常见的有 tɕa⁴² "一起"、də³³də³³ "独自地"、də³³ "都" 等。例如：

te³³dze³³ ne³³dze³³ la³³　ve²¹ tɕa⁴² dzɛ³³.
这些　　那些　　 PTPT 拿　一起 着
这些和那些并在一起。

a²¹mu³³tɕhi³³ i³³　də³³də³³ te³³na³³ tshŋ⁵⁵ a⁵⁵　fu²¹ dze³³ lɛ⁵⁵.
昨晚　　　3sg 独自　这里　 在　PRT 等 着 PRT
昨晚他一人在这里等着。

sui²¹ khu²¹ khu²¹ ku²¹ də³³ gɯ³³ʑi²¹ ʑa⁵⁵.
每 年 　年 　过 都 回去 PRT
每年过年都回家。

4. 次序副词

有 ɣə³³dzə⁴² "首先"、nu³³ʐo⁵⁵ "然后"、tsi⁵⁵ "再"，表示动作的先后顺序。例如：

ɣə³³dzə⁴² dzə⁴² tshŋ³³ nu³³ʐo⁵⁵ khu²¹mja³³ tshŋ³³ tsi⁵⁵nu³³ mi⁵⁵tsa⁴² dzo³³ ʑi²¹.
先　　　 牙　洗　然后　　 脸　　　洗　再 TOP 米线　 吃 去
先刷牙，后洗脸，再去吃米线。

ɣə³³dzə²¹ gɯ⁵⁵ ko³³ tsho²¹ ga⁵⁵ŋa⁵⁵ ɣə³³dzə²¹ gɯ⁵⁵ dza⁵⁵la⁵⁵do²¹ tshe⁵⁵ ga⁵⁵?
先　 TOP 歌 唱 PRT　　 先　　 TOP 舞　 　跳 PRT
先唱歌呢，还是先跳舞？

八　助词

助词附着于词、短语后，体现动词的体、态、式等语法范畴，具有区分名词、代词格等语法关系或意义的功能，是表现语法意义的重要手段。按其语法功能，可分成结构助词、语气助词、时体助词和话题助词等。结构助词有领属关系 gɛ²¹、施事关系 gɯ⁵⁵、受事关系 la³³、工具关系 gɯ⁵⁵、补充关系 ɣa³³ 和 ɣɛ⁵⁵ 等。语气助词有零助词，显性助词 ɛ⁵⁵、ŋɛ³¹³、pa³³、ɣa²¹，特殊疑问语气 a⁵⁵，一般疑问语气 la³³、lo³³，选择疑问语气 ga⁵⁵、ŋɛ²¹、 a⁵⁵，祈使语气 to³³、lɛ²¹、go²¹ 等。时体助词有完成体 lɛ⁵⁵、la³³、phi⁴² la³³、lɛ²¹ la³³、lo³³，未完成体 sɛ³³、ɣa⁵⁵sɛ³³，将行体 ɣa⁵⁵la³³，存在体 za⁵⁵、la³³，持续体 tsi⁴²、po⁴²，进行体 ɣa⁵⁵la³³，保留体 dzɛ³³，变化体 phi⁴² la³³，曾行体 ku⁴²，尝试体 thə⁵⁵ 等。话题助词常用 ne⁵⁵、nu³³、gɯ⁵⁵。

1. 结构助词

有领属、施事或受事、工具、补充等。

（1）领属

gɛ²¹ 是领属关系助词，常用于名词或代词后，表示领属关系。例如：

ŋo²¹ ko³³ko³³ gɛ²¹ sɿ³³pɯ ve²¹ lɛ⁵⁵.
1sg 哥哥　　STPT 书　　拿　PRT

我拿了哥哥的书。

i³³ gɛ²¹ no²¹ kho³¹³ kho³¹³ la³³?
3sg STPT 病　好　　好　　PRT

他的病好了吗？

tɕhi⁵⁵khu⁴² gɛ²¹ ʑi⁵⁵mə³¹³ a²¹ȵi⁵⁵khu²¹ mja⁴² ma²¹ bo³³ tɕho³³ tɕho³³?
今年　　　 STPT 谷子　　 去年　　　 样　 不 止　好　 好

今年的谷子比去年的好吗？

（2）施事和受事

gɯ⁵⁵ 是施事助词，表示动作的发出者；la³³ 是受事助词，表示动作的承受者。分别置于相关名词或代词后。例如：

i³³dzɿ³³gɯ⁵⁵ ŋo²¹dzɿ³³ la³³ dzo⁴² te²¹ lo³³ gɯ³¹³ lɛ³³.
3pl　　AGT 1pl　　 PTPT 花椒 一 箩　给　　PRT

他们给我们一箩花椒。

sɿ³³gə²¹də²¹lə²¹ i³³ gɯ⁵⁵ dzo³³ phi⁴² la³³.
桃子　　　　 3sg AGT 吃　AST PRT

桃子被他吃了。

i³³ tshə²¹ dzo³³ phi⁴² la³³.
3sg 饭　 吃　掉　 AST

他吃过饭了。

（3）工具

gɯ⁵⁵ 用于工具名词后，表示用什么工具完成某个动作。例如：

nɚ²¹ se²¹tʂʅ⁵⁵ guɯ⁵⁵ ɕi⁵⁵ dzi⁵⁵ lɛ²¹.
2sg 斧头　　INST 柴 砍　PRT
你用斧子砍柴吧。

a⁵⁵zi³³ li³³to³³ guɯ⁵⁵ zɿ³³bɛ³³ tʂʰɚ³¹³.
叔叔　 镰刀　 INST 草　 割
叔叔用镰刀割草。

i³³ tʰa²¹ʑi³³ guɯ⁵⁵ tsi³³tsʅ³³ sʅ⁵⁵.
3sg 纸　　 INST 桌子　 擦
他用纸擦桌子。

（4）补充

ɣa³³、ɣɛ⁵⁵用在动词后，来补充说明动作。例如：

tsʰo²¹ nɛ³³ tɛ⁵⁵ lu⁴²mo³³ xa³¹³ tɚ³³ ɣɛ⁵⁵ la³³ ma²¹ sʅ³¹³.
人　 那 个 庄稼　　 怎样 种 STPT PRT 不 知道
那人不懂得怎样种庄稼。

nɚ²¹ kʰu⁴² ɣa³³ xa³¹³ʑa⁵⁵?
2sg 过　 STPT 怎么样
你过得怎么样？

xɯ²¹ gu⁴² ɣa³³ xa³³ʑa⁵⁵ la³³?
房子 做　 STPT 怎么样　 PRT
房子盖得怎么样了？

2. 语气助词

有陈述、疑问、祈使等语气标记。其中，陈述语气的助词最多，通常与助词和动词的体、态相连。

（1）陈述语气助词

有零助词、ɛ⁵⁵、ŋɛ³¹³、pa³³等。零助词也称隐性助词，表示固执语气；ɛ⁵⁵表明观点、立场；ŋɛ³¹³是ŋ²¹和ɛ³³的合音，表示肯定判断；pa³³表示一种假设；ɣa²¹表示对客观事物的描述。例如：

ŋo²¹ i³³ɲi²¹ ma²¹ mo³³ i³³pʰi²¹ mo³³ ɛ⁵⁵.
1sg 红的 不　 要　 白的　 要 PRT
我不要红的，要白的。

mjo³¹³zo³³ nɛ³³ dze³³ nɛ⁵⁵ a³³po³³ gɛ²¹ ŋɛ³¹³.
工具　　 那些　 TOP 阿爷 STPT PRT

那些工具是阿爷的。

a²¹gu²¹ta⁴²mɯ³³ pa³³ li³¹³ tɕo⁵⁵ xo³¹³ la³³.
明天　　　天　PRT 晴　就　好　AST
明天天晴就好了。

ŋo²¹dzɿ³³ gɛ²¹ ȵi³³ te²¹ɣɚ²¹mo²¹ dzu²¹ ya²¹.
1pl　　　STPT 牛　一大群　　　有　PRT
我们有很多牛。

（2）疑问语气助词

在陈述句句末加助词 a⁵⁵ 表达特殊疑问句语气。例如：

nɚ²¹ a⁵⁵tsɿ⁵⁵ dɛ²¹ a⁵⁵?
2sg 什么　说　PRT
你说什么？

nɚ²¹ me³¹³ xa⁵⁵ ɯ³³ a⁵⁵?
2sg 名字 怎么 叫 PRT
你叫什么名字？

nɚ²¹ a⁵⁵tsɿ⁵⁵ ve²¹ a⁵⁵?
2sg 什么　买　PRT
你买什么？

在动词后加 la³³、lo³³ 表达一般疑问语气。例如：

i³³ gɛ²¹ no²¹ kho³¹³ kho³¹³ la³³?
3sg STPT 病　好　　好　　PRT
他的病好了吗？

i³³dzɿ³³ gɛ²¹ sɿ³¹³mo²¹ lu³³ lu³³ la³³?
3pl　　　STPT 种子　　　够　够　PRT
他们的种子够了吗？

i³³ ne²¹ xɯ³¹³ tshɿ⁵⁵ tshɿ⁵⁵ lo³³ sɛ³³?
3pl 弟　家　　在　　在　　PRT 还
他弟弟还在家吗？

用 ga⁵⁵、ŋa²¹、a⁵⁵ 或 ga⁵⁵ŋa⁵⁵... ga⁵⁵、ŋa²¹ ŋa⁵⁵... ŋɛ²¹、a⁵⁵ŋa⁵⁵... a⁵⁵ 等固定结构构成选择疑问。例如：

a³³ɣɯ³³ gu⁵⁵ ʑi²¹ ga⁵⁵ŋa⁵⁵ a²¹gu²¹mu²¹ gu⁵⁵ ʑi²¹ ga⁵⁵?
舅舅　　　AGT 去 PRT　　舅妈　　　　AGT 去 PRT

是舅舅去还是舅妈去？
nɚ²¹ ɕi⁵⁵ dzi⁵⁵ ʑi²¹ ga⁵⁵ŋa⁵⁵ n̠i³³lu²¹ ʑi²¹ ga⁵⁵?
2sg 柴　砍　去　PRT　牛　放　去　PRT
你去砍柴还是去放牛？
te³³dze⁴² ne⁵⁵ kɯ³³ ŋɛ²¹ŋa⁵⁵ so³³ ŋɛ²¹?
这些　　PRT 韭菜 PRT　小麦 PRT
这些是韭菜还是小麦？

（3）祈使语气

常用 lɛ²¹、to³³、go²¹ 置于句末，表示命令或客气地要求别人做某事。例如：

ŋo²¹dʐɿ³³ la³³ de³¹³gɯ³³ lɛ²¹!
1pl 　　PTPT 告诉　　 IMP
告诉我们吧！

na³³ dɛ³³ gɯ⁵⁵ gɯ³³ ʑi²¹ to³³!
2sg 爹　给　回　去　IMP
让你爹回去吧！

ta⁴² n̠i⁵⁵ʑi²¹phi⁴² to³³ go²¹!
别 忘记　掉 　IMP IMP
别再忘记了！

3. 时体助词

撒都语中常见的时体助词有完成、未完成、将行、存在、持续、进行、保留、变化、曾行、尝试等类别。

（1）完成体

常有 lɛ⁵⁵、la³³、lɛ²¹ la³³、phi⁴² la³³、lo³³ 等。例如：

n̠i³³ n̠i³³lo²¹ xɯ²¹ kɯ³³ dzɛ³³ lɛ⁵⁵.
牛　牛圈里　关　着　AST
牛关在牛圈里。

i³³ gɯ⁵⁵ phjo²¹lo³¹³ gu²¹ thɚ²¹ phi⁴²la³³.
3sg AGT 衣　　　裤　弄　破　AST
他把衣服裤子弄破了。

nɚ²¹ ko³³ko³³ n̠i³³ te²¹ tɕi³³ vɚ²¹ gɯ³³ lɛ²¹ la³³.
2sg 哥哥　　牛　一　头　买　回　AST AST
你哥哥买回来了一头牛。

dzo³³ tho⁵⁵ dzo³³ la³³ ȵe⁵⁵ ma²¹ dzo³³ bu³³ lo³³.
吃　倒是吃　AST 但 没　吃　饱　AST
饭是吃了但没吃饱。

（2）未完成体

常见的有 sɛ³³、ɣa⁵⁵sɛ³³。sɛ³³ 表示动作尚未开始，会不会发生跟 sɛ³³ 没关系；ɣa⁵⁵sɛ³³ 表示该动作肯定会发生，只是说话时尚未开始。例如：

ŋo²¹ ma²¹ dzo³³ ɣa⁵⁵sɛ³³.
1sg 不　吃　AST
我还没有吃。

wua³³ mo³³ xɛ⁵⁵ va⁴² tshu²¹ ma²¹ tso³³ sɛ³³.
1sg 妈　还　猪　食　不　喂　AST
我妈妈还没喂猪。

wua³³ mo³³ xɛ⁵⁵ va⁴² tshu²¹ ma²¹ tso³³ ɣa⁵⁵sɛ³³.
1sg 妈　还　猪　食　不　喂　AST
我妈妈还没喂猪。

（3）将行体

常用 ɣa⁵⁵la³³ "将要"，表示某动作即将发生，有时省略，用动词 ȵi³³dʑi²¹ "想"。例如：

i³³ tɕhi⁵⁵mo²¹ gɯ³³ ȵi³³dʑi³¹³ ɣa⁵⁵la³³.
3sg 媳妇　娶　想　　　AST
他快娶媳妇了。

a²¹gɯ²¹ta⁴² ŋo²¹ ɕi⁵⁵ dzi⁵⁵ zi²¹ ȵi³³dʑi²¹ ɛ³³.
明天　　1sg 柴　砍　去　想　　　PRT
明天我想去砍柴。

i³³dʐɿ³³ pha⁴²ȵi⁴² la³¹³tsɿ²¹ kha⁴²zi²¹ ȵi³³dʑi²¹ ɛ³³.
3pl 后天　　　　辣椒　　想　　　PRT
他们后天要摘辣椒。

（4）存在体

无明显的体助词，主要靠句子意思体现动作的状态。语气助词 la³³ 和 lɛ⁵⁵ 与句子结合后，表示动作行为的存在或完成。例如：

ŋo²¹ ɣɯ³³ȵi⁴² na³¹³ te²¹ ȵi⁴² ma⁵⁵ te²¹ ȵi⁴² so³³gua⁴² la³³.
1sg 今天　　2sg 一 天 整整 一 天　找　　　PRT
我今天找了你一整天。

i³³ ŋo²¹dzɿ³³ la³³ sɿ³¹³ xe²¹ n̥i⁴² dzo²¹ la³³.
3sg 1pl　PTPT七　八　天　帮助　PRT
他帮我们七八天了。

i³³ ɕi⁵⁵tɕi³³ na⁵⁵ də⁴² lɛ³³.
3sg 包头　黑　戴　PRT
他戴黑包头呢。

ŋo²¹ tɕhi⁵⁵mo²¹ be²¹n̥i⁴² va⁴² zɿ³³ tshə³¹³ zi²¹ la³³.
1sg 媳妇　天天　猪草　割　去 PRT
我媳妇天天去割猪草。

（5）持续体

常用 tsi⁴² "一直"、po⁴² "整"，表示动作行为在持续。例如：

ɑ³³mo³³ tsi⁴² xɯ³¹³ tsɿ⁵⁵ ya⁵⁵ na³¹³ a³³ fu²¹ lɛ³³.
妈妈　一直　家　在　LNK 2sg PTPT 等　PRT
妈妈一直在家等你。

lo²¹go²¹ tsi⁴² ma²¹ phu⁴².
门　一直　不　开
门一直没开。

ɣa³¹³ta⁴² ŋo²¹ te²¹na³¹³ta⁴² po⁴² mjo³¹³ mu²¹ lɛ⁵⁵.
今早　1sg 一早　整　活计　做　PRT
今天早上我一直在做活计。

i³³dzɿ³³ te²¹khu⁴² po⁴² na⁵⁵bɯ⁵⁵ tshɿ⁵⁵ ya³³ sɛ³³zi⁵⁵ mu⁴² ɛ³³.
3pl 一年　整　外面　在　LNK 生意　做　PRT
他们一年都在外面做生意。

（6）进行体

常用 ya⁵⁵la³³ "正在"，表示动作正在进行，也借用汉语 tsɛn⁵⁵tsɛn⁵⁵ "正在"。例如：

mɯ³³ tɕhi²¹ ya⁵⁵la³³.
天　晚　正在
天渐渐黑了。

i³³ ŋɯ²¹ ya⁵⁵la³³.
3sg 哭　正在
他在哭。

wua³³ ne³³ tsɛn⁵⁵tsɛn⁵⁵ u³¹³tsa⁴² tshη²¹ ɛ⁵⁵.

1sg　奶　正在　　　菜　　洗　　PRT

我奶奶正在洗菜。

wua³³ po³³ tsɛn⁵⁵tsɛn⁵⁵ zi³³ du²¹ ɛ⁵⁵.

1sg　爷　正在　　　烟　吸　PRT

我爷爷在吸烟。

（7）保留体

常用 dzɛ³³，表示动作结果或状态的保留。例如：

ȵi³³ ȵi³³loʉ²¹ xɯ²¹ kɯ³³ dzɛ³³ lɛ⁵⁵.

牛　牛圈　里　关　着　PRT

牛关在牛圈里。

thi³³ te²¹ phɯ²¹ te²¹ phɯ²¹ a³³　phɯ²¹ dzɛ³¹³.

肥料　一堆　一堆　STPT　堆　着

肥料一堆一堆地堆着。

ɕi⁵⁵ te²¹ phɯ²¹ te²¹ phɯ²¹ a³³　phɯ²¹ dzɛ³¹³.

柴　一垛　一垛　STPT　堆　着

柴一垛一垛地堆着。

（8）变化体

通常用实义动词或形容词加体助词 phi⁴² la³³ 体现。例如：

tshe²¹ kɯ³³ ȵi³³ gɯ⁵⁵ dzo³³ phi⁴² la³³.

谷子　棵　牛　AGT　吃　AST　AST

谷子被牛吃了。

ŋo²¹ zi²¹　ɛ⁵⁵　ne³³xɚ³³ nɚ²¹dzɿ³³ te²¹ɣɚ²¹po⁴² kɯ³³sɿ²¹ phi⁴² la³³.

1sg 去　STPT 那时　　2pl　全部都　　睡着　　AST AST

我去时你们都睡着了。

nɚ²¹ gɛ²¹　mɚ⁵⁵tu³³ zo⁵⁵ sɿ²¹ phi⁴² la³³.

2sg STPT 火　　又　熄　AST AST

你的火又熄了。

（9）曾行体

常用体助词 ku⁴² "过"，有时加语气助词 la³³ 强调动作不仅发生，且已经完成。例如：

nɚ²¹ khu²¹tha⁴² tɕhi²¹ tɕhi²¹ ku⁴²?

2sg　昆明　　　到　到　过

你到过昆明吗？

ŋo²¹ ẓa³³ dɛ³³ la³³　mo²¹ ku⁴² la³³.
1sg 3sg 爹　PTPT 见　过　AST

我见过他爹。

i³³　ȵi²¹ sə³³ po²¹ guɚ⁴² ku⁴² la³³.
3sg 两　三　次　说　过　AST

他说过两三次了。

（10）尝试体

在动词前加助词 thɚ⁵⁵ "一下"，动词后带 ȵi³³ 表示尝试。例如：

nə²¹ u³¹³ te³³ ɕo²¹ thɚ⁵⁵ tsha²¹ ȵi³³ ne⁵⁵ dzo³³ mi⁴² ya⁵⁵ŋa⁵⁵ dzo³³ ma²¹ mi⁴².
2sg 菜　这　种　一下 尝　试试　吃　好　QUES 吃　不　好

你尝尝这种菜好吃不好吃。

i³³　gɯ⁵⁵ tho⁵⁵la⁵⁵tɕi⁵⁵ te³³ tɕa⁵ thɚ⁵⁵ sɿ⁵⁵ȵi³³ to³³.
3sg AGT 拖拉机　　这　台　一下 试试　IMP

让他试试这台拖拉机。

nə²¹ phjo²¹ te³³ tso³³ thɚ⁵⁵ ve⁴² ȵi³³.
2sg 衣服　这　件　一下 穿　试

你试试这件衣服。

4. 话题助词

常用 ne⁵⁵、nu³³ 或 gɯ⁵⁵。ne⁵⁵ 用于双方的直接对话中，nu³³ 用于间接转述中，表示强调、对比、假设、衔接等。例如：

i³³　ne⁵⁵ phi²¹ȵi³³ pho³¹³ ŋɛ³¹³.
3sg TOP 汉族　　男人　是

他是汉族。

tsho²¹ nu³³ ɣə³³ tɕa⁴² ɣə³³ dzu³³ dzɛ³³ nu³³ ɣə³³ tɕa⁴² ɣə³³ dzɚ³³.
人　　TOP 越　挨　越　生　　牲口 TOP 越　挨　越　熟

人越相处越陌生，牲口越相处越熟。

bɯ²¹ ʔum³³ nu³³ ʑi²¹dẓa⁵⁵ kə³¹³, tɕhi⁵⁵ ʔum³³ nu³³　tshɛ⁴²pə⁴² kə³¹³.
山　高　TOP 水　　　隔　　 气　高　TOP 财　　隔

山高隔水，气高隔财。

dʐʅ²¹ dzu²¹ nu³³ dʐʅ²¹ du²¹, tshɯ²¹ dzu²¹ nu³³ tshɯ²¹ dzo³³.
酒　有　TOP 酒　喝　　饭　有　TOP 饭　吃

有酒喝酒，有饭吃饭。

九 连词

连词有表示联合关系和偏正关系。联合关系中表示并列的连词有 ɛ^{55} "和"、gə^{33} "也"、ʐo^{55}... ʐo^{55}... "又……又……"、te^{21} bi^{33}... dzɛ^{313}、te^{21} bi^{33}... dzɛ^{313} "一边……一边……"。表示承接的有thə^{55}... gɛ^{21}a^{33}... ʐo^{55} "先……之后……才"、ʐo^{55}... "又……"。递进的有 ma^{21} bo^{33}... xɛ^{55}... "不仅……而且……"、gə^{33}... gə^{33}... "也……也……"、gə^{33} "不仅……而且……"、ɣə^{313}... ɣə^{313}... "越……越……"。表示选择的有 ga^{55}ŋa^{55}... ga^{55}、ŋɛ^{21}ŋa^{55}... ŋɛ^{21}、a^{55}ŋa^{55}... a^{55} "还是、或是"、gə^{33} do^{21}... gə^{33} do^{21} "或者……或者……、要么……要么……",常用 gɛ^{55}、ʐo^{55}、thə^{55}... gɛ^{21}a^{33}... ʐo^{55}、ma^{21}bo^{33}... xɛ^{55}、ga^{55}ŋa^{55}... ga^{55} 等连接。表示偏正关系,假设和条件的有 pa^{33}... nu^{33} "如果……的话"、pa^{33}... nu^{33}... tɕo^{55} "如果……的话……就"、pa^{33}... tɕo^{55} "如果……就……"、pa^{33}... tɕo^{55}、thɛ^{55} pa^{33}... tɕo^{55} "只要(一旦)……就"、ma^{21}... pa^{33}ki^{55} "如果不……的话、除非……才"、də^{21} bu^{55}、də^{21}... pa^{33} "万一"、a^{33}də^{33}də^{33} "……才……"、nu^{33} "……的话……"。表示转折的有 nə^{21}dzʅ^{55}... gə^{33}、nə^{21}dzʅ^{55}... pa^{33}... gə^{33} "虽然……但是……"、gə^{33} "……也 不、虽然……但是"、də^{33} "……都…… 不"、... ʐo^{55}...、tho^{55}... ne^{55} "……但是"、ne^{55}... ne^{55} "虽然……但是……"。表示因果的有 a^{33}guɯ^{55}、la^{33}ne^{55} "因为……所以、由于……"。表示目的的有 a^{55}guɯ^{55}、we^{55}a^{55}guɯ^{55} "为了……原因"。表示比较的有 mja^{42} ma^{21} bo^{33} "比……更大"、te^{21}tu^{55}ŋuɯ^{55}ŋuɯ^{21}a^{33} "和……一样",常用 pa^{33}... nu^{33}、pa^{33}... nu^{33}... tɕo^{55}、pa^{33}... tɕo^{55}、thɛ^{55} pa^{33}... tɕo^{55}、a^{33}guɯ^{55}、we^{55} a^{55}guɯ^{55} 等词连接。

1. 并列连词。例如:

tse^{33}tsʅ^{33} gɛ^{55} pa^{21}tɛn^{55}.

桌子　和　凳子

桌子和凳子。

i^{33} xɯ^{313} tshʅ^{55} ʐo^{55} ma^{33}ma^{33} du^{55} ʐo^{55} pa^{55}ɕi^{33} tshʅ^{33}.

3sg 家　在　又　饭　　煮 又 碗　洗

他在家又煮饭又洗碗。

2. 承接连词。例如:

i^{33}　thə^{55} guə^{42} kua^{33} gɛ^{21}a^{33} tɕo^{55} gu^{33} zi^{21} phi^{42} la^{33}.

3sg 先　说　　完　后　　就　回　去 AST AST

说完后他就回去了。

i^{33}　ŋo^{21}dzʅ^{33} la^{33} thɛ^{55} mo^{21} tɕo^{55} tshe^{55}du^{33} phi^{42} la^{33}.

3sg 1pl　　PRT 一　见　就　跑　　　AST AST

他一看见我们就跑了。

3. 递进连词。例如：

i³³ sɿ²¹ ŋə²¹ ma²¹ no³³ɲi³³ ma²¹bo³³ xɛ⁵⁵ za³³ mo³³ tɕa⁴² dzɿ²¹dzɿ²¹ xə⁵⁵.
3sg 谁 话 不 听　　不仅　 还 3sg 妈 跟　架　　吵
他不仅不听，而且还和他妈吵架。

i³³ sa⁵⁵du⁴²ŋə²¹ tɕhə³³ gə³³ na⁵⁵sɿ³³ŋə²¹ tɕhə³³.
3sg 撒都话　　懂　也 彝话　　 懂
他不仅懂撒都话，而且也懂彝话。

4. 选择连词。例如：

su³¹³mo²¹ te³³ khui²¹ ŋo²¹ tshu²¹ zi²¹ ga⁵⁵ŋa⁵⁵ nə²¹ tshu²¹ zi²¹ ga⁵⁵?
蜂　　 这窝　1sg 烧　去 还是　 2sg 烧　去 PRT
这窝蜂我去烧还是你去烧？

ŋo²¹ mi⁴²se⁴² ne⁵⁵do²¹ də³³ za³³ ma²¹ tɕhu³³ zi²¹.
1sg 饿 死　 也 得 都 3sg 不　求　 去
我宁可饿死也不去求他帮助。

5. 假设连词。例如：

mo³³xo²¹ tsi⁵⁵ ma²¹ lɛ²¹ pa³³ki⁵⁵zi⁵⁵mə³¹³ tɕo⁵⁵ fə⁴² se⁴² ga⁵⁵.
雨　　 再　 不　下 TOP 玉米　　 就　干 死 AST
如果再不下雨，玉米就要干死了。

i³³ pa³³ dzu̥³¹³ nu³³ wua³¹³ gɯ³¹³ tɕa⁴².
3sg 若　有　 TOP 1sg 给　 会
他有的话，会给我的。

6. 转折连词。例如：

ɣə³³ tho⁵⁵ ɣə³³ ɣa²¹ ne⁵⁵ dzo³³ ma²¹ mi²¹.
大 倒是 大　PRT 但 吃　 不 好
大倒是大了，但不好吃。

mo³³xo²¹ ne⁵⁵ ɣə³³ ɣə³³ lɛ²¹ la³³ ne⁵⁵ tə³³mi³³ xɯ⁴² zi²¹tɕa⁵⁵ ma²¹ ɲi²¹ se³³.
雨　　 倒　 大 大 来 PRT 但 水田 里 水　 没　 有 PRT
雨虽然下的大，但水田里没水。

7. 因果连词，例如：

dʑi³³ phe³¹³ ma²¹ dzu²¹ a³³gɯ⁵⁵ɲi³³ və²¹ ɣo³³ ma²¹ tɕi⁴².
钱　　　 没　有　因为　　 牛 买　 不 能
因为没钱买不起牛。

ŋo²¹ gɯ⁵⁵ mɯ²¹ tsho⁵⁵ phi⁴² a³³gɯ³³ wua³³ de³³ wua³¹³ xə⁵⁵ ɣɛ⁵⁵.
1sg AGT 做　错　AST 因为　1sg 爹　1sg 骂 PRT
因为我做了错事，所以爹爹骂我。

8. 目的连词。例如：

a⁵⁵kɯ⁵⁵ la³³　wei⁵⁵ a⁵⁵gɯ⁵⁵ ŋo²¹ be²¹ȵi⁴² mjo⁵⁵ mu²¹ ɣɛ³³.
孩子　TOP 为了　　1sg 每天　活　干　PRT
为了孩子我天天干活。

i³³　lo²¹mɯ³³ la³³　wei⁵⁵ a⁵⁵gɯ⁵⁵ phjo²¹ ɕi⁴²mo²¹ ve⁴² la³³.
3sg 暖和　TOP 为了　　衣服　长　穿　PRT
为了暖和，他穿长衣服。

十　叹词

按表达情感的不同，叹词可分为惊喜赞叹、意外惊叹、痛楚哀叹、遗憾后悔、鄙视厌恶、警告惊恐等类别。

1. 惊喜赞叹。用 o⁴²、a⁴² 表示惊喜和赞叹语气，通常置于句子开头，与 la⁴² 连用加强语气。例如：

o⁴² te³³na³³ tɕa⁴²pa⁴² lɛ³³go²¹so²¹!
喔　这儿　很　　舒服
喔，这儿很舒服呀！

o⁴² ɣa⁵⁵mo²¹ te²¹ mo³³ mi²¹ gɛ²¹ tɕa⁴²pa⁴² no³³ȵi³³ no³³!
喔 鸟　　这只　叫　得　很　　听　　好
喔，这只鸟叫得很好听！

a⁴² nə²¹ lɛ²¹ ɣa³³ no³³ la⁴²!
啊 2sg 来得　好　PRT
啊，你来得正好！

2. 意外惊叹。常用 o²¹、o⁴²、o⁴²ʐo⁴²、o⁴²... tho⁴²、lo⁵⁵... ɣa⁵⁵la³³、tho²¹ 等。例如：

o²¹ a⁵⁵kja⁵⁵gɯ⁵⁵ mo³³xo²¹ lɛ²¹ a⁵⁵la³³ ma⁴²!
哦 怎么　　雨　　来 要　PRT
哦，怎么下雨了！

o⁴²ʐo⁴² khui³³ te³³ mo²¹ nə³³ ɣa³³la³³!
啊　狗　这条　小　PRT
啊，这条狗这么小啊！

o⁴² a²¹sɿ⁵⁵ gɯ⁵⁵ ŋo²¹ gɛ²¹ ʐɿ³³ko³³ mo³³ ve²¹ ki⁵⁵ ʑi²¹ phi⁴² lo³³!
哎呦 谁 AGT 1sg STPT 烟筒 个 拿 着 走 AST PRT
哎哟，谁拿了我的烟筒！

lo⁵⁵ mɯ³³li³³mo²¹ du⁵⁵lɛ²¹ ɣa⁵⁵la³³!
哦 太阳 出来 PRT
哦，太阳出来了！

3. 痛苦哀叹。常用 a⁴²ʐo⁵⁵... ɣa⁵⁵la³³、a⁴²ʐo⁵⁵... la³³、o⁵⁵ʐo⁴²... la³³xɛ⁵⁵、o⁵⁵ʐo⁴²... ɣa⁵⁵la³³、o⁵⁵ʐo⁴²... la³³、a⁵⁵ʑa⁴²... la⁵⁵、a⁵⁵ʑa⁴²... la³³xɛ⁵⁵、o⁵⁵tɕo⁴²tɕo⁴²... la³³、ə⁵⁵ ə⁴² 等。如：

a⁴²ʐo⁵⁵lu⁵⁵dʑa⁵⁵ gɯ⁵⁵ kua⁵⁵ tshɿ⁵⁵ la³³!
哎哟 石头 AGT 砸 着 PRT
哎哟，石头砸着了！

a⁴²ʑa⁵⁵ ŋo²¹ gɛ²¹ tɕi²¹pha⁵⁵ n̻o⁴²sa³³ la³³!
哎呀 1sg STPT 腿 弄痛 PRT
哎呀，我的腿扭伤了！

o⁵⁵ʐo⁴² dzu⁵⁵phu²¹ ve²¹ n̻i⁵⁵ʑi²¹ phi⁴² la³³xɛ⁵⁵!
哎哟 钥匙 拿 忘记 掉 PRT
哎哟，钥匙忘带了！

a⁵⁵ʑa⁴² va⁴²mo²¹ gu³³ mo³³ tshe⁵⁵ tu³³ phi⁴² la⁵⁵!
啊 老母猪 这个 跑 起 掉 AST
啊，老母猪跑掉了！

o⁵⁵tɕo⁴²tɕo⁴² ki⁵⁵ʑi³³ dʑa⁵⁵ la³³!
啊秋秋 过于 冷 AST
啊秋秋，太冷了！

o⁵⁵ə⁴² xa³¹³ɣa⁵⁵ ku⁴² ga⁵⁵sɛ⁴²?
呃呃 怎么 过 PRT
哎呃呃，日子怎么过啊？

4. 遗憾后悔。常用 o⁵¹、o⁵⁵ʐo⁴² 开头，句尾与 la⁴² 或 la³³xɚ³³ 连用。例如：

o⁵¹ u³¹³tsha³¹ ka⁴²tshe²¹ phi⁴² la⁴²!
唉 菜 掉下 掉 AST
唉，菜掉了！

o⁵⁵ʐo⁴² dʑi³³li³³mo²¹ dʑe⁴² tshɿ³¹³ phi⁴² la³³xɚ⁵⁵!
哎呀 花红 那些 烂 掉 PRT
哎呀，花红烂了！

5. 鄙视厌恶。常以 $o^{55}ʐo^{42}$、$ən^{42}$ 开头。例如：

$o^{55}ʐo^{42}$　$ɕɔ^{21}tɕhi^{55}$!
哦呦　　小气

哦呦，小气鬼！

$ən^{42}$ $ko^{55}ʑi^{33}$ $tshɛ^{42}$ $də^{21}$ la^{33}!
哼　过于　　说　　得　PRT

哼，又说人家坏话了！

$ən^{42}$ i^{33} $mɛ^{55}to^{33}$ phi^{42} la^{33}!
哼　3sg　爬走　　　掉　　PRT

哼，他又溜走了！

6. 警告惊恐。常用 $a^{21}me^{55}...ɣa^{55}la^{33}$、$fa^{42}dzɛ^{313}...ɣa^{55}la^{33}$、$ɛ^{55}...la^{33}$ 等。例如：

a^{21} me^{55} vi^{33} dzu^{21} $ɣɛ^{55}$!
啊嘎　　　　蛇　　有　　PRT

啊，有蛇！

$fa^{42}dzɛ^{313}$ $te^{33}na^{55}$ $mi^{21}tu^{313}$ mja^{55} te^{21} mja^{55} dzu^{21} $ɣɛ^{55}$!
小心　　　　这里　　　坑　　　　　　　　一　　个　　有　　PRT

小心，这里有一个坑！

$ɛ^{55}$　le^{42} $a^{55}la^{33}$ le^{42} $a^{55}la^{33}$!
啊　　倒　将要　倒　将要

啊，树要倒了！

第二节

短 语

根据短语中词与词的关系，可分为并列、主谓、修饰、支配、述补短语等几类。

一 并列短语

有名词、代词、动词、形容词、数量词等的并列。

（一）名词+名词

名词并列，常用连词 gɛ^{55} "和"连接，有时省略连词。例如：

tɕhi^{21}pha^{55} la^{42}pha^{55}　手脚　　　　　　mu^{33} gɛ^{55} mi^{21}　天地
脚　　手　　　　　　　　　　　　　天　和　地

pa^{55}ɕi^{33} mu^{55}dzu^{21}　碗筷　　　　　　a^{55}dzu^{33} a^{55}fɚ^{33}　左右
碗　　筷子　　　　　　　　　　　　右边　左边

bu^{21} gɛ^{55} wua^{33}　山箐　　　　　　lo^{21}go^{21} gɛ^{55} tsho^{33}mja^{55}　门窗
山　和　谷　　　　　　　　　　　　门　和　窗子

（二）代词+代词

代词并列，常用连词 gɛ^{55} "和"连接，有时可省略连词。例如：

ŋo^{21} gɛ^{55} nɚ^{21}　我和你　　　　　　ŋo^{21}dzɿ^{33} gɛ^{55} nɚ^{21}dzɿ^{33}　我们和你们
1sg 和 2sg　　　　　　　　　　　　1pl　和　2pl

e^{33} ɕo^{42} gɛ^{55} ne^{33} ɕo^{21}　这样和那样　　te^{33}dze^{42} gɛ^{55} ne^{33}dze^{42}　这些和那些
这样　和　那样　　　　　　　　　　这些　和　那些

（三）动词+动词

动词并列，常用结构助词 sɿ^{55}、ɕi^{33}，并列成分之间加连词 gɛ^{55} "和"构成，有时可省略连词。例如：

dzo³³ sʅ⁵⁵ gɛ⁵⁵ du²¹ sʅ⁵⁵ 吃喝
吃 STPT 和 喝 STPT

ljo⁵⁵ ɕi³³ tsa⁴² ɕi³³ 炒煮
炒 STPT 煮 STPT

ve⁴² sʅ⁵⁵ gɛ⁵⁵ zuɯ³³ sʅ⁵⁵ 穿用
穿 STPT 和 用 STPT

pu³³ ɕi³³ gɛ⁵⁵ pu⁴² ɕi³³ 蒸煎
蒸 STPT 和 煎 STPT

（四）形容词+形容词

有的直接用形容词+形容词结构，有的用结构助词 ɕi³³... ɕi³³ 连接，有的借用汉语方言 zo⁵⁵... zo⁵⁵... "又……又……" 结构。例如：

ɣə³³ nə³³ 大小
大 小

ɕi³³ də³³ 长短
长 短

phi²¹ na⁵⁵ 黑白
白 黑

dzu⁴² lo²¹ muɯ³³ 冷热
冷 热

phə²¹ ɕi³³ muɯ⁵⁵ ɕi³³ 粗细
粗 STPT 细 STPT

li³³ ɕi³³ ljo²¹ ɕi³³ 轻重
重 STPT 轻 STPT

zo³³ ɕa⁵⁵ zin⁵⁵ zo³³ tɕho³³ 又便宜又好
又 便宜 又 好

zo⁵⁵ so³³ zo⁵⁵ lə³³ go²¹ ɕo²¹ 又辛苦又快乐
又 辛苦 又 快乐

（五）数词+量词

两个相邻的数词连用加量词，直接构成短语。例如：

ȵi²¹ sə³³ te⁵⁵ 两三个
二 三 个

sə³³ li³³ ba⁵⁵ 三四碗
三 四 碗

li³³ ŋo³³ tɕi³³ 四五根
四 五 根

sʅ³¹³ xe⁴² mo³³ 七八只
七 八 只

二 主谓短语

主谓短语有以下三种结构，下面分别举例说明。

（一）代词+动词

ŋo²¹ ɣɯ⁵⁵zʅ²¹ 我笑
1sg 笑

i³³ ŋɯ²¹ 她哭
3sg 哭

nə²¹ və²¹ 你买
2sg 买

i³³ so³¹³ 他醒
3sg 醒

（二）名词+动词

muɯ³³li³³ muɯ⁵⁵ 风吹
风 吹

tsho²¹ dza⁴² 人拥挤
人 拥挤

mja⁵⁵bi³³ du³³　眼泪淌
眼泪　　掉

ɕi⁵⁵ dzi⁵⁵　砍柴
柴　砍

（三）名词＋形容词

pa³³te³¹³ tha⁵⁵　刀锋利
刀　　锋利

ɕi⁵⁵ phjo³³　树叶绿
树　绿

mjo³¹³ mjo³³　活计多
活计　多

ʑi²¹tɕa⁵⁵ naʔ⁴²　水深
水　　深

三　修饰短语

由修饰词＋中心词构成的修饰短语，按中心词的词性，有以下四种，分别举例说明。

（一）名词为中心词的修饰短语

1. 名词＋名词

a⁵⁵lo²¹bə⁴² kə⁵⁵　土锅盖子
土锅　　盖子

pa⁵⁵te³¹³ pu³³　刀鞘
刀　　鞘

phjo²¹ gɛ²¹ la⁴²vɚ⁴²　银戒指
银　STPT 戒指

sə³³ la⁴²dzu²¹　金手镯
金　手镯

lu⁵⁵dʐa⁵⁵ xɯ²¹　石房子
石头　　房子

zo²¹ tɕhi⁵⁵mo²¹　儿媳妇
儿子 媳妇

2. 代词＋名词

wua³³ dɛ³³　我爹
1sg 爹

wua³³ mo³³　我妈
1sg 妈

nɚ³³gɛ²¹ me³³me³³　你的孩子
2sg STPT 孩子

i³³ gɛ²¹ dzo²¹bo³¹³dzo²¹la²¹　他的邻居
3sg STPT 邻居

3. 名词＋形容词

ʑi²¹dʐa⁵⁵tu³¹³nɚ³³　小池塘
池塘　　　小

tɕhi²¹ ku³³ la⁴² kə⁵⁵　手脚残疾
脚　坏　手 坏

l³³mo²¹ tsi³³　酸果子
水果　酸

tsha⁴²lo²¹ mɯ³³mɯ³³　热茶
茶　　热

4. 名词＋数量词

ɕi⁵⁵phjo³³ ɲi²¹ phjo³³　两片树叶
树叶　　两 片

ɣa⁵⁵ xe⁴² mo³³　八只鸡
鸡　八　只

kə⁵⁵ljan⁵⁵ te²¹ kɯ³³　一棵高粱
高粱　　一 棵

mu⁵⁵dzu²¹ ɲi²¹ dzə²¹　两双筷子
筷子　　一 双

（二）动词为中心词的修饰短语

1. 名词 + 动词

na⁵⁵ bɯ⁵⁵ tshŋ⁵⁵ fu²¹　外面等
外面　在　等

kho²¹ bɯ³³ n̥a⁵⁵　里面坐
里面　坐

ɣɯ³¹³ n̥i⁴² zi²¹　今天去
今天　去

a²¹ gɯ²¹ ta⁴² lɛ²¹　明天来
明天　来

2. 副词 + 动词

tɕa⁴² pa⁴² ɕi²¹ xua⁵⁵　很喜欢
很　喜欢

tɕa⁴² pa⁴² n̥i⁵⁵ dɯ³³　很羡慕
很　羡慕

ta⁴² na⁵⁵ n̥i³³　别看
别 看

ta⁴² khɔu³³　别打
别 打

3. 数量词 + 动词

te²¹ be²¹ sɯ³³　走一步
一 步 走

te²¹ po²¹ zi²¹　去一次
一 次 去

te²¹ kɯ⁵⁵ dzŋ⁴²　拍一下
一 下 拍

te²¹ tɕo³¹³ thjɚ⁵⁵　踢一脚
一 脚 踢

4. 疑问词 + 动词

xa³¹³ sɯ³³　怎么走
怎么 走

xa³¹³ gɯɚ⁴²　怎么说
怎么 说

xa²¹ na³³ pho³¹³　哪里人
哪里　男人

xa²¹ tɕha³³ lɛ²¹ kɯ³³　何时来
何时　来 PRT

（三）形容词为中心词的修饰短语

1. 副词 + 形容词

xa²¹ mja⁴² ʔum³³　多么高
多么　高

tɕa⁴² pa⁴² bɯ³¹³ nɯ²¹　很臭
很　臭

ma²¹ naʔ⁴²　不深
不 深

ma²¹ tshɚ²¹　不尖
不 尖

2. 代词 + 形容词

te³³ mja⁴² tɕho³³　这么好
这么　好

ne³³ mja⁴² dɚ³³　那么短
那么　短

ne³³ mja⁴² phu³³ bo²¹　那么贵
那么　贵

te³³ mja⁴² mɚ⁴²　这么少
这么　少

3. 数量词 + 形容词

te²¹ be²¹ khua³³ 一步宽
一　步　宽

te²¹ kɔn⁵⁵tɕi³³ li³³ 一公斤重
一　公斤　　重

sə³³ tsa²¹ ɕi⁴² 三拃长
三　拃　长

la⁴²gu²¹tshə⁵⁵ te²¹ mo³³ ɣə³³ 一拳头大
拳头　　　一　个　大

（四）数量词为中心词的修饰短语

1. 名词＋数量词

vi⁵⁵xu²¹ sə³³ kə³³ 三座庙
庙　　三　间

va⁴² sə³³ tɕhi³³ mo³³ 三十头猪
猪　三　十　头

vi⁵⁵lɔ²¹ te²¹ tsə⁵⁵ 一把花
花　　一　把

ȵi³³ tɕhi²¹ tɕi³³ 十头牛
牛　十　头

2. 名词＋指代＋数量

khua⁵⁵ te³³ khua⁵⁵ 这一个村子
村子　　这　个

tsho²¹ te³³ tɕhi³³ te⁵⁵ 这十个人
人　　这　十　个

khua⁵⁵ te³³ dze⁴² 这些橘子
橘子　　这些

mu⁵⁵ te³³ tshu⁴² dzə³³ 那六匹马
马　　那　六　匹

四　支配短语

支配短语有以下七种，下面分别举例说明。

（一）代词＋动词

nə²¹ dʐɿ³³ la³³ dzi³¹³ 想你们
2pl　　PTPT 想

ʑa sin⁵⁵ 相信他
3sg 信

na³¹³ ta⁵⁵ 抱你
2sg 抱

ŋo²¹ dʐɿ³³ la³³ de³¹³gu³³ 告诉我们
1pl　　PTPT 告诉

（二）名词＋动词

mu³³ ljɔu⁵⁵ tzo³³ 喂马料
马　料　　喂

so³³lo³³ bə⁵⁵ 弹棉花
棉花　　弹

u³¹³ ljo⁵⁵ ge²¹ tshə²¹ və²¹ 买食用油
菜　炒　PTPT 油　买

ʑi²¹ dza⁵⁵ khə⁴² 舀水
水　　舀

（三）名词＋数量词＋动词

ȵi³³ te²¹ tɕi³³ və²¹ 买一头牛
牛　一　头　买

ɣa⁵⁵phu³³ te²¹ mo³³ tɕa⁵⁵ 捉一只公鸡
公鸡　　　一　只　捉

dzə³¹ te²¹ ko³¹³ kha⁴² 摘一把花椒
花椒　一　捧　摘

ɕi⁵⁵ te²¹ tsɿ³¹³ bɯ³¹³ 背一捆柴
柴　一　捆　背

（四）形容词+动词

la⁵⁵ ɕi³³　dzo³³　吃稀的
稀　PTPT　吃

ljo²¹ ɕi³³　bɯ³¹³　背轻的
轻　PTPT　背

ɣɚ³³ɕi³³　ɕi³³　挑大的
大　PTPT　挑选

thu²¹ ɕi³³　ɕi³³　挑厚的
厚　PTPT　挑选

（五）动词+动词

mo³³ dzɿ⁵⁵　愿意要
要　愿意

mjo³¹³ mu²¹ dzɿ⁵⁵　愿意干活
活计　做　愿意

ʑi²¹ɕa⁴²　ɕa⁴²　dzɿ⁵⁵　喜欢游泳
水　摆动　想

ɣa⁵⁵ se⁴²　pi³¹³　敢杀鸡
鸡　杀　敢

（六）名词+趋向动词

xɯ²¹ gu³³ ʑi²¹　进屋
家　进　去

lɯ²¹tha⁴² da⁵⁵ ʑi²¹　上楼
楼　上　去

dzɯ²¹ ku⁴²　过桥
桥　过

khu²¹tha⁴² ʑi²¹　去昆明
昆明　去

（七）数量词+动词

sə³³ pɯ³³ tshɚ⁵⁵　摘三朵
三　朵　摘

te²¹ tɕi³³ ɕi²¹　牵一头
一　头　牵

n̠i²¹ ba⁵⁵ dzo³³　吃两碗
两　碗　吃

te²¹ sə³³ de²¹　说一句
一　句　说

五　述补短语

述补短语有以下两种，分别举例说明。

（一）动词+形容词

thu⁵⁵ mu⁵⁵　敲碎
敲　碎

kua⁵⁵ se⁴²　摔死
摔　死

thu⁵⁵ pu⁵⁵　打倒
打　倒

tɕhɚ⁵⁵ thɚ⁴²　戳破
戳　破

（二）动词+动词

du³³ ʑi²¹　出去
出　去

sɯ³³ gɯ³³ ʑi²¹　走进去
走　进　去

du³³ lɛ²¹　出来
出　来

lɯ³³ tshe³³ lɛ²¹　淌下来
淌　下　来

第三节

句 子

句子按内部结构关系可分为单句和复句。根据句子成分完整与否,单句可分为主谓句和非主谓句。复句可分为联合复句和偏正复句。

一 单句

(一) 主谓句
根据谓语性质,可分为动词谓语句、形容词谓语句、名词谓语句和主谓谓语句。

1. 动词谓语句

指以动词或动词短语充当谓语的句子。从充当谓语成分的结构关系来说,动词谓语句可划分为宾动谓语句、动补谓语句、状动谓语句、双宾谓语句、兼语谓语句、连动谓语句等。

(1) 宾动谓语句是由宾动谓语构成谓语的句子。例如:

a^{33}ɣu^{33} tsɛn^{55}tsɛn^{55} tə^{33}mi^{33} mo^{33} ɣɛ^{55}.
舅舅　正在　　田　犁　PRT
舅舅在犁田。

a^{21}gu^{21}mu^{21} su^{42}ɲi^{55} te^{21}dze^{33}mo^{21} və^{21} la^{33}.
舅妈　　　松子　很多　　　头　AST
舅妈买了很多松子。

wua^{55} tɕi^{33}dzɿ^{33} te^{21}ɣɚ^{42}po^{42} su^{33}bɛ^{42} kha^{42} zi^{21} ɣɛ^{21}.
1sg　姐　都　　松苞　采　去 PRT
我的姐姐们都去采松苞吧。

ŋo^{21}dzɿ^{33} te^{21}ɣɚ^{42}po^{42} su^{33}bɛ^{42} kha^{42} zi^{21} ɣɛ^{21}.
1pl　　都　　　松苞　采　去 PRT

我们都去采松苞吧。

（2）动补谓语句，谓语由动词与补语构成。例如：

ŋo²¹ xɯ³¹³ gɯ⁵⁵ du⁵⁵ lɛ²¹ lɛ⁵⁵.
1sg 家　　里　　出　来　PRT
我从家里出来。

nɚ²¹dzɿ³³ gɛ²¹　phjo²¹ vɛ⁴² thɚ⁴² phi⁴² la³³.
2pl　　STPT　衣服　穿　破　掉　AST
你们的衣服穿破了。

xo²¹da⁵⁵mo²¹ ɣui⁴² du³³ lɛ²¹ la³³.
月亮　　　　圆　起　来　AST
月亮圆起来了。

（3）状动谓语句，谓语由状语与动词构成。例如：

wua³³ dɛ³³ la⁴²ŋun⁴² gɯ⁵⁵　su³³bɛ⁴² kha⁴² ɣɛ³³.
1sg 爹　钩子　　INST　松苞　　采　PRT
我爹用钩子采松苞。

i³³ gɛ²¹　tshua⁴²la²¹　ɕi⁵⁵ tɚ²¹ thɯ³³ dzi⁵⁵ lɛ⁵⁵.
3sg STPT 丈夫　　　柴　一　挑　砍　AST
她的丈夫砍了一挑柴。

a³³dɛ³³ na³¹³ta⁴²　mɯ³¹³lɯ²¹ kɚ³³ zi²¹ za⁵⁵.
爸爸　早晨　　　蘑菇　　　拾　去　PRT
爸爸早晨去采蘑菇。

（4）双宾谓语句，双宾语由一个间接宾语（与人有关的宾语）和一个直接宾语（与物有关的宾语）构成。间接宾语在前，直接宾语在后，构成"主语＋间接宾语＋直接宾语＋动词"结构。间接宾语后一般加受助词 la³³、tɕa⁴²。例如：

a²¹mo²¹sɿ⁵⁵ sɿ³³su³³pho³¹³dzɿ³³ la³³　ɣa⁵⁵fu⁴² ȵi²¹ thi²¹lo⁴² gɯ³¹³ la³³.
叔母　　　学生们　　　　　PTPT 鸡蛋　　两　篮子　　给　AST
叔母给了学生们两篮鸡蛋。

ŋo²¹dzɿ³³ i³³dzɿ³³ la³³　　dzɚ³¹ tɛ²¹ lo³³ gɯ³¹³ lɛ³³.
1pl　　　3pl　　　PTPT 花椒　一　箩　给　　AST
我们给他们一箩花椒。

ŋo²¹ gɯ⁵⁵ wua³³　dɛ³³ tɕa⁴²　phi³³ko⁵⁵ tɛ²¹ mo³³ tshu⁵⁵ lɛ⁵⁵.
1sg AGT 1sg 爹　PTPT 苹果　　　一　个　削　AST

我给爹爹削了一个苹果。

（5）兼语谓语句，谓语由兼语短语充当。兼语短语内有两个动词，一个是使役动词，另一个是实义动词。常用的使役动词有 gɯ⁵⁵ "告诉、给、让"，由动词 "gɯ³¹³" 语法化而来，语音上产生了音变，成为施动助词。另一个是 dɛ²¹ "说、叫"，一般放在句末，表使动意义。兼语谓语句中的两个主语，第一个主语表示施动者，第二个主语是第一个主语的受事，也是实义动词的动作发出者。例如：

ŋo²¹ ko³³ko³³ gɯ⁵⁵ su⁵⁵tsu³³pho³¹³ la³³ ʑi²¹xa⁵⁵bja⁵⁵ tu²¹.
1sg 哥哥　AGT 老师　　　　PTPT 开水　　　给喝
我哥哥给老师喝开水。

wua³³ po³³ ŋo²¹dzɿ³³ la³³ ŋo³³zo³³ su²¹ ʑi²¹ la³³ de²¹ ɣɛ⁵⁵.
1sg 爷　1pl　　　PTPT 鱼　　养 去 那样 说 PRT
爷爷叫我们去养鱼。

wua³³ mo³³ i³³dzɿ³³ la³³ tshɯ²¹ dzo³³ ʑi²¹ la³³ de²¹ ɣɛ⁵⁵.
1sg 妈　3pl　　　PTPT 饭　吃　去 那样 说 PRT
我妈妈叫他们去吃饭。

（6）连动谓语句是由两个以上的动词或动词短语做谓语，连接助词 ɣa³³ 连接两个动作，或在第一个动作后加 kua³³ "完"、ɕa³³ "息"，后接 tɕo⁵⁵ "就" 来表示动作发生的先后顺序。例如：

wua³³ tɕi³³ gɯ³³ lɛ²¹ ɣa³³ tshɯ²¹ dzo³³ lɛ²¹ ɣɛ⁵⁵.
1sg 姐　回　来　LNK 饭　吃　来 PRT
姐姐回家来吃饭了。

ŋo²¹dzɿ³³ mi²¹ xɯ³³ ʑi²¹ ɣa³³ ɕa⁴²lu³³phi²¹ kha⁴² ʑi²¹ ɣɛ⁵⁵.
1pl 地　里　去　LNK 草莓　　摘 去 PRT
我们到地里摘草莓了。

wua³³ po³³　dzɿ²¹ du²¹ kua³³ tɕo⁵⁵ xɯ³¹³ gɯ³³ʑi²¹ phi⁴² la³³.
1sg 爷 酒 喝 完 就 家 回 去 掉 AST
爷爷喝完酒就回家了。

2. 形容词谓语句

是由形容词或形容词短语充当谓语的句子，可分为"主语＋形容词""形容词＋补语"和"状语＋形容词"等小类，下面分别举例说明。

（1）主语＋形容词

ne³³ phi⁴² ɣa³³ dza⁵⁵lɯ⁵⁵lɯ⁵⁵ ɣa⁵⁵.
霜　白　TOP 冷冰冰　　　 PRT

霜太冰啦。
nɛ³³n̠i²¹ ɕi³³ phi⁴² la³³.
日子　长　AST　AST
日子变长了。
wua³³ mo³³ so³³ do²¹.
1sg　妈　勤　劳
我妈很勤劳。

（2）主语 + 状语 + 形容词
sɿ⁵⁵gə²¹də²¹lə²¹ ko⁵⁵ʑi³³ dzɯ³³ a²¹sɛ³³.
桃子　　　　太　　生　还
桃子太生了。
ɕa⁴²lu³³phi²¹ ɕa³³pa⁵⁵ tsi³³ a²¹sɛ³³.
野草莓　　　很　　酸　还
野草莓很酸。
ʑi²¹du⁵⁵ te³³ mo³³ xa²¹ naʔ⁴² to²¹ n̠i³³ ya²¹.
水井　这　口　很　深　起　有　PRT
这口井很深。

（3）主语 + 形容词 + 补语
va⁴² tshɿ²¹ tu³³ lɛ²¹ ɣa⁵⁵la³³.
猪　肥　起　来　PRT
猪肥起来了。
ʑi²¹tsho³³ tɕi³³ khua³³ tɕa⁴².
河　　这　宽　会
河会变宽。
i³³　gɛ²¹　khu²¹mja³³ n̠i⁵⁵ tu³³ lɛ²¹ ɣa⁵⁵ la³³.
3sg STPT 脸　　　　红　起　来　PRT AST
他的脸变红了。
su⁴²n̠i⁵⁵ te²¹ dze³³ po⁴² də⁵⁵ tɕho³³ ya²¹.
松子　这些　全　都　好　PRT
这些松子全都是好的。

3. 名词谓语句

由名词或名词短语做谓语的句子。例如：

ŋo²¹ tɕhi⁵⁵khu⁴² n̩i²¹tɕi³³ khu⁴².
1sg 今年 二十 岁
我今年二十岁。

i³³dzŋ³³ te²¹dze⁴²po⁴² tsho²¹ xe⁴² te⁵⁵.
3pl 共计 人 八 个
他们共八个人。

4. 主谓谓语句

由主谓短语做谓语的句子，有主语或"大主语"和主谓短语的主语或"小主语"的语义关系为领属关系；主语为受事，本应在宾语位置，因需要充当话题而前移至句首充当主语。

（1）大主语和小主语为领属关系。例如：

nuu³³mo²¹ i³³tshuu³³ tɕa⁴²pa⁴² ɕi³³.
妹妹 头发 很 长
妹妹头发很长。

i³³ n̩i⁵⁵mo²¹ no³³ ɣa²¹.
3sg 良心 好 PRT
他心地好。

wua³¹³ po³³ dzə²¹ khuɛ²¹ ɣa²¹.
1sg 爷 牙齿 牢 PRT
爷爷牙齿牢。

（2）大主语为受事，需充当话题而前移至句首充当主语。例如：

ɕi²¹ku³³ te²¹ li⁴² sə³³ tɕi³³.
黄瓜 一 元 三 斤
黄瓜一块钱三斤。

ɕi⁵⁵kɯ³³ i³³mo²¹ də⁴² ɣa⁵⁵ la³³.
树 果子 结 PRT AST
树结果子了。

（二）非主谓句

非主谓句分为无主句和省略句。无主句是指句子中没有主语成分。省略句是指句中省略了主语或谓语成分。完整的句意依靠上下文、句尾词或问答等语言环境补出。举例说明如下：

1. 无主句

zi³³ ta⁴² du²¹ go²¹.
烟 别 抽 IMP

别抽烟啦。

ɡɯ²¹mɯ²¹ thɚ⁵⁵ tshŋ³³.

澡　　一下 洗

洗洗澡。

ta⁴² ŋɯ²¹ ɡo²¹!

别 哭　IM

别哭啦!

ka⁴²tsin⁴² tshe⁵⁵ tu³³!

赶紧　　　跑　起

赶快跑!

2. 省略句

kho³¹³ la³³.

好　AST

（病）好了。

tshu⁴² kua³³ la³³.

浇　完　AST

（菜地）浇完了。

二　复句

复句与单句之间的界线有时较模糊，既可看成单句，也可看成复句。分为联合复句和偏正复句两类。

（一）联合复句

指分句之间没有主从关系，分为并列、承接、递进、解说、选择五种类型。

1. 并列复句

指分句结构大致相同，语义对称，各要素类别基本上对应。分句之间，有的不用连词连接，有的用连词连接以增强前后分句的关联度。例如：

bɯ²¹ tha⁴² ɕi⁵⁵kɯ³³ tɚ³³ bɯ²¹ tɕhi²¹　u³¹³tsha³¹ tɚ³³.

山　上　树　　种　山　下　　菜　　　种

山上种树，山下种菜。

ŋo²¹ nu³³　tshu²¹ dɯ⁵⁵ nɯ²¹ nu³³　pa⁵⁵ɕi³³ tshŋ³³.

1sg TOP　饭　做　2sg TOP　碗　　洗

我做饭，你洗碗。

wua³¹³ po³³ te²¹ bi³³ zi³³ du²¹ dzɛ³¹³ te²¹ bi³³ dzŋ²¹ du²¹ dzɛ³¹³.
1sg 爷 一边 烟 抽 着 一边 酒 喝 着
爷爷一边抽烟，一边喝酒。

2. 承接复句

常用 thɚ⁵⁵... ɕa³³、gɛ²¹a³³ʐo⁵⁵... "先……，后又……"。第一个动作后常接表示结束的助词 ɣa³³，用 ʐo⁵⁵ "又"，tɕo⁵⁵ "就" 表示下一个紧接动作的开始，动词后接动作结束副词 kua³³ "完"，后接关联短语 gɛ²¹a³³tɕo⁵⁵... "……后就……"。有时省略 gɛ²¹a³³，不影响句子意思。例如：

tshɯ²¹ thɚ⁵⁵ dzo³³ ɕa³³ gɛ²¹a³³ ʐo⁵⁵ zi²¹.
饭 先 吃 息 后 又 走
吃完饭再走。

i³³ thɚ⁵⁵ guɚ⁴² kua³³ gɛ²¹a³³ tɕo⁵⁵ guɯ³³ zi²¹ phi⁴² la³³.
3sg 先 说 完 后 就 回 去 掉 AST
说完后他就回去了。

ŋo²¹ mjo⁵⁵ mɯ²¹ kua³³ ɣa³³ tɕo⁵⁵ ze⁴² zi²¹ phi⁴² la³³.
1sg 活计 做 完 AST 就 睡 去 掉 AST
我做完活计，就去睡觉了。

a³³po³³ ku²¹tsi³³ khuan⁴² kua³³ ɣa³³ tɕo⁵⁵ zi³³ du²¹ zi²¹ phi⁴² la³³.
爷爷 故事 讲 完 AST 就 烟 抽 去 掉 AST
爷爷讲完故事就去抽烟了。

3. 递进复句

常用 ma²¹bo³³... xɛ⁵⁵... "不仅……而且……"、gɚ³³... gɚ³³... "也……也……"、tɕo⁵⁵ "就" 等。例如：

nɯ³¹³mo²¹ tɕho³³ də³³ ma²¹bo³³ xɛ⁵⁵ ma⁴²li⁵⁵.
妹妹 漂亮 都 不仅 还 勤快
妹妹不仅漂亮，还很勤快。

i³³ tsi³³ gɚ³³ dzo³³ tshŋ²¹ gɚ³³ dzo³³.
3sg 酸 也 吃 甜 也 吃
他吃酸的也吃甜的。

i³³ sŋ²¹ ŋo²¹ ma²¹ no³³ɲi³³ ma²¹bo³³ xɛ⁵⁵ za²¹ mo³³ tɕa⁴² dzŋ²¹dzŋ²¹ xɚ⁵⁵.
3sg 谁 话 不 听 不仅 还 3sg 妈 跟 架 吵
他不仅不听，而且还和他妈妈吵架。

i³³ guɤ⁴² gə³³ guɤ⁴² tɕi⁴² mɯ²¹ gə³³ mɯ²¹ tɕi⁴².
3sg 说　也　说　会　做　也　做　会
他也会说也会做。

4. 解说复句

句子由两部分组成。前一部分是总括句，后一部分是分列句，用以对总括句做解释性的陈述，最后一个分句前加 xɛ⁵⁵ "还"连接前后分句。例如：

tse³³tsŋ³³ tha⁴² uɯ³¹³ tɕhi²¹ pa⁵⁵ dzu²¹ so³³bə³¹³ ŋo³³ pa⁵⁵ xɛ⁵⁵ uɯ³¹³ ŋo³³ pa⁵⁵ dzu²¹.
桌子　上 菜 十　碗　有　肉　　五 碗　还　五　碗　有
桌上有十碗菜，五道是荤菜，五道是素菜。

ŋo²¹dzŋ³³ khua⁵⁵ xɯ⁴² sə³³ ɕo²¹ tshu²¹ tshŋ⁵⁵ phi²¹ni³³ pho³¹³ na⁵⁵sŋ³³ pho³¹³ xɛ⁵⁵
1pl　村　里 三 种　族　居住　汉族　　　彝族　　　还
sa⁵⁵du⁴²pho³¹³ tshŋ⁵⁵.
撒都人　　居住
我们村里住着三种民族：汉族、彝族和撒都人。

bɯ²¹ tha⁴² ɕi⁵⁵kɯ³³te²¹ dze⁴²mo²¹ dzu²¹ su³³kɯ³³tho³³ sa²¹kɯ³³ xɛ⁵⁵ ŋə³³kɯ³³ dzu²¹.
山 上　树　　　很多　　有　松树　　　杉树　还　杉椰树　有
山上有很多树，有松树、杉树，还有杉椰树。

5. 选择复句

分句叙述两个以上事件，从中选一，常用 ne⁵⁵do²¹gɛ³³ "宁可"与 "də³³"连接，或用 tə⁵⁵tə⁵⁵... ma²¹tɕhi²¹... "与其……不如……"表达。例如：

ŋo²¹ də³³də³³ mɯ⁴² ne⁵⁵do²¹gɛ³³ wua³³ mo³³ gɯ⁵⁵ ma²¹ mɯ⁴² to³³.
1sg 自己　做　宁可　　　1sg 妈 AGT 不 做 IMP
我宁可自己做，也不让妈妈做。

zi⁵⁵mə³¹³ tə³³ tə⁵⁵tə⁵⁵ wua³³tə⁵⁵ tə³³ la³³ ma²¹tɕhi²¹.
苞谷　种　与其　　豌豆　种 AST 不如
与其种苞谷，不如种豌豆。

i³³ no³³ni³³ tə⁵⁵tə⁵⁵ wua³¹³ po³³ la³³ no³³ni³³ ma²¹tɕhi²¹ ŋa⁵⁵.
3sg 问 与其　　　1sg 爷 AST 问　　不如 PRT
与其问他不如问爷爷。

（二）偏正复句

指分句有主次之分。被修饰限制的分句是正句，修饰限制的分句是偏句。从意义关系和语法特点上可分为转折、假设、条件、因果、目的、比较等次类。

1. 转折复句

常用 tho⁵⁵... ne³³... "虽然……但是……" 连接，表示转折意义。例如：

mɯ³³ tho⁵⁵ fɚ⁴² ɣa²¹ ne³³ u³¹³mi²¹ xɯ⁴² ʑi²¹dʐa⁵⁵ dzu²¹ ɣa²¹.
天　虽然　干　PRT 但　菜地　里　水　有　PRT
虽然天干，但菜地里有水。

nɚ²¹dʐʅ⁵⁵ wua³¹³dʑi³³phe³¹³ te²¹dze³³mo²¹ gu³¹³ gɚ³³ ŋo²¹ de³¹³ ma²¹ mɯ⁴².
就算　1sg　钱　多一点儿　给　也　1sg　仍旧　不　干
就算多给我一点儿钱，我也不干。

o⁵⁵phɯ³³ mo³³ ɣɚ³³ gɚ³³ i³³ȵi⁵⁵ nɚ³³ ɛ³³.
瓜　大　虽　籽　小　也
瓜虽大但籽儿小。

2. 假设复句

常用 ... pa³³ki⁵⁵... gɚ³³ "……的话……"、... nu³³ ... "或"、tɕo⁵⁵ "就"、də²¹bu⁵⁵də²¹... pa³³... "万一" 连接。例如：

pa³³ mi⁴² nu³³ nɚ²¹dʐʅ³³ tshɯ²¹ dɯ³³ lɛ⁴²!
若　饿　TOP 2pl　饭　煮　PRT
饿的话你们煮饭吧！

te²¹dʑɚ⁵⁵zo³³ pa³³ fa⁴²dze³¹³ tɕo⁵⁵ tsho⁵⁵ ma²¹ tɕi⁴² la³³.
一小点儿　若小心　就　错　不　会　AST
要是小心点儿就不会错了。

ŋo²¹ ma²¹ guɚ⁴² pa³³ki⁵⁵ ŋo²¹ gɛ²¹ ȵi⁵⁵mo²¹ xɯ³³ tshŋ⁵⁵ ma²¹ no³³.
1sg 不 说　TOP 1sg 也　心窝　里　在　不　好
我不说的话心里就不痛快。

də²¹bu⁵⁵də²¹ a²¹sŋ⁵⁵ lo²¹go²¹ pa³³ ɯ³³ nɚ²¹ thɚ⁵⁵ phu²¹ ʑi²¹.
万一　哪个　门　若　喊　2sg 一下 开　去
万一有人敲门你去开门。

3. 条件复句

常用 pa³³... tɕo⁵⁵... "只要……就……、一旦……就……"、... ɣa³³də³³də³³ (də³³də³³) "只有"、ma²¹ŋɛ²¹... pa³³ki⁵⁵ "不是……的话" 等连接。例如：

tɚ³³mi³³ xɯ⁴² ʑi²¹dʐa⁵⁵ pa³³ dzu²¹ i³³dʑŋ³³ tɕo⁵⁵ tshe²¹ tɚ³³ ʑi²¹ ga⁵⁵.
田　里　水　一旦有　3pl　就　秧　栽　去 PRT
一旦田里有水，他们就去栽秧。

tshe²¹ phe²¹ dzu²¹ ɣa³³də³³də³³ tshɯ²¹ du³³ tɕi⁴² ɣɛ⁵⁵.
米　　有　只有　　　　饭　煮　能　PRT
有米才能煮饭。

phjo²¹ to³³ʑi²¹ te²¹ tso³³ ve⁴² ma²¹ ŋɛ²¹ ɛ³³ pa³³ki⁵⁵ tɕhi⁴²ʑi²¹no²¹ tɕa⁴² sɛ³³.
衣服　多　一　件　穿　不　是　PRT TOP　感冒　　　　会　PRT
多穿衣服，不然会感冒的。

4. 因果复句

常用 we⁵⁵a⁵⁵gɯ⁵⁵、a⁵⁵gɯ⁵⁵ "因为……所以……、由于" 连接。例如：

ɚ²¹ we⁵⁵a⁵⁵gɯ⁵⁵ wua³¹³ xɚ⁵⁵ tsɯ⁵⁵ la³³.
2sg　因为　　　　1sg　骂　着　AST
因为你，我挨骂了。

zi³³du²¹ a⁵⁵gɯ⁵⁵ ŋo²¹ tsɯ³¹³ ɣa⁵⁵ la³³.
烟抽　因为　　1sg　咳嗽　AST AST
因为抽烟，我咳嗽了。

dʑi³³phe³¹³ ma²¹ dzu̠²¹ a³³gɯ⁵⁵ ɲi³³ vɚ²¹ɣo³³ ma²¹ tɕi⁴².
钱　　　没　有　因为　牛　买　　　不　能
因为没有钱，买不起牛。

5. 目的复句

常用 mo³³ɣa⁵⁵gɯ⁵⁵ "为了" 连接。例如：

ʑi²¹tɕa⁵⁵ tsa⁴² mo³³ɣa⁵⁵gɯ⁵⁵ ŋo²¹dʑɿ³³ ʑi²¹dza⁵⁵du³¹³ kɚ⁴² ɣɛ⁵⁵.
水　　攒　为了　　　　1pl　　水塘　　　挖　AST
为了积水，我们挖水塘了。

lu²¹ti⁵⁵ɕom³³ də³³ mo³³ɣa⁵⁵gɯ⁵⁵ u³¹³tsa²¹ ma²¹ də³³ la³³.
花生　　　种　为了　　　　菜　　不　种　AST
为了种花生，就不种菜了。

xɯ²¹ sɚ⁴²mo²¹ phɯ²¹ mo³³ ɣa³³gɯ⁵⁵ ŋo²¹ ɣo³³ u³¹³ ʑi²¹ ɣɛ⁵⁵.
房　新　　盖　为了　　　　1sg　力气　卖　去　AST
为了盖新房，我去打工了。

6. 比较复句

常用 mja⁴²ma²¹bo³³ "比" 来表示差比，用 te²¹tɯ⁵⁵mja⁵⁵mja³³（表数量）"和……一样"、te²¹tɯ⁵⁵ŋɯ⁵⁵ŋɯ²¹（表性质）"和……一样"、表示等比。例如：

i³³ ŋo²¹ mja⁴² ma²¹ bo³³ ɣɚ³³ ɣa²¹.
3sg 1sg 一样 不 止 大 PRT
他比我大呢。

tɕhi³³khu²¹ a²¹n̥i³³khu²¹ mja⁴² ma²¹ bo³³ xɯ⁵⁵ ɣa²¹.
今年 去年 一样 不 止 热 PRT
今年比去年热呢。

nɚ³³ ŋo²¹ mja⁴² ma²¹ bo³³ di⁵⁵.
2sg 1sg 一样 不 止 矮
你比我矮。

sua³³pa³³ te³³ dzɚ²¹ te²¹tɯ⁵⁵ŋɯ⁵⁵ŋɯ²¹a³³ʑɛ³³ ɣɛ³³.
双胞胎 一 对 一模一样 PRT
这对双胞胎一模一样呢。

第六章 语料

第一节

语法例句

001 老师和学生们在操场上玩。
su⁵⁵tsu³³pho³¹³ gɚ³³ sʅ³³su³³pho³¹³ dzɿ³³ dʑi³³kɛ³³ xɯ⁴² tshʅ⁵⁵ a⁵⁵ lə³³go²¹ ɛ⁵⁵.
老师 和 学生们 场子 里 在 AST 玩耍 PRT

002 老母猪下了5头小猪崽。
va⁴²mo²¹ku³³ mo³³ va⁴²tsha⁵⁵ ŋo³³ mo³³ sɛ³¹³ la³³.
老猪母 头 小猪 五 头 生 AST

003 我爸爸教他们的孩子说汉语。
wua³³ dɛ³³ i³³dzʅ³³ gɛ²¹ a⁵⁵kɯ⁵⁵tsha⁵⁵ la³³ phi²¹ɲi³³ŋ²¹ mo³¹³ ɛ⁵⁵.
1sg 爸爸 3pl STPT 小孩 PTPT 汉族话 教 PRT

004 村子里事事都有人做，人人都很高兴。
khua⁵⁵xɯ⁴² a⁵⁵tsʅ⁵⁵tsʅ⁵⁵ də³³ kji⁵⁵ɕi³³ dzu²¹a²¹, sui⁴² te²¹ te⁵⁵ də³³ tɕa⁴²pa⁴² ɕi²¹xua³³.
村 里 什么事 都 做人 有 PRT 随 一 个 都 非常 喜欢

005 咱们今天上山去吧。
na⁵⁵dzʅ³³ ɣɯ³¹³ɲi⁴² bɯ²¹ tha³³ da⁵⁵ zɛ³¹³ a⁵⁵.
1dl 今天 山 上 上 去 PRT

006 你家有几口人？
nɚ²¹ ʑi²¹ gɛ²¹ tsho²¹ xa²¹mja⁵⁵ te⁵⁵ dzu²¹?
2sg 家 STPT 人 多少 个 有

007 你自己的事情自己做。
nɚ²¹ a⁵⁵mɚ³³ gɛ²¹ sʅ²¹dze²¹ a⁵⁵mɚ³³ mɯ²¹.
2sg 自己 STPT 事情 自己 做

008 这是我的手镯，那是你的手镯。
　　te³³ the³³ nu³³　ŋo²¹ gɛ²¹　la⁴²dzu²¹,　ne³³ the³³ nu³³　nɚ²¹ gɛ²¹　la⁴²dzu²¹.
　　这　个　TOP　1sg　STPT 手镯　　那　个　TOP　2sg　STPT　手镯

009 这些问题他们说自己去解决。
　　sɿ²¹dze²¹ te³³dze²¹ i³³dʐɿ³³ de²¹ a³³, a⁵⁵mɚ³³mɚ³³ ʑi²¹　a⁵⁵ ljɔu³³ phi⁴².
　　事情　这些　3pl　说 AST 自己　　去 AST 料 AST

010 他是谁？
　　i³³　a²¹sɿ³³　ŋɛ²¹?
　　3sg 谁　　是

011 你想吃点什么？我什么也不想吃！
　　nɚ²¹ a⁵⁵tsɿ⁵⁵ te²¹dʑɚ⁵⁵zo³³ dzo³³ dʐɿ⁵⁵? ŋo²¹ te²¹dze⁴² gɚ³³ dzo³³ ma²¹ dʐɿ⁵⁵!
　　2sg 什么　一点儿　　　吃　想　1sg 一样　　也　吃　不　想

012 他们从哪儿来的？
　　i³³dʐɿ³³　xa²¹na³³　gɯ⁵⁵ lɛ²¹ lo³³?
　　3pl　　哪儿　　从　来 AST

013 你想怎么样？
　　nɚ²¹　xa³¹³　dʑi²¹　a⁵⁵?
　　2sg 怎　想　PRT

014 你家有多少头牛？
　　nɚ²¹ ʑi²¹ gɛ²¹　ȵi³³ xa²¹mja⁴² tɕi³³ dzu²¹?
　　2sg 家 STPT　牛　多少　　头　有

015 客人什么时候到？
　　vi²¹　xa³³xɚ⁵⁵　to⁴²　tɕhi²¹　lɛ²¹ a⁵⁵?
　　客人 哪下　大概　到　来 PRT

016 今天的会就开到这里。
　　ɣɯ³¹³ȵi⁴² tɕo⁵⁵　ɣɚ³³dɚ³³ a³³　te³³na³³ tɕhi²¹.
　　今天　就　商量 AST　这里　到

017 粮食运来后就分给大家了。
　　tshu²¹ ʑi²¹ pa³³ tho⁵⁵ tɕhi²¹ lɛ³¹³ tɕo⁵⁵ te²¹ɣɚ⁴²po⁴² la³³ fi³³ gɯ³¹³.
　　食物 水 若 拖　到　来　就　全部　　PTPT 分 给

018 人家的事情咱们别多管。
　　sɿ²¹　gɛ²¹　sɿ²¹dze²¹　na⁵⁵dʐɿ³³ ta⁴² kua⁴².
　　人家 STPT 事情　　1dl　别　管

019 这件事我也不清楚，你去问别人吧！

sʐ̩²¹dze⁴² te³³ ɕo²¹ ŋo²¹ ma²¹ tɕhɚ³³, nɚ²¹ a²¹tu⁴² la³³ no³³n̠i³³ zi²¹!

事情　这件　1sg　不　清楚　　2sg　别人　　PTPT问　去

020 今天是2015年10月1日。

ɣɯ³¹³n̠i⁴² ne⁵⁵ ɚ⁵⁵lin⁴²zi²¹u²¹ nɛ⁴² sʐ̩⁴² zi⁵⁵ zi²¹ xɔu⁵⁵ ŋɛ³¹³.

今天　TOP　二〇一五　年　十　月　一　号　是

021 那个老太婆94岁了，是我年龄的两倍左右。

a²¹ne³¹³gɚ²¹mo²¹ ne³³ te⁵⁵ gu³³tɕhi³³li³³ khu⁴² lu⁴² la³³,

奶奶老　　　那个　九十四　　　岁　满　AST

ŋo³³ gɛ²¹ khu⁴²tsho²¹ n̠i²¹ mja⁴² to⁴² ŋɛ³¹³.

1sg　STPT　年龄　　　两　倍　大约　是

022 山下那群羊有108只。

bɯ²¹tɕhi²¹ tshɚ⁴² ne³³ khui²¹ te²¹xo²¹ gɚ³³ xe⁴² mo³³ dzu²¹ a²¹.

山下　　山羊　　那群　一百　　和　八　只　有　PRT

023 我排第一，你排第二，他排老末。

ŋo²¹ nu³³ ɣɚ³³dzə²¹, nɚ²¹ nu³³ ti⁵⁵ɚ⁵⁵, i³³ nu³³ tso²¹tso²¹ du²¹mi⁴².

1sg　TOP　前头　　　2sg　TOP　第二　　3sg　TOP　着着　　尾巴

024 我今天买了一只鸡、两条鱼、三斤肉。

ŋo²¹ ɣɯ³¹³n̠i⁴² ɣa⁵⁵ te²¹ mo³³, ŋo³³zo³³ n̠i²¹ tsa⁴², so³³bɚ³³ sə³³ tɕi³³ vɚ⁴² la³³.

1sg　今天　　　鸡　一只　　　鱼　　两条　　肉　　　三斤　买　AST

025 这本书我看过三遍了。

sʐ̩³³pə²¹ te³³ pə²¹ ŋo²¹ sə³³ pe⁵⁵ na⁵⁵n̠i³³ ku²¹ la³³.

书本　这本　1sg　三　遍　看　　　过　AST

026 你数数看，这圈里有几头猪？

nɚ²¹ the⁵⁵ ɣə²¹n̠i³³ ne⁵⁵, va⁴² te³³ lo⁴² xa²¹mja⁴² mo³³ dzu²¹?

2sg　一下　数试　　PRT　猪　这圈　　多少　　头　有

027 这两把雨伞是我的。

ʑa⁴²sa²¹ te³³ n̠i²¹ pha⁴² ŋo²¹ gɛ²¹ ŋɛ³¹³.

洋伞　　这两把　　　1sg　STPT　是

028 他年年都回家。

i³³ bɛ²¹ khu⁴² də³³ gɯ³³ lɛ²¹ za⁵⁵.

3sg　每年　都　回　来　像

029 他要去街上买肉。

i³³ li⁵⁵gɛ³³ xɯ⁴² ʑi²¹ a⁵⁵ so³³bɚ³³ vɚ⁴² ʑi²¹ mo³³ ɛ⁵⁵.

3sg 街 里 去 AST 肉 买 去 要 PRT

030 我正在山上砍柴。

ŋo²¹ tsen⁵⁵tsen⁵⁵ bɯ²¹ tha⁴² tʂʅ⁵⁵ a⁵⁵ ɕi⁵⁵ dzi⁵⁵ ɛ⁵⁵.

1sg 正在 山 上 在 AST 柴 砍 PRT

031 昨天我背粮食去了。

a²¹n̩i⁴² ŋo²¹ tʂhɯ²¹ʑi²¹ bɯ³¹³ ʑi²¹ la³³.

昨天 1sg 食物 水 背 去 AST

032 你们俩一定要好好地学习。

nɚ²¹dʐʅ³³ n̩i²¹te⁵⁵ xa²¹ne³³ne³³ su³³ ma⁴².

2pl 两个 一定要 读书 IMP

033 他们看电影去了。

i³³dʐʅ³³ tjɛn⁵⁵ʑi⁵⁵ na⁵⁵n̩i³³ ʑi²¹ phi⁴² la³³.

3pl 电影 看 去 AST AST

034 他在山上看见过野牛。

i³³ bɯ²¹ tha⁴² tʂʅ⁵⁵ a⁵⁵ n̩i³³xo²¹ mo³³ ku²¹ a³³.

3sg 山 上 在 AST 野牛 见 过 AST

035 你们今后一定要互相学习，互相帮助，互敬互爱！

nɚ²¹dʐʅ³³ du²¹mi⁴²tho³³ xa²¹ne³³ne³³ dʐʅ²¹dʐʅ²¹ la³³ su³³,

2pl 将来 一定要 互相 PTPT 学习

dʐʅ²¹dʐʅ²¹ la³³ dzo²¹, dʐʅ²¹dʐʅ²¹ la³³ n̩i⁵⁵no²¹!

互相 PTPT 帮助 互相 PTPT 爱戴

036 请你帮他把衣服收起来。

nɚ²¹ ʐa³³ dzo²¹ a³³ phjo²¹ thɚ⁵⁵ ɣɛ⁵⁵ tu³³ lɛ²¹.

2sg 3sg 帮助 AST 衣服 一下 收拾 起 来

037 地震把新修的路震垮了。

mi²¹lɯ⁵⁵ a⁵⁵gɯ⁵⁵ dzo²¹mo²¹ sɚ²¹ lɯ⁵⁵ su⁵⁵ phi⁴² la³³.

地动 因为 道路 新 动 垮 AST PRT

038 你们俩把鸡杀了。

nɚ²¹dʐʅ³³ n̩i²¹ te⁵⁵ ɣa⁵⁵ mo³³ se⁴² phi⁴² a²¹.

2pl 两个 鸡 只 杀 AST AST

039 你看见那个乞丐了吗?

nɚ²¹ dzo²¹ma⁴²pho³¹³ ne³³ te⁵⁵ la³³ mo²¹ mo²¹ lo³³?

2sg 讨饭男 那个 PTPT 见 见 PRT

040 他笑了。我把他的小孩逗笑了。

i³³ ɣɯ³³zl̩²¹ a⁵⁵ la³³. ŋo²¹ gu⁵⁵ i³³ gɛ²¹ a⁵⁵kɯ⁵⁵ la³³ tɚ²¹ ɣɯ³³zl̩²¹ a⁵⁵la³³.

3sg 笑 AST PRT 1sg AGT 3sg STPT 孩子 PTPT 逗笑 AST

041 那个猎人进来以后又出去了，随后拿回来一只野鸡。

ɣa⁵⁵mo²¹bɚ⁵⁵pho³¹³ ne³³ te⁵⁵ gu³³lɛ²¹ gɛ³¹³ zo⁵⁵ du⁵⁵ʑi²¹ phi⁴² la³³,

鸟射男 那 个 进来 AST 又 出去 AST AST

thɚ⁵⁵zo³³ kji⁵⁵ a⁵⁵ tɕo⁵⁵ tho⁵⁵tho⁵⁵lo⁵⁵mo²¹ te²¹ mo³³ ve²¹ gu³³ lɛ²¹ la³³.

一会儿 过 AST 就 野鸡 一 只 拿 进 来 AST

042 我亲眼看见那只花狗跳上跳下，可好玩了。

khui³³ la⁵⁵gə²¹ ne³³ mo³³ tso⁵⁵ da⁵⁵ tso⁵⁵ tshe²¹ ŋo²¹ mo²¹ la³³, tɕa⁴²pa⁴² lɚ³³go²¹ ɕo²¹ la³³.

狗 花的 那只 跳 上 跳 下 1sg 见 AST 非常 玩耍 好 AST

043 朝上背四十里，朝下背五十里。

ga²¹bɯ⁵⁵ gu⁵⁵ bɯ³¹³ a³³ li³³tɕhi³³ li²¹, tho²¹bɯ⁵⁵ gu⁵⁵ bɯ³¹³ a³³ ŋo³³tɕhi³³ li²¹.

上方 LOC 背 AST 四十 里 下方 LOC 背 AST 五十 里

044 这个东西拿来拿去太费事了，你就别拿了。

mjo³¹³zo³³ te³³ tsl̩⁵⁵ ve²¹ gu³³ ʑi²¹ ve²¹ gu³³ lɛ²¹ a³³, thɛ⁵⁵ ma²¹fa²¹ la³³, nɚ²¹ ta⁴² ve²¹ go²¹.

东西 这件 拿 过 去 拿 过 来 PRT 太 麻烦 AST 2sg 别 拿 IMP

045 那个穿破衣裳的家伙一会儿过来、一会儿过去的，到底在做什么?

phjo⁴² gɛ²¹thɛ⁴² ve⁴² pho³¹³ ne³³ te⁵⁵, te²¹ xɚ³³ nu³³ gu⁵⁵ lɛ²¹?

衣服 破烂 穿男 那个 一 下 PRT 过来

te²¹ xɚ³³ nu³³ gu⁵⁵ ʑi²¹, to⁵⁵ti²¹ a⁵⁵tsl̩⁵⁵ kji⁵⁵ a⁵⁵?

一 下 PRT 过 去 到底 什么 做 PRT

046 他是藏族，不是回族。

i³³ ne⁵⁵ tsan⁵⁵tshu²¹pho³¹³ ŋɛ³¹³, xui³³xui³³pho³¹³ ma²¹ ŋɛ²¹.

3sg TOP 藏族男人 是 回族人 不是

047 他们家有三个孩子，一个在学校，一个在家里，还有一个已经工作了。

i³³ ʑi²¹ gɛ²¹ a⁵⁵kɯ⁵⁵ sə³³ te⁵⁵ dzu²¹, te²¹ te⁵⁵ nu³³ sl̩³³ su³³,

3sg 家 STPT 孩子 三 个 有 一 个 TOP 字 学

te²¹ te⁵⁵ nu³³ xu³¹³ tshl̩⁵⁵, o³³ te⁵⁵ ne⁵⁵ mjo³¹³ mɯ²¹ a⁵⁵ la³³.

一 个 TOP 家里 在 另 个 TOP 活计 做 AST PRT

048 我们很愿意听爷爷讲故事。

ŋo²¹dzɿ³³ wua³³ po³³ ku²¹tsi⁵⁵ khua⁴² gɛ²¹ tɕa⁴²pa⁴² no³³n̩i³³ dzɿ⁵⁵.

1pl　1sg　爷　古经　讲　STPT 非常　听　想

049 这只狗会咬人。

khui³³ te³³ mo³³ sa³¹³ khui⁵⁵ tɕi⁴² ɛ⁵⁵.

狗　这　只　人　咬　会　PRT

050 她不敢一个人睡觉。

i³³ də³³də³³ zɚ³³ ma²¹ pi³¹³.

3sg 独独　睡　不　敢

051 你能来吗？我能来。

nɚ²¹ lɛ²¹ lɛ²¹ tɕi⁴²？ ŋo²¹ lɛ²¹ tɕa⁴².

2sg 来　来　能　　1sg 来　能

052 这些人我恨透了。

tsho²¹ te³³ɣɚ⁴² ŋo²¹ mja⁵⁵tsi³³ se⁴² a⁵⁵la³³.

人　这些　1sg 恨　死　AST

053 达娃家的稻子收完了，但格西家的稻子还没有收完。

ta²¹wua⁵⁵ zi²¹ gɛ²¹ tshe²¹ ɣə⁵⁵ kua²¹ a⁵⁵ la³³,

达娃　家　STPT 稻　收　光　AST PRT

ne⁵⁵ kə²¹ɕi³³ zi²¹ gɛ²¹ tshe²¹ xɚ⁵⁵ ma²¹ ɣə⁵⁵ kua²¹ a³³ se⁴².

但　格西　家　STPT 稻　还　没　收　光　AST PRT

054 我找了一遍又一遍，终于找着了。

ŋo²¹ te²¹ pe⁵⁵ gɛ²¹ te²¹ pe⁵⁵ a⁵⁵ so³³gua⁴² la³³, du²¹mi⁴² ne⁵⁵ so³³gua⁴² mo²¹ la³³.

1sg 一遍　又　一遍　STPT 寻找　AST 终于　PRT 寻找　见　AST

055 你先休息休息，我试着跟她谈谈。

nɚ²¹ ɣə³³dzɚ²¹ a⁵⁵ lɚ³³go⁴² lɚ³³go⁴², ŋo²¹ a⁵⁵ za³³ tɕa⁴² thɚ⁵⁵ guɚ⁴² n̩i³³ ne⁵⁵.

2sg 首先　STPT 玩耍　玩耍　1sg AST 3sg 跟　一会儿 说　试　AST

056 他们边唱边跳，玩得可高兴了。

i³³dzɿ³³ te²¹ bi³³ tsho²¹ te²¹ bi³³ tshe⁵⁵, tɕa⁴²pa⁴² lɚ³³go²¹ ɕo²¹ la²¹.

3pl 一　边　唱　一　边　跳　非常　玩耍　好　PRT

057 吃的、穿的都不愁。

dzo³¹³ ɕi³³ ve³¹³ ɕi³³ də³³ ma²¹ tshə⁴².

吃　那些 穿　那些 都　不　愁

058 这些猪呢，肥的宰掉，瘦的放到山上去。
va⁴² tɛ³³ɣɚ⁴² nu³³, tʂʅ³¹³ ɕi³³ nu³³ se⁴² pʰi⁴², do³¹³ ɕi³³ nu³³ bɯ²¹ tʰa⁴² tʰɯ³¹³ da⁵⁵ zi²¹ pʰi⁴².
猪 这些 TOP 肥 那些 TOP 杀 AST 瘦 那些 TOP 山 上 放 上 去 AST

059 他的脸红起来了。
i³³ gɛ²¹ kʰu³³mja⁵⁵ n̠i²¹ tu³³ lɛ²¹ a⁵⁵la³³.
3sg STPT 脸 红 起 来 AST

060 碗里的饭装得满满的。
pa⁵⁵ɕi³³ xɯ⁴² gɛ²¹ tʂʰɯ²¹ kji⁵⁵ a³³ be⁵⁵be²¹ a³³.
碗 里 STPT 饭 做 AST 满满 AST

061 山边的雪是白的，山坡上的雪更白，而山顶的雪最白。
bɯ²¹dze⁴² gɛ²¹ fa³³ ne⁵⁵ i³³pʰi²¹ ŋɛ³¹³, bɯ²¹ tʰa⁴² gɛ²¹ fa³³ ne⁵⁵ tɕa⁴²pa⁴² pʰi²¹,
山边 STPT 雪 TOP 白的 是 山 上 STPT 雪 TOP 非常 白
bɯ²¹i³³dɯ³³ gɛ²¹ fa³³ ne⁵⁵ tso²¹tso²¹ pʰi²¹.
山头 STPT 雪 TOP 最最 白

062 这把刀好是好，就是太贵了点。
pa⁵⁵te³¹³ te³³ tsa⁴² tɕʰo³³ tʰo⁵⁵ tɕʰo³³ a⁴², tɕo⁵⁵ pʰɯ³³bo²¹ dzə²¹ la³³.
刀 这把 好 倒是 好 PRT 就 贵 多 PRT

063 弄坏了人家的东西是一定要赔偿的。
sʅ²¹ gɛ²¹ mjo³¹³zo³³ pa⁵⁵ gu²¹tʰɚ²¹ pʰi⁴² nu³³ xa³¹³xa⁵⁵ kji⁵⁵ dɚ³³ sa³¹³ kʰu⁴² ma⁴².
别人 STPT 东西 如 弄坏 AST LNK 一定要 做 都 人 赔 PRT

064 他经常去北京出差。
i³³ be²¹tɕʰa⁴² pə²¹tsin⁵⁵ tʂʰɯ²¹tʂʰɛ⁵⁵ zi²¹ za⁵⁵.
3sg 经常 北京 出差 去 像

065 昨天他答应了我的要求，说是明天再来玩。
a²¹n̠i⁴² i³³ wua³¹³ de³¹³kʰu⁴² la³³, i³³ a²¹gu²¹ta⁴² tsi⁵⁵ lɚ³³go³³ lɛ²¹ a⁵⁵se³³ dze⁴².
昨日 3sg 1sg 答应 AST 3sg 明天 再 玩耍 来 还要 说

066 我一会儿就回来。
ŋo²¹ tʰɚ⁵⁵zo³³ tɕo⁵⁵ gɯ³³ lɛ²¹ ga⁵⁵.
1sg 一会儿 就 回 来 PRT

067 村长可是个好人。
tʂʰui⁵⁵tsan⁴² ne⁵⁵ xɔ³³zən⁵⁵ ŋa⁴².
村长 TOP 好人 是

068　这条鱼至少有五斤重。

　　ŋo³³zo³³ te⁵⁵ tsa⁴² ɣə³¹³mə²¹ də³³ ŋo³³ tɕi³³ dzu²¹ a²¹.

　　鱼　　　这　条　至少都　　五　斤　有　PRT

069　这条河最多有五米宽。

　　ʑi²¹tsho³³ te³³ tɕi³³ mjo³³mjo³³a³³ u²¹ mi²¹ khua³³ dzu²¹ ɛ⁵⁵.

　　河　　　这　条　多多的　　五　米　宽　有　PRT

070　他全家人我都熟悉。

　　i³³ ʑi²¹ gɛ²¹ te²¹ɣə⁴²po³³ ŋo²¹ sʅ⁴² a²¹.

　　3sg 家 STPT 全部　　　1sg 认识 PRT

071　妈妈不会来了。妈妈还没回来。你别回去了。

　　a³³mo³³ lɛ²¹ ma²¹ tɕi⁴² la³³. a³³mo³³ xə⁵⁵ ma²¹ gɯ³³ lɛ²¹ a²¹sɛ⁵⁵. nə²¹ ta⁴² gɯ³³ ʑi²¹ go²¹.

　　妈妈　来 不 会 PRT 妈妈　还 没 回 来 PRT　2sg 别 回 去 IMP

072　客人们都在悄悄地议论这件事。

　　vi²¹ te³³ɣɚ⁴² mi⁵⁵tɕha⁵⁵zo³³ a³³　sʅ²¹dze²¹ te³³ ɕo²¹ khɯ³³ guə⁴² ɛ³³.

　　客人 这些 悄悄地　　　STPT 事情 这 件 偷 说 PRT

073　你们究竟来了多少人？

　　nɚ²¹dzɿ³³ tou⁵⁵ti²¹ xa²¹mja³³ te⁵⁵ lɛ²¹ lo³³?

　　3pl　　 到底　　多少　 个　来　PRT

074　他不去也行，但你不去不行。

　　i³³ ma²¹ ʑi²¹ gə³³ do²¹ a²¹, ne⁵⁵ nə²¹ ma²¹ ʑi²¹ a³³ ma²¹ do²¹.

　　3sg 不 去 也 得 PRT 但 2sg 不 去 PRT 不 得

075　这是我的衣服，那是你的，床上摆着的是人家的。

　　te³³ tso³³ ŋo²¹ gɛ²¹ phjo²¹, ne³³ tso³³ nə²¹ gɛ²¹,

　　这 件　1sg STPT 衣服　那 件　2sg STPT

　　dʑi³¹³mɯ²¹ tha⁴² to³³dzɚ³³ dze²¹ ne⁵⁵ sʅ²¹ gɛ²¹ ŋɛ³¹³.

　　床　　　 上 摆着　　 些　TOP 别人 STPT 是

076　猎人打死了兔子。／猎人把兔子打死了。／兔子被猎人打死了。

　　ɣa⁵⁵mo²¹bɚ⁵⁵pho³¹³ nu³³ tha⁵⁵la⁵⁵ bɚ⁵⁵ se⁴² phi⁴² la³³.

　　鸟射男　　　　　　TOP 兔子　　射 死 AST AST

　　ɣa⁵⁵mo²¹bɚ⁵⁵pho³¹³ gɯ⁵⁵ tha⁵⁵la⁵⁵ bɚ⁵⁵ se⁴² phi⁴² la³³.

　　鸟射男　　　　　　AGT 兔子　　射 死 AST AST

　　tha⁵⁵la⁵⁵ ɣa⁵⁵mo²¹bɚ⁵⁵pho³¹³ gɯ⁵⁵ bɚ⁵⁵ se⁴² phi⁴² la³³.

　　兔子　　鸟射男　　　　　　AGT 射 死 AST PRT

077　他给了弟弟一支笔。

　　i³³　ŋo²¹ nɛ²¹ la³³　pi²¹ te²¹　ba⁵⁵　gɯ³¹³ la³³.

　　3sg　1sg 弟 PTPT　笔　一　支　给　AST

078　妈妈为我缝了一件新衣服。

　　wua³³ mo³³　wua³¹³ tɕa⁴²　phjo²¹sɚ⁴²mo²¹　te²¹　tso³³　gə⁴² la³³.

　　1sg 妈　1sg 跟　衣服新　一　件　缝　AST

079　学生们用毛笔写字。我用这把刀切肉。

　　sɿ³³su³³pho³¹³dzɿ³³ nu³³　mɔu⁴²pi⁴² gɯ⁵⁵ sɿ³³ vɚ⁵⁵.

　　学生男们　　　TOP 毛笔　INST 字 写

　　ŋo²¹ nu³³ po³³to³³ te³³ tsa²¹ gɯ⁵⁵ so³³bɚ³¹³ dɚ⁵⁵.

　　1sg TOP 刀　这　把　INST 肉　切

080　人们用铁锅做饭。

　　tsho²¹ nu⁴² thi³³ko³³ gɯ⁵⁵ tshu²¹ dɯ⁵⁵.

　　人　TOP 铁锅　INST 饭　煮

081　树上拴着两匹马。

　　ɕi⁵⁵kɯ³³ la³³　mu³³ ȵi²¹ dzɚ³³ ne⁴²phi⁴² dzɚ³¹³.

　　树　PTPT 马　两　匹　拴　AST

082　水里养着各色各样的鱼。

　　ʑi²¹dʑa⁵⁵ xɯ⁴² a⁵⁵tsɿ⁵⁵tsɿ⁵⁵ sə⁴² gɛ²¹ ŋo³³zo³³ su²¹ dzɚ³¹³.

　　水　里　什么　　颜色 STPT 鱼　　养 AST

083　桌子下躺着一只狗。

　　tse³³tsɿ³³ dʑi²¹ khui³³ te²¹ mo³³ zɚ⁴² dzɚ³¹³.

　　桌子　下　狗　一　只　睡　AST

084　山上到山下有三十多里地。

　　bɯ²¹ tha⁴² gɯ⁵⁵ bɯ²¹ tɕhi²¹pha⁵⁵du⁴² tɕhi²¹ a³³　sə³³tɕhi³³ li²¹ ma²¹ bo³³ dzu²¹ a²¹.

　　山　上　从　山脚　　　到 PRT 三十　里 不 止 有 PRT

085　哥哥比弟弟高多了。

　　ŋo²¹ ko³³ko³³ ŋo²¹ nɛ²¹ la³³ ʔum⁵⁵ mjo³³ la³³.

　　1sg 哥哥　1sg 弟 PTPT 高　多　PRT

086　小弟跟爷爷上山打猎去了。

　　ŋo²¹ nɛ²¹tsha⁵⁵zo³³ wua³³ po³³ du²¹mu⁴² bɯ²¹ tha⁴² ʑi²¹ a³³ ɣa⁵⁵mo³³ bɚ²¹ ʑi²¹ phi²¹ la³³.

　　1sg 小弟　　1sg 爷爷 后面　山　上 去 AST 猎物　打 去 AST AST

087 今天、明天和后天都有雨，爷爷和奶奶都不能出门了。
ɣɯ³¹³n̪i⁴² ， a²¹gu²¹ta⁴² ， pha⁴²n̪i⁴² də³³ mo³³xo²¹ dzu²¹ ɛ⁵⁵ ，
今天　　明天　　　后天　　都　雨　　有　PRT
wua³³ po³³ gɚ³³ wua³³ ne³³ də³³ du⁵⁵ ʑi²¹ ma²¹ tɕi²¹ la³³.
1sg 爷爷 和　1sg 奶奶 都　出　去　不　能　PRT

088 买苹果或香蕉都可以。
phi²¹ko²¹ vɚ⁴² ɕa³³tɕou³³ vɚ⁴² gɚ³³ do²¹ ɛ⁵⁵.
苹果　　　买　香蕉　　　买　也　得　PRT

089 哎呀！好疼！
a³³ʐo³¹³! tɕa⁴²pa⁴² no²¹!
哎呀　　　很　痛

090 昨天丢失的钱找到了吗？
a²¹n̪i⁴² dʑi³³phe³¹³ tshɚ³¹³phi⁴² a³³ so³³ so³³gua⁴² mo²¹ la³³?
昨天　钱　　　　　丢失　　　AST 寻　寻找　　见　PRT

091 他们早已经走了吧？
i³³dʐŋ³³ xa³³tɕha⁵⁵ tɕo⁵⁵ ʑi²¹ phi⁴² la³³ ɕa⁵⁵?
3pl　　早已　　　　就　去　AST PRT 像

092 我走了以后，他们又说了些什么？
ŋo²¹ ʑi²¹ phi⁴² gɚ²¹a³³, i³³dʐŋ³³ ʐo⁵⁵ a⁵⁵tsŋ⁵⁵ te²¹dze⁴² guɚ⁴² lo³³?
1sg 去 AST 之后　　3pl　　又　什么　　一些　　说　PRT

093 叔叔昨天在山上砍柴的时候，看见一只大大的野猪。
wua⁵⁵ ʑi³³ a²¹n̪i⁴² bɯ²¹ tha⁴² ɕi⁵⁵ dʑi⁵⁵ a³³ ne³³xɚ³³, ne³¹³va⁴² xaɚ⁴²to³³ te²¹ mo³³ mo²¹ la³³.
1sg 叔 昨天 山 上 柴 砍 AST 那时　鬼猪　　大的　　　一 头 见 AST

094 藏族住在上游，纳西族住在下游。
tsan⁵⁵tshu²¹ nu³³ ʑi²¹tsho³³i³³dɯ³³ tshŋ⁵⁵, na²¹ɕi⁵⁵tshu²¹ nu³³ ʑi²¹tsho³³i³³mɚ³³ tshŋ⁵⁵.
藏族　　　TOP 河头　　　　　住　纳西族　　　TOP 河尾　　　　住

095 他不单会说，而且也很会做。
i³³ guɚ⁴² də³³də³³ guɚ⁴² tɕi⁴² a³³xo⁵⁵ ma²¹ ŋɛ²¹, xɛ⁵⁵ tɕa⁴²pa⁴² mɯ²¹ tɕi⁴².
3sg 说 仅仅 说 会 那号 不 是 还 非常 做 会

096 是扎西留下，还是卡佳留下？
tsa⁴²ɕi⁵⁵ tshŋ⁵⁵ dzɚ³¹³ ga⁵⁵ ŋa⁵⁵? kha³³tɕa⁵⁵ tshŋ⁵⁵ dzɚ³¹³ ga⁵⁵?
扎西 在 AST PRT PRT　　卡佳　　在　AST PRT

097 虽然我也不想去，但又不便当面说。

ŋo²¹ gɚ³³ ʑi²¹ ma²¹ dzɿ⁵⁵, nɛ⁵⁵ zo⁵⁵ tan⁵⁵mjɛn⁵⁵ guɚ⁴² ma²¹ no³³.

1sg 也 去 不 愿意 但 又 当面 说 不 好

098 因为我实在太累了，所以一点都不想去。

ŋo²¹ tɕa⁴²pa⁴² so³³tɔu²¹ a⁵⁵guɯ⁵⁵, ŋo²¹ te²¹djɚ⁵⁵ gɚ³³ ʑi²¹ ma²¹ dzɿ⁵⁵ la³³.

1sg 非常 劳累 因为 1sg 一点儿 也 去 不 愿意 PRT

099 如果天气好的话，我们就收玉米去。

mɯ³³ mo³³ pa³³ li³¹³ nu³³, ŋo²¹ dzɿ³³ ʑi⁵⁵mɚ³¹³ ɣə⁵⁵ ʑi²¹.

天气 个 如 晴 LNK 1pl 玉米 收 去

100 我们现在多积肥，是为了明年多打粮食。

ŋo²¹dzɿ³³ te³³xɚ³³ tɕhi³³ te²¹dze⁴²mo⁴² ɣɯ⁵⁵ a⁵⁵ne⁵⁵,

1pl 现在 肥料 一些多 收集 为了

na³³xa⁴² tshu²¹ʑi²¹ te²¹dze⁴²mo²¹ ɣɯ⁵⁵ n̩i³³dzi²¹ ɛ³³.

明年 食物水 一些多 收 想要 PRT

第二节

话语材料

一 谜语

1. 顶针

te²¹ te²¹ tɯ³¹³tɯ³¹³ te²¹ xo²¹ tɯ³¹³ i³³tɕo³³ mja⁵⁵ thu³³. a⁵⁵tsʅ⁵⁵ ŋɛ²¹?
一 一 洞洞 一 百 洞 中间 洞 通 什么 是

te²¹tsɛ³³ te²¹tsɛ³³ te²¹tsɛ³³ ŋɛ²¹ ɛ⁵⁵.
顶针 顶针 顶针 是 PRT

洞洞一百个，洞连洞。是什么？顶针、顶针、顶针。　　　　　（讲述者：方丽仙）

2. 辣椒

ɣa⁵⁵ ŋo²¹ gɛ²¹　ɣa⁵⁵ ȵi²¹ mo³³ ne⁵⁵, 　i³³mɚ³³ nu³³ i³³ljo⁵⁵ ŋɛ³¹³,
鸡　1sg STPT　鸡 两 个 PRT 　尾巴 是 绿色 是

nu³³　i³³ 　tɕi⁴² nu³³ nɯ³³ a⁵⁵ mi²¹tɯ⁴² xɯ⁴² 　ke⁴² zɛ³¹³ lɛ⁵⁵. a⁵⁵tsʅ⁵⁵ ŋɛ²¹? la³¹³tsʅ²¹.
LNK 3sg 根 TOP长 在 地坑 里 装 着 AST 什么 是 辣椒

我有两只鸡，尾巴是绿的，生根在地里，是什么？辣椒。　　　（讲述者：李芬琴）

3. 蛇

ŋo²¹ gɛ²¹　pu²¹ tha⁴² ȵa⁵⁵tɯ³³ mo³³ dzu²¹,　ne⁵⁵　ȵi³³ lu⁵⁵ ɕi³³ ɛ²¹　a⁵⁵kɯ⁵⁵tsha⁵⁵zo³³
1sg STPT 山 上 座位 个 有 　LNK 牛 放 些 PRT 小孩

ne⁵⁵　ȵa⁵⁵ma²¹pi³¹³. a⁵⁵tshi⁵⁵ ŋɛ²¹? vi³³ xo³¹³ la³³ vi³³.
那些 坐 不 敢 什么 是 蛇 对 AST 蛇

山上有个座位，但放牛孩子不敢坐。是什么？蛇。对了。　　　（讲述者：李芬琴）

4. 手指

ʑa³³ mo²¹ nu³³ ɲi²¹ khu⁴² lu⁴², i³³ zo³³ nu³³ sə³³ khu⁴² lu⁴². a⁵⁵tsɿ⁵⁵ ŋɛ²¹? la⁴²n̩i³³ ŋɛ³¹³.
3sg 妈 TOP 两 岁 足 3sg 儿 TOP 三 岁 足 什么 是 手指 是

他妈妈两岁整，他儿子却三岁整，是什么？是手指。 （讲述者：李厚）

5. 镜子

bɯ²¹ i³³dɯ³³ ne⁵⁵ vi⁵⁵xu²¹ te²¹ so⁴² dzu²¹. ne⁵⁵ i³³ nɛ²¹nɛ²¹ vi⁵⁵mo²¹ gɯ⁵⁵,
山头 TOP 庙 一 座 有 TOP 3sg PRT 佛 AGT

tsho²¹ te⁵⁵ ne⁵⁵ dzɿ²¹dzɿ²¹ na³³ na⁵⁵n̩i³³ zɛ³¹³ ɣɯ³³zɿ²¹ ne⁵⁵. a⁵⁵tsɿ⁵⁵ ŋɛ²¹?
人 一 TOP 面对面 PTPT 看 AST 笑 PRT 什么 是

tsɔ⁵⁵dzɿ⁴² ŋɛ³¹³.
镜子 是

山头上有一座庙。它像佛爷一样，人对它笑，它也对人笑。是什么？是镜子。

（讲述者：李厚）

6. 露水

ɛ³³ bɯ²¹ i³³dɯ³³ ʑi²¹dza⁵⁵ te²¹ tɯ³¹³ dzu²¹, ʑi²¹dza⁵⁵ ɛ⁴² tɯ³¹³ ne⁵⁵ tɕo⁵⁵, tɕhi²¹pha⁵⁵ tshɿ⁴²
哎 山 头 水 一 塘 有 水 PRT 塘 那 就 脚 洗

ʑi²¹ nu³³ lu⁴², la⁴²pha⁵⁵ tshɿ⁴² ʑi²¹ ma²¹ lu⁴². a⁵⁵tsɿ⁵⁵ ŋɛ²¹? tsɔ³¹³ʑi²¹.
水 TOP 足 手 洗 水 不 足 什么 是 露水

哎，山头上有一塘水，洗脚够了，洗手呢又不够。是什么？是露水。 （讲述者：李厚）

7. 蓑衣和风筝

i³³mə⁴² de⁴² bɛ²¹ ma²¹ tɕi²¹, i³³mə⁴² ma²¹ de⁴² bɛ²¹ a³³ mɯ³³ tha⁴² da⁵⁵ ʑi²¹. a⁵⁵tsɿ⁵⁵ ŋɛ²¹?
毛 长 飞 不 会 毛 不 长 飞 AST 天 上 上 去 什么 是

so⁴²bɛ⁴² eŋ²¹ kɛ⁵⁵ fɔ³³tsɛ³³ ŋɛ³¹³.
蓑衣 嗯 和 风筝 是

长毛的不会飞，不长毛的能飞上天。是什么？蓑衣和风筝。 （讲述者：李厚）

8. 石磨

a³³bo³³gɚ⁴²mo²¹ di⁵⁵li⁵⁵ te²¹ te⁵⁵ di⁵⁵ zo⁵⁵ di⁵⁵, tshɿ³³ pa³³ li⁵⁵ nu³³ ɣui⁵⁵ le²¹ ɣui⁵⁵ le²¹ li⁵⁵.
老倌倌 矮矮 一 个 矮 又 矮 屎 若 拉 TOP 团 转 团 转 拉

a⁵⁵tsɿ⁵⁵ ŋɛ²¹? lo³³tshɯ⁵⁵.
什么 是 石磨

一个老倌矮又矮，拉起屎来团团甩。是什么？石磨。 （讲述者：李荣）

9. 花椒

i³³ zo³³ nu³³ kua³³ se⁴² phi⁴², ʑa³³ mo²¹ nu³³ ɣɯ³³zɿ²¹ se⁴² phi⁴². a⁵⁵tsɿ⁵⁵ ŋɛ²¹？ dzə⁴².
3sg 儿 TOP 摔 死掉　　3sg 娘 TOP 笑　　 死掉　什么 是　花椒
儿子摔死掉，老娘笑死掉。是什么？花椒。

（讲述者：李荣）

二　谚语

1. bu²¹ ʔum³³ nu³³ ʑi²¹dza⁵⁵ kə³¹³，tɕhi⁵⁵ ʔum³³ nu³³ tshɛ⁴²pə⁴² kə³¹³．
   山　高　 TOP 水　隔　　气　高　 TOP 财富　　隔
   山高隔水，气高隔财。

2. ŋo²¹ gɛ²¹ i³³kɯ³³ sɿ²¹ gɛ²¹ ʔum³³ ma²¹ ɲi²¹ a⁵⁵ne⁵⁵，
   1sg STPT 棵　　别人 STPT 高　 不　如　 即使
   ŋo²¹ gɛ²¹ i³³mo²¹ sɿ²¹ gɛ²¹ la³³ ma²¹ ma²¹ nɚ³³．
   1sg STPT 籽粒　别人 STPT PTPT 不　小
   即使我的棵儿没有别的高，但我的籽粒也不比别的小。

3. tsho²¹ nu³³ ɣə³³ tɕa⁴² ɣə³³ dzɯ³³，dzɛ³³mu³³ nu³³ ɣə³³ tɕa⁴² ɣə³³ dzɚ³³．
   人　　 TOP 越　挨　越　生　　牲口　　 TOP 越　挨　越　熟
   人越相处越生，牲口越相处越熟。

4. mjo³¹³ nu³³ mɯ²¹ kua³³ ma²¹ do²¹，dʐo²¹mo²¹ ne³³ sɯ³³ kua³³ ma²¹ do²¹，
   活计　 TOP 做　　完　　不得　　 路　　　　 TOP 走　完　　不得
   ba⁵⁵dʑi³³ ne⁵⁵ ta⁴² guɚ⁴² kua³³．
   话　　　 TOP 不　说　　完
   活计做不完，路走不完，话说不完。

5. sɿ³¹³mo²¹ nu³³ ta⁴² ɕa⁵⁵ lɚ²¹，tsho²¹mo³³gə⁴² nu³³ ta⁴² sɿ²¹ na⁴²．
   种子　　 TOP 莫　下　迟　 老人　　　　 TOP 莫　死　早
   种子莫种迟，老人莫死早。

6. tsho²¹ xa³³ʑa⁵⁵ nu³³ xo⁵⁵ xa³³ʑa⁵⁵．
   人　　怎样　　 TOP 货　怎样
   人像什么，货像什么。

（讲述者：李荣）

三　讲述

（一）植物

1. 香椿

ŋo²¹ gɯ⁵⁵ ŋo²¹dze⁴² ne³³ɕa³³ dzu²¹ ɕi³³ gɛ²¹ ɕi⁵⁵kɯ³³ te²¹ ɕo²¹ guɚ⁴² ɛ³³．
1sg AGT 1pl　　 地方　　 有　　些　 STPT 树　　 一　种　说 PRT

ɕi⁵⁵kuɯ³³	ne³³	ɕo²¹	i³³	mɛ³¹³	ne³³	tɕo⁵⁵	tshun³³ɕi⁵⁵	u³³	a⁵⁵ga⁵⁵.	tshun³³ku³³	ne⁵⁵
树	那	种	3sg	名	TOP	就	椿树	叫	PRT	椿树	TOP

tɕo⁵⁵.	tshun³³	sui⁴²	khu⁴²	də³³	tshun³³thjɛ³³	pa³³	tɕhi²¹	tɕo⁵⁵	tshun³³	pa⁵⁵	du⁵⁵	lɛ²¹
就	香椿	每	年	都	春天	若	到	就	香椿	发	出	来

a⁵⁵ga⁵⁵.	te²¹	to³³	te²¹	to³³	a³³	na⁴²	pa⁵⁵	du⁵⁵	lɛ²¹	ɛ⁵⁵.	pa³³	pa⁵⁵	du⁵⁵	lɛ²¹
PRT	一	朵	一	朵	STPT	那样	发	出	来	PRT	若	发	出	来

ni⁵⁵bo²¹bo²¹	a³³	nə²¹phə⁵⁵phə⁵⁵	a⁵⁵	nu³³	tɕo⁵⁵	dzo³³	ɛ⁵⁵.	tshun³³	te³³	ɕo²¹	ne⁵⁵
红彤彤	STPT	嫩嫩的	PRT	TOP	就	吃	PRT	香椿	这	种	TOP

tɕo⁵⁵	tso⁴²ljɔ⁵⁵	ki⁵⁵	ɛ⁵⁵	ɕan³³tan³³	ɕum³³.	a²¹ve⁴²to⁴²	pa³³	tʂʅ⁵⁵	tɕo⁵⁵	i³³	sa⁴²
就	佐料	做	PRT	相当	香	很远	若	在	就	3sg	气味

nuɯ³¹³	ɣo⁴²	tɕa⁴².	pa³³	u³¹³	gə³³	tsui²¹	u³¹³	no³³.	sui⁴²	ɣə⁴²	ɛ²¹	də³³	tshun³³kuɯ³³
闻	得	到会	若	卖	也	最	卖	好	谁	家	PRT	都	椿树

te²¹dze⁴²mo²¹	tə³³	za⁵⁵.	tshun³³kuɯ³³	ne³³	ɕo²¹	xə˞⁵⁵	ɣə˞³³	phi⁴²	na³³	pa³³	tɕhi²¹
很多	种	PRT	椿树	那	种	还	长大	掉	TEPT	若	到

xə˞⁵⁵	khui²¹	um²¹	tshə˞⁴²ljɔ⁵⁵	ki⁵⁵.	kui²¹	tɕa³³tɕi⁵⁵	gə˞³³	ne³³	ɕo²¹	gə˞³³	gu²¹.
还	可以	嗯	材料	做	可以	家具	也	那	种	也	做

我来说一下我们这里的一种树。这种树叫椿树。每年到了春天会发出香椿芽。一朵一朵地，红彤彤地发出嫩嫩的芽。用这种香椿芽做佐料吃起来相当香。在很远的地方就能闻得到它的气味。这种香椿芽卖也很好卖。每家都种很多椿树。椿树长大了，还可以做打家具的材料。

kui²¹	tɕa³³tɕi⁵⁵	gə˞³³	ne³³	ɕo²¹	gə˞³³	gu²¹.	mu⁴²ljɔ⁵⁵	tɕho³³	ɕi³³	te²¹	ɕo³³
可以	家具	也	那	种	也	做	木料	好	些	一	种

sua⁵⁵	za⁵⁵.	um²¹	tshun³³	ne³³	ɕo³³	ne⁵⁵	i³³	vi⁵⁵	i³³	mo²¹	pa³³	də⁴²	xə˞⁵⁵	i³³
算	PRT	嗯	椿	那	种	TOP	3sg	花	3sg	果	若	结	还	3sg

mo²¹	dze⁴²	xə˞⁵⁵	de³¹³	ve²¹	ki⁵⁵	lɛ²¹	a³³	thə³³	pa³³	sin³³	i³³	ku³³	nuɯ³³	tɕi⁴²
果	些	还	也	拿	过	来	LNK	一下	若	撒	3sg	树	长	会

zo⁵⁵	i³³	ku⁵⁵	ne³³dze⁴²	gə˞³¹³.	pa³³	phə⁵⁵	ki⁵⁵	lɛ²¹	thə˞⁵⁵	lə⁴²	fə˞⁴².	thə˞⁵⁵tə˞³¹³
又	3sg	皮	那些	也	若	扒	过	来	一下	晒	干	捣

muɯ⁵⁵	na³³	pa³³	ki⁵⁵.	u³¹³	pa³³	ljo³³	u³¹³	xɯ⁴²	pa³³	ke⁴²	tɕo⁵⁵	tshun³³	vi⁵⁵
碎	PTPT	若	做	菜	若	炒	菜	里	若	放	就	椿	味

dzu²¹	la³³	ɕum³³phə⁵⁵phə⁵⁵	a⁵⁵.	tso⁴²ljɔ⁵⁵	gə˞³¹³	ki⁵⁵	do²¹.	tshun³³	ne³³ɕo²¹	pa³³
有	PRT	香喷喷	STPT	佐料	也	做	可以	椿	那些	若

kha⁴² ne⁵⁵ tɕo⁵⁵ tshun³³ kha⁴² la⁵⁵ŋo⁴² gɯ⁵⁵ kha⁴² ɛ⁵⁵. tshun³³kɯ³³ ne⁵⁵ xa²¹
摘　LNK　就　椿　摘　钩钩　INST　摘　PRT　椿树　　TOP　很

ʔum³³ to⁴² xa²¹ phə⁴² to⁴² ȵa⁴² za⁵⁵ a²¹. ȵa⁴² kja⁵⁵ gɯ⁵⁵ tɕo⁵⁵ tshui³³kɯ³³
高　STPT　很　大　STPT 那样　样　PRT　那样　做　因为　就　椿树

tha³³ mɚ⁵⁵ da⁵⁵ zi²¹ na³³ ki⁵⁵ nu³³ tɕo⁵⁵. la⁵⁵ŋo⁴² ne³³ ba⁵⁵ na³³ xə⁵⁵ mo²¹ba⁵⁵
上　爬　上　去　PTPT 做　TOP　就　　钩钩　那　根　LOC　还　竹竿

ɕi³³ɕi³³ a³³ te²¹ ba⁵⁵ tə⁵⁵ ȵa⁴² zɛ³¹³. na³³ pa³³ ki⁵⁵ tɕo⁵⁵ te²¹ to³³ te²¹ to³³
长长　PRT　一　根　斗　粘　着　LNK　若　做　就　一　朵　一　朵

a³³ kha⁴² tshɛ²¹ lɛ²¹ a⁵⁵ga⁵⁵ thə³³ tshun³³ pa³³ kha⁴² ne⁵⁵ tɕo⁵⁵. te²¹dze⁴²po⁴²
PRT 摘　下　来　PRT　头　椿　若　摘　LNK　就　　全部

le⁵⁵pi⁵⁵pi⁵⁵ a⁵⁵ kha⁴² kuan⁴² phi⁴² za⁵⁵. te²¹ to³³ gə³¹³ ma²¹ to³³ zɛ³¹³ za⁵⁵.
光溜溜　PRT 摘　光　掉　PRT 一　朵　也　不　留　着　PRT

ɚ⁵⁵ tshun³³ kha⁴² na³³ pa³³ tɕhi²¹ tɕo⁵⁵. te²¹ tsha⁵⁵ na³³ tɕo⁵⁵ ȵi²¹ pə³³ to³³
二　椿　摘　TEPT 若　到　就　一　权　LOC 就　二　朵　留

zɛ³¹³. i³³ gɯ⁵⁵ pa⁵⁵ du⁵⁵ lɛ²¹ to³³.
着　3sg AGT　发　出　来　让

　　能用椿树打家具算得上是一种好木料。如果开花、结果，它的果，可以拿来撒一撒，就会长出树。它的皮可以扒下来晒干，捣碎一下，炒菜时放在菜里，菜就香喷喷的了，可以做佐料。如果摘椿，用椿钩摘。椿树长得很高大。这样就要爬到椿树上去。钩子上要拴一根长竹竿接着。摘头椿，要一朵一朵地摘下来，要全部摘光，一朵都不要留下。但到了摘二椿时，一权上要留两朵，让它发出来。

ɚ⁵⁵ tshun³³ ma²¹ kha⁴² pa³³ ki⁵⁵ tshun³³kɯ³³ tɕo⁵⁵. te²¹ khu⁴² te²¹ khu⁴² a³³
二　椿　不　摘　若　做　椿树　　就　一　年　一　年　PRT

pa³³ ki⁵⁵ tɕo⁵⁵ sʅ²¹ phi⁴² tɕi⁴² ɛ⁵⁵. sui⁴²khu⁴² də³³ ɚ⁵⁵ tshun³³ kha⁴² ma⁴². ɚ⁵⁵
若　做　就　死　掉　会　PRT　每年　　都　二　椿　摘　必须　二

tshun³³ ɣə³¹³ kha⁴² nu³³ shun³³kɯ³³ kɯ³³ tɕo⁵⁵ ɣə³¹³ fɛ⁴² ɣə³¹³ tɕho³³. tshun³³
椿　越　摘　LNK 椿树　　棵　就　越　肥　越　好　椿

te³³ ɕo²¹ ne⁵⁵ tɕo⁵⁵ zɛ³³ gə³³ dzo³³ do²¹. ljo⁵⁵ gə³³ ljo⁵⁵lɚ⁴² do²¹. um²¹ zi²¹xa⁵⁵
这　种　是　就　腌　也　吃　可以　炒　也　炒　可以　嗯　开水

bja⁵⁵ xɯ⁴² thə⁵⁵ thi²¹ na³³ ki⁵⁵ nu³³ zo⁵⁵ la³¹³tsʅ⁴² xɯ⁴² ke⁴² na³³ ȵa⁴² a⁵⁵
开　一　下　烫　PTPT 做　LNK　又　蘸水　　里　放　LOC 那样 PRT

kja⁵⁵ ɚ⁵⁵ gə⁵⁵ ɚ⁵⁵ lɚ⁴²do²¹. xa⁵⁵xa⁵⁵ dzo³³ də³³ tɕo⁵⁵ a⁵⁵mə³³ ɛ²¹ khə²¹ve⁵⁵
做　泡　也　泡　可以　　什么　吃　都　就　自己　　STPT 口味

na³³ tshu²¹ a³³ dzo³³ a⁵⁵ga⁵⁵. tsui²¹ dzo³³ mi²¹ tsui²¹ ɕum³³.
PRT 顺着 STPT 吃 PRT 最 吃 好 最 香

如果不摘二椿，每年发出来的芽就会死掉。所以每年都必须把二椿摘掉。二椿摘的越多，椿树长得就越肥越好。这种椿叶可以腌吃，也可炒来吃。在开水里烫一下，就可以放在蘸水里蘸着吃。根据自己的口味，想怎么吃，就怎么吃。椿树很香，最好吃。

（讲述者：李兰珍）

2. 花椒

ŋo²¹ gɯ⁵⁵ ŋo²¹dze⁴² ne³³ɕa³³ dzu²¹ ɕi³³ gɛ²¹ dzə⁴² ne³³ ɕo²¹ thɚ⁵⁵ guə⁴²
1sg AGT 1pl 那里 有 STPT STPT 花椒 那 种 一下 说

ɛ³³. ŋo²¹dze⁴² ne³³ɕa³³ dzu²¹ ɕi³³ gɛ²¹ dzə⁴² ne⁵⁵ tɕo⁵⁵ li³³ ɕo²¹ dzu²¹ ɛ⁵⁵. lɔ²¹
PRT 1pl 那里 有 STPT STPT 花椒 TOP 就 四 种 有 PRT 老

phi²¹tsɔn²¹ te²¹ ɕo²¹ dzu²¹. sin³³ phi²¹tsɔn²¹ te²¹ ɕo²¹ dzu²¹. kja⁵⁵ bɯ⁵⁵tha⁴² gɛ²¹
品种 一 种 有 新 品种 一 种 有 和 山上 STPT

mu³³ dzə⁴² te²¹ ɕo²¹ dzu²¹. ɣa⁵⁵ dzə⁴² te²¹ ɕo²¹ dzu²¹. xɯ³¹³ gɛ²¹ lɔ²¹ phi²¹tsɔn²¹
马 花椒 一 种 有 鸡 花椒 一 种 有 家里 STPT 老 品种

kja⁵⁵ sin³³ phi²¹tsɔn²¹ ne³³ ɲi²¹ ɕo²¹ tɕo⁵⁵ xɯ³¹³ tɚ³³ a⁵⁵ga⁵⁵. dzə⁴² ne³³ ɕo²¹
和 新 品种 那 两 种 就 家里 种 PRT 花椒 那 种

ne⁵⁵ tɕo⁵⁵ i³³ phjo³³ a⁵⁵ mɯ⁵⁵lɯ⁵⁵ zo³³ za⁵⁵. um²¹ dzə⁴² ne³³ dze⁴² lɔ²¹
TOP 就 3sg 叶子 PRT 细细 小 PRT 嗯 花椒 那 些 老

phi²¹tsɔn²¹ nu³³ tɕo⁵⁵ i³³ dzu³¹³ ne⁵⁵mja⁴² ma²¹ mjo³³. pa³³ kha⁴² gə³³ djo⁵⁵
品种 LNK 就 3sg 刺 那么 不 多 若 摘 也 一点儿

kha⁴² no³³ te²¹ tshu⁵⁵ te²¹ tshu⁵⁵ a⁵⁵. nu³³ pa³³ dzo³³ gə³³ lɔ²¹ phi²¹tsɔn²¹ ne³³
摘 好 一 串 一 串 PRT LNK 若 吃 也 老 品种 那

ɕo²¹ tɕo⁵⁵ tui³³ də³³ djo⁵⁵ ɕum³³. zo²¹ gɛ²¹ xɚ⁵⁵ ɕum³³. sin³³ phi²¹tsɔn²¹ ne³³
种 就 多 都 一点儿 香 麻 STPT 还 香 新 品种 那

ɕo²¹ ne⁵⁵ tɕo⁵⁵. i³³ dzɯ³¹³ mjo³³ ɛ⁵⁵.
种 TOP 就 3sg 刺 多 PRT

我来讲一下我们这里的花椒。我们这里有四种花椒，一种是老品种花椒，一种是新品种花椒，山上还有马花椒、鸡花椒。老品种和新品花椒一般种在家里。那种花椒，叶子细细的。老品种花椒，树上的刺不多，好摘。老品种花椒一串一串的，吃起来也更香一点儿，更麻一点儿，又麻又香。新品种花椒刺多一点儿。

kha⁴²	ma²¹	no³³.	nu³³	tshan²¹lja²¹	nu³³	tɕo⁵⁵	te²¹djo⁵⁵	ʔum³³.	tui³¹	də³³
摘	不	好	LNK	产量	LNK	就	一点儿	高	多	都

djo⁵⁵	də⁴².	nu³³	sin³³	phi²¹tsɔn²¹	ne³³	ɕo²¹	ne⁵⁵	pa³³	dzo³³	tɕo⁵⁵	zo²¹	ɛ⁵⁵
一点儿	结	LNK	新	品种	那	种	TOP	若	吃	就	麻	STPT

ɕɔm³³	tu⁵⁵	ma²¹	dzu²¹.	nu³³	te²¹	ɣɚ²¹	nu³³	tɕo⁵⁵	tɚ³³	a³³	pa³³	u³¹³	nu³³
香	度	没	有	LNK	一	些	TOP	就	种	AST	若	卖	LNK

tɕo⁵⁵	sin³³	phi²¹tsɔn²¹	ne³³	ɕo²¹	tɚ³³	ɕi³³	mjo³³.	te²¹	ɣɚ²¹	nu³³	tɕo⁵⁵	dzo³³
就	新	品种	那	种	种	些	多	一	些	LNK	就	吃

sɿ⁵⁵	kɯ³³zo³³	pa³³	tɚ²¹	tɕo⁵⁵	lo²¹	phi²¹tsɔn²¹	tɚ³³	a⁵⁵ga⁵⁵.	dzə⁴²	ne³³	ɕo³³	pa³³
STPT	几棵	若	种	就	老	品种	种	PRT	花椒	那	种	若

tɚ³³	ne⁵⁵	tɕo⁵⁵	dzɚ⁴²	i³³	n̠i⁵⁵	ve²¹	ki⁵⁵	le²¹	na³³	kja⁵⁵	si⁵⁵	ɛ⁵⁵.
种	LNK	就	花椒	3sg	子	拿	过	来	LNK	做	撒种	PRT

不好摘，但花椒结得多，产量高一点儿。新品种花椒，吃起来只麻不香。有些人比较喜欢卖新品种花椒。有些人只种老品种花椒。如果种花椒就拿花椒籽来撒就行了。

ne³¹³mɯ²¹	djo⁵⁵	ki⁵⁵	na³³	ki⁵⁵	nu³³	ne³¹³mɯ²¹	dze⁴²	pa³³	sin⁵⁵	ke⁴²	zɛ³¹³
泥土	小点儿	用	LNK	做	LNK	泥土	些	若	撒种	装	着

zi²¹dza⁵⁵	djo⁵⁵djo⁵⁵	tshu⁴²	na³³	pa³³	ki⁵⁵	tɕo⁵⁵	dzə⁴²	ku³³	tɕo⁵⁵	nɯ³³	tɕa⁴².
水	一点点儿	浇	那样	若	做	就	花椒	树	就	长出	会

pa³³	nɯ³³	du⁵⁵	lɛ²¹	djo⁵⁵	ɣɚ³³	na³³	pa³³	tɕhi²¹	zo⁵⁵	te²¹	ga⁵⁵	tsan²¹	tɚ³³
若	出	出	来	点儿	大	LNK	若	到	又	一	次	移	种

na³³	pa³³	ki⁵⁵.	dzə⁴²	ɕo²¹	tɕo⁵⁵	zi⁵⁵pa³³	tɚ³³	ke⁴²	zɚ³³	sə³³	li³³	khu⁴²	lu⁴²
那样	若	做	花椒	种	就	一般	种	下	去	三	四	年	足

na³³	pa³³	tɕhi²¹	tɕo⁵⁵	dzə⁴²	kha⁴²	ɣo⁴²	do²¹	la³³.	lu⁴²	na³³	pa³³	tɕhi²¹	tɕo⁵⁵
TEPT	若	到	就	花椒	摘	得	到	AST	足	TEPT	若	到	就

dzə⁴²	kha⁴²	ɣo⁴²	do²¹	la³³.	sə³³	li³³	khu⁴²	ma²¹	lu⁴²	a³³	ne³³xə³³	ne⁵⁵	dzə⁴²
花椒	摘	得	到	AST	三	四	年	不	足	PRT	那时	LNK	花椒

də⁴²	ma²¹	tɕi⁴²	se³³.	ne⁵⁵	dzə⁴²	pa³³	kha⁴²	ne⁵⁵	tɕo⁵⁵	zi⁵⁵pa³³	tɕo⁵⁵	lu⁴²	tɕhi⁴²
结	不	会	还	LNK	花椒	若	摘	LNK	就	一般	就	六	七

zi³³	fə⁵⁵	ne³³	tun⁵⁵	tɕo⁵⁵	dzə⁴²	khu⁴²	a⁵⁵ga⁵⁵.	dzə⁴²	ne⁵⁵	khu⁴²	pa³³	du⁵⁵	phi⁴²
月份	那段	就	花椒	摘	PRT	花椒	TOP	年	若	出	掉

tɕo⁵⁵	dzə⁴²	tɕo⁵⁵	i³³	phjo³³	pa⁵⁵	lɛ²¹	i³³	vi⁵⁵	vi⁵⁵.
就	花椒	就	3sg	叶子	发	来	3sg	花	开

拿点儿土来，把花椒籽撒在土里，经常浇点儿水，花椒树就长出来了。苗长大一点儿后就要移种。一般种三四年后，就会摘花椒了。不满三四年花椒树就不会结花椒。摘花椒一般是在六七月份。年初花椒发出叶子就开花。

na³³ pa³³ ki⁵⁵ tɕo⁵⁵ dzə⁴²tsha⁵⁵zo³³ də⁴². dzə⁴²tsha⁵⁵zo³³ də⁴² ne³³xə³³ ne⁵⁵
LNK 若 做 就 小花椒 结 小花椒 结 那时 TEPT

dzə⁴² dze⁴² ne⁵⁵ tɕo⁵⁵ te²¹ tshu⁵⁵ te²¹ tshu⁵⁵ a³³ nu³³ ljo⁵⁵mu³³mu³³ a³³ za⁵⁵
花椒 些 TOP 就 一 簇 一 簇 STPT LNK 绿油油 STPT 样

ɛ⁵⁵. dzə⁴² dze⁴² um²¹ kha⁴² do²¹ a³³ ne³³xə³³ pa³³ tɕhi²¹ ne⁵⁵ tɕo⁵⁵ ȵi⁵⁵bo²¹bo²¹
PRT 花椒 些 嗯 摘 可以 AST 那时 若 到 LNK 就 红彤彤

a³³ lja⁵⁵tha⁴²tha³³ a³³ na⁴²də³³ za⁵⁵a²¹. nu³³ dzə⁴² ne³³ ɕo³³ ne⁵⁵ ɕa³³tan³³
STPT 亮堂堂 STPT 那样 PRT LNK 花椒 那 种 TOP 相当

ʐo²¹. pa³³ kha⁴² də³³ tɕo⁵⁵. m̩²¹ la⁴²pha⁵⁵ ne³³ɕa³³ də tɕo⁵⁵ ʐo²¹ a³³ la⁴²pha⁵⁵
麻 若 摘 都 就 嗯 手 那些 都 就 麻 AST 手

ne³³. um²¹ khui³³bɯ³³ a³³ thə⁵⁵ pa³³ mə²¹ ɣo⁴² də³³ ʐɔ²¹ a³³ na⁴²za⁵⁵ ɛ⁵⁵.
那 嗯 嘴巴 PRT 一下 若 触 着 都 油 PRT 那样 PRT

dzə⁴² pa³³ kha⁴² ne⁵⁵ tɕo⁵⁵. i³³ phjo³³ tɕa⁴² na³³ te²¹ tshu⁵⁵ te²¹ tshu⁵⁵ a⁵⁵
花椒 若 摘 LNK 就 3sg 叶子 跟 PTPT 一 簇 一 簇 PRT

kha⁴² ki⁵⁵ lɛ²¹.
摘 过 来

然后结出小花椒。小花椒一小簇一小簇的，花椒又嫩又小时绿绿的。摘花椒时，红彤彤亮堂堂的样子。那种花椒相当麻。手都会被花椒搞麻。手摸到嘴，连嘴也会麻。摘花椒要连叶子一簇一簇地摘下来。

thi⁴²lo⁴² mo³³ zo³³ thi⁴² zɛ³¹³ na³³ ki⁵⁵ nu³³ tɕo⁵⁵ pa³³ kha⁴² ki⁵⁵ lɛ²¹
提篮 个 小 提着 LNK 做 LNK 就 若 摘 过 来

ʐo⁵⁵ um²¹. xɯ³¹³ tsha⁵⁵ zo⁵⁵ te²¹ ga⁵⁵ ɕi³³. i³³ phjo³³ dzə⁴² ʐo⁵⁵ te²¹ phjo³³
又 嗯 家里 在 又 一 回 挑拣 3sg 叶子 些 又 一 叶

te²¹ phjo³³ a³³ te²¹ ga⁵⁵ phe⁴² phi⁴². na³³ kja⁵⁵ dzə⁴² nu³³ dzə⁴² də³³də³³
一 叶 PRT 一 回 撒 掉 LNK 做 花椒 TOP 花椒 当当

ki⁵⁵ i³³ pjo³³ nu³³ i³³ pjo³³ də³³də³³ ki⁵⁵. nu³³ dzə⁴² pa³³ u³¹³ ʐi²¹ ne⁵⁵ tɕo⁵⁵.
做 3sg 叶子 TOP 3sg 叶子 当当 做 LNK 花椒 若 卖 去 LNK 就

dzə⁴² ne⁵⁵ zi⁵⁵pa³³ ne⁵⁵ te³³xə³³ ne⁵⁵ tɕo⁵⁵ tɕhi²¹ li⁴² to⁴² te²¹ tɕi³³ u³¹³ ɣo⁴²
花椒 TOP 一般 LNK 现在 LNK 就 十 元 大概 一 斤 卖 得

do²¹. dzə⁴² phjo³³ nu³³ tɕo⁵⁵ um²¹ lja²¹ khuɛ²¹ to⁴² te²¹ tɕi³³ na⁴² kja⁵⁵ u³¹³.
可以 花椒 叶子 LNK 就 嗯 两 元 大概 一 斤 那样 做 卖

要提个小篮子去摘下来。在家里挑拣一次，把叶子一叶一叶地撕下来。把叶子和花椒分出来去卖。现在花椒大概可以卖到十元一斤。花椒叶子大概可以卖到两元一斤。

dzə⁴² phjo³³ ne⁵⁵ tɕi³³ su⁵⁵ ne⁵⁵mja⁴² ma²¹ tɕho³³ za⁵⁵ tɕo⁵⁵ bɯ³³ su⁵⁵
花椒 叶子 TOP 斤 数 那么 不 称 PRT 就 堆 数

u³¹³ a⁵⁵ga⁵⁵ tɕo⁵⁵. te²¹ bɯ³³ zo³³ te²¹ bɯ³³ zo³³ a³³ ki⁵⁵ nu³³ tɕo⁵⁵ zi⁵⁵
卖 PRT 就 一 堆 小 一 堆 小 PRT 做 LNK 就 一

khuɛ²¹ ljan²¹ khuɛ²¹ na³³na⁴² tɕo⁵⁵ te²¹ bɯ³³ zo³³ u³¹³. dzə⁴² nu³³ tɕo⁵⁵ tɕi³³
元 两 元 那样 就 一 堆 小 卖 花椒 TOP 就 斤

su⁵⁵ u³¹³ ɛ⁵⁵. nu³³ bɯ²¹ tha³³ gɛ²¹ mu³³ dzə⁴² ne³³ ɕo³³ ne⁵⁵ tɕo⁵⁵ um²¹.
数 卖 PRT LNK 山 上 STPT 马 花椒 那 种 TOP 就 嗯

i³³xo²¹ ne³³ ɕo²¹ sua³³ a⁵⁵ga⁵⁵ ne⁵⁵ de³¹³ ɕum³³ gə³³ ɕum³³ zo²¹ gə³³ zo²¹ a²¹.
野 那 种 算 PRT LNK 也 香 也 香 麻 也 麻 PRT

ne⁵⁵ te²¹ ɣə²¹ nu⁵⁵ tɕo⁵⁵ ne³³ ɕo²¹ ne⁵⁵mja⁴² dzo³³ ma³³ tɕi⁴² ma⁵⁵ tɕo⁵⁵ ma²¹
LNK 一 些 LNK 就 这 种 那么 吃 不 会 因为 就 不

mo³³ za⁵⁵. te²¹ ɣə³³ nu³³ tɕo⁵⁵ tsuan³³mə⁵⁵ tɕo⁵⁵ bɯ²¹ tha⁴² gu²¹ mu³³ dzə⁴²
要 PRT 一 些 LNK 就 专门 就 山 上 STPT 马 花椒

ne³³ ɕo²¹ kha⁴². mu³³ dzə⁴² ne³³ ɕo²¹ ne⁵⁵ tɕo⁵⁵ i³³ dzɯ³¹³ mjo³³. xɯ³¹³ gɛ²¹
那 种 摘 马 花椒 那 种 TOP 就 3sg 刺 多 家里 STPT

dzə⁴² a⁵⁵sa³³ za⁵⁵ ne⁵⁵ lja⁵⁵ tu⁵⁵ ma²¹ dzu⁴². nu³³ pa³³ u³¹³ tɕo⁵⁵ xɯ³¹³ gɛ²¹
花椒 像 PRT TOP 亮 度 没 有 LNK 若 卖 就 家里 STPT

dzə⁴² te²¹ ɕo²¹ a⁵⁵sa³³ u³¹³ ma²¹ no³³. te²¹ ɣə²¹ nu⁵⁵ xə⁵⁵ tsuan³³mə⁵⁵ tɕo⁵⁵
花椒 那 种 像 卖 不 好 一 些 PRT 还 专门 就

bɯ²¹ tha⁴² gɛ²¹ mu³³ dzə⁴² ne³³ ɕo²¹ kha⁴² ɕi³³ dzu²¹.
山 上 STPT 马 花椒 那 种 摘 STPT 有

花椒叶子一般不用秤称，是一小堆一小堆地那样卖，一元或两元一堆。花椒按斤数卖。山上的马花椒，是一种野花椒，又香又麻。有些人不会吃野花椒就不要野花椒。有些人专门去山上摘野花椒。那种马花椒像家里的花椒多刺，没光亮度，如果去卖就没有家花椒好卖。有些人专门摘山上的马花椒。

zo⁵⁵ bɯ²¹ tha⁴² gɛ²¹ ɣa⁵⁵ dzə⁴² na³³ ne³³ ɕo²¹ ne⁵⁵ tɕo⁵⁵ ljo⁵⁵mɯ³³mɯ³³
又 山 上 STPT 鸡 花椒 那样 那 种 TOP 就 绿油油

a³³ ʐa⁵⁵ ɛ⁵⁵. ȵi⁵⁵bo²¹bo²¹ a³³ ma²¹ ʐa⁵⁵. ne³³ ɕo²¹ gɚ³³ pa³³ kha⁴² ki⁵⁵ lɛ²¹
AST 样 PRT 红彤彤　　　STPT 不 样　那 种 也 若 摘 过 来

tɕo⁵⁵ te²¹ thɚ⁵⁵ lə⁴² fɚ⁴². na³³ kja⁵⁵ tɚ³¹³mɯ⁵⁵ na³³ pa³³ ki⁵⁵ tɕo⁵⁵ tso⁴²ljɔ⁵⁵
就 一 下 晒 干　LNK 做 捣碎　　LNK 若 做 就 佐料

ki⁵⁵ a⁵⁵ga⁵⁵ tɕo⁵⁵. xo²¹ko⁴² ne³³ ɕo²¹ pa³³ tsa⁴² gɚ³³ tɕo⁵⁵. ɣa⁵⁵ dzə⁴² ne³³ ɕo²¹
做 PRT 就　火锅 那 种 若 煮 也 就　鸡 花椒 那 种

djo³³ pa³³ ke⁴² tɕo⁵⁵ tui³³ də³³ dzo²¹ mi²¹ a²¹. zo⁵⁵ so³³bɚ³¹³ pa³³ zɛ³³
一点儿 若 放 就 多 都 好 吃 PRT　又 肉 若 腌

te²¹ɣɚ²¹ ne⁵⁵ tɕo⁵⁵ de³¹³ tsuan³³mɚ⁵⁵ xɚ⁵⁵ ɣa⁵⁵ dzə⁴² djo⁵⁵ so⁴²gua⁴² ki⁵⁵ lɛ²¹
一些　LNK 就 也 专门　　还 鸡 花椒 一点儿 寻找 过 来

na³³ kja⁵⁵.
LNK 做

　　山上的那种鸡花椒是绿油油的，不是红彤彤的。摘下来，晒干一下，捣碎后可以做佐料。煮火锅时，放一点儿鸡花椒更好吃。腌肉时要找一点儿鸡花椒。

　　　tsho³³lo³³ xɯ⁴² ke⁴² a³³ thɚ⁵⁵ tɚ³¹³mɯ⁵⁵ na³³ n̥a⁴² ki⁵⁵ nu³³. fɚ⁴² a³³
　　　碓窝 里 放 AST 一下 捣碎　　LNK 那样 做　LNK 干 AST

də³³də³³ tɚ³¹³mɯ⁵⁵ tɕi⁴² ɛ⁵⁵ ma²¹ fɚ⁴² pa⁵⁵ ne³³ tɚ³¹³mɯ⁵⁵ ma²¹ tɕi⁴². thɚ⁵⁵
当当 捣碎　会 PRT 不 干 如果 LNK 捣碎　　不 会　一下

tɚ³¹³mɯ⁵⁵ na³³ pa³³ ki⁵⁵ tɕo⁵⁵. um²¹ pa³³ to³³zɛ³¹³ te²¹ khu⁴² po⁴² tɕo⁵⁵ tso⁴²ljɔ⁵⁵
捣碎　　LNK 若 做 就　嗯 若 放着 一 年 整 就 佐料

ki⁵⁵ a⁵⁵ga⁵⁵. dzə⁴² ne³³ ɕo²¹ gɚ³³ tɕo⁵⁵ um²¹. ve²¹ ki⁵⁵ lɛ²¹ na³³ kja⁵⁵ thɚ⁵⁵
做 PRT　　花椒 那 种 也 就 嗯　拿 过 来 LNK 做 一下

lə⁴² fɚ⁴². nu³³ i³³ ȵi⁵⁵ na⁵⁵bɯ²¹bɯ²¹ a³³ ne³³ mo³³. te²¹ thɚ⁵⁵ kho⁵⁵ phi⁴²
晒 干　LNK 3sg 籽 黑黑　　　 STPT 那 个　一 下 控 掉

na³³ pa³³ ki⁵⁵ tɕo⁵⁵. i³³ ku⁵⁵ ne³³ ku⁵⁵ də³³də³³ mo³³ ɛ⁵⁵. n̥a⁴² pa³³ ki⁵⁵
LNK 若 做 就　3sg 皮 那 皮 当当　 要 PRT　那样 若 做

i³³ ku⁵⁵ ne³³ ku⁵⁵ tɕo⁵⁵. thɚ⁵⁵ tɚ³¹³mɯ⁵⁵ na³³ pa³³ to³³ zɛ³¹³ tɕo⁵⁵ te²¹ khu⁴²
3sg 皮 那 皮 就　一下 捣碎　　LNK 若 放着 就 一 年

po⁴² tɕo⁵⁵ um²¹ tso⁴²ljɔ⁵⁵ ki⁵⁵ a⁵⁵ga⁵⁵. ɕɛ⁴²tshɚ⁵⁵ pa³³ zɛ³³ gɚ³³ ɕɛ⁴²tshɚ⁵⁵ xɯ⁴²
整 就 嗯 佐料　　做 PRT　　咸菜 若 腌 也 咸菜 里

gɚ³³ ke⁴² do²¹. so³³bɚ³¹³ pa³³ zɛ³³ so³³bɚ³¹³ xɯ⁴² gɚ³³ ke⁴² do²¹. zo⁵⁵ dzə⁴²
也 放 可以 肉 若 腌 肉 里 也 放 可以 又 花椒

xua³³tɕou³³ʐɔ⁴² pa³³ phou⁵⁵ ne⁵⁵ tɕo⁵⁵ dzə⁴² si³³si³³ɕɛ³³ɕɛ³³ ne³³ dze⁴².
花椒油　　　若　泡　LNK　就　花椒　新新鲜鲜　那　些

放进碓窝里捣碎一下。只有干的才好捣碎。不干的捣不碎。捣碎后，就可以留着做一年的佐料。花椒拿来晒干后，黑黑的籽就会掉下来。一般只要它的皮，捣碎后留着就可以做一年的佐料。腌咸菜也可以放在咸菜里。如果泡花椒油，就要用新鲜花椒。

pa³³ kha⁴² ki⁵⁵ lɛ²¹ tɕo⁵⁵ ma²¹ tshŋ³³ a⁵⁵ la³³. um²¹ thə⁵⁵ pa³³ tshŋ³³ ne⁵⁵
若　摘　过　来　就　不　洗　AST AST 嗯　一下　若　洗　LNK

zi²¹dza⁵⁵ ɲi²¹ a³³ gu⁵⁵ ma²¹ tshŋ³³ a⁵⁵ la³³ tɕo⁵⁵ sou³³tɕi³³ pha⁴² zo³³ xɯ⁴²
水　　　有　AST 因为　不　洗　AST AST 就　筲箕　　把　小　里

ke⁴² zɛ³¹³ na³³ ki⁵⁵ nu³³. zə³³ʑi³³ te²¹ dze⁴² ve²¹ ki⁵⁵ lɛ²¹ na³³ thə⁵⁵ ljɛ⁵⁵
放　着　LNK 做　LNK 香油　一　些　拿　过　来　LNK　一下　炼

nu³³ zə³³ʑi³³ dze⁴² tsu⁴² phi⁴² na³³ pa³³ tɕhi²¹ tɕo⁵⁵. dzə⁴² ne³³ dze⁴² tɕo⁵⁵
LNK 香油　些　冷　掉　TEPT 若　到　就　花椒　那　些　就

phi³³phi³³ mo³³ xɯ⁴² um²¹ gu²¹ ke⁴² zɛ³¹³ na³³ pa³³ ki⁵⁵ tɕo⁵⁵. zo³³ zə³³ʑi³³
瓶子　　个　里　嗯　弄　放　着　LNK 若　做　就　又　香油

tsu⁴² phi⁴² a³³ ne³³ dze⁴² tɕo⁵⁵ i³³ xɯ⁴² to⁵⁵ ke⁴² zɛ³¹³ na³³ pa³³ ki⁵⁵. te²¹
冷　掉　PRT 那　些　就　3sg 里　倒　放　着　LNK 若　做　一

la⁴² to⁴² pa³³ phou⁵⁵ tɕo⁵⁵ xua³³tɕou³³ʐɔ⁴² phou⁵⁵ phja⁴² la³³. tɕo⁵⁵ zə³³ʑi³³ ne³³
月　大概　若　泡　就　花椒　　　油　泡　成　AST 就　香油　那

dze⁴² gə³³ zo²¹ a³³ na⁴² zɛ⁵⁵ nu⁵⁵ tɕo⁵⁵. u³¹³ pa³³ ljo³³ u³¹³ xɯ⁴² gə³³ ke⁴²
些　也　麻　PRT 那　样　LNK 就　菜　若　炒　菜　里　也　放

do²¹. la³¹³tsŋ²¹ pa⁵⁵ xɯ⁴² gə³³ ke⁴² do²¹ na³³ ki⁵⁵ tɕo⁵⁵ dze⁴² ne⁵⁵ tɕo⁵⁵
可以 蘸水　　碗　里　也　放　可以 LNK 做　就　花椒 TOP 就

tso⁴²ljo⁵⁵ te²¹ ɕo²¹ sua⁵⁵ a⁵⁵ga⁵⁵.
佐料　　一　种　算　PRT

新鲜花椒摘下来后不能洗，洗了有水分。摘下来后不洗，放在一把小筲箕里。拿一些香油来炼一下，等香油冷却后，把花椒放在一个瓶子里，再把冷却的香油倒在里面泡。大概泡一个月，花椒油就泡成了。香油也就麻了。炒菜时可以放，蘸水里也可以放。花椒算是一种佐料。

（讲述者：李兰珍）

3. 山楂

ŋo²¹ guɯ⁵⁵ ŋo²¹dze⁴² ne³³ɕa³³ dzu²¹ ɕi³³ sʅ⁵⁵u²¹ te²¹thə⁵⁵ guə⁴² ɛ²¹. ŋo²¹dze⁴²
1sg AGT 1pl 那里 有 STPT 山楂 一下 说 AST 1pl

ne³³ɕa³³ dzu²¹ ɕi³³ ge²¹ sʅ⁵⁵u²¹ ne⁵⁵ tɕo⁵⁵ sə³³ ɕo²¹ dzu²¹ ɛ⁵⁵. xɯ³¹³ ge²¹
那里 有 STPT STPT 山楂 是 就 三 种 有 AST 家里 STPT

sʅ⁵⁵u²¹ te²¹ ɕo²¹ dzu²¹. zo⁵⁵ sʅ⁵⁵u²¹ ɲi⁵⁵bo²¹bo²¹ a³³ te²¹ ɕo²¹ dzu²¹. bu²¹tha⁴²
山楂 一 种 有 又 山楂 红彤彤 PRT 一 种 有 山上

ge²¹ sʅ⁵⁵u²¹ i³³xo²¹ te²¹ ɕo²¹ dzu²¹. xɯ³¹³ ge²¹ sʅ⁵⁵u²¹ ne³³ ɕo²¹ ne⁵⁵ tɕo⁵⁵.
STPT 山楂 野 一 种 有 家里 STPT 山楂 那 种 TOP 就

um²¹ ɲi⁵⁵bo²¹bo²¹ a³³ ne⁵⁵mja⁴² za⁵⁵ ma²¹ tɕi⁴². te²¹djo⁵⁵ ɲi²¹ te²¹djo⁵⁵ ljo⁵⁵
嗯 红彤彤 STPT 那么 成 不 会 一小点儿 红 一小点儿 绿

na³³ za⁵⁵ tɕi³³ ɛ⁵⁵. sʅ⁵⁵u²¹ ne³³ ɕo²¹ ne⁵⁵ tɕo⁵⁵. khu⁴² du⁵⁵ phi⁴² ge³¹³ ə⁵⁵
LNK 成 会 PRT 山楂 那 种 TOP 就 年 出 掉 后 二

sa³³ zi³³ pa³³ tɕhi²¹ tɕo⁵⁵ i³³ vi⁵⁵ vi⁵⁵ a⁵⁵ la⁵⁵. i³³ vi⁵⁵ pa³³ vi⁵⁵ i³³ vi⁵⁵
三 月 若 到 就 3sg 花 开 AST PRT 3sg 花 若 开 3sg 花

pɯ³³ ne⁵⁵ tɕo⁵⁵ a⁵⁵na⁵⁵zo³³ za⁵⁵ nu⁵⁵ phi⁵⁵tə²¹tə²¹ a³³ te²¹djo⁵⁵ za⁵⁵ na³³na⁴²
朵 TOP 就 小小 STPT LNK 白白 STPT 一小点儿 样 那样

za⁵⁵ ɛ⁵⁵. sʅ⁵⁵u²¹ kɯ³³ ne³³ ɕo²¹ na³³ xə⁵⁵ i³³ i³³dzɯ³¹³ də⁴² tɕi⁴². sʅ⁵⁵u²¹
成 PRT 山楂 树 那 种 LOC 还 3sg 刺 结 会 山楂

ne⁵⁵ tɕo⁵⁵ i³³ dzɯ³¹³ də⁴² ɛ⁵⁵. ne⁵⁵ sʅ⁵⁵u²¹ kɯ³³ ne³³ ɕo²¹ gə³³.
TOP 就 3sg 刺 结 PRT LNK 山楂 树 那 种 也

我来讲一下我们这里的山楂。我们这里有三种山楂。一种是家种的，有一种山上野生的。野山楂的果红彤彤的。家种的山楂，不会那么红彤彤的，有点儿红绿红绿的。那种山楂，过了年后，到了二三月份就开花了。开花时它的花朵，小小的、白白的样子。那种山楂树会长刺。那种山楂树是有刺的。

xa²¹phə⁴²to⁴² a²¹ ʔum³³ to⁴² na⁴² za⁵⁵ tɕa⁴². ɣə³³ ɣə³³ te²¹ pja²¹ mo²¹
很 大 STPT 高 STPT 那样 成 会 大 大 一 丛 大

phja⁴² tɕa⁴². ɕi⁵⁵kɯ³³ a²¹phə⁴²to⁴² za⁵⁵ tɕi⁴². nu³³ sʅ⁵⁵u²¹ ne³³ ɕo²¹ pa³³ də⁴²
成 会 树 很大的 成 会 LNK 山楂 那 种 若 结

tɕo⁵⁵ a⁵⁵na⁵⁵zo³³ te²¹ mo³³ zo³³ te²¹ mo³³zo³³ a³³ pa³³ ki⁵⁵. i³³ vi⁵⁵ pɯ³³
就 小小的 一 个 小 一 个 小 PRT 若 做 3sg 花 朵

ŋɛ²¹ ne³³na³³ xə⁵⁵ tɕo⁵⁵. i³³ vi⁵⁵ tsʅ⁵⁵ te²¹djo⁵⁵ də²¹ kho³³ zə³¹³ sa³³
STPT 那里 还 就 3sg 花 朵 一小点儿 结 空 着 像

te²¹djo⁵⁵ za⁵⁵ ε⁵⁵. nu³³ sɿ⁵⁵u²¹ ne³³ dze⁴² ne⁵⁵ tsa³¹³sɿ³³ ɣɚ³³ ma²¹ tɕi⁴². tɕo⁵⁵
一小点儿 成 PRT LNK 山楂 那些 TOP 怎么 大 不 会 就

la⁴²ɲi⁴²ɣɚ³³mo²¹ te²¹ tɕi³³ ɣɚ³³ dzu²¹ tɕi⁴². nu³³ tɕhi⁴² ʑi³³ pa⁵⁵ to⁴² pa³³ tɕhi²¹
拇指 一 指 大 有 会 LNK 七 月 半 大概 若 到

tɕo⁵⁵. tɕhi⁴²ʑi³³ pa⁵⁵ pa⁴²ʑi³³ sɿ⁵⁵ u²¹ tso²¹ ʐo⁵⁵ pa³³ tɕhi²¹ tɕo⁵⁵. sɿ⁵⁵u²¹ ne³³
就 七月 半 八月 十 五 左 右 若 到 就 山楂 那

dze⁴² tɕo⁵⁵ me⁴² la³³. sɿ⁵⁵u²¹ ne³³ dze⁴² pa³³ me⁴² tɕo⁵⁵ i³³ tɕo⁵⁵ bɚ⁵⁵ tshe²¹
些 就 成熟 AST 山楂 那 些 若 成熟 就 3sg 就 掉 下

lε²¹. pa³³ bɚ⁵⁵ tshe²¹ lε²¹ tɕo⁵⁵ kɚ³³ ki⁵⁵ lε²¹ na³³ kja⁵⁵ thɚ⁵⁵ ɣo³³ tshi³³.
来 若 掉 下 来 就 捡 过 来 LNK 做 一下 PRT 洗

su²¹dʐa⁴²dʐa⁴² a³³ thɚ⁵⁵ tshi³³ na³³ pa³³ ki⁵⁵ tɕo⁵⁵ dzo³³ to²¹ la³³. sɿ⁵⁵u²¹ si³³ɕε³³
干干净净 PRT 一下 洗 LNK 若 做 就 吃 可以 PRT 山楂 新鲜

ne³³ ɕo²¹ pa³³ dzo³³ ne⁵⁵ de³¹³ te²¹djo⁵⁵ tsi³³ te²¹djo⁵⁵ tshɿ³³ na³³ ɲa⁴²
那 种 若 吃 是 也 一小点儿 酸 一小点儿 甜 LNK 那样

ki⁵⁵ nu³³.
做 PRT

山楂树长得高高大大，一大丛一大丛的。树很大，结出来的山楂却小小的。花朵里空一点儿，会留下花的痕迹。结出来的山楂不怎么大，只有一个拇指那么大。到了七月半，八月十五左右，山楂就成熟了。山楂成熟后就掉下来了。掉下来的山楂就捡回来，洗一洗，干干净净地洗一下就可以吃了。吃新鲜山楂酸中带甜。

de³¹³ dzo³³mi²¹ a²¹. sɿ⁵⁵u²¹ ne³³ ɕo²¹ xɚ⁵⁵ tsɿ²¹ gɚ³³ phou⁵⁵ do²¹. tsɿ²¹ pa³³
也 好吃 PRT 山楂 那 种 还 酒 也 泡 可以 酒 若

phou⁵⁵ tɕo⁵⁵ sɿ⁵⁵u²¹ djo⁵⁵ ke⁴². pi³³than⁴² djo⁵⁵ ke⁴² na³³ pa³³ ki⁵⁵ tɕo⁵⁵ tsɿ²¹
泡 就 山楂 点儿 放 冰糖 点儿 放 LNK 若 做 就 酒

phou⁵⁵ a⁵⁵ga⁵⁵. tsɿ²¹ pa³³ phou⁵⁵ du⁵⁵ lε²¹ tsɿ²¹ ne³³ ɕo²¹ pa³³ du²¹ tɕo⁵⁵. um²¹
泡 PRT 酒 若 泡 来 来 酒 那 种 若 喝 就 嗯

de³¹³ ɕou³³xua⁵⁵ tɕi⁴² tɕɕ⁵⁵we⁵⁵ na³³ɲa⁴² tso⁴²ʐo⁵⁵ djo⁵⁵ tɕhi²¹. ʐo⁵⁵ sɿ⁵⁵u²¹ ne³³
也 消化 会 健胃 那样 作用 点儿 起 又 山楂 那

ɕo²¹ xɚ⁵⁵ dzo³³ kua³³ ma²¹ tɕi⁴² pa³³ ki⁵⁵ ve²¹ ki⁵⁵ lε²¹ na³³ ki⁵⁵ nu³³. thɚ⁵⁵
种 还 吃 完 不 会 若 做 拿 过 来 LNK 做 PRT 一下

tshɿ³³ thɚ⁵⁵ khua³³ kε³¹³ na³³ ki⁵⁵ nu³³ tɕo⁵⁵ i³³ ɲi⁵⁵ ne³³ dze⁴² le⁵⁵pi⁵⁵pi
洗 洗 一下 划开 LNK 做 LNK 就 3sg 籽 那 些 滑溜溜

a⁵⁵	thɚ⁵⁵	ŋə³³	phi⁴²	na³³	pa³³	ki⁵⁵	tɕo⁵⁵	ve²¹	ki⁵⁵	lɛ²¹	na³³	kja⁵⁵	um⁵⁵tɕi³³
PRT	一下	抠	掉	LNK	若	做	就	拿	过	来	LNK	做	筛子

pha⁴²	xuɯ⁴²	ke⁴²	zɛ³¹³	na³³	ki⁵⁵	nu³³	tɕo⁵⁵	lə⁴²	fɚ⁴².	lə⁴²	fɚ⁴²	na³³	kja⁵⁵	pa³³
把	里	装	着	LNK	做	LNK	就	晒	干	晒	干	LNK	做	若

to³³	zɛ³¹³	tɕo⁵⁵	sui⁴²xɚ³³	mo³³	də³³	sui⁴²xɚ³³	dzo³³	ɣo³³do²¹	tɕo⁵⁵	sɿ⁵⁵u²¹	dzu²¹	ɯ³³
放	着	就	随时	要	都	随时	吃得	可以	就	山楂	干	叫

a⁵⁵ga⁵⁵	ne³³	ɕo²¹	tɕo⁵⁵	zo⁵⁵	sɿ⁵⁵u²¹	dzu²¹	ne³³	dze⁴²	xɚ⁵⁵	ve²¹	ki⁵⁵	lɛ²¹	a³³.
PRT	那	种	就	又	山楂	干	那	些	还	拿	过	来	PRT

so³³do³³na⁵⁵	djo⁵⁵	ke⁴²	na³³	kja⁵⁵	gɚ³³	tsa⁴²	lə⁴²	do²¹	zo⁵⁵	so³³do³³na⁵⁵	dze⁴²
红糖	点儿	放	LNK	做	也	煮	吃	可以	又	红糖	些

ve²¹	ki⁵⁵	lɛ²¹	na³³	kja⁵⁵.
拿	过	来	LNK	做

山楂好吃着呢。那种山楂还可以泡酒。泡酒时就放一点儿山楂，放一点儿冰糖。山楂泡出来后的酒可以喝。喝这种酒帮助消化，有健胃的作用。山楂如果吃不完就拿来，洗一下然后划开，把它的籽全部抠掉，放在筛子里晒干。晒干后的山楂放着，随时可以吃。那种山楂干拿来，放点儿红糖可以煮着吃。

de³¹³	tsɔu³³	zɛ³¹³	na³³	thɚ⁵⁵	tsɔu³³	na³³	kja⁵⁵	gɚ³³	dzo³³	do²¹	sɿ⁵⁵u²¹	xɚ⁵⁵
也	糟	着	LNK	一下	糟	LNK	做	也	吃	可以	山楂	还

de³¹³	sɿ⁵⁵u²¹	gɛ²¹	le⁵⁵dzi³³	gu²¹.	tsɔ⁴²zo⁵⁵	ne⁵⁵	ȵi⁵⁵	sə³³	ɕo²¹	mo²¹	dzu²¹	a²¹.
也	山楂	STPT	糖	弄	作用	是	二	三	种	不止	有	PRT

sɿ⁵⁵u²¹	ȵi⁵⁵bo²¹bo²¹	a³³	ne³³	ɕo²¹	ne⁵⁵	tɕo⁵⁵	pa³³	na⁵⁵ȵi³³	zɛ³¹³	ne⁵⁵	tɕa⁴²pa⁴²
山楂	红彤彤	STPT	那	种	是	就	若	看	着	LNK	非常

tɕho³³.	tɕa⁴²pa⁴²	mɚ⁵⁵	za⁵⁵	dzu²¹.	ne⁵⁵	ne³³	ɕo²¹	ne⁵⁵	tɕo⁵⁵	dzo³³	ma²¹	mi²¹.
俏	非常	卖	样	有	LNK	那	种	TOP	就	吃	不	好

ve²¹	ki⁵⁵	lɛ²¹a³³	tɕo⁵⁵	tsuan³³mɚ⁵⁵	tɕo⁵⁵	tsɿ²¹	phɔu⁵⁵	də³³də³³	mo⁴³	do²¹	ɛ⁵⁵.	dzo³³
拿	过	LNK	就	专门	就	酒	泡	单单	要	得	PRT	吃

a³³	ne⁵⁵	tɕo⁵⁵	dzo³³	ma²¹	mi²¹	tɕo⁵⁵	bu²¹tha⁴²	gɛ²¹	sɿ⁵⁵u²¹	ne³³	ɕo²¹	ne⁵⁵
STPT	LNK	就	吃	不	好	就	山上	STPT	山楂	那	种	TOP

tɕo⁵⁵.	sɿ⁵⁵u²¹	ne³³	mo³³	i³³xo²¹	ŋɛ²¹	ɛ⁵⁵	a⁵⁵nɚ⁵⁵zo³³	də³³də³³	za⁵⁵	tɕi⁴²
就	山楂	那	个	野	是	PRT	小小的	单单	成	会

ljo⁵⁵muɯ³³muɯ³³	a³³	za⁵⁵	ȵi⁵⁵bo²¹bo²¹	ne⁵⁵mja⁴²	za⁵⁵	ma²¹	tɕi⁴².
绿油油	STPT	成	红彤彤	那么	成	不	会

山楂干也可以糟着吃，还可以用来做山楂糖。它的好处不止两三种。红彤彤的山楂，看起来就非常漂亮，非常有卖相，但不好吃。但可以拿来专门泡酒。山上野生的那种山楂是野山楂，结出来的果只会小小的、绿绿的，不会红。

nu³³　buɯ²¹thaʴ²　gɛ²¹　sɿ⁵⁵u²¹　ne³³　ɕo²¹　pa³³　dzo³³　ne⁵⁵　tɕo⁵⁵. tshɿ²¹muɯ³³muɯ³³
TOP 山上　　STPT 山楂　那　种　若　吃　LNK 就　甜蜜蜜

a³³　ma²¹　za⁵⁵. te²¹djo⁵⁵zo³³　kho³³　ne⁵⁵mjaʴ²　dzo³³　ma²¹　mi²¹. nu³³　buɯ²¹thaʴ²　gɛ²¹
STPT 不　成　一小点儿　　苦　那么　　吃　不　好　LNK 山上　　STPT

sɿ⁵⁵u²¹　ne³³　ɕo²¹　tɕo⁵⁵　dzo³³　ɕi³³　ma²¹　dzu²¹. um²¹　buɯ²¹thaʴ²　gɛ²¹　sɿ⁵⁵u²¹　ne³³
山楂　那　种　就　吃　STPT 不　有　嗯　山上　　STPT 山楂　那

ɕo³³　kəʴ²　guɯ³³lɛ²¹　na³³　kja⁵⁵　xɯ³¹³　təʴ³³　ze³¹³. na³³　ki⁵⁵　nu³³　zo⁵⁵　xɯ³¹³　gɛ²¹
种　挖　回来　LNK 做　家里　种　着　LNK 做　LNK 又　家里　STPT

sɿ⁵⁵u²¹　te²¹　ɕo²¹. i³³　za³³　tshɿ³³　ki⁵⁵　lɛ²¹　a³³　kja⁵⁵　te²¹thəʴ⁵⁵　tsaʴ²　thəʴ⁵⁵　pa³³
山楂　一　种　3sg 枝　摘　过　来　LNK 做　一下　嫁接　一下　若

tsaʴ²　pa³³　tsaʴ²　sɿ³¹³　lɛ²¹　pa³³　də³³　du⁵⁵　lɛ²¹　tɕo⁵⁵　sɿ⁵⁵u²¹　i³³tsəʴ³³　gɛ²¹　xɯ³¹³
嫁接 若　嫁接 活　来　若　结　出　来　就　山楂　真真　　STPT 家里

gɛ²¹　te²¹　ɕo²¹　pjaʴ²　la³³. sɿ⁵⁵u²¹　tɕo⁵⁵　na⁴²　sə³³　ɕo²¹　dzu²¹　ɛ⁵⁵.
STPT 这　种　成　AST 山楂　就　那样　三　种　有　PRT

　　吃山上的那种山楂，不甜，还有点儿苦，一点儿都不好吃。山上的那种山楂没人吃。把山上的山楂树，挖回来种着，又把家里的山楂树枝条摘来嫁接一下，成活了就变成家里的山楂了。这就是三种山楂。

（讲述者：李兰珍）

4．核桃

ŋo²¹dzeʴ²　ne³³ɕa³³　dzu²¹　ɕi³³　gɛ²¹　sɿ⁵⁵me²¹　te²¹thəʴ⁵⁵　guəʴ²　ɛ²¹. ŋo²¹dzeʴ²
1pl　　那里　　有　STPT STPT 核桃　　一下　说　PRT 1pl

ne³³ɕa³³　dzu²¹　ɕi³³　gɛ²¹　sɿ⁵⁵me²¹　ne⁵⁵　tɕo⁵⁵　sə³³　ɕo²¹　dzu²¹　ɛ⁵⁵. sɿ⁵⁵me²¹ɳo³³zo³³
那里　　有　STPT STPT 核桃　　TOP 就　三　种　有　PRT 泡核桃

dzu²¹　sɿ⁵⁵me²¹kɯ⁵⁵mo³³　dzu²¹　a⁵⁵mjoʴ²sɿ⁵⁵me²¹　dzu²¹　tɕo⁵⁵　te³³　sə³³　ɕo²¹　dzu²¹
有　铁核桃　　　　　有　野核桃　　　　　有　就　这　三　种　有

ɛ⁵⁵. sɿ⁵⁵me²¹ɳo³³zo³³　ne⁵⁵　tɕo⁵⁵. sɿ⁵⁵me²¹kɯ⁵⁵mo³³　ne³³　xo⁵⁵　te²¹dzeʴ²　ve²¹　ki⁵⁵
PRT 泡核桃　　　TOP 就　铁核桃　　　　那　种　一些　　拿　过

lɛ²¹　na³³　kja⁵⁵　thəʴ³³　təʴ³³　pa³³　təʴ³³　sɿ³¹³　lɛ²¹　zo⁵⁵　sɿ⁵⁵me²¹ɳo³³zo³³　i³³　za³³
来　LNK 做　一下　种　若　种　种　活　又　泡核桃　　　　3sg 枝条

ve²¹ ki⁵⁵ lɛ²¹ na³³ kja⁵⁵ tsa⁴² pa³³ tsa⁴² sɿ³¹³lɛ²¹ tɕo⁵⁵ sɿ⁵⁵me²¹ȵo³³zo³³ pja⁴²
拿 过 来 AGT 做 嫁接 若 嫁接 活 就 泡核桃 成

la³³. sɿ⁵⁵me²¹ȵo³³zo³³ ne³³ ɕo²¹ ne⁵⁵ tɕo⁵⁵. um²¹ zi⁵⁵pa³³ de³¹³ tɕo⁵⁵ tɕhi⁴² pa⁴²
AST 泡核桃 那 种 TOP 就 嗯 一般 也 就 七 八

zi³³fə⁵⁵ pa³³ tɕhi²¹ tɕo⁵⁵ sɿ⁵⁵me²¹. tshə⁴²su⁴² la³³ sɿ⁵⁵me²¹ pa³³ me⁴² tɕo⁵⁵ bə⁵⁵
月份 若 到 就 核桃 成熟 PRT 核桃 若 成熟 就 掉

tshe²¹ lɛ²¹ na³³ pa³³ ki⁵⁵.
下 来 LNK 若 做

我来说一下我们这里有的核桃。我们这里有三种核桃。有泡核桃、铁核桃和野核桃。泡核桃，拿一些铁核桃树来栽着。栽活后就用泡核桃的枝条来嫁接。嫁接活了就变成泡核桃了。一般那种泡核桃到了七八月份，核桃成熟就会掉下来。

pa³³ kə³³ gu³³ lɛ²¹ tɕo⁵⁵ i³³ ku⁵⁵ dze⁴² thə⁵⁵ phə⁵⁵ phi⁴² na³³ ki⁵⁵ nu⁵⁵
若 捡 回 来 就 3sg 皮 些 一下 剥 掉 LNK 做 LNK

zo⁵⁵ lə⁴² fə⁴² na³³ pa³³ ki⁵⁵ zo⁵⁵. pa³³ dzo³³ tɕo⁵⁵ la⁴²pha⁵⁵ gu⁵⁵ thə⁵⁵ pa³³
又 晒 干 LNK 若 做 又 若 吃 就 手 INST 一下 若

nu⁵⁵ tɕo⁵⁵ nu⁵⁵ be⁴² la³³. phou³³lu³³lu³³ a³³ nu⁵⁵ tɕo⁵⁵ sɿ⁵⁵me²¹ȵo³³zo³³ gu⁵⁵
捏 就 捏 开 AST 泡泡的 STPT LNK 就 泡核桃 PTPT

dzo³³ ɕi³³ mjo³³ ɛ⁵⁵. sɿ⁵⁵me²¹ku⁵⁵mo²¹ ne³³ ɕo⁵⁵ ne⁵⁵ tɕo⁵⁵ pa³³ bə⁵⁵ tshe²¹ lɛ²¹ pa³³
吃 STPT 多 PRT 铁核桃 那 种 TOP 就 若 掉 下 来 若

kə³³ gu⁵⁵ lɛ²¹ de³¹³ thə⁵⁵ ɣo³³ lə⁴² fə⁴² na³³ pa³³ ki⁵⁵. um²¹ tshui⁴²tsha⁵⁵zo³³
捡 回 来 就 一下 PRT 晒 干 PTPT若 做 嗯 小锤

te²¹ mo³³ gu⁵⁵ khou³³ na³³ ki⁵⁵ tshə³³ dzo³³ ɣo³³ do²¹ ɛ⁵⁵. nu⁵⁵ be²¹ ma²¹
一 个 INST 打 AGT 做 才 吃 得 到 PRT 捏 开 不

tɕi⁴². a⁵⁵mjo³³sɿ⁵⁵me²¹ ne³³ ɕo²¹ nu²¹ zo⁵⁵ ku⁵⁵lɯ⁵⁵bɛ⁵⁵ma³³ na⁴² za⁴² ɛ⁵⁵. i³³
开 野核桃 那 种 LNK 又 硬硬的 那样 成 PRT 3sg

ku⁵⁵ ne³³ dze⁴² tɕo⁵⁵ lə³³ li⁵⁵. lə⁵⁵tɕa³³pa³³ma³³ na⁴² za³³ nu⁵⁵ a⁵⁵mjo³³sɿ⁵⁵me²¹
壳 那 些 就 癞 又 癞癞的 那样 成 LNK 野核桃

ne³³ ɕo²¹ ne⁵⁵ tɕo⁵⁵. tsuan⁴²mə⁵⁵ tɕo⁵⁵ sɿ⁵⁵me²¹ ɡɛ²¹ zo³³zi³³ tsa⁵⁵ ɛ⁵⁵. i³³ xu⁴²
那 种 TOP 就 专门 就 核桃 STPT 香油 榨 PRT 3sg 里面

tɕo⁵⁵ tshə²¹ ȵi²¹ ɛ⁵⁵ ȵa⁴² ki⁵⁵ nu³³ tɕo⁵⁵. i³³ xu⁴² tɕo⁵⁵ tshə²¹ ȵi²¹ ɛ⁵⁵ ȵa⁴²
就 油 有 PRT 那样 做 LNK 就 3sg 里面 就 油 有 PRT 那样

ki⁵⁵ nu³³ tɕo⁵⁵ zə³³zi³³ tsa⁵⁵ ɡɛ²¹ sɿ⁵⁵me²¹ ŋɛ²¹ ɛ⁵⁵. sɿ⁵⁵me²¹ ne³³ ɕo²¹ ne⁵⁵
做 LNK 就 香油 榨 STPT 核桃 是 PRT 核桃 那 种 TOP

tɕo⁵⁵ pa³³ kɚ³³ xɚ⁵⁵ la³³pha⁵⁵ na⁵⁵ phi⁴² tɕi⁴². i³³ ku⁵⁵ ne³³ ku⁵⁵ ljo⁵⁵muɯ³³muɯ³³
就　若　捡　还　手　　　黑　掉　会　3sg 皮　那　皮　绿油油
a³³ ʐa⁵⁵.
PRT 成

　　捡来了就把它的皮剥掉。因为泡泡的，吃泡核桃的人就多。泡核桃晒干后，吃时用手捏一下就开了。那种铁核桃掉下来后捡回来，晒干一下，用小锤敲开后才吃得到。铁核桃捏不开。野核桃是硬硬的。它的壳是癞癞的。那种癞癞的野核桃，核桃里面有油，可用来榨核桃油。那种核桃，捡时手会黑，它的皮绿绿的。

nu³³ ne³³ ku⁵⁵ xɯ⁴² xɚ⁵⁵ i³³ zi²¹ te²¹dze⁴² n̩i²¹. la⁴²pha⁵⁵ na³³ i³³ zi³³
LNK 那　皮　里　还　3sg 汁　一些　　　有　手　　　LOC 3sg 汁
ne³³ dze⁴² pa³³ də⁴² tɕo⁵⁵ na⁵⁵bə⁴²tshə⁴² ma³³ ʐa⁵⁵ tʂʅ³³so²¹ ma²¹ tɕi⁴² a²¹mja⁴²to⁴²
那　些　若　粘　就　黑黑的　　　PRT 成　洗干净　不　会　非常
tʂʅ³³so³³. nu³³ sʅ⁵⁵me²¹ pa³³ kɚ³³ ne⁵⁵ tɕo⁵⁵ su⁵⁵ljɚ⁵⁵ gɛ²¹ so²¹thɔu⁵⁵ ne³³ xɔ⁵⁵
难洗　　LNK 核桃　若　捡　LNK 就　塑料　　STPT 手套　那　种
te²¹ dze²¹ tə⁴² ʐɛ³¹³ na³³ tɕo⁵⁵ kɚ³³ zi⁵⁵ na³³ta⁴² na⁵⁵na⁵⁵ a⁵⁵ muɯ³³thi³¹³xɯ⁵⁵lɯ⁵⁵zo³³
一　双　戴　着　LNK 就　捡　去　早上　早早　PRT 黎明
pa³³ ʐa⁵⁵ tɕo⁵⁵ kɚ³³ ʐa³¹³ ga⁵⁵. nɚ²¹ na³³ta⁴² ma³³ma³³ dzo³³ phi⁴² gɛ³¹³ pa³³
若　成　就　捡　去　PRT 2sg 早上　饭　吃　掉　后　若
kɚ³³ zi²¹ ne⁵⁵ tɕo⁵⁵ sʅ²¹ gɯ⁵⁵ kɚ³³ phi⁴² a³³ tɕo⁵⁵ na³³ ɣo⁴² ma²¹ tɕi⁴² sʅ⁵⁵me²¹
捡　去　LNK 就　别人 AGT 捡　掉　AST 就　捡　得　不　会　核桃
kɚ³³ ɕi³³ gɚ³³ ŋo²¹dzʅ³³ a⁵⁵nɚ⁵⁵zo³³ ne³³xɚ⁵⁵ ne⁵⁵ tɕo⁵⁵. sʅ⁵⁵me²¹ ne⁵⁵ tɕo⁵⁵ a²¹sʅ³³
捡 STPT 也　1pl　　小时候　　那时　TEPT 就　核桃　TOP 就　谁
gɛ²¹ na³³ ma²¹ fi³³ ʐa⁵⁵. te²¹ khua⁵⁵ po⁴² gɛ²¹ sʅ⁵⁵me²¹ ŋɛ²¹ nu³³ tɕo⁵⁵.
STPT PRT 不　分　PRT 一　村　全部 STPT 核桃　是　LNK 就

　　皮里还有汁。如果手上粘了汁，黑黑的，洗都洗不干净，而且非常难洗。因此捡核桃时，就要戴着一双塑料手套去捡。早上早早地去捡，天要亮时去捡。如果你吃过早饭去捡，就会被别人捡完了，你就捡不到了。捡核桃的人多。我们小时候，核桃树是不分谁家的，是全村人的。

sʅ⁵⁵me²¹ kɚ³³ tsʅ²¹ ne³³kɚ⁴² pa³³ tɕhi²¹ tɕo⁵⁵ na³³ta⁴² na⁵⁵na⁴² tɕo⁵⁵ tu³³ ʐa³¹³
核桃　捡　时候　那时　若　到　就　早上　早早　就　起来　去
sʅ⁵⁵me²¹ kɚ³³ zi²¹. te³³xɚ³³ ne⁵⁵ tɕo⁵⁵ fi³³. fi³³ khə³³ a⁵⁵mɚ³³mɚ³³ tɚ³³ nu³³ tɕo⁵⁵
核桃　捡　去　现在　TEPT 就　分　分　开　自己　　　种　LNK 就

a⁵⁵mə³³mə³³ gɛ²¹ kə³³. nu³³ te²¹ɣə²¹ ne⁵⁵ tɕo⁵⁵ ma²¹ bə⁵⁵ se³³ tɕo⁵⁵ ŋə⁵⁵ te²¹
自己　　　STPT　捡　　LNK 一些　　　TOP　就　不　掉　还　就　摇　一

ku³³ po⁴² thə⁵⁵ pa³³ ŋə⁵⁵ tɕo⁵⁵ te²¹ ku³³ po⁴² pa³³ bə⁵⁵ tshe²¹ lɛ²¹ tɕo⁵⁵ kə³³.
棵　全部　一下　若　摇　就　一　棵　全部　若　掉　下　来　就　捡

te²¹ɣə²¹ nu³³ tɕo⁵⁵ su²¹ ze³¹³ na³³ kja⁵⁵ i³³ gu⁵⁵ li²¹lu⁵⁵zo³³ bə⁵⁵ to³³ te²¹mo³³
一些　　　TOP　就　养　着　TEPT 做 3sg AGT 慢慢地　　　掉　让　一个

bə⁵⁵ tshe²¹ lɛ²¹ nu³³ te²¹ mo³³ kə³³ na³³ ɳa⁵⁵ kə³³ a⁵⁵gə⁵⁵. sŋ⁵⁵me²¹ tɕo⁵⁵ te³³
掉　下　来　LNK 一　个　捡　PTPT那样　捡　PRT　　　核桃　　就　这

sə³³ ɕo²¹ dzu²¹ ɛ⁵⁵. guə⁴² kua³³ la³³.
三　种　有　PRT　说　完　AST

　　到捡核桃的季节，早上要早早地起来去捡核桃。现在核桃树分到户了，自己的自己捡。有一些人呢，核桃还没掉就去摇树。一次就把整棵核桃树上的核桃都摇下来捡完了。有些人就养着慢慢让它掉下来，掉一个，就捡一个。核桃就有这三种。

（讲述者：李兰珍）

5. 松树

ŋo²¹ gu⁵⁵ ŋo²¹dze⁴² ne³³ɕa³³ su⁴²ku³³ te²¹thə⁵⁵ guə⁴² ɛ²¹. ŋo²¹dze⁴² ne³³ɕa³³
1sg AGT 1pl　　　那里　　松树　　一下　　　说　PRT 1pl　　　那里

ne⁵⁵ tɕo⁵⁵ su⁴²ku³³ tɕa⁴²pa⁴² mjo³³ um²¹ bu²¹ sui³³ mo³³ tha⁴² də³³ su⁴²ku³³
TOP　就　松树　　非常　　　多　　嗯　山　谁　个　上　都　松树

dzu²¹ a²¹. ne⁵⁵ su⁴²ku³³ ne⁵⁵ ɕo²¹ ne⁵⁵ tɕo⁵⁵ su⁴²be²¹ pa³³ də²¹ ne⁵⁵ ɕi⁵⁵li²¹
有　PRT LNK 松树　　那　种　TOP 就　松苞　　若　结　LNK 树林

na⁴² a³³ ne³³ɕa³³ su⁴²ku³³ mjo³³ ne³³ɕa³³ tɕo⁵⁵ ne⁵⁵ mja⁴² də⁴² ma²¹ tɕi⁴² su⁴²ku³³
深　STPT那里　　松树　　多　　那里　　就　那　多　　结　不　会　松树

djo⁵⁵ mə²¹ a²¹to³³ tsa³¹³mo²¹ɕi⁵⁵kə³³ djo⁵⁵ mjo³³. su⁴²ku³³ ne³³ ku³³ gu⁵⁵ tui³³
点儿　少　其他　杂木树　　　　　　点儿　多　　松树　　那　棵　AGT 多

də³³ pa³³ ʔum³³ tɕo⁵⁵ su⁴²ku³³ ne³³ ku³³ tɕo⁵⁵ su⁴²be²¹ də⁴² tɕi⁴² la³³. su⁴²ku³³
都　若　高　　就　松树　　那　棵　就　松苞　　结　会　PRT 松树

ne³³ ɕo²¹ ne⁵⁵ tə³³ ke⁴² zɛ³¹³ ge³¹³ um²¹ tɕhi²¹ khu⁴² to⁴² lu⁴² a³³ tshə⁵⁵
那　种　TOP 种　放　着　后　嗯　十　年　大概　足　AST 才

su³³be²¹ də⁴² tɕi⁴² ɛ²¹. su⁴²be²¹ pa³³ də⁴² ne⁵⁵ tɕhi⁵⁵khu⁴² pa³³ də⁴² ne⁵⁵ na⁵⁵xa⁴²
松苞　　结　会　PRT 松苞　　若　结　LNK 今年　　　　若　结　LNK 明年

tshɚ⁵⁵ kha⁴² ɣo⁴² do²¹ ɛ⁵⁵.
才　 摘　 得　 可以　PRT

我来讲一下我们这里的松树。我们这里的松树很多，每座山上都有。如果松树结松苞，松树多的地方，松苞就结得少；松树少，其他杂木树多，高一点儿的那棵松树松苞就会结得多。种了松树后，大概十多年才会结松苞。今年结的松苞明年才可以摘。

su⁴²be²¹ ne⁵⁵ ȵi²¹ khu⁴² tshɚ⁵⁵ ɣə³³ ɛ⁵⁵. tɕhi⁵⁵khu⁴² də³³ a³³ tɕo⁵⁵ tɕhi⁵⁵khu⁴²
松苞　 TOP　两　 年　 才　 大　 PRT 今年　 结　 PRT 就　今年

tɕo⁵⁵ kha⁴² ɣo⁴² ma²¹ do²¹ nu³³ su⁴²be²¹ pa³³ kha⁴² ne⁵⁵ tɕo⁵⁵ ʑi⁵⁵pa³³ ne⁵⁵
就　 摘　 得　 不　可以　LNK 松苞　 若　 摘　 LNK 就　 一般　 LNK

tɕo⁵⁵ tɕhi⁴²ʑi³³ pa⁵⁵ tso²¹ ʐo⁵⁵ pa³³ tɕhi²¹ tɕo⁵⁵ su⁴²be²¹ kha⁴² a⁵⁵ la³³. ne⁵⁵
就　 七月　 半　 左　 右　 若　 到　 就　 松苞　 摘　 AST PRT LNK

de³¹³ sɿ⁴²tɕɛ³³ ne⁵⁵ tɕo⁵⁵ pa⁴²ʑi³³ sa³³ sɿ⁴² xɔ⁵⁵ tso²¹ ʐo⁵⁵ tɕhi²¹ ma²¹. te²¹tho⁴²tho⁴²
也　 时间　 TOP　就　 八月　 三　 十　号　左　 右　到　 必须　有时候

ne⁵⁵ tɕo⁵⁵ tɕhi⁴²ʑi³³ pa⁵⁵ ku⁴² na⁴². te²¹tho⁴²tho⁴² nu³³ tɕo⁵⁵ tɕhi⁴²ʑi³³ pa⁵⁵ ku⁴²
TOP　就　 七月　 半　 过　 早　 有时候　 LNK 就　 七月　 半　 过

lə²¹. tɕhi⁴²ʑi³³ pa⁵⁵ na³³ də³³də³³ ma²¹ nə⁴² kɛn³³tɕi⁵⁵. tɕo⁵⁵ sɿ⁴²tɕɛ³³ na³³ kɛn³³tɕi⁵⁵
晚　 七月　 半　 TEPT 单单　 不　 能　根据　 就　 时间　 TEPT 根据

a⁵⁵ga⁵⁵. pa⁴²ʑi³³ ɣɛ⁵⁵ sɿ⁴² xɔ⁵⁵ to⁴² pa³³ tɕhi²¹ tɕo⁵⁵ su⁴²be²¹ kha⁴² do²¹ la³³.
PRT　 八月　 二　 十　号　大概　若　到　 就　 松苞　 摘　 可以　PRT

su⁴²be²¹ pa³³ kha⁴² ʑi²¹ ne⁵⁵ tɕo⁵⁵ te²¹ ɣɚ³³ nu³³ tɕo⁵⁵ su⁴²be²¹ kɯ³³ la⁵⁵ŋu³³
松苞　 若　 摘　 去　 LNK 就　 一　 些　 LNK 就　 松苞　 钩　 钩子

ne³³ ɕo²¹ gɯ⁵⁵ kha⁴² a⁵⁵ga⁵⁵. nu³³ su⁴²be²¹ kɯ³³ la⁵⁵ŋu³³ ne³³ ɕo²¹ ne⁵⁵ tɕo⁵⁵
那　 种　 INST 摘　 PRT　 LNK 松苞　 钩　 钩子　 那　 种　 TOP　就

i³³ du³³ nu³³ li³³to³³ a⁵⁵sa³³ djo⁵⁵ ʑa⁵⁵ te²¹djo⁵⁵ tha⁵⁵. nu³³ mo²¹ te²¹ ba⁵⁵
3sg 头　 LNK 镰刀　 像　 点儿　样　 一小点儿　快　 LNK 竹　一　 根

tə⁵⁵ ke⁴² ʐe³¹³ na³³ ki⁵⁵ nu³³ tɕo⁵⁵ su⁴²be²¹ la⁵⁵ŋu³³ ne³³ ɕo²¹ gɯ⁵⁵ kha⁴².
拼　 进　 着　 LNK 做　 LNK 就　 松苞　 钩子　 那　 种　 INST 摘

te²¹ɣɚ²¹ nu³³ tɕo⁵⁵ su⁴²be²¹ la⁵⁵ŋu³³ ma²¹ mo³³ pa³³ ki⁵⁵ tɕo⁵⁵ wa³³to³³ tsa⁴²
一些　 LNK 就　 松苞　 钩子　 不　 要　 若　 做　 就　 砍刀　 把

ve²¹ ʐe³¹³. na³³ pa³³ ki⁵⁵ tɕo⁵⁵ su⁴²kɯ³³ ne³³ kɯ³³ tha⁴² pa³³ mɚ⁵⁵ da⁵⁵ ʑi²¹
拿　 着　 LNK 若　 做　 就　 松树　 那　 棵　 上　 若　 爬　 上　 去

tɕo⁵⁵ su⁴²be²¹ də⁴² a³³ i³³ ka²¹la²¹ ne³³ ka²¹ tɕo⁵⁵ wa³³to³³ gɯ⁵⁵ dʑi⁵⁵ tshe²¹
就　 松苞　 结　 STPT 3sg 杈枝　 那　 枝　 就　 砍刀　 INST 砍　 下

lɛ²¹.	na³³	pa³³	ki⁵⁵	zo⁵⁵.	pa³³	dzi⁵⁵	tshe²¹	lɛ²¹	zo⁵⁵	su⁴²be²¹	ne³³	mo³³.	dzi⁵⁵
来	LNK	若	做	又	若	砍	下	来	又	松苞	那	个	砍

ki⁵⁵	lɛ²¹	na³³	ki⁵⁵	nu³³.	su⁴²be²¹	ne³³	mo³³	ne⁵⁵	tɕo⁵⁵	e²¹	ku⁵⁵	e²¹	ku⁵⁵	a⁵⁵
过来	AGT	做	TOP		松苞	那	个		TOP	就	一	壳	一	壳	STPT

za⁵⁵	nu³³.	ljo⁵⁵mu³³mu³³	a⁵⁵	za⁵⁵	ɛ⁵⁵	djo⁵⁵	ɣɚ³³	na³³	ki⁵⁵	nu³³.
样	LNK	绿油油		STPT	成	PRT	点儿	大	TOP	做	TOP

松苞需要两年才长大。今年结的今年摘不得。松苞一般到七月半左右才能摘。到八月三十号左右必须摘。有时七月半过得早。有时七月半过得晚。因此,不能只根据七月半。而要根据那年的时间。大概到八月二十号就可以摘松苞了。摘松苞要用钩子。钩子像镰刀一样有点儿锋利,接一根竹子在钩子上就可以摘松苞了。有些人不用松苞钩子而用弯刀。爬到松树上去就把结松苞的那树枝,用砍刀砍下来,那样做,松苞砍下来,松苞是一壳一壳的、绿绿的,有点儿大。

i³³	ku⁵⁵	ne³³	dze⁴²	tɕo⁵⁵	tɕan³³	tɕan³³	tɕo⁵⁵	tshɛ⁴²ti³³ti³³mo²¹	i³³	ku⁵⁵	na³³
3sg	壳	那	些	就	将	将	就	穿山甲	3sg	壳	LOC

ŋɯ²¹	ɛ⁵⁵.	ŋo²¹dze⁴²	ne³³ɕa³³	ne⁵⁵	su⁴²	su⁴²ku³³	gɚ³³	mjo³³	su⁴²be²¹	gɚ³³	mjo³³.
像	PRT	1pl	那里	TOP	松	松树	也	多	松苞	也	多

sɿ²¹	djo⁵⁵	kha⁴²	ɣo⁴²	tɕa⁴²	ne³³ɣa²¹	ne⁵⁵	te²¹	khu⁴²	su⁴²be²¹	pa³³	kha⁴²	su⁴²ni⁵⁵
别人	点儿	摘	得	能	那些	TOP	一	年	松苞	若	摘	松子

pa³³	u³¹³	dɚ³³	dzi³³	phe³¹³	tɕo⁵⁵	te²¹	wan⁵⁵	ma²¹	bo³³	u³¹³	ɣo⁴²	za⁵⁵.	mɚ⁴²	a³³
若	卖	都	钱	就	一	万	不	止	卖	得	PRT	少	STPT

ne³³ɣɚ²¹	dɚ³³	tɕo⁵⁵	u²¹	lu⁵⁵	tɕhɛ³³	khuɛ²¹.	na⁴²	u³¹³	ɣo⁴²	za⁵⁵	de³¹³.	su⁴²ni⁵⁵
那些	都	就	五	六	千	块	那样	卖	得	PRT	也	松子

ne³³	ɕo²¹	gɚ³³	de³¹³	xɚ⁵⁵	dzɿ²¹	tsa⁴²	do²¹.	zo⁵⁵	dzo³³	gɚ³³	dzo³³	do²¹.
那	种	也	也	还	酒	酿	可以	又	吃	AST	也	吃	可以

dzɿ²¹	pa³³	tsa⁴²	ne⁵⁵	tɕo⁵⁵	su⁴²ni⁵⁵	ne³³dze⁴²	phɚ⁵⁵	ki⁵⁵	lɛ²¹	na³³	pa³³	ki⁵⁵	tɕo⁵⁵.
酒	若	酿	LNK	就	松子	那些	扒	过来	LNK	若	做	就

它的壳就像穿山甲的壳一样。我们那里松树多,松苞也多。摘得多的人家,摘一年的松苞,就可以卖一万多元钱。少的人家也可以买五六千元。可以卖那么多的钱。松子可以酿酒,也可以吃。如果酿酒就把松子扒出来。

su⁴²ku⁵⁵	ne³³dze⁴²	gu⁵⁵	te²¹thɚ⁵⁵	xɯ⁵⁵	na³³	ki⁵⁵	nu³³	tɕo⁵⁵.	de³¹³	zi⁵⁵pa³³
松壳	那些	INST	一下	焐	AGT	做	LNK	就	也	一般

zi⁵⁵mɚ³³	dzɿ²¹	tsa⁴²	a⁵⁵sa³³	tɕo⁵⁵	n̠a⁴²	tsa⁴²	a⁵⁵ga⁵⁵.	su⁴²ni⁵⁵	gɛ²¹	dzɿ²¹	gɚ³³
玉米	酒	酿	像	就	那样	酿	PRT	松子	STPT	酒	也

de³¹³	tɕo⁵⁵	tɕho³³ɕi³³	te²¹	so²¹	te²¹	ɕo²¹	sua⁵⁵	za⁵⁵.	de³¹³	u³¹³	gɛ²¹	gə³³	pi³³tɕo⁵⁵
也	就	好	一	所	一	种	算	PRT	也	卖	STPT	也	比较

phu³³bo²¹.	nu³³	su⁴²bɛ²¹	ne³³	ɕo²¹	ne⁵⁵	tɕo⁵⁵	su⁵⁵dzi³³	bu⁵⁵	ma³³	na⁴²	za⁵⁵
贵	LNK	松苞	那	种	TOP	就	松油	多	PRT	那样	样子

ɛ⁵⁵.	su⁴²ku³³	na³³	tɕo⁵⁵	su⁵⁵dzi³³	dzu²¹	ɛ⁵⁵.	um²¹um²¹su⁴²ku³³	ne³³	ɕo²¹	de³¹³
PRT	松子	TOP	就	松油	有	PRT	嗯嗯松树	那	种	也

tɕo⁵⁵	xə⁵⁵	si⁵⁵du⁴²	gə³³	ki⁵⁵	do²¹.	si⁵⁵du⁴²	pa³³	ki⁵⁵	tɕo⁵⁵	i³³ku⁵⁵	ne³³	ku⁵⁵
就	还	明子	也	做	可以	明子	若	做	就	皮	那	皮

su⁴²	ku⁵⁵	ne³³	ku⁵⁵	te²¹djo⁵⁵	pa³³	tshu⁵⁵	khə³³	tɕo⁵⁵	su⁵⁵dzi³³	du⁵⁵	lɛ²¹.	du⁴²
松树	皮	那	皮子	一点儿	若	削	开	就	松油	出	来	明子

su⁵⁵	si⁵⁵du⁴²	ne³³	dze⁴²	tɕo⁵⁵	me³³	a³³	ɲi²¹bo²¹	bo²¹	a³³	djo⁵⁵	pa³³	za⁵⁵	tɕo⁵⁵
松	明子	那些	就	明	PRT	红红的		PRT	点儿	若	成	就

dzi⁵⁵	ki⁵⁵	lɛ²¹	na³³	kja⁵⁵.	mu⁵⁵tu⁴²	pa³³	fə⁵⁵	tɕa⁴²pa⁴²	du⁴²	sɿ³¹³.	zo⁵⁵	su⁴²ku³³
砍	过	来	LNK	做	火	若	生	非常	燃	肯	又	松树

ne³³	ɕo²¹	xə⁵⁵	de³¹³	su⁵⁵dzi³³	dzu²¹.	i³³	ku⁵⁵	ne³³	ku⁵⁵	te²¹djo⁵⁵	pa³³	də⁵⁵
那	种	还	也	松油	有	3sg	皮	那	皮	一小点儿	若	划

khə³³	tɕo⁵⁵	su⁵⁵dzi³³du⁵⁵	lɛ²¹	tɕi⁴²	nu³³	tɕo⁵⁵	su³³dzi³³	ne³³	dze⁴²	xə⁵⁵	khui²¹
开	就	松油 出 来	会	LNK	就	松油	那些	还	可以

tho³³tshŋ³³	sum⁵⁵ɕa³³	ne³³	ɕo²¹	gu²¹	a²¹se³³.	ne⁵⁵	tɕo⁵⁵	te³³	ɕo²¹	pa³³	gu²¹
松树	松香	那 种	做	PRT	LNK	就	这	种	若	做

ne⁵⁵	su⁴²ku³³	ku³³	tɕo⁵⁵	sɿ²¹	phi⁴²	tɕi⁴²	ɛ⁵⁵.
LNK	松树	棵	就	死掉		会	PRT

用松壳焐一下后，像酿玉米酒那样酿的松子酒算是一种好酒。卖的价钱也比较贵。松苞上粘着很多松油。松壳上也粘着松油。松树还可以做松明子。如果做明子，把松皮削开一点儿，松油就会流出来。明子就红彤彤的，把它砍回来。烧火时最容易着。有松油的松树，把皮削开一点儿，松油就会流出来。那些松油，还可以做松香。但如果这样做松树就会死掉。

na⁴²	kja⁵⁵	gu⁵⁵	tɕo⁵⁵	si⁵⁵du⁴²	ma²¹	khuɛ³³	to³³.	su⁵⁵dzi³³	ne³³	ɕo²¹	sum³³ɕa³³
那样	做	因为	就	明子	不	劈	让	松油	那	种	松香

ne³³	ɕo²¹	ma²¹	gu²¹	to³³	za⁵⁵	de³¹³	tɕo⁵⁵	pou²¹fu⁵⁵	tu³³	lɛ²¹	na³³	kja⁵⁵	tɕo⁵⁵
那	种	不	做	让	PRT	也	就	保护	起	来	LNK	做	就

su⁴²ku³³	te³³dze⁴²	gu⁵⁵	ɣə³³	to³³	su⁴²ku³³	te³³	ɕo²¹	ne⁵⁵	tɕo⁵⁵	xu²¹	gu²¹
松树	这些	AGT	长大	让	松树	这	种	TOP	就	房子	盖

tɕa³³tɕi⁵⁵ gɯ²¹ gɚ³³ mu⁴²ljo⁵⁵ te²¹ ɕo²¹ kja⁵⁵ gɚ³³ tɕho³³ ɕi³³ sua⁵⁵ za⁵⁵. tɕo⁵⁵
家具　　　　做　也　木料　　　这　种　做　也　好　些　算　PRT　就

ne³³ su⁴²ɕi⁵⁵ te³³ ɕo²¹ gɯ⁵⁵ gu²¹ a⁵⁵ga⁵⁵. ɣɚ³³ gɚ³³ ɣɚ³³ tɕa⁴² a²¹phɚ⁴²to⁴²
那　松树木材　　这　种　INST　做　PRT　　大　也　大　会　大大的

ta⁵⁵pɚ⁴²su⁵⁵ mo²¹ dɚ³³ phja⁴² tɕa⁴². su⁴²be²¹ te³³ ɕo²¹ nu³³ tɕo⁵⁵ i³³ ku⁵⁵
大板树　　　　PRT　都　成　会　　松苞　　这　种　TOP　就　3sg　壳

dze⁴² ljo⁵⁵mu³³mu³³ a³³ te²¹ ku⁴² te²¹ ku⁴² za⁵⁵ nu³³. tshe⁴² kha⁴² ki⁵⁵ lɛ²¹
些　　绿绿的　　　　STPT　一　壳　一　壳　成　LNK　刚刚　摘　过　来

ne³³xɚ³³ ne⁵⁵ tɕo⁵⁵ phɚ⁵⁵ du⁵⁵ lɛ²¹ ma²¹ tɕi⁴². nɚ²¹ tshe⁴² kha⁴² ki⁵⁵ lɛ²¹
那时　　TEPT　就　剥　出　来　不　会　　2sg　刚刚　摘　过　来

a³³ ne³³xɚ³³ su⁴²n̥i⁴⁴ pa³³ dzo³³ mo²¹ tɕo⁵⁵ wa³³to³³ gɯ⁵⁵ dzi⁵⁵ a⁵⁵ga⁵⁵ wa³³to³³
AST　那时　　松子　　若　吃　要　就　　砍刀　　INST　砍　PRT　　砍刀

gɯ⁵⁵ pa³³ dzi⁵⁵ ne⁵⁵. wa³³to³³ tha⁵⁵ ne³³ bi³³ gɯ⁵⁵ ma²¹ dzi⁵⁵ za⁵⁵. ne³³
INST　若　砍　LNK　　砍刀　　快　那　边　INST　不　砍　PRT　那

bi³³ gɯ⁵⁵ pa³³ dzi⁵⁵ ne⁵⁵ tɕo⁵⁵ su⁴²n̥i⁵⁵ mo²¹ gɚ³³ dzi⁵⁵ thɚ⁴² phi⁴² tɕi⁴²
边　LOC　若　砍　LNK　就　　松子　　个　也　砍　烂　掉　会

ɛ⁵⁵. wa³³to³³ ma²¹ tha⁵⁵ ne³³ bi³³ gɯ⁵⁵ tɕo⁵⁵ su⁴²ku⁵⁵ ku⁵⁵ na³³ tɕo⁵⁵ khou³³
PRT　砍刀　　不　快　那　边　LOC　就　　松壳　　壳　LOC　就　打

thɚ⁵⁵ pa³³ khou³³ tɕo⁵⁵ pa³³ khou³³ khɚ³¹³.
一下　若　打　　就　若　打　开

　　因此，明子和松香就不让砍。这样才能把松树保护起来，让松树长大。松树木料可以盖房子，也可以打家具。这种木料也算是好木料。松树会长大，长成大板树。松苞松壳是绿绿的，一壳一壳的。刚刚摘下来时，松子剥不出来。刚摘下来时，如果你想吃松子，就用砍刀砍，但不能用刀锋去砍。如果用刀锋去砍，松子就会被砍烂。要用不快的砍刀去打一下松壳。

i³³ n̥i⁵⁵ pa³³ khou³³ du⁵⁵ lɛ²¹ tɕo⁵⁵ dzo³³ do²¹ la³³ su⁴²n̥i⁵⁵ ne³³ ɕo²¹
3sg　子　若　打　出　来　就　吃　可以　PRT　松子　　那　种

ne⁵⁵ tɕo⁵⁵ tɕo⁵⁵ fɚ⁴² gɯ⁵⁵ tui³³ dɚ³³ dzo³³ mi²¹ ɛ⁵⁵. pa³³ phɚ⁵⁵ du⁵⁵ lɛ²¹
TOP　就　就　干　TOP　多　都　吃　好　PRT　若　剥　出　来

nɚ²¹ zo⁵⁵ sin³³sin³³ɕɛ³³ɕɛ³³ ne³³xɚ³³ tɕo⁵⁵ ʑi²¹dza⁵⁵ xɯ⁴² te²¹ thɚ⁵⁵ phja³³. te²¹
2sg　又　新新鲜鲜　　　那时　　就　水　　　里　一　下　漂　　一

thɚ⁵⁵ pa³³ phja³³ tɕo⁵⁵. pou²¹man²¹ ne³³ mo³³ tɕo⁵⁵ i³³ ti²¹ lo³¹³ phi⁴². i³³
下　若　漂　　就　　饱满　　　那　个　就　3sg　底　落　掉　3sg

khɔm³³ lo³³ i³³ tshɿ³¹³ thɚ⁴² ŋɛ²¹ ɕi³³ tɕo⁵⁵ i³³ tha⁴² phja³³ tu³³ lɛ²¹. na³³
空　　STPT 3sg 臭　　STPT 是　那些　就　3sg 上面　漂　起来 LNK

pa³³ ki⁵⁵ phja³³ tu³³ lɛ²¹ a³³ ne³³ dze⁴² tɕo⁵⁵ thɚ⁵⁵ ve²¹ phi⁴² na³³ pa³³ ki⁵⁵
若　做　漂　　起　来　PRT 那　些　就　一下　拿　掉　LNK 若　做

tɕhɚ⁴²pu⁵⁵ i³³ ti²¹ lo³¹³ a³³ ne³³ dze⁴² də³³də³³ mo³³ ɛ⁵⁵. te²¹ ka⁵⁵ pa³³ phja³³
全部　　3sg 底　落　STPT 那　些　单单　　要　PRT 一　回　若　漂

phi⁴² ge²¹ tɕo⁵⁵ mu³³ li³¹³ a³³ tho⁴² tɕo⁵⁵ lə⁴² zɛ³¹³. lə⁴² a³³ fɚ⁴²li⁵⁵li⁵⁵ pa³³
掉　　后　就　天　　晴　　PRT 时　就　晒　着　晒　PRT 干生生　　若

ki⁵⁵ pa³³ kɚ³³tu³³ tɕo⁵⁵ te²¹khu⁴²po⁴² ɣo³³ dzo³³ to²¹ a²¹ su⁴²ɲi⁵⁵ gɚ³³ de³¹³
成　若　收起来　　就　一整年　　　　得　吃　可以 PRT 松子　　也　也

tɕo⁵⁵ dzo³³ mi²¹ a²¹.
就　　好　吃　PRT

松子打出来就可以吃了。松子干时更好吃。松子剥出来,新鲜时就放在水里漂一下。饱满的就落底了。空的臭的就漂在水面上,把漂起来的那些拿掉,只拿落底的。天晴时晒着,晒得干干的,收起来,一年到头都可以吃。松子很好吃。

（讲述者：李兰珍）

6．杨梅

ŋo²¹ gu⁵⁵ ŋo²¹ dze⁴²ne³³ɕa³³ dzu²¹ ɕi³³ gɛ²¹ dʐɿ²¹mjo⁴² te²¹thɚ⁵⁵ guɚ⁴² ɛ³³.
1sg AGT 1pl 那里　　　有　STPT STPT 杨梅　　一下　说　PRT

ŋo²¹dze⁴² ne³³ɕa³³ne⁵⁵ tɕo⁵⁵ bɯ⁴²tha⁴² mi²¹de²¹ ŋɛ²¹ ɛ⁵⁵. xa³³na³³na³³ də³³ tɕo⁵⁵
1pl　　　那里　TOP　就　山上　　　地方　　是　PRT 到处　　　都　就

dʐɿ²¹mjo⁴² pja²¹ dzu²¹ a²¹. dʐɿ²¹mjo⁴² pja²¹ ne³³ ɕo²¹ ne⁵⁵ tɕo⁵⁵ ɕi⁵⁵ku³³ ʔum³³ʔum³³
杨梅　　丛　有　PRT 杨梅　丛　那　种　TOP　就　树　高高

a³³ ne³³dze⁴² dʑi²¹ gɛ²¹ dʐɿ²¹mjo⁴² pja²¹ ne⁵⁵ tɕo⁵⁵ dʐɿ²¹mjo⁴² ne⁵⁵mja⁴² də⁴²
STPT 那些　　下　STPT 杨梅　丛　　TOP 就　杨梅　　那么　　结

ɪna²¹ tɕi⁴². mu³³li³³mo²¹ za³³ tsou⁵⁵ ɣo⁴² ma²¹ tɕa⁴² gɯ⁵⁵ ne⁵⁵ mja⁴² də⁴²
不　会　太阳　　　3sg 照　得　不　会　因为　LNK 多　结

ma²¹ tɕi⁴² tɕo⁵⁵ ɕi³³ ɕi⁵⁵ku³³ ʔum³³ʔum³³ a³³ ne³³ ɕo²¹ ma²¹ dzu²¹ ɕi⁵⁵pja²¹
不　会　就　柴　树　　高高　　　PRT 那　种　没　有　树丛

di⁵⁵li⁵⁵zo³³ ne³³ xɔ⁵⁵ te²¹dze⁴² dzu²¹ a³³ ne³³ɕa³³ tɕo⁵⁵ dʐɿ²¹mjo⁴² tɕo⁵⁵ də⁴² tɕa⁴².
矮小的　　那　种　一些　　有　PRT 那里　　就　杨梅　　　就　结　会

我来说一下我们这里的杨梅。我们这里是山区，到处都有杨梅丛。在大树下面的杨梅丛，不会结果。因为照不到阳光，不怎么会结杨梅。没有高高的树，只有矮矮树丛的杨梅丛才会结杨梅。

dzŋ²¹mjo⁴²	pja²¹	ne³³	ɕo²¹	ne⁵⁵	tɕo⁵⁵	tsa³¹³si³³	ʔum³³	ma²¹	tɕi⁴²	tɕo⁵⁵	tsho²¹
杨梅	丛	那	种	TOP	就	不怎么	高	不	会	就	人
te²¹	te⁵⁵	ʔum³³	to⁴²	dzu²¹	tɕi⁴²	kja⁵⁵	zo⁵⁵	tsho²¹	te²¹	te⁵⁵	ʔum³³	də³³	ne⁵⁵mja⁴²
一	个	高	大概	有	会	那么	又	人	一	个	高	都	那么
dzu²¹	ma²¹	tɕi⁴²	nu³³	tɕo⁵⁵.	te²¹	pja²¹	te²¹	pja²¹	a³³	pja²¹la²¹la²¹	a³³	na⁴²
有	不	会	LNK	就	一	丛	一	丛	PRT	团团的		STPT	那样
ɣɚ³³ɣɚ³³	djo⁵	za⁵⁵	tɕa⁴²	de³¹³	nu³³	dzŋ²¹mjo⁴²	ne³³	ɕo²¹	pa³³	də⁴²	ne⁵⁵	tɕo⁵⁵
大大的	点儿	成	会	也	LNK	杨梅	那	种	若	结	LNK	就
khu⁴²sə³³	xu⁴²	sa³³sŋ⁴²	wa²¹sin³³	ma²¹	tɕhi²¹	a²¹sɚ³³	tɕo⁵⁵	i³³	vi⁵⁵	vi⁵⁵	a⁵⁵	la³³.
春节	里	三十	晚上	不	到	还	就	3sg	花	开	AST	PRT
i³³	vi⁵⁵	pa³³	vi⁵⁵	ne⁵⁵	tɕo⁵⁵	bu³³	dze⁴²	a⁵⁵sa³³	za⁵⁵.	te²¹thja⁴²zo³³	te²¹thja⁴²zo³³
3sg	花	若	开	LNK	就	虫	些	像	样	一小条	一小条
a³³	nu³³	sɚ³³u³³zo³³	na³³	te²¹djo⁵⁵	za⁵⁵.	i³³	vi⁵⁵	thɚ³³	pa³³	vi⁵⁵	tɕo⁵⁵	dzŋ²¹mjo⁴²
PRT	TOP	微黄	PRT	一小点儿	样	3sg	花	一下	若	开	就	杨梅
də⁴².	dzŋ²¹mjo⁴²	dze⁴²	pa³³də⁴²	du⁵⁵	lɛ²¹	tɕo⁵⁵	ljo⁵⁵mu³³mu³³	a³³	te²¹	mo³³	zo³³
结	杨梅	些	若	结	出	来	就	绿油油	PRT	一	个	小
te²¹	mo³³	zo³³	a³³	za⁵⁵.	tshe⁴²	də⁴²	a³³	ne³³xɚ³³	ne⁵⁵	tɕo⁵⁵	ma²¹	me⁴²	se³³.
一	个	小	PRT	样	刚刚	结	STPT	那时	TOP	就	没	熟	还
ma²¹	me⁴²	a³³	ne³³xɚ³³	ne⁵⁵	tɕo⁵⁵	mja⁵⁵tshŋ⁴²	pu⁵⁵	ma³³	ʑe⁵⁵	na⁴²	de³¹³	a⁵⁵ga⁵⁵.
不	熟	STPT	那时	TOP	就	眼屎巴啦		STPT	样子	那样	说	PRT
me⁴²	na³³	pa³³	tɕhi²¹	tɕo⁵⁵	phɚ²¹sɚ²¹sɚ²¹	a³³	nu³³	ljo⁵⁵mu³³mu³³	a³³	te²¹djo⁵⁵
成熟	TEPT	若	到	就	灰灰的	PRT	TOP	绿油油	PRT	一小点儿
za⁵⁵	na³³	pa³³	ki⁵⁵	tɕo⁵⁵	dzi²¹su²¹su²¹	a³³	na⁴²	za⁵⁵	ga⁵⁵.	na⁴²	pa³³	ki⁵⁵
成	PRT	若	做	就	清秀		STPT	那	样子	PRT	那	若	做
tɕo⁵⁵	djo⁵⁵	me⁴²	ɕi³³	sua⁵⁵	a⁵⁵ga⁵⁵.
就	小点儿	成熟	STPT	算	PRT

杨梅丛不怎么高。大概有一人高。也许还没有一人高。杨梅丛是一丛一丛的、团团的，有一点儿大。杨梅不到春节三十晚上就开花了。它的花像一条虫一样，一小条一小条的，有点儿黄。杨梅开花后就结果，刚结出来时是绿油油的，一小个一小个的，还没成熟。不熟时

就像眼屎巴样。成熟后有点儿灰，有点儿绿，清清秀秀，就算成熟了。

nu³³	me⁴²	thɯ²¹	na³³	pa³³	tɕhi²¹	tɕo⁵⁵	dzŋ²¹mjo³³	mo³³	tɕo⁵⁵	ŋi⁵⁵bo²¹bo²¹
LNK	熟	透	TEPT	若	到	就	杨梅	个	就	红彤彤

a³³	ɳa⁴²	za⁵⁵	nu³³	tɕo⁵⁵	a²¹phə⁴²to²¹	te²¹tho²¹	te²¹tho²¹	a³³	de³¹³	ɳa⁴²	za⁵⁵
STPT	那样	样	LNK	就	大大的	一大个	一大个	PRT	也	那样	样

a²¹	la⁴²ɳi⁴²ɣə³³mo²¹	te²¹	tɕi³³	phə⁴²	dzu²¹	tɕa⁴².	ne⁵⁵	pa³³	dzo³³	ne⁵⁵	tɕo⁵⁵
PRT	拇指	一	指	大	有	会	LNK	若	吃	LNK	就

dzŋ²¹mjo⁴²	ljo⁵⁵mu³³mu³³	a³³	ne³³dze⁴²	ne⁵⁵	pa³³	dzo³³	ne⁵⁵	tɕo⁵⁵	tsi³³	ɛ⁵⁵.
杨梅	绿油油的	STPT	那些	TOP	若	吃	LNK	就	酸	PRT

ne⁵⁵mja⁴²	dzo³³	ma²¹	mi²¹.	tʂʅ²¹mu³³	ɳi⁵⁵bo²¹bo²¹	a³³	pa³³	za⁵⁵	tɕo⁵⁵	tʂʅ²¹mu³³mu³³
那么	吃	不	好	甜蜜	红彤彤	AST	若	成	就	甜蜜蜜

a³³	ɳa⁴²	za⁵⁵	la³³.	dzŋ²¹mjo⁴²	ne⁵⁵	tɕo⁵⁵	no²¹li⁴²	gɛ²¹	lu⁴²zi⁴²	fə⁵⁵	xɯ⁴²	pa³³
STPT	那样	成	PRT	杨梅	TOP	就	农历	STPT	六月	份	里	若

tɕhi²¹	tɕo⁵⁵	dzŋ²¹mjo⁴²	tɕo⁵⁵	me⁴²	la³³.	dzŋ²¹mjo⁴²	ne³³	ɕo²¹	xə⁵⁵	de³¹³	dzŋ²¹
到	就	杨梅	就	熟	PRT	杨梅	那	种	还	也	酒

gə³³	phɔu⁵⁵	to²¹.	dzŋ²¹mjo⁴²	gu⁵⁵	tsou³³	zɛ³¹³	na³³	kja⁵⁵.	dzŋ²¹mjo⁴²na⁵⁵	dze⁴²
也	泡	可以	杨梅	AGT	糟	着	LNK	做	红糖	些

ve²¹	ki⁵⁵	lɛ²¹	na³³	thə⁵⁵	ljo⁴²	thə⁵⁵	tsou³³	na³³ɳa⁴²	ki⁵⁵	gə³³	dzo³³	do²¹.	zo⁵⁵
拿	过	来	LNK	一下	炒	一下	糟	那样	做	成	吃	可以	又

dzŋ²¹mjo⁴²	gə³³	zɛ³³	gə³³	zɛ³³	do²¹.
杨梅	也	腌	也	腌	可以

杨梅熟透时，就变成红彤彤的样子。一大个一大个的，有的有拇指大。如果吃杨梅，吃绿绿的那些是酸的，不好吃。吃红彤彤的杨梅就甜了。到农历六月，杨梅就成熟了。杨梅可以泡酒。杨梅放一点儿红糖糟着。糟一下就可以吃了。杨梅也可以腌吃。

dzŋ²¹mjo⁴²	gu⁵⁵	dzŋ²¹	phɔu⁵⁵.	pa³³	zɛ³³	ne⁵⁵	tɕo⁵⁵	dzŋ²¹mjo⁴²	ljo⁵⁵mu³³mu³³
杨梅	AGT	酒	泡	若	腌	LNK	就	杨梅	绿油油

a³³	ne³³dze⁴²	kha⁴²	ɛ⁵⁵.	ne³³dze⁴²	kha⁴²	a³³	də³³də³³	zɛ³³	la³³	phi⁴²	ma²¹	tɕi⁵⁵
STPT	那些	摘	PRT	那些	摘	STPT	单单	腌	烂	掉	不	会

kɯ⁵⁵lu⁵⁵lu⁵⁵	a⁵⁵	te²¹djo⁵⁵	za⁵⁵	a²¹.	ɳi⁵⁵bo²¹bo²¹	a³³	ne³³dze⁴²	ve²¹	ki⁵⁵	lɛ²¹
硬硬的	STPT	一小点儿	样	PRT	红彤彤	STPT	那些	拿	过	来

a³³	dzŋ²¹	pa³³	phɔu⁵⁵	ne⁵⁵	tɕo⁵⁵	phɔu⁵⁵	la⁵⁵	phi⁴²	tɕi⁴².	pa³³	zɛ³³	gə³³	tɕo⁵⁵
LNK	酒	若	泡	LNK	就	泡	烂	掉	会	若	腌	也	就

| zɛ³³ | la⁵⁵ | phi⁴² | tɕi⁴² | ɛ⁵⁵. | dzɿ²¹mjo⁴² | ne³³ | ɕo²¹ | ljo⁵⁵mɯ³³mɯ³³ | a³³ | ne³³dze⁴² | te²¹dze⁴² |
| 腌 | 烂 | 掉 | 会 | PRT | 杨梅 | 那 | 种 | 绿油油 | PRT | 那些 | 一些 |

| kha⁴² | ki⁵⁵ | lɛ²¹ | na³³ | ki⁵⁵ | nu³³ | tɕo⁵⁵. | so³³do³³na⁵⁵ | dze⁴² | ve²¹ | ki⁵⁵ | lɛ²¹ | na³³ | ki⁵⁵ |
| 摘 | 过 | 来 | LNK | 做 | LNK | 就 | 红糖 | 些 | 拿 | 过 | 来 | LNK | 做 |

| tshə³³ | xɯ⁴² | tsha⁵⁵ | ljo³³. | ljo³³ | a³³ | nu³³ | tɕo⁵⁵ | so³³do³³na⁵⁵ | ne³³dze⁴² | ljo³³ | xua⁵⁵. |
| 锅 | 里 | 在 | 炒 | 炒 | STPT | LNK | 就 | 红糖 | 那些 | 炒 | 化 |

| dzɿ²¹mjo⁴² | dze⁴² | na³³ | pɔ³³ | tu³³ | lɛ²¹. | nu³³ | so³³do³³na⁵⁵ | ne³³dze⁴² | gə³³ | ljo³³ | a³³ |
| 杨梅 | 些 | PTPT | 包 | 起 | 来 | LNK | 红糖 | 那些 | 也 | 炒 | STPT |

| fə³³li⁵⁵li⁵⁵ | a⁵⁵ | te²¹djo⁵⁵ | ʐa⁵⁵ | dzɿ²¹mjo⁴² | dze⁴² | gə³³ | ljo³³ | a³³. | fə⁴²li⁵⁵li⁵⁵ | a⁵⁵ |
| 干生生 | STPT | 一小点儿 | 成 | 杨梅 | 些 | 也 | 炒 | PRT | 干生生 | STPT |

| te²¹djo⁵⁵ | pa³³ | ʐa⁵⁵ | tɕo⁵⁵ | bə⁴² | mo³³ | zo³³ | xɯ⁴² | tsu⁵⁵ | ke⁴² | zɛ³¹³ | na³³ | pa³³ | ki⁵⁵ |
| 一小点儿 | 若 | 成 | 就 | 罐 | 个 | 小 | 里 | 炒 | 放 | 着 | LNK | 若 | 做 |

| te²¹khɯ⁴²po⁴² | tɕo⁵⁵ | ɣo³³ | dzo³³ | do²¹ | la³³. | um²¹ | tshɿ²¹mɯ³³mɯ³³ | a³³ | djo⁵⁵ | ʐa⁵⁵ |
| 一整年 | 就 | 得 | 吃 | 可以 | PRT | 嗯 | 甜蜜蜜 | PRT | 点儿 | 样 |

| tsi³³tə³³tə³³ | gə³³ | djo⁵⁵ | ʐa⁵⁵. |
| 酸溜溜 | 也 | 点儿 | 样 |

还可以泡杨梅酒。如果要腌吃，就要摘绿绿的那些。绿绿的硬，杨梅不会腌烂掉。用红彤彤的杨梅泡酒，就会把杨梅泡烂掉，腌也会腌烂掉。摘来绿绿的杨梅，拿来一些红糖，放在锅里一起炒。把红糖炒化，裹着杨梅，炒得干干的，放在一个罐子里。可以吃一整年。吃起来有点儿酸甜酸甜的。

| nu³³ | ma³³ma³³ | dzo³³ | ma²¹ | dzɿ⁵⁵ | a⁵⁵ | ne³³tho⁴² | tɕo⁵⁵. | dzɿ²¹mjo⁴² | djo⁵⁵ | khə⁴² |
| TOP | 饭 | 吃 | 不 | 想 | STPT | 那时 | 就 | 杨梅 | 点儿 | 舀 |

| ki⁵⁵ | lɛ²¹ | na³³ | kja⁵⁵ | thə⁵⁵ | pa³³ | dzo³³ | tɕo⁵⁵. | ma³³ma³³ | dzo³³ | khui³³ | mi²¹ | la³³. |
| 过 | 来 | LNK | 做 | 一下 | 若 | 吃 | 就 | 饭 | 吃 | 想 | 要 | PRT |

| dzɿ²¹mjo⁴² | ne³³ | ɕo²¹ | gə³³ | de³¹³ | tɕo⁵⁵ | ɕɔ³³xua⁵⁵ | gɛ²¹ | tso⁴²ʑɔn⁵⁵ | te²¹djo⁵⁵ | tɕhi²¹ | a²¹. |
| 杨梅 | 那 | 种 | 也 | 也 | 就 | 消化 | STPT | 作用 | 一小点儿 | 起 | PRT |

| zo⁵⁵ | dzɿ²¹mjo⁴² | zɛ³³ | ne³³ | ɕo²¹ | nu³³ | tɕo⁵⁵ | de³¹³. | ljo⁵⁵mɯ³³mɯ³³ | a³³ | ne³³dze⁴² | ve²¹ |
| 又 | 杨梅 | 腌 | 那 | 种 | TOP | 就 | 也 | 绿油油 | PRT | 那些 | 拿 |

| ki⁵⁵ | lɛ²¹ | a³³ | zɛ²¹. | dzɿ²¹mjo⁴² | ljo⁵⁵mɯ³³mɯ³³ | a³³ | ne³³dze⁴² | pa³³ | kha⁴² | ki⁵⁵ | lɛ²¹ |
| 过 | 来 | LNK | 腌 | 杨梅 | 绿油油 | STPT | 那些 | 若 | 摘 | 过 | 来 |

| tɕo⁵⁵ | thə⁵⁵ | tshɿ³³ | phi⁴² | su²¹dza⁴²dza⁴² | a³³ | thə⁵⁵ | ɣo³³ | tshɿ³³. | na³³ | pa³³ | ki⁵⁵ | zo⁵⁵ |
| 就 | 一下 | 洗 | 掉 | 干干净净 | STPT | 一下 | PRT | 洗 | LNK | 若 | 做 | 又 |

bu⁴²	mo³³	xu⁴²	ke⁴²	zɛ³¹³	zo⁵⁵	tɕo⁵⁵	um²¹	ne³³	ɕo²¹	um²¹	le⁵⁵dzi³³	pɔ⁴²sa³³tha⁴²
罐	个	里	放	着	又	就	嗯	那	种	嗯	糖	白砂糖

ne³³	ɕo²¹	gɚ³³	ve²¹	ki⁵⁵	lɛ²¹	a³³	zɛ³³	do²¹	tha⁴²tsi³³	gɯ⁵⁵	gɚ³³	zɛ³³.
那	种	也	拿	过	来	LNK	腌	可以	糖精	INST	也	腌

如果不想吃饭时，舀一点儿杨梅来，吃后就想吃饭了。因为杨梅起到帮助消化的作用。腌杨梅要拿绿绿的，把绿绿的杨梅摘来，干干净净洗一下，然后放在一个罐子里。可用白砂糖腌，也可用糖精腌。

zi⁵⁵	pa³³	ne⁵⁵	tɕo⁵⁵	tha⁴²tsi³³	gɯ⁵⁵	zɛ³³	ɛ⁵⁵.	tha⁴²tsi³³	pɔ³³	zo³³	ve²¹	ki⁵⁵
一般		LNK	就	糖精	INST	腌	PRT	糖精	包	小	拿	过

lɛ²¹	na³³	pa³³	ki⁵⁵.	zi²¹xa⁵⁵bja⁵⁵	xa⁵⁵tu³³	a³³	tsu⁴²	phi⁴²	a³³	ne³³	xɔ⁵⁵	dze⁴²
来	LNK	若	做	开水	烧开	STPT	冷	掉	STPT	那	种	些

xu⁴²	tɕo⁵⁵.	tha⁴²tsi³³	te²¹dze⁴²	fa⁵⁵	ke⁴²	zɛ³¹³	na³³	kja⁵⁵	thɚ⁵⁵	phou⁵⁵.	phou⁵⁵
里	就	糖精	一些	放	装	着	LNK	做	一下	泡	泡

zi²¹dza⁵⁵	dze⁴²	tɕo⁵⁵	tsʅ²¹mɯ³³mɯ³³	a³³	pa³³	za⁵⁵	tɕo⁵⁵.	bə⁴²	mo³³	xu⁴²	to⁵⁵
水	些	就	甜蜜蜜		PRT	若成	就	罐	个	里	倒

ke⁴²	zɛ³¹³	na³³	ki⁵⁵	nu³³	tɕo⁵⁵.	tsʅ²¹mjo⁴²	ne³³dze⁴²	na³³	phou⁵⁵	zɛ³¹³.	zi³³dza⁵⁵
装	着	LNK	做	LNK	就	杨梅	那些		PTPT	泡	着水

i³³	tha⁴²	phou²¹	phɯ³¹³tshu³³	a³³	də³³də³³	mo³³	do²¹	ɛ⁵⁵.	ma²¹	phou⁵⁵ŋɯ⁵⁵	pa³³
3sg	上	泡	淹没	STPT	单单	要	得	PRT	没	淹没	若

ki⁵⁵	tɕo⁵⁵	dzʅ²¹mjo³³	dze⁴²	tɕo⁵⁵	bu⁴²	phi⁴²	tɕi⁴²	ɛ⁵⁵.	na⁴²	pa³³	zɛ³³	zɛ³¹³
做	就	淹没	些	就	霉	掉	会	PRT	那样	若	腌	着

tɕo⁵⁵	te²¹	la⁴²	zo³³	pa³³	zɛ³³	tɕo⁵⁵	dzo³³	do²¹	la³³.	te²¹khu⁴²po⁴²	gɚ³³	zɛ²¹
就	一	月	小	若	腌	就	吃	可以	PRT	一整年	也	腌

zɛ³¹³	khui²¹	na⁴²	dzo³³	a²¹.	zo⁵⁵	dzʅ²¹mjo⁴²	zɛ³³	zi²¹	ne³³	dze⁴²	gɚ³³	tɕo⁵⁵
着	可以	那样	吃	PRT	又	杨梅	腌	汤	那些		也	就

um²¹	u³¹³	lja⁴²	tshɚ⁵⁵	ne³³	ɕo²¹	pa³³	pa⁵⁵	tɕo⁵⁵	dzʅ²¹mjo⁴²	zɛ³³	zi²¹	ne³³
嗯	菜	凉	菜	那	种	若	拌	就	杨梅	腌	汤	那

xɔ⁵⁵	djo⁵⁵	khə⁴²	ki⁵⁵	lɛ²¹	na³³	ki⁵⁵	nu³³	tɕo⁵⁵	sua³³tshu²¹	na³³	ta⁵⁵	tso⁵⁵zɯ³³
种	点儿	舀	过	来	连	做	LNK	就	酸醋	INST	当	作用

a⁵⁵ga⁵⁵.	de³¹³	tɕo⁵⁵	ɕo³³xua⁵⁵	gɛ²¹	tso⁴²zɔ⁵⁵	tɕhi²¹	a²¹.	dzʅ²¹mjo⁴²	tɕo⁵⁵	xə⁵⁵	tsi⁵⁵
PRT	也	就	消化	STPT	作用	起	PRT	杨梅	就	还	再

dzʅ²¹mjo⁴²	te²¹	ɕo²¹	dzu²¹	a²¹se³³.	dzʅ²¹mjo⁴²	ne³³	ɕo²¹	ne⁵⁵	tɕo⁵⁵	dzʅ²¹mjo⁴²
杨梅	一	种	有	还	杨梅	那	种	TOP	就	杨梅

ɲi²¹ zo³³ ɯ³³ a⁵⁵ga⁵⁵. dzɿ²¹mjo⁴² ɲi²¹ zo³³ ne³³ ɕo²¹ ne⁵⁵ tɕo⁵⁵. dzɿ²¹mjo⁴²
红　小　叫　PRT　　杨梅　　红　小　那　种　TOP　就　　杨梅

kɯ³³ tɕo⁵⁵ xa²¹ ʔum³³ to⁴² xa²¹ phə⁴² to⁴² ɳa⁴² ɲi²¹ a²¹ nu³³ dzɿ²¹mjo⁴²
树　　就　很　高　　STPT 很　大　　STPT 那样　有　PRT　TOP　杨梅

ɲi²¹ zo³³ ne³³ ɕo²¹ ne⁵⁵. dzɿ²¹mjo⁴² mo³³ a⁵⁵ɳa⁵⁵zo³³ ɳa⁴² za⁵⁵ ɛ⁵⁵. la⁴²ɲi⁴²
红　小　那　种　TOP　杨梅　　个　小小的　　　那样　样子 PRT　手指

tsha⁵⁵zo³³ i³³ dɯ³³ ɣɚ⁴² də³³ te⁵⁵ dzu²¹ma²¹dzu²¹ a³³ ɳa⁴² za⁵⁵.
小　　　3sg 尖　样　大　都　或　有没有　　　　STPT 那　样

一般用糖精腌。拿一小包糖精来，放在冷开水里泡一下。水泡得甜蜜蜜的，就可以了。把糖水倒进罐子里，泡着那些绿杨梅。糖水要淹过杨梅才可以。如果没淹过，杨梅会发霉。腌上一个月杨梅就可以吃了。杨梅腌着一整年都可以吃。腌杨梅汤，可以拌凉菜。拌凉菜时舀一点儿腌杨梅汤当酸醋，也起到帮助消化的作用。另外，还有一种杨梅，那种杨梅叫小红杨梅。小红杨梅的树很高很大。但结出的杨梅个头小小的，只有小手指尖那么大。

nu³³ dzɿ²¹mjo⁴² ɲi²¹ zo³³ ne³³ ɕo²¹ ne⁵⁵ tɕo⁵⁵ pa³³ dzo³³ ne⁵⁵ tɕo⁵⁵
LNK　杨梅　　　红　小　那　种　TOP　就　若　吃　LNK　就

tshɿ²¹mu³³mu³³ a³³ za⁴⁵ ɛ⁵⁵ ma²¹ tsi³³. zi⁵⁵pa³³ gɛ²¹ dzɿ²¹mjo⁴² te²¹dze⁴² mja⁴²
甜蜜蜜　　　　STPT 样　PRT 不　酸　　一般　　STPT 杨梅　　这些　　　一样

ma²¹ bo³³ dzo³³ mi²¹ a²¹. ne⁵⁵ ŋo²¹dze⁴² ne³³ɕa³³ tsui²¹ mjo³³ ɕi⁴² tɕo⁵⁵ dzɿ²¹mjo⁴².
不　止　吃　好　PRT　LNK　1pl　　　那里　　最　多　些　就　杨梅

i³³ pja²¹ a⁵⁵di⁵⁵li⁵⁵zo³³ za³³ te²¹xɚ³³ de³¹³ a³³ zɛ³³ gə³³ zɛ³³ do²¹ na³³. dzɿ²¹
3sg 丛　矮矮的　　　　　样　现在　　说　　AST 腌　也　腌　得　那样 酒

gə³³ phou⁵⁵ do²¹ na³³ te³³ ɕo²¹ gɯ⁵⁵ mjo³³ ɛ⁵⁵. tɕi³³fu³³ bɯ²¹ sui⁴² mo³³
也　泡　　得　STPT 这　种　INST 多　　PRT 几乎　　山　谁　个

tha⁴² də³³ dzu²¹ a²¹. dzɿ²¹mjo⁴² pja²¹ ne³³ dze⁴² dzi²¹ xɚ⁵⁵ mu³¹³lɯ²¹ gɚ³³.
上　都　有　PRT 杨梅　　丛　那些　　下面　还　菌子　　　　也

du⁵⁵ tɕi⁴². zɿ³³bɛ³³ gə³³ dzu²¹. ɣa⁵⁵mo²¹ khui⁴² gə³³ tɕo⁵⁵ dzɿ²¹ dzɿ²¹mjo⁴²
出　会　　草　　也　有　　鸟　　　窝　　也　就　杨梅　杨梅

pja²¹ ne³³ dze²¹ xɯ⁴². tsui²¹ khui²¹ xɔ⁵⁵ la³³. dzɿ²¹mjo⁴² tɕo⁵⁵ ɳa⁴² thɚ⁵⁵ guɚ⁴²
丛　那　些　里　　最　　做窝　　好　PRT　杨梅　　就　那样 一下　说

a⁵⁵ga⁵⁵ guɚ⁴² khua³³ la³³.
PRT　说　完　PRT

吃小红杨梅甜甜的，不酸。比一般的杨梅要好吃一点儿。这种是我们那里最多的杨梅。它的树丛矮小。它的果可以腌吃，也可以泡酒喝。小红杨梅几乎每座山上都有。杨梅丛下还会长出菌子，也会长草。鸟也喜欢在杨梅树丛里做窝。杨梅就说到这里。

（讲述者：李兰珍）

7. 山胡椒

ŋo²¹　gɯ⁵⁵　ŋo²¹dze⁴²　ne³³ɕa³³　dzu²¹　ɕi³³　gɛ²¹　ɕi⁵⁵so³³　te²¹　thɚ⁵⁵　guɚ⁴²　ɛ³³.
1sg　AGT　1sg　那里　有　STPT　STPT　山胡椒　一　下　说　PRT

ɕi⁵⁵so³³　ne⁵⁵　tɕo⁵⁵　bɯ⁴²tha⁴²　ne³³ɕa³³　dzu²¹　ɛ⁵⁵　i³³　ze²¹　də³³də³³　dzu²¹　ɛ⁵⁵.
山胡椒　TOP　就　山上　那里　有　PRT　3sg　野　单单　有　PRT

xɯ³¹³　tɚ³³　ɕi³³　ne⁵⁵　tɕo⁵⁵　ma²¹　dzu²¹.　ɕi⁵⁵so³³ɕo²¹　ne⁵⁵　tɕo⁵⁵　i³³　tha⁴²　i³³
家里　种　STPT　TOP　就　没　有　山胡椒　那　种　3sg　上　3sg

dzu³¹³　gɚ³³　də⁴²　ma²¹　tɕi⁴².　i³³　phjo³³　nu³³　tɕo⁵⁵　ljo²¹su⁵⁵　phjo³³　na³³
刺　也　结　不　会　3sg　叶子　TOP　就　柳树　叶子　STPT

te²¹djo⁵⁵　ŋɯ²¹　ljo⁵⁵mɯ³³mɯ³³　a⁵⁵　zæ⁵⁵.　nu³³　i³³　kɯ³³　ne³³　ɕo²¹　gɚ³³　tsa³¹³sɿ³³
一小点儿　像　绿油油　STPT　样　LNK　3sg　树　那　种　也　不怎么

mo²¹　gɚ³³　ɣɚ³³　ma²¹　tɕi⁴².　nu³³ɕi⁵⁵so³³　xɚ⁵⁵　n̥i²¹　ɕo²¹　dzu²¹　ɛ⁵⁵　se³³.　te²¹
也　大　不　会　LNK　山胡椒　还　二　种　有　PRT　还　一

ɕo²¹　ne⁵⁵　tɕo⁵⁵　i³³　xo²¹　ŋɛ²¹　ɛ⁵⁵　tɕo⁵⁵　dzo³³　ma²¹　do²¹.　te²¹　ɕo²¹　ne⁵⁵　tɕo⁵⁵
种　TOP　就　3sg　野　是　STPT　就　吃　不　得　一　种　TOP　就

dzo³³　do²¹　a²¹.　i³³　xo²¹　ne³³　ɕo²¹　kja⁵⁵　i³³　tsɛn³³　ne³³　ɕo²¹　pa³³　fi²¹　ne⁵⁵
吃　可以　PRT　3sg　野　那　种　和　3sg　真　那　种　若　分　LNK

tɕo⁵⁵　zæ²¹sə⁴²　na⁵⁵n̥i³³　a⁵⁵ga⁵⁵.　i³³　tsɛn³³　ne³³　ɕo²¹　ne⁵⁵　tɕo⁵⁵　ɕi⁵⁵so³³　ne³³　kɯ³³
就　颜色　看　PRT　3sg　真　那　种　TOP　就　山胡椒　那　棵

gɛ²¹　i³³　ku⁵⁵　ne³³dze⁴²　tɕo⁵⁵　te²¹　kɯ³³　bo²¹　tɕo⁵⁵　ljo⁵⁵mɯ³³mɯ³³　a³³　zæ⁵⁵.
STPT　3sg　皮　那些　就　一　棵　全部　就　绿油油　STPT　成

我来说一下我们这里的山胡椒。山胡椒山上才有，是野生的，没有家种的。山胡椒树上不会长刺。它的叶子有点儿像柳树叶，绿绿的。树也不怎么大。山胡椒有两种。一种是野的，不能吃；一种可以吃。要区分野的和真的，就要看颜色。山胡椒树皮是绿绿的。

te²¹　kɯ³³　bo²¹　tɕo⁵⁵　ljo⁵⁵mɯ³³mɯ³³　a³³　zæ⁵⁵.　i³³　xo²¹　ne³³　ɕo²¹　ne⁵⁵　tɕo⁵⁵
一　棵　全部　就　绿油油　STPT　成　3sg　野　那　种　TOP　就

i³³	ku⁵⁵	ne³³	dze⁴²	tɕo⁵⁵	ȵi²¹mu³³zo³³	na³³	te²¹djo⁵⁵	ʐɛ⁵⁵.	fi³³	ma²¹	tɕi⁴²	ɕi³³
3sg	皮	会	些	就	微红	STPT	一小点儿	成	分	不	会	STPT

ne⁵⁵	tɕo⁵⁵	i³³	tsɛn³³	ŋɛ²¹	ŋa⁵⁵	i³³	tɕa²¹	ŋɛ²¹	tɕo⁵⁵	ma²¹	sɿ²¹.	ɕi⁵⁵so³³	pa³³
TOP	就	3sg	真	是	或	3sg	假	是	就	不	知道	山胡椒	若

də⁴²	du⁵⁵	lɛ²¹	ne⁵⁵	tɕo⁵⁵	te²¹te⁵⁵ŋu⁵⁵ŋu²¹	a³³	na⁴²	za⁵⁵	ɛ⁵⁵.	ne⁵⁵	pa³³	dzo³³
结	出	来	LNK	就	一模一样	STPT	那样	成	PRT	LNK	若	吃

ȵi³³	ne⁵⁵	tɕo⁵⁵	i³³	ve⁵⁵	tɕo⁵⁵	tsɿ³³tsɿ³³	na³³	ma²¹	ŋu²¹.	ne⁵⁵	te²¹ɣɚ²¹	ne⁵⁵	tɕo⁵⁵
试	LNK	就	3sg	味道	就	互相	STPT	不	同	LNK	一些	TOP	就

ɕi⁵⁵so³³	dzo³³	ma²¹	ku⁴²	a³³	gu⁵⁵	tɕo⁵⁵	ma²¹	sɿ³¹³	nu³³	tɕo⁵⁵	fi³³	du⁵⁵	lɛ²¹
山胡椒	吃	不	过	AST	因为	就	不	知道	LNK	就	分	出	来

ma²¹	tɕi⁴².	zi⁵⁵pa³³	tɕo⁵⁵	i³³	ku⁵⁵	na³³	na⁵⁵ȵi³³	i³³	phjo³³	na³³	na⁵⁵ȵi³³.	i³³
不	会	一般	就	3sg	皮	LOC	看	3sg	叶子	LOC	看	sg

tsɛn³³	gɛ²¹	ne³³dze⁴²	ne⁵⁵	tɕo⁵⁵	i³³	phjo³³	ne³³	phjo³³	tɕo⁵⁵	tui³³	də³³	te²¹djo⁵⁵
真	STPT	那些	TOP	就	3sg	叶子	那	叶	就	多	都	一小点儿

ljo⁵⁵.	i³³	xo²¹	ne³³dze⁴²	ne⁵⁵	tɕo⁵⁵	ne⁵⁵mja⁴²	ma²¹	ljo⁵⁵	ȵi²¹bɯ²¹zo³³	na³³	djo⁵⁵
绿	3sg	野	那些	TOP	就	那么	不	绿	微红	STPT	点儿

za⁵⁵.	xɚ⁵⁵	i³³	xo²¹	ne³³	dze⁴²	gɛ²¹	i³³	phjo³³	tɕo⁵⁵	i³³	tsɛn³³	gɛ²¹	ne³³	dze⁴²
成	还	3sg	野	那些		STPT	3sg	叶子	就	3sg	真	STPT	那	些

gɛ²¹	i³³	phjo³³	ɚ⁴²	dzu²¹	ma²¹	tɕi⁴².	ɕi⁵⁵so³³	ne³³	ɕo²¹	ne⁵⁵	tɕo⁵⁵	ljo⁵⁵mu³³mu³³
STPT	3sg	叶子	大	有	不	会	山胡椒	那	种	TOP	就	绿油油

a³³	nu³³.
STPT	LNK

真的那种山胡椒树树皮一整棵都是绿色的。野的那种树皮，有点儿微红。不会分的人就不知道真假。结出来的山胡椒看上去一模一样。如果试吃一下，它的味道就不同了。没吃过山胡椒的人是分不出来的。一般是看皮子和叶子。真的山胡椒，叶子更绿一点儿。假的那种山胡椒，叶子微红。假胡椒的叶子，没有真的山胡椒叶子大。山胡椒是绿绿的。

te²¹	mo³³	zo³³	te²¹	mo³³	zo³³	a³³	dzə⁴²	te²¹	mo³³	zo³³	ɚ⁴²	dzu²¹	ɛ⁵⁵.
一	个	小	一	个	小	AST	花椒	一	个	小	大	有	AST

tɕo⁵⁵	te²¹	tshu⁵⁵	zo³³	te²¹	tshu⁵⁵	zo³³	a³³	də⁴²	ɛ⁵⁵.	ɕi⁵⁵so³³	ne³³	ku³³	na³³
就	一	簇	小	一	簇	小	AST	结	AST	山花椒	那	棵	LOC

gɚ³³	tɕo⁵⁵	i³³	dzu³¹³	ma²¹	də⁴²	i⁵⁵pa³³	ɕi⁵⁵so³³	ne⁵⁵	tɕo⁵⁵	de³¹³	tɕhi⁴²	pa⁴²ʑi³³
也	就	3sg	刺	没	结	一般	山胡椒	TOP	就	也	七	八月

fə⁵⁵	pa³³	tɕhi²¹	tɕo⁵⁵	kha⁴²	do²¹	la³³.	ɕi⁵⁵so³³	ne⁵⁵	xə·⁵⁵	de³¹³	tsʅ²¹	gə·³³	phou⁵⁵
份	若	到	就	摘	可以	AST	山胡椒	那	还	也	酒	也	泡

do²¹.	zo⁵⁵	la³¹³tsʅ²¹	pa⁵⁵	xu⁴²	ke⁴²	a³³	thə·⁵⁵	ʐɛ³³	gə·³³	dzo³³	do²¹.	tso⁴²ljo⁵⁵
可以	又	蘸水	碗	里	放	AST	一下	腌	也	吃	可以	佐料

gə·³³	ki⁵⁵	do²¹.	ne⁵⁵	ɕi⁵⁵so³³	ne⁵⁵	xə·⁵⁵	no²¹tshʅ³³	sua⁵⁵	ʐa⁵⁵	se³³.	xa⁴²du⁴²	tshɛn³³
也	做	可以	LNK	山胡椒	TOP	还	药	算	AST	还	肚子	胀

tshɛn³³	li⁵⁵	tshɛn³³	bu³³	a³³	ʐa⁵⁵	ma²¹	ɕo³³xua⁵⁵.	ma³³ma³³	dzo³³	ma²¹	dzʅ⁵⁵
胀	或	胀	肚	STPT	样	不	消化	饭	吃	不	想

pa³³	ki⁵⁵	tɕo⁵⁵.	ɕi⁵⁵so³³	thə·⁵⁵	pa³³	dzo³³	tɕo⁵⁵	dzo³³	khɔ³¹³	la³³.	ɕi⁵⁵so³³	no²¹tshʅ³³
若	做	就	山胡椒	一下	若	吃	就	吃	好	AST	山胡椒	药

gə·³³	ki⁵⁵	do²¹	a³³	gu⁵⁵.	zi³³zo²¹	kɔn³³sʅ³³	ne³³ɕa³³	gə·³³	ɕi⁵⁵so³³	xə·⁵⁵	sə·³³	ʐa⁵⁵
也	做	可以	LNK	因为	医药	公司	那里	也	山胡椒	还	收	AST

se³³.	de³¹³	tɕho³³	ɕi³³	gɛ²¹	no²¹tshʅ³³	te²¹	ɕo²¹	sua⁵⁵	ʐa⁵⁵.	zi⁵⁵pa³³	ɕi⁵⁵so³³
还	也	好	STPT	STPT	药	一	种	算	AST	一般	山胡椒

te³³xə·³³	ne⁵⁵	de³¹³	pi²¹tɕa⁵⁵	mə⁴².	ne⁵⁵mja⁴²	kha⁴²	ɣo⁴²	ma²¹	tɕi⁴².	sui⁴²xə·³³
现在	TOP	也	比较	少	那么	摘	得	不	会	随时

ɕi⁵⁵so³³	kha⁴²	xɔ⁵⁵	ne³³ɣə·²¹	də³³də·³³	i³³	pja²¹	a³³na³³	gu⁵⁵	dzu²¹	na³³	sʅ³¹³
山胡椒	摘	好	那些	单单	3sg	树丛	哪里	LOC	有	STPT	知道

nu³³	tɕo⁵⁵	kha⁴²	ɛ⁵⁵.	pa³³	u³¹³	gə·³³	tsui²¹	u³¹³	no³³.	de³¹³	tɕo⁵⁵	tɕa⁵⁵kə⁴²
LNK	就	摘	AST	若	卖	也	最	卖	好	也	就	价格

xə·⁵⁵	dzə⁴²	mja³³	ma²¹	bo³³	u³¹³	no³³	a²¹	se³³.	ɲi²¹	tɕi³³	li⁴²	to⁴²	te²¹	te²¹
还	花椒	一样	不	止	卖	好	LNK	还	二	十	元	大概	一	一

tɕi³³	tsha⁵⁵	və·²¹	ɣo⁴²	do²¹	ɛ⁵⁵.	ɕi⁵⁵so³³	tɕo⁵⁵	na⁴²	thə·⁵⁵	gua⁴²
斤	才	买	得	着	AST	山胡椒	就	那样	一下	说

一小个一小个的，只有花椒那么大一小簇，一小簇的。山胡椒树上没有刺。一般到十七八月份，就可以摘山胡椒了。山胡椒可以泡酒，也可以放在蘸水碗里蘸着吃，还可以做佐料。山胡椒算是一种药。肚子胀不消化时，不想吃饭时，吃一点儿山胡椒就好了。因山胡椒可以做药。医药公司也收购山胡椒，算是一种好药。山胡椒现在比较少了，不怎么摘得到了。只有经常喜欢摘山胡椒的人才知道在哪里可以摘得到。如果拿去卖也最好卖。价格比花椒还好。大概可以卖到二十元一斤。

（讲述者：李兰珍）

8. 车前草

ŋo²¹ gɯ⁵⁵ ŋo²¹dze⁴² ne³³ɕa³³ dzu²¹ ɕi³³ ɛ²¹ zɿ³³bɛ³³ te²¹ ɕo²¹ gua˞⁴² ɛ³³.
1sg AGT 1pl 地方 有 些 STPT 草 一 种 说 AST

zɿ³³bɛ³³ ne³³ ɕo²¹ i³³ mɛ³¹³ tɕo⁵⁵ a⁵⁵po³³u³³ u³¹³ a⁵⁵ga⁵⁵. a⁵⁵po³³u³³ ne⁵⁵ mi²¹
草 那 种 3sg 名 就 车前草 叫 AST 车前草 TOP 地

dze²¹ mi²¹ la⁴² dzo⁴²mo²¹ dze²¹ sui⁴² na³³ də³³ so⁴²gua⁴² ɣo⁴² do²¹ a²¹. xa²¹mja⁴²
边 地 头 路 边 随 地 都 找 得 可以 AST 多么

to²¹ mjo³³. ne³³ gɯ⁵⁵ ga˞³³ tsa⁴² ne⁵⁵mja³³ tsa⁴² se³³ phi⁴² ma²¹ tɕi⁴². zi⁵⁵
STPT 多 冰 AGT 也 冻 那么 冻 死 掉 不 会 一

nɛ⁴² si⁵⁵ tɕi⁵⁵ də³³ dzu²¹ a²¹. a⁵⁵po³³u³³ te³³ ɕo²¹ ne⁵⁵ u³¹³ ga˞³³ ki⁵⁵ do²¹.
年 四 季 都 有 AST 车前草 这 种 TOP 菜 也 做 可以

no²¹tsʰɿ³³ ga˞³³ ki⁵⁵ do²¹. u³¹³ pa³³ ki⁵⁵ tɕo⁵⁵. a⁵⁵po³³u³³ tʂʰe⁴² pa⁵⁵ du⁵⁵ lɛ²¹
药 也 做 可以 菜 若 做 就 车前草 刚刚 发 出 来

a³³ nə²¹pʰə⁵⁵pʰə³³ a⁵⁵ fe⁴²to⁴²to⁴² a³³ ne³³dze⁴² tsɿ⁵⁵ ki⁵⁵ lɛ²¹ na³³ kja⁵⁵. i³³ tɕi⁴²
AST 嫩油油 STPT 肥嘟嘟 STPT 那些 拔 过 来 LNK 做 3sg 根

dze⁴² tʰə⁵⁵ ve²¹ pʰi⁴². su²¹dza⁴²dza⁴² a³³ tʰə⁵⁵ tsʰɿ³³. na³³ pa³³ ki⁵⁵ zo⁵⁵. tsʰa³³
些 一下 拿 掉 干干净净 STPT 一下 洗 LNK 若 做 又 锅

xɯ⁴² zi²¹dza⁵⁵ pa³³ xa⁵⁵tu³³ tɕo⁵⁵. zi²¹dza⁵⁵ xɯ⁴² ke⁴² na³³ kja⁵⁵ tʰə⁵⁵ tsa⁴².
里 水 若 开 就 水 里 放进 LNK 做 一下 煮

tsʰo³³ djo⁵⁵ ke⁴² tʰə²¹ djo⁵⁵ ke⁴² na³³ pa³³ ki⁵⁵ tɕo⁵⁵ dzo³³ a⁵⁵ga⁵⁵ pa³³ dzo³³
盐 一点儿 放进 油 一点儿 放进 LNK 若 做 就 吃 PRT 若 吃

ga˞³¹³ dzo³³mi²¹ a²¹. a⁵⁵tsɿ⁵⁵ gɛ²¹ kuɛ⁵⁵vi⁵⁵ ma²¹ dzu²¹ u³¹³tsa⁴² a⁵⁵sa³³ ʐɛ⁵⁵
也 吃好 PRT 什么 STPT 怪味 没 有 青菜 像 样

tsʰɿ²¹mə²¹mə³³ a³³ djo⁵⁵ ʐɛ⁵⁵ ɛ⁵⁵. tsa⁴² a³³ la⁵⁵tʰa³³tʰa³³ a³³ za⁵⁵ tɕa⁴².
甜蜜蜜 STPT 一点儿 样 AST 煮 STPT 烂烂 STPT 样 会

我来说一下我们地方的一种草。这种草的名字叫车前草。车前草生长在田边地头，路边到处都可以找到，很多。不会被冰霜冻死，一年四季都有。车前草可以做菜，也可以做药。如果做菜就把刚发出来的、嫩油油的、肥嘟嘟的那些拔来。把根须去掉，干干净净洗一下，把锅里的水烧开，放进锅里煮一下，放点儿盐，放点儿油，就可以吃了。车前草吃起来，味道很好，什么怪味都没有，甜甜的，有点儿像吃青菜白菜的味道。车前草要煮得烂烂的。

ʐo³³ no²¹tsʰɿ³³ pa³³ ki⁵⁵ ne⁵⁵ tɕo⁵⁵ a⁵⁵kuɛ⁵⁵tsʰa⁵⁵zo³³ xa⁴²pɯ⁴² su⁵⁵. tsʰɿ³³
又 药 若 做 LNK 就 小孩子 肚子 拉 大便

| ljo⁵⁵mɯ³³mɯ³³ | pa³³ | li⁵⁵ | tɕo⁵⁵ | a⁵⁵po³³u³³ | ne³³ | kɯ³³ | xa⁵⁵ | tu⁴² | a⁵⁵ga⁵⁵. | ne³³tho³³ |
| 绿绿的 | 若 | 拉 | 就 | 车前草 | 那 | 棵 | 熬 | 给喝 | AST | 从前 |

| tsho²¹mo³¹³gɚ²¹ | ne³³ɣɚ²¹ | ne⁵⁵ | no²¹tʂʅ³³ | ne⁵⁵mja⁴² | ma²¹ | dzu²¹. | nu³³ | tɕo⁵⁵ | zi⁵⁵pa³³ |
| 老人 | 那些 | TOP | 药 | 那么多 | 没 | 有 | LNK | 就 | 一般 |

| tɕo⁵⁵ | me³³me³³zo³³ | xa⁴²pɯ⁴² | su⁵⁵ | na³³ | pa³³ | ki⁵⁵ | tɕo⁵⁵. | a⁵⁵mɚ³³mɚ³³ | za³¹³ | a⁵⁵po³³u³³ |
| 就 | 小孩 | 肚子 | 拉 | LNK | 若 | 做 | 就 | 自己 | 去 | 车前草 |

| djo⁵⁵ | tsʅ⁵⁵ | ki⁵⁵ | lɛ²¹ | na³³ | kja⁵⁵ | xa⁵⁵ | tu⁴² | a⁵⁵ga⁵⁵. | a³³po³³u³³ | ne⁵⁵ | sui⁴²xɚ³³ | də³³ |
| 一点儿 | 拔 | 过 | 来 | LNK | 做 | 熬 | 喝 | PRT | 车前草 | TOP | 随时 | 都 |

| ɣo⁴² | tsʅ⁵⁵ | do²¹ | a³³gɯ⁵⁵. | um⁴³ | sui⁴²xɚ³³ | də³³ | so³³gua⁴² | ɣo⁵⁵ | tɕa⁴². | mo³¹³ | phi⁴² |
| 得 | 拔 | 可以 | 因为 | 嗯 | 随时 | 都 | 寻找 | 得 | 会 | 老 | 掉 |

| zi³³ | gɚ³¹³ | mo³³ | do²¹ | a²¹. | me³³me³³zo³³ | na³³ | pa³³ | xa⁵⁵ | tu⁴² | ne⁵⁵ | tɕo⁵⁵ | a⁵⁵po³³u³³ |
| 些 | 也 | 要 | 可以 | PRT | 小孩子 | PTPT | 若 | 熬 | 给喝 | LNK | 就 | 车前草 |

| ne³³dze⁴² | pa³³ | tsʅ⁵⁵ | ki⁵⁵ | lɛ²¹. | su²¹dza⁴²dza⁴² | a³³ | thɚ⁵⁵ | tʂʅ³³. | i³³ | tɕi⁵⁵ | dze⁴² | gɚ³¹³ |
| 那些 | 若 | 拔 | 过来 | 干干净净 | STPT | 一下 | 洗 | 3sg | 根 | 些 | 也 |

| mo³³ | na⁴² | pa³³ | ki⁵⁵ | tɕo⁵⁵ | zi²¹dza⁵⁵ | xu⁵⁵ | ke⁵⁵ | a³³ | te²¹thɚ⁵⁵ | tsa⁴². | na³³ | pa³³ | ki⁵⁵ |
| 要 | 那样 | 若 | 做 | 就 | 水里 | 放进 | LNK | 一下 | 煮 | LNK | 若 | 做 |

| tɕo⁵⁵ | i³³zi²¹ | ne³³dze⁴² | tu⁴² | ɛ⁵⁵. | ȵi²¹ | sə³³ | pi⁵⁵ | pa³³ | tu⁵⁵ | tɕo⁵⁵ | tu⁵⁵ | kho³¹³ | phi⁴² |
| 就 | 汤 | 那些 | 给喝 | PRT | 两 | 三 | 回 | 若 | 给喝 | 就 | 喝 | 好 | 掉 |

| la³³. | a⁵⁵po³³u³³ | ne⁵⁵ | tɕo⁵⁵ | xa⁴²pɯ⁴² | su⁵⁵ | no²¹tʂʅ³³ | ŋɛ³¹³. |
| AST | 车前草 | TOP | 就 | 肚子 | 拉 | 药 | 是 |

如果做药，小孩子拉肚子时，拉绿绿的大便，就熬一点儿车前草给他喝。从前，老人们没那么多药，遇到小孩拉肚子，一般就那样做。自己去拔一点儿车前草回来，熬给他喝。车前草随时都能拔得到，随时都能找得到。老掉的也可以要。如果要熬给小孩子喝，拔些车前草回来，干干净净洗一下，它的根也可以要，放进水里煮一下，给孩子喝汤。孩子喝上两三回病就好了。车前草是治拉肚子病的药。

（讲述者：李兰珍）

9．小公鸡花

| ɣa⁵⁵phɯ³³mo²¹vi⁵⁵. | phi²¹ȵi³³pho³¹³ | nu³³ | ɕo³³kɔ⁵⁵tɕi⁵⁵xua⁵⁵ | la³³. | ɯ³³. | na⁵⁵dzʅ³³ |
| 公鸡 | 花 | 汉族人 | TOP | 小公鸡花 | PTPT | 叫 | 咱们 |

| nu³³ | ɣa⁵⁵phɯ³³mo²¹vi⁵⁵ | la³³ | ɯ³³. | te³³ | ɕo²¹ | ne⁵⁵ | ma⁴²tsɔn⁵⁵ | tɕi⁴²li⁵⁵ | pa³³ | tɕhi³¹³ |
| TOP | 公鸡花 | PTPT | 叫 | 这 | 种 | TOP | 忙种 | 节令 | 若 | 到 |

tɕo⁵⁵ dzu²¹ la³³. te²¹xɚ³³ li⁴²tɕhu⁵⁵ tɕi⁴²li⁵⁵ tɕhi²¹ də³³ xɚ⁵⁵ dzu²¹ a²¹sɛ⁴². te²¹dze³³
就　　有　　PRT 这会　立秋　　节令　　到　都　还　有　还　一些

nu³³ vi⁵⁵ sə³¹³ phi⁴². te²¹dze³³ nu³³ tsɛ⁵⁵tsɛ⁵⁵ vi⁵⁵. xɚ⁵⁵ tshe³³ i³³nɯ²¹zo³³ gɚ³³
TOP 开　谢　掉　一些　　TOP 正在　　开　还　瞧　嫩嫩　　　也

te²¹dze³³ dzu²¹. nu³³ tɕo⁵⁵ te²¹ to³³ vi⁵⁵ phi⁴² ʑi²¹ nu³³ te²¹ sə³¹³ phi⁴² nu³³
一些　　有　　LNK 就　一　朵　开　谢　去　PRT 一　谢　去　TOP

te²¹ to³³ vi⁵⁵ ta⁵⁵ ʑi²¹ na³³ vi⁵⁵ ɛ⁵⁵. nu⁵⁵ kho³³ʑi³³ dzo³³. lja⁴²zo⁴² ŋɛ³¹³.
一　朵　开　上　去　那样　开　PRT LNK 可以　吃　　凉药　　是

tsho²¹mo³³gɚ⁴² i³³du³³ mjɛ⁴². kho³³ʑi³³ dzo³³ a⁵⁵ku⁵⁵tsha⁵⁵zo³³ sui⁴² te⁵⁵ də³³
老人们　　　头　晕　　可以　　吃　　小孩　　　　　　　随　个　都

kho³³ʑi³³ dzo³³. te³³ ɕo⁴² ne⁵⁵ ze²¹tshe⁵⁵ ŋɛ²¹ ɛ³³ sa⁵⁵tsɛ⁵⁵.
可以　　吃　　这　种　　TOP 野菜　　　是　PRT 山珍

公鸡花，汉族叫小公鸡花。我们叫公鸡花。一到栽种季节，这种花就开了。到立秋节还有。有的开谢了，有的正在开。细看有些是嫩嫩的。一朵开谢后，另一朵就接着开起来。公鸡花可以吃，是一种凉药。老人们头晕时可以吃。小孩也可以吃。这是一种野菜，是山珍。

dʑi³³phe³¹³ dzu²¹ də³³ ɣo³³ vɚ²¹ ma²¹ do²¹ dzu²¹ a³³ ne³³ kɚ⁴² də²¹də²¹
钱　　　　有　都　得　买　不　得　有　STPT 那　时　都

dzu²¹ ɛ³³. nu³³ tɕo⁵⁵ ve²¹ ki⁵⁵ lɛ²¹ a³³. la⁴²pha³³ thɚ⁵⁵zo³³ tshŋ⁴²su⁴² nu³³ ve²¹
有　PRT LNK 就　拿　做　来　PRT 手　　　　一下　　洗净　　　TOP 拿

ki⁵⁵ lɛ²¹ ma³¹³. tshe²¹ tɕa⁴² ma³¹³ nu³³ pa⁵⁵ɕi³³ xɯ⁴² ge²¹ nu³³ zo⁵⁵ thɚ⁵⁵zo³³
做　来　抹　　瞧　　这样　抹　　TOP 碗　　里　装　LNK 又　一下

tshŋ³³. ɣa⁵⁵fu⁴² tɕa⁴² thɚ⁵⁵zo³³ pa⁵⁵ la³³ kja⁵⁵ pu⁴² lɛ²¹. dzo³³ mi²¹ a⁴². te³³
洗　鸡蛋　　与　　一下　　拌　AST 那样　煎　来　吃　好　PRT 这

ɕo²¹ tɕo⁵⁵ sa³³tsɛ³³ ŋɛ²¹ ga⁵⁵.
种　就　山珍　　是　PRT

平时有钱都买不到。若在生长的季节，到处都有，采回来，把手洗干净一下，就抹下来。瞧，就这样把花抹下来，装进碗里，再洗一下，打几个鸡蛋调进去拌一下，那样煎来吃，很好吃，是山珍。

（讲述者：李荣）

（二）生产生活

1. 老奶奶用手机

ŋo²¹dzɿ³³ khua³³ xu²¹ a²¹ne³³gə²¹mo²¹ ne³³ɣɚ²¹. um²¹ sə²¹tɕi³³ xa⁵⁵ zu³³ a⁵⁵
1pl 村 里 老奶奶 那些 嗯 手机 怎么 用 AST

na³³ ŋo²¹ gɯ⁵⁵ nə²¹dzɿ³³ na³³ thɚ⁵⁵ de³¹³gɯ³³. ɛ³³ neː³³. ne³³tho⁵⁵ ne⁵⁵ ŋo²¹dzɿ³³
LNK 1sg AGT 2pl PTPT 一下 告诉 哎 以 以前 PRT 2pl

khua⁵⁵ xu²¹ ne⁵⁵. ɛ²¹ djo³³o³³ so³³ɣo³³ ɛ⁵⁵. ne⁵⁵mja⁴² dʑi⁵⁵phe³¹³ ne⁵⁵mja⁴²
村 里 PRT 哎 一点儿 贫穷 PRT 那么多 钱 那么多

ma²¹ dzu²¹. nu³³ a²¹ne³³gə²¹mo²¹ ne³³ɣɚ²¹ ne⁵⁵. a⁵⁵tsɿ⁵⁵ na³³ sə²¹tɕi³³ ɯ³³ a⁵⁵
没 有 LNK 老奶奶 那些 PRT 什么 PTPT 手机 叫 STPT

na³³ ma²¹ sɿ³¹³. te³³xɚ³³ ne⁵⁵ ȵi⁴²xa⁴² ku³³ no³³ la³³. mo³¹³mo³¹³la⁴²la⁴² nɚ³³nɚ³³
PTPT 不 知道 现在 TOP 日子 过 好 PRT 老老 少少 小小

du³³sɿ⁵⁵ sə²¹tɕi³³ zu³³ a⁵⁵ la³³. a²¹ne³³gə²¹mo²¹ ne³³ɣɚ²¹ sə²¹tɕi³³ mo²¹ ma²¹ ma²¹
都是 手机 用 AST AST 老奶奶 那些 手机 见 不 不

ku⁴². i³³ gɛ²¹ zo³³mu³³nu³³ ne³³ɣɚ²¹gɯ⁵⁵ za³¹³ sə²¹tɕi³³ te²¹ mo³³ vɚ²¹ gɯ³¹³.
过 3sg STPT 儿女们 那些 AGT 3sg 手机 一 个 买 给

我来讲一下，我们村里有一些老奶奶，是怎么用手机的。以前，我们村子比较穷，没有钱。老奶奶们不知道什么是手机。现在日子好过了，老老少少都用手机了。老奶奶们没见过手机，她们的儿女们给她们买了部手机用。

i³³dzɿ³³ ne⁵⁵ sə²¹tɕi³³ ne⁵⁵ mo³³ na³³ pɔ²¹kua²¹ gɛ²¹ ɕan³³tan³³ a⁵⁵ lɛ²¹ la³³.
3pl TOP 手机 那 个 PTPT 保管 STPT 相当 STPT好 PRT

tso²¹ te²¹ tshɛn⁴² zo⁵⁵ te²¹ tshɛn⁴² na³³ pɔ³³ tu³³ lɛ²¹. nu³³ phin⁴²tshan⁴² to³³
左 一 层 右 一 层 那样 包 起来 LNK 平常 时候

i³³ gɛ²¹ zo³³mu³³nu³³ ne³³ɣɚ²¹ gɯ⁵⁵. tjɛ⁵⁵xua⁵⁵ pa³³ dzu⁵⁵ ki⁵⁵ lɛ³¹³. tjɛ⁵⁵xua⁵⁵
3sg STPT 儿女们 那些 AGT 电话 若 打 过 来 电话

pa³³ mi³¹³ ne⁵⁵ ʑi⁵⁵ fen³³ tsɔn⁵⁵ pa³³ mi³¹³ tɕo⁵⁵ mi³¹³ ɕa³³ phi⁴² a⁵⁵ la³³.
若 响 TOP 一 分 钟 若 响 就 响 息 AST AST PRT

ə⁴² tjɛ⁵⁵xua⁵⁵ khɛ⁵⁵sɿ³³ pa³³ mi³¹³ i³³dzɿ³³ tɕo⁵⁵. sə²¹tɕi³³ ne³³ mo³³ na³³ pɔ³³
哎 电话 开始 若 响 3pl 就 手机 那 个 PTPT 包

zɚ³¹³ ne³³dze⁴². te²¹ tshɛn⁴² te²¹ tshɛn⁴² a³³ phɚ⁵⁵ khɚ³¹³. te²¹dze⁴²po⁴² phɚ⁵⁵
着 那些 一 层 一 层 STPT 剥 开 全部 剥

kua³³ phi⁴² na³³ pa³³ tɕhi²¹ tɕo⁵⁵. sə²¹tɕi³³ mo³³ tɕo⁵⁵ mi²¹ ɕa³³ phi⁴² la³³.
光   AST 那样 若   到   就   手机   个   就 响 息 AST PRT

pa³³ mi²¹ ɕa³³ phi⁴² i³³dʐɿ³³ ʐo⁵⁵ sə²¹tɕi³³ ne³³ mo³³ na³³. te²¹ tshɛn⁴² te²¹
若   响 息 AST 3pl   又   手机   那   个   PTPT 一   层   一

tshɛn⁴² a³³ pɔ³³ tu³³ lɛ²¹. pa³³ pɔ³³ tu³³ lɛ²¹ ʐo³³mɯ³³nɯ³³ ne³³ɣɚ⁴² ʐo⁵⁵
层   STPT 包 起 来   若   包   起 来   儿女们   那些   又

dzu⁵⁵ ki⁵⁵ lɛ²¹ a⁵⁵la³³. pa³³ dzu⁵⁵ ki⁵⁵ lɛ²¹ pa³³ mi³¹³ i³³dʐɿ³³ ʐo⁵⁵. te²¹
打   过 来 AST   若   打   过 来 若   响   3pl   又   一

tshɛn⁴² te²¹ tshɛn⁴² a³³ phɚ⁵⁵ khɚ³¹³. phɚ⁵⁵ khɚ³¹³ kua³³ phi⁴² na³³ pa³³
层   一   层   STPT 剥 开   剥   开   光   AST 那样 若

tɕhi³¹³. ʐo⁵⁵ sə²¹tɕi³³ ʐo⁵⁵ mi²¹ ɕa³³ phi⁴² la³³. te²¹ tho³³ tho³³ nu³³ i³³dʐɿ³³
到   又   手机   又   响 息 AST PRT 一   回   回   TOP 3pl

xɚ⁵⁵ ə⁴² phɚ⁵⁵ khɚ³³ kua³³ phi⁴² a³³. ma²¹ pɔ³³ tu³³ lɛ²¹ a³³ ne³³xɚ³³ tɕo⁵⁵.
还 哎 剥   开   光   AST PRT 不   包   起 来 STPT 那会儿 就

她们把手机保管得相当好，左一层，右一层地包起来。平时儿女们打电话来，铃声响一会儿就停了。电话一响，她们把手机外包一层一层地剥开来。等全部剥完，手机铃声就停了。手机响停后，她们又把手机一层一层地包起来。刚包好，儿女们又打电话过来了。听到铃声，她们又一层一层地剥开。等剥开，手机铃声又停了，就这她们剥开又包起来。

ʐo³³mɯ³³nɯ³³ ne³³ɣɚ²¹ tjɛ⁵⁵xua⁵⁵ pa³³ dzu³³. ki³³ lɛ²¹ tɕo⁵⁵ i³³dʐɿ³³ na³³
儿女们   那些   电话   若   打   过 来 就   3pl   PTPT

nɚ³³ɲi³³. nɚ²¹dʐɿ³³ a⁵⁵ kja⁵⁵gu⁵⁵ tjɛ⁵⁵xua⁵⁵ ma²¹ tsɛ⁴² a³³. na³³ ɲa⁴² pa³³ de³¹³
问   2pl   为什么   电话   不   接 PRT 那样 若   说

i³³dʐɿ³³ tɕo⁵⁵. ŋo²¹dʐɿ³³ tsɛ⁴² za⁵⁵ mo²¹ tsɛ⁴² za⁵⁵ ne⁵⁵. ɛ²¹ sə²¹tɕi³³ na³³ pɔ³³
3pl   就   1pl   按   AST 要   接 AST LNK 唉 手机   PTPT 包

zɚ³¹³ kho⁴² ne³³dze⁴². te²¹dze⁴²po⁴² phɚ⁵⁵ khɚ³³ kua³³ phi⁴² na³³. pa³³ tɕhi²¹
着   壳   那些   全部都   剥   开   光   AST 那时 若   到

tɕo⁵⁵ mi²¹ ɕa³³ phi⁴² a⁵⁵ la³³ na³³ɲa⁴² de³¹³. i³³ ʐo³³mɯ³³nɯ³³ ne³³ɣɚ⁴² tɕo⁵⁵
就   响 息 AST AST PRT 那样   说   3sg 儿女们   那些   就

i³dʐɿ³³ na³³. ɲa⁴² dze⁴² mo²¹ pɔ³³ ma²¹ dzo²¹. i³³ kho⁴² te²¹ kho⁴² xɯ²¹ pa³³
3pl   PTPT 那样 些   多   包   不   需要   3sg 壳   一   壳   里   若

ke²¹ zɚ³¹³ pa³³ mi³¹³ pa³³ ve²¹ tu⁵⁵ lɛ²¹ tɕo⁵⁵ tse³¹³ yo³³ do²¹ la³³ na³³ɲa⁴²
装 AST 若   响   若   拿   出 来 就   再   获   得 PRT 那样

de³¹³.	ne⁵⁵	i³³dzŋ³³	ne⁵⁵	sə²¹tɕi³³	te³³	mo³³	ne⁵⁵	i³³dzŋ³³.	a³³	tui⁵⁵	a⁵⁵	pa³³
说	LNK	3pl	TOP	手机	这	个	PRT	3pl	PTPT	对	STPT	若

guɚ⁴²	ne⁵⁵	tɕo⁵⁵	ɕan³³tan³³	a⁵⁵	tɕho³³.	ɕan³³tan³³	phu³³bo³¹³	ɕi³³	mjo³³zo³³	sua⁵⁵
说	LNK	就	相当	STPT	好	相当	昂贵	STPT	东西	算

za⁵⁵.	na⁴²	kja⁵⁵	gɯ⁵⁵	i³³dzŋ³³.	mo³³xo²¹	lɛ²¹	a³³	tho³³	gɚ³³	na³³	phjo²¹	pa³³
PRT	那样	做	TOP	3pl	雨	来	STPT	时	也	PTPT	衣	若

nɛ⁴²	phi⁴².	i³³	xɯ²¹	nɛ⁴²	phi⁴²	lo²¹	dzu⁵⁵.	nu³³	sɯ⁵⁵ljo⁵⁵pu⁵⁵	ne³³dze⁴²	gɯ⁵⁵	tso⁴²
潮	AST	3sg	里面	潮	AST	PRT	怕	LNK	塑料布	那些	由	左

te²¹	tshɛn⁴².	zo⁵⁵	te²¹	tshɛn⁴²	na³³	pɔ³³	tu³³	lɛ²¹.	a²¹nɛ³³gɚ²¹mo²¹	ne³³ɣ²¹	sə²¹tɕi³³
一	层	右	一	层	那样	包	起	来	老奶奶	那些	手机

pa³³	zu³³	tɕo⁵⁵	tɕa⁴²	zu³³	a⁵⁵	ga⁵⁵.
若	用	就	这样	用	AST	PRT

后来儿女们问：为什么不接电话。她们回答说：我们接了，但等手机全部剥开后，铃声就停了。儿女们说：手机上不要包那么多东西，装在壳里，电话铃响时，就可以拿出来接了。可是，手机对她们来说是相当珍贵、相当昂贵的东西。她们很珍惜。下雨时衣服淋湿了，她们生怕也把手机弄湿，所以用塑料布左一层又一层地包起来。老奶奶们就是这样用手机的。

（讲述者：李兰珍）

2. 烧炭

ne³³tho³³	nu³³	ŋo²¹dzŋ³³	gɛ²¹	te³³ɕa³³	gɚ³³	lo⁴²xɚ³³	sɯ⁵⁵dzə²¹	bi³³	ma²¹
从前	TOP	1pl	STPT	这里	也	落后	炭	STPT	不

tɕha⁴².	te³³xɚ³³.	ne⁵⁵	ŋo²¹dzŋ³³	gɛ²¹	te³³ɕa³³	gɚ³³	sɯ⁵⁵dzə²¹	tshu²¹.	sɯ⁵⁵dzə²¹
知	现在	TOP	1pl	STPT	这些	也	炭	烧	炭

tshu²¹	a³³	tɕo⁵⁵	ma²¹	u³¹³.	zi²¹	za⁵⁵.	a⁵⁵mɛ³³	gɛ²¹	a⁵⁵nɛ³³	tɕi⁴²	ɛ³³.	a⁵⁵mɛ³³
烧	AST	就	不	卖	去	PRT	自己	STPT	自己	烧	PRT	自己

gɛ²¹	a⁵⁵nɛ³³	tɕi⁴²	ɛ³³.	mɯ³³khɯ³³	ma²¹	kɯ³¹³.	sɯ⁵⁵dzə²¹	tshu²¹	ɕi⁵⁵	tɕo³³
STPT	自己	烧	PRT	火烟	不	熏	炭	烧	柴	就

dzu⁵⁵dzu²¹	a³³	xou⁵⁵	gɯ⁵⁵	ki⁵⁵.	tsui⁴²tsui⁴²	nu³³	ɕi⁵⁵kha⁵⁵	ɕi⁵⁵	gɯ⁵⁵	tɕho³³,
直直	STPT	那种	INST	做	最最	TOP	栗树	柴	INST	好

ɕi⁵⁵kha⁵⁵	ɕi⁵⁵	ma²¹	dzu²¹	pa³³	ki⁵⁵	nu³³	a⁴²tu⁴²	gɛ²¹	tsa³¹³mo²¹ɕi⁵⁵	gɯ⁵⁵	gɚ³³
栗树	柴	没	有	若	做	LNK	另外	STPT	杂木树	INST	也

tshu²¹ za⁵⁵. sɯ⁵⁵dzə²¹ tɯ³³ tɯ³³ xɯ⁴² , tsɯ²¹tsɯ²¹ tsua³³ ge²¹ ɣɚ³³ tsɯ²¹ nu³³
烧　　PRT　　炭　　窑　　窑里　　密密　　　装　　进　　越　　密　　越

ɣɚ³³ tɕo³³. tsua³³ du⁵⁵ la³³ pa³³ tɕhi²¹ nu³³.
好　　就　　装　起　　AST　若　到　　TOP

从前，我们这里落后，不知道烧炭。现在，我们这里也烧炭了，但不拿去卖。烧出来的炭自己用。烧时烟不熏。用来烧炭的柴要选直直的。最好选栗树柴。如果没有栗树柴，杂木柴也可以。在烧炭窑子里，密密地装满。装得越密越好。装起来后，把口封起来。

i³³ khə⁴² fɔn³³ tu⁵⁵ lɛ²¹. la³³ pa³³ tɕhi³¹³ nu³³ tɕo⁵⁵. khɛ³³sɿ⁴² mɚ⁵⁵tu⁴²
3sg 口　　封　起　来　AST　若　　后　　那　就　开始　　火

tɕi⁴². mɚ⁵⁵tu⁴² tɕi⁴² nu³³ ma²¹ tɕi⁴² tu³³ dzə⁴²dzə⁴² tɕi⁴² dzɛ³¹³. du⁴² la³³ pa³³
点火　　火　　点　TOP　不　燃　起　接连　　点　着　燃烧　AST　若

ki⁵⁵ nu³³ tɕo⁵⁵ i³³ gɛ²¹ i³³ gɛ²¹ a³³. zo³³zo³³ a³³ du⁴²tsha⁴² la³³ pa³³ tɕhi³¹³
做　TOP　就　3sg　STPT 3sg STPT STPT 悠悠 STPT 燃烧　AST　若　后

nu³³ mɯ³³khu³³ dzɛ⁴² dzi⁴²su⁴²su⁴² a³³ za⁵⁵ la³³ pa³³ tɕhi³¹³ nu³³ tɕo⁵⁵, mɚ⁵⁵tu⁴²
TOP 火烟　那　　清丝丝　　STPT 像　AST　若　到　那　就　火

tɕi⁴² a³³ ne³³na³³ gɚ³³ mɛ̃⁵⁵ tu³³ lɛ²¹. nu³³ mɛ sɛ⁴². mɛ̃ sɛ⁴² la³³ pa³³
点燃　AST 那里　也　焖　起　来　LNK　焖　熄　焖　熄　AST 若

tɕhi³¹³ nu³³ tɕo⁵⁵, phã⁴² tu⁵⁵ lɛ²¹ nu³³ tɕo⁵⁵ fɚ²¹ xɯ⁴² tsui³³kɯ³³ dzɛ³¹³ tsua⁵⁵
后　那　就　扒　出　来　TOP　就　袋　里　（口误）　（口误）装

ge²¹ dzɛ³¹³. nu³³ tɕo⁵⁵ tɔ̃³³tjɛ̃³³ gɛ²¹ mɚ⁵⁵tu⁴² ku³³ gɛ²¹ ɕi⁵⁵ tsui²¹pi⁵⁵ a⁵⁵ga⁵⁵.
进　PRT　那　就　冬天　STPT 火　　烤　STPT 柴　准备　　PRT

把它的口封起来后，开始点火。如果火不着就要接着点，让它燃烧起来。让它慢慢地燃烧。火烟变成清丝丝时，把火焖起来，焖熄后，把炭扒出来，就把它装进口袋里，准备冬天烤火用。

（讲述者：李荣）

3．扎楼板

lɯ⁴²thi³³ tsa⁵⁵ gɛ²¹ ljo⁵⁵tsɿ⁵⁴² nu³³ ɕi⁵⁵thi³³ gɯ⁵⁵ tsa⁵⁵. ɕi⁵⁵thi³³ nu³³ a⁵⁵nɛ⁵⁵zo³³
楼板　　扎　STPT　料子　　　TOP　木板　INST　扎　木板　TOP　窄块小

a³³ ne³³dzɛ³³ nu³³ ɕi³³ ki⁵⁵ lɛ²¹ ɛ³³ lɯ⁴²thi³³ tsa⁵⁵. khua³³khua³³ dzɛ³³ nu³³
STPT 那些　　STPT 选　做　来　PRT 楼板　　扎　　宽宽　　　那些　TOP

pã⁴²pi³¹³ tsua³³sɿ⁵⁵ to³³ dze³¹³ a⁵⁵nɛ⁵⁵zo³³ ne³³dze³³ ɕi³³ du⁵⁵ lɛ²¹ la³³ pa³³ tɕhi³¹³
板壁 专用 留 着 小窄块 那些 选 出 来 STPT若 然后

nu³³ mə³³tə⁴² gɯ⁵⁵ tɕhi⁴² thɚ⁵⁵ u³³ bɚ⁵⁵. ne⁵⁵ ta⁴² la⁵⁵fe⁵⁵. i³³dze⁴² xa³³na³³zo³³
LNK 墨斗 INST 线 一下 轻 弹 TOP 别 浪费 边 哪些

gɯ⁵⁵ bɚ⁵⁵ tsi⁵⁵ do²¹ nu³³ xa³³na³³zo³³ gɯ⁵⁵ bɚ⁵⁵. bɚ⁵⁵ phi⁴² la³³ pa³³ tɕhi²¹
INST 弹 净 得 TOP 哪里 INST 弹 弹 样 PTPT若 后

nu³³. tɕhi³¹³ tɕi³³ la³³ tso⁵⁵ dze³¹³ nɛ⁵⁵nɛ⁵⁵si³³si³³ a³³ thɚ⁵⁵ u⁴² bja⁴². bja⁴² du⁵⁵
TOP 线 条 PTPT照 着 耐耐心心 STPT一下 轻 劈 劈 出

la³³ pa³³ tɕhi³¹³ tɕo⁵⁵ tɕa⁴²pa⁴² ne³³ ɲi²¹ gɯ³³ la³³ tɚ³³ dze³¹³ nu³³ tɕo⁵⁵. tshi³³
来 若 后 就 夹板 那 两 棵 PTPT 兜 着 那 就 推平

du⁵⁵ tshi³³ du⁵⁵ la³³ pa³³ tɕhi²¹ tɕo⁵⁵. ɛ³³ tshɔ³³pou⁵⁵ ve²¹ ki⁵⁵ lɛ²¹ a³³. phje³³ta⁴²
出 推平 出 PTPT若 后 就 唉 槽刨 拿 做 来 PRT 偏搭

ɣə⁵⁵ du⁵⁵ la³³ pa³³ tɕhi³¹³ nu³³. tɕi⁵⁵xua⁵⁵ te²¹ te²¹ ta⁴² nu³³ ə⁵⁵sɿ⁴² ə⁵⁵ sa³³
推 出 来 若 后 TOP 计划 一 一 打 TOP 二十 二 三

khuɚ⁴². pa³³ki³³ tɕo⁵⁵ tsha⁵⁵pu⁵⁵to³³ la³³.
块 大约 就 差不多 PRT

楼板用木料来铺。选用那些小、窄的木板来铺楼板。那些宽宽的材料留着做板壁。那些小、窄的木板选出来后，用墨斗轻轻弹一下线，边上也要弹，不要浪费。这样可以把边修整齐。弹好后，照着线条一下一下地耐心地劈。劈好后，用两块夹板夹住，然后推平。推平后，用槽刨推出槽来，把侧边上的搭头推出来，计划一打有二十二三块就差不多了。

nu³³ ta⁴² ɣə⁵⁵ mjo³³ phi⁴² to³³. ɣə⁵⁵ du⁵⁵ lɛ²¹ la³³ pa³³ tɕhi³¹³ nu³³ tɕhi²¹
LNK 别 推 多 掉 使 推 出 来 PTPT若 然后 TOP 线

tɕo⁵⁵ phu³³. phu³³ du⁵⁵ um⁴² la³³ pa³³ tɕhi³¹³ nu³³ tɕhi²¹ te²¹ ka⁴² bɚ⁵⁵. bɚ⁵⁵
就 铺 铺 出 嗯 来 若 然后 TOP 线 一 下 弹 弹

du⁵⁵ la³³ pa³³ tɕhi³¹³ nu³³ i³³dzo³³ dze⁴² thɚ⁵⁵ tshɛ³³ phi⁴². thɚ⁵⁵ tshɛ³³ phi⁴²
出 来 若 然后 TOP 头头 那些 下 锯 掉 一下 锯 掉

nu³³ zo⁵⁵ tshɔ̃⁴²si³³ phu³³ pu⁵⁵. phu³³ pu⁵⁵ nu³³ zo⁵⁵ ve²¹ i³³ ge²¹ phou³¹³thə²¹
TOP 又 重新 铺 重 铺 重 LNK 又 拿 3sg STPT 跑头

fa⁵⁵ dze³¹³. nu³³ te⁴² fã⁵⁵ nu³³ tɕo⁵⁵ i³³ kə³³ li³³ to³³ fã⁵⁵. nu³³ zo⁵⁵ ve²¹
放 AST LNK 缝 那就 3sg 个 厘 约 放 LNK 又 拿

ki⁵⁵ lɛ²¹ a³³ za⁴². za⁴² tsi⁴² za⁴² tshe²¹ zi²¹ la³³ pa³³ tɕhi³¹³ nu³³ tɕo⁵⁵. sɛn²¹me³¹³
过 来 STPT 压 压 紧 压 下 去 PTPT若 然后 那就 钉子

gɯ⁵⁵	ti⁵⁵	tu³³	lε²¹.	ti⁵⁵	tu³³	lε²¹	la³³	pa³³	tɕhi³¹³	nu³³	i³³dɯ³³.	phĩ⁴²mjɛ³¹³
INST	钉	起来		钉	起来		STPT	若	连	那	上面	平面

ma²¹	phĩ⁴²	ne³³	ɕa³³.	dzi⁵⁵mo²¹	gɯ⁵⁵	thɚ⁵⁵zo³³	tsha⁴²	dzi⁵⁵mo²¹	gɯ⁵⁵	tsha⁴²	a³³
不平		那	地方	锵	INST	一下	铲	锵	INST	铲	STPT

ma²¹	phĩ⁴²	a³³	ne³³ɕa³³.	nu³³	thui³³pu⁵⁵	tsha⁵⁵zo³³	gɯ⁵⁵.	nɛ⁵⁵nɛ⁵⁵si³³si³³	a³³
不平		STPT	那些	TOP	推刨	小	INST	耐耐心心	STPT

thɚ⁵⁵zo³³	thui³³.	na³³	pa³³	ki³³	tɕo⁵⁵	phĩ⁴²	la³³.
一下	推	那	若	做	就	平	STPT

不要推出多余的木板。如果推出来了，就连成一条线后再铺。铺完后，要弹一下线。弹出线后，按照线条把多余的木板头锯掉。锯掉后重新铺。铺后又拿过板来，多留一点儿尺寸，缝隙留一厘米左右就行了。然后再拿过来压。要压紧，要压下去，连在一起。用钉子把它钉起来。钉起来后，接头上面不平的地方，用锵铲一下。用锵铲不平的地方，用小推刨推一下，就推平了。

（讲述者：李荣）

（三）丧葬

父亲的葬礼

ne³³	thɯ²¹	ɳi⁴²	gɛ²¹	um⁴²	ne⁵⁵ta⁴²	gɛ²¹	u⁴²	tjɛn⁴²	pan⁵⁵	tɕhi²¹	na³³tɕhi²¹
那	一	天	STPT	嗯	早上	STPT	五	点	半	到	那时候

tɕo⁵⁵	wua³³	de³³	tɕo⁵⁵	sʅ²¹	phi⁴²	la³³.	sʅ²¹	phi⁴²	na³³tɕhi²¹	tɕo⁵⁵	wua³³	le⁵⁵
就	1sg	爹	就	死	掉	AST	死	掉	那时候	就	1sg	二哥

tɕo⁵⁵	tjɛn⁵⁵xua⁵⁵	dzɯ³³	a⁵⁵	ŋo²¹dzɿ³³	na³³	ɯ³³.	wua³³	zi³³	bɚ⁴²	dzɿ³³	wua⁵⁵
就	电话	打	AST	1pl	PTPT	叫	1sg	叔叔	三	们	1sg

zi³³	tsha⁵⁵zo³³	dzɿ³³.	wua³³	zi³³	tshɛ⁵⁵tshɛ³³	dzɿ³³.	tɛ²¹ɣɚ⁴²bo⁴²	na³³	ɯ³³lɔm⁴²
叔	小	们	1sg	叔叔	四	们	全家	PTPT	叫拢

na³³	ki⁵⁵.	tɕa⁵⁵mɛ²¹tsɔm⁵⁵	ɣɛ²¹	tsho²¹	tɛ²¹ɣɚ⁴²po⁴².	wua³³	le⁵⁵	xɯ²¹	tɕhi²¹	na³³tɕhi²¹
PTPT	做	家门宗	STPT	人	全部	1sg	二哥	家	到	那时

tɕo⁵⁵.	wua³³	le⁵⁵	dzɿ³³	tɕo⁵⁵	wua³³	de³³	tɕa⁴²	gu²¹mɯ²¹	tshʅ⁵⁵.	i³³dɯ³³	tsu⁵⁵.
就	1sg	二哥	们	就	1sg	爹	跟	身子	洗	头	剃

me³¹³tsa⁵⁵	tsu⁵⁵.	phjo²¹	lo⁵¹³	po⁵⁵	lo³¹³	po⁵⁵	lo³¹³	ve⁴²	to³³.	tɕa⁵⁵mɛ²¹tsɔm⁵⁵
胡子	刮	衣	裤	换	裤	换	裤	穿	让	家门宗

tɕo⁵⁵. wua³³ de³³ tɕa⁴² za³¹³ mɚ⁵⁵tu⁴² te²¹ pɚ⁵⁵ thɯ⁵⁵ du⁵⁵ zi²¹.
就　　1sg　　爹　　跟　　去　　　火　　　　一　　把　　端　　出　　去

te²¹ɣɚ⁴²bo⁴² tɕo⁵⁵. um⁴² tɕa⁵⁵mɛ²¹tsɔm⁵⁵ gɛ²¹ khu⁴² tho⁴² ɣɚ³³ ne³³ ni²¹ te⁵⁵
全部　　　　就　　嗯　　家门宗　　　　　STPT 岁　　数　　大　　那　　两　　个

那天早上五点半，我爹就不在了。我爹断气后，我二哥就打电话给我们，还有四个叔叔，家门宗全部都叫来了。他们到我二哥家时，我哥哥们给我爹洗身子，剃头发、刮胡子，穿衣服裤子。家门宗中岁数最大的那两个，为我爹送一把火到门外。

phjo²¹ lo³¹³ ne³³dze⁴² na³³ xɚ⁵⁵. um⁴² so²¹zɚ⁴² gɛ²¹ sɛn⁴² gɚ³³ la⁵⁵ljɛn⁵⁵
衣服　　裤子　　那些　　PTPT 还　　嗯　　所有　　　STPT 铁　　也　　拉链

ne³³ɕi³³ ɛn⁴². la³³ljɛn⁵⁵ ne³³ɕo²¹ də³³ a²¹ ne³³dze⁴² xɚ⁵⁵ te²¹dze⁴²bo⁴² də³³ tse⁴²ta³³
那些　　唉　　拉链　　　那些　　都　　PRT 那些　　还　　全部　　　　都　　剪刀

gɯ⁵⁵ tɕa³¹³ phi⁴² ma⁴² sɛ²¹. tsɿ³³ nɛn⁴² sɿ⁵⁵ tɕhi²¹khu⁴² gɛ²¹ ne³³ɕo²¹ də³³də³³.
INST 剪　　掉　　须　　还　　只　　能　　是　　布　　　　STPT 那些　　仅仅

də⁴² zɛ³¹³ do²¹ ɛ⁵⁵. um⁴² phjo²¹ lo³¹³ ve⁴² du⁵⁵ na³³tɕhi²¹. tɕo⁵⁵ um⁴² wua³³
戴　　AST 可　　PRT 嗯　　衣服　　裤子　　穿　　出　　那时候　　　就　　嗯　　1sg

de³³ na³³. zo⁵⁵ phi²¹ gɛ²¹ phi²¹tsha⁵⁵mo²¹ ne³³xɚ⁵⁵ te²¹ mo³³ i³³ ɛ²¹ khui³³pɯ³³
爹　　PTPT 又　　白银　　STPT 纽子　　　　那种　　　一　　颗　　3sg STPT 嘴巴

xɯ⁴² mɯ²¹ zɛ³¹³ to³³. te²¹bi⁵⁵bi³³ nu²¹ tsa⁵⁵ gɯ⁵⁵ tɕhi²¹ ne³³ɕo²¹ gɯ⁵⁵ ne⁴²
里　　含　　AST 让　　一边边　　　TOP 细线　　INST 线　　那些　　INST 拴

phi⁴² tu³³ lɛ²¹ na³³ kja⁵⁵. phi²¹tsha⁵⁵mo²¹ ɣɔ⁴² na³³ ne⁴² phi⁴² zɛ³¹³. wua³³
掉　　起来　　PTPT 做　　纽子　　　　　眼　　PTPT 拴　　掉　　AST 1sg

dɛ³³ gɛ²¹ phjo²¹ lo³¹³ te²¹dze⁴²po⁴² na³³ xɚ⁵⁵ ɕɔm⁵⁵ gɯ⁵⁵ thi²¹ thu³³. ma²¹
爹　　STPT 衣服　　裤子　　全部都　　　　PTPT 还　　香　　INST 烙　　通　　不

thi²¹ thu³³ pa³³ ki⁵⁵ tɕo⁵⁵ i³³ o⁵⁵sɿ⁵⁵ xɯ⁴² pa³³ tɕhi²¹ tɕo⁵⁵ phjo²¹ lo³¹³
烙　　通　　若　　做　　就　　3sg 阴间　　里　　若　　到　　就　　衣服　　裤子

ne³³dze⁴² i³³ ɣo⁴² ma²¹ do²¹ na³³ na⁴² tjɔ⁵⁵ guɚ⁴². na³³ ɕi⁵⁵thi³³ xɯ⁴² tsə³³
那些　　3sg 获　　不　　得　　PTPT 那样　　调　　说　　PTPT 棺材　　里　　装

ke²¹. ɕi⁵⁵thi³³ xɯ⁴² tsə³³ ke²¹ a³³ ne³³xɚ³³ pa³³ tɕhi²¹ ne³³ tɕo⁵⁵ ɕi⁵⁵thi³³ xɯ⁴²
进棺材里装进　　　　　　　　　　　STPT 那会儿　　若　　到　　那么　　就　　木棺　　里

xɚ⁵⁵ tsin⁵⁵fɛn³³ tsɿ⁴² zin⁴² fɛn³³ tsɿ⁴² ne³³ɕo³³ gɯ⁵⁵ khu³³ tu³³ lɛ²¹ ma⁴² sɛ³³.
还　　金粉　　　纸　　银　　粉　　纸　　那种　　　INST 铺　　起来　　须　　还

nu³³ tɕo⁵⁵ pjɔ²¹sɿ³³ i³³ o⁵⁵sɿ⁵⁵ xɯ⁴² pa³³ tɕhi²¹ ne⁵⁵ sɚ⁴² tha⁴² phi²¹ tha⁴² zɚ⁴²
那么 就 表示 3sg 阴间 里 若 到 TOP 黄金 上 白银 上 睡

zɛ³¹³ na³³ kja⁵⁵. zi²¹ phi⁴² ɛ⁵⁵ na³³ n̠a⁴² tjo⁵⁵ tɕa⁴² ɛ⁵⁵. nu³³ ɕi⁵⁵thi³³ xɯ⁴²
AST PTPT 做 去 掉 PRT 那 样 调 讲 PRT 那么 木棺 里

ke²¹ a³³ ne³³xɚ³³ pa³³ tɕhi²¹ tɕo⁵⁵. um⁴² um⁴² tsin⁵⁵fɛn³³tsɿ⁴² zin⁴²fɛn³³tsɿ⁴² ne³³ dze⁴²
进 AST 那会儿 若 到 就 嗯 嗯 金粉纸 银粉纸 那些

tha⁴² zo⁵⁵ phu³¹³sɿ⁵⁵ te²¹ tso³³ khu³³ ta⁵⁵ phɯ³¹³sɿ⁵⁵ ne³³ tso³³ tha⁴² zo⁵⁵.
上 又 被子 一 床 铺 上 被子 那 床 上 又

i³³ gɛ²¹ khu³³ sɿ⁵⁵. ɕi⁵⁵ tsua³³mɚ⁵⁵ ɕi⁵⁵thi³³ xɯ⁴² phu³³ a⁵⁵. ne³³ xɔ⁵⁵ te²¹
3sg STPT 铺 东西 木 专门 木棺 里 铺 AST 那 种 一

ljo³³ khu³³ ke²¹ zɛ³¹³. na³³ kja⁵⁵ zo⁵⁵ i³³du³³dzi²¹ khu³³ ke²¹ zɛ³¹³.
张 铺 进 AST PTPT 做 又 枕头 铺 进 AST

所有带铁拉链的衣服裤子，都必须全部用剪刀剪掉拉链，只用布扣子的衣裤才能穿戴。衣服裤子穿好后，要给我爹嘴里放一颗白银钮子让他含在嘴巴里。白银钮子的一边要用细线拴起来，就拴在纽扣眼上。我爹的衣服、裤子全部要用香火烙通，才装棺。据说这样做他在阴间里才能穿。装棺前还要铺金粉银粉。铺上金粉银粉表示在阴间他睡在黄金白银上。铺上金粉银粉后，再铺一床被子，还要专门放一个枕头。

na³³ kja⁵⁵ tshɚ³³ wua³³ de³³ na³³ thi²¹ a²¹ ɕi⁵⁵thi³³ xɯ⁴² thi²¹ ke²¹ zɛ³¹³.
PTPT 做 才 1sg 爹 PTPT 提 AST 木棺 里 提 进 AST

ɕi⁵⁵thi³³ xɯ⁴² thi²¹ ke²¹ thi²¹ ke²¹ a²¹ ne⁵⁵ tɕo³³mɛ²¹tsɔm⁵⁵ gɛ²¹ khu⁴²tho²¹ ɣɚ³³.
木棺 里 提 进 提 进 AST TOP 家门宗 STPT 年纪 大

a³³ ne³³ɣɚ⁴² gɚ³³. wua³³ le⁵⁵ dzɿ³³ gɚ³³ na³³ te²¹ɣɚ⁴²po⁴² n̠a⁴² thi²¹ ke²¹
STPT 那些 也 1sg 二哥 们 和 那 全家人 那 提 进

zɛ³¹³. thi²¹ ke²¹ zɛ³¹³ na³³tɕhi²¹ tɕo⁵⁵ um⁴². wua³³ de³³ gɛ²¹ tɕhi²¹pha⁵⁵ na³³.
AST 提 进 AST 那时 就 嗯 1sg 爹 STPT 脚 PTPT

za⁴² ɕɛ⁵⁵ ne⁵⁵ pɚ⁴²tsa⁵⁵ te²¹ ku⁴² ne⁴² phi⁴² sin³³ ɛ⁵⁵. nu³³ ɕi⁵⁵thi³³ xɯ⁴² thi²¹
先 TOP 草 草绳 一 股 拴 掉 兴 PRT 那么 木棺 里 提

ke²¹ phi⁴² na³³ pa³³ tɕhi²¹ tɕo⁵⁵ pɚ⁴²tsa⁵⁵ ne³³ ku⁴² tɕo⁵⁵ phi²¹ phi⁴² a⁵⁵ga⁵⁵.
进 掉 PTPT 若 到 就 草绳 那 股 就 解 掉 AST

pɚ⁴²tsa⁵⁵ ne³³ ku⁴² phi²¹ phi⁴² na³³ pa³³ tɕhi²¹ tɕo⁵⁵ khe³³sɿ⁴² mja⁵⁵phu³¹³sɿ⁵⁵
草绳 那 股 解 掉 PTPT 若 到 就 开始 白布

phu³¹³. mja⁵⁵phu³¹³sɿ⁵⁵ pa³³ phu³¹³ ne⁵⁵ tɕo⁵⁵ zo³³ gɛ²¹ gɯ⁵⁵ phu³¹³ na⁴² ɛ⁵⁵.
盖 白布 若 盖 那么 就 儿子 STPT INST 盖 先 PRT

zo³³	gɛ²¹	thɚ⁵⁵	phɯ³¹³	zo⁵⁵	za²¹me²¹	gɛ²¹	phɯ³¹³.	nu³³	um⁴²	ʑi⁵⁵pan³³	tsho²¹
儿子	STPT	一下	盖	又	女儿	STPT	盖	那么	嗯	一般	人

na³³	ne⁵⁵	tɕo⁵⁵	um⁴²	te²¹	tsan⁵⁵	ma²¹	phɯ³¹³	ʐa⁵⁵.	ʑin³³we⁵⁵	mɯ³³sə³³	pho³¹³
PTPT	那么	就	嗯	一	丈	不	盖	样	因为	皇帝	

na³³	də³³də³³	te²¹	tsan⁵⁵	phɯ³¹³	ɣo⁴²do²¹	ɛ⁵⁵.	na⁴²	kja⁵⁵gu⁵⁵	wua³³	de³³	a³³
PTPT	仅仅	一	丈	盖	获得	PRT	那样	因为		1sg	爹 STPT

ne³³	tɕo⁵⁵	tɕo⁵⁵tshɿ⁴²	də³³də³³	phɯ³¹³	lɛ⁵⁵.	mjo³³	a³³	ne³³dze⁴²	tɕo⁵⁵	tse⁴²ta⁵⁵
那么	就	九尺	单单	盖	AST	多	STPT	那些	就	剪刀

gu⁵⁵	tɕa³¹³	tshe⁴²	phi⁴²	na³³	nɑ⁵⁵	ki⁵⁵.	mja⁴²phɯ³¹³sɿ⁵⁵	phɯ³¹³	du⁵⁵	na³³	pa³³
INST	剪	断	掉	PTPT	那样	做	白布	盖	出	PTPT	若

tɕhi²¹	tɕo⁵⁵.	um⁴²	wua³³	dɛ³³	gɛ⁵⁵	la⁴²pha⁵⁵	xɯ⁴².	zo³³mɯ³³nu³³	ne³³ɣɚ⁴²	tɕo⁵⁵
到	就	嗯	1sg	爹	STPT	手里		儿女们	那些	就

te²¹	te⁵⁵	za³¹³	dʑi³³phe³¹³	te²¹djo⁵⁵u³³	gɯ³¹³	i³³	gu⁵⁵	nɯ⁵⁵	zɛ³¹³	to³³.
一个	3sg	钱		一小点儿	给	3sg	AGT	捏	AST	让

tshua³³la⁴²zo³³	nu³³	a⁵⁵fɚ³³	thi³³	xɯ⁴²	nɯ⁵⁵	zɛ³¹³	to³³.	za²¹me²¹zo³³	nu³³
男人	TOP	左手	只	里	捏	AST	让	女人	TOP

a⁵⁵dzu³³	thi³³	xɯ⁴²	nɯ⁵⁵	zɛ³¹³	to³³	na³³	kja⁵⁵.	sui⁴²	te⁵⁵	də³³	za³¹³	dʑi³³phe³¹³
右手	只	里	捏	AST	让	PTPT	做	随	个	都	3sg	钱

djo⁵⁵u³³	gɯ³¹³	dʑi³³phe³¹³	nɯ⁵⁵	phi⁴²	na³³	pa³³	tɕhi²¹	tɕo⁵⁵.
点儿	给	钱	捏	掉	PTPT	若	到	就

然后才能把我爹放进棺材里。抬我爹进棺材里的人是家门宗中年纪大的人。我哥哥们，全家人都要跟着一起抬。我爹的脚要用一股草绳拴起来。抬进木棺后，我爹脚上的草绳要解开，才能盖白布。盖白布时，儿子先盖，女儿再盖。因为皇帝只盖一丈长，所以我爹只能盖九尺。多余的布要用剪刀剪掉。白布盖好后，儿女们要给爹手里放一点儿钱捏着。男人给的用左手捏着，女人给的用右手捏着。儿女们都要给他一小点儿钱让他捏着才能盖棺材。

kuan³³tshɛ³³	gɚ⁵⁵	tɕo⁵⁵	phɯ³¹³	tu³³	lɛ²¹	a⁵⁵ga⁵⁵.	kuan³³tshɛ³³	gɚ⁵⁵	pa³³	phɯ³¹³
棺材	盖	就	盖	起来		AST	棺材	盖	若	盖

tu³³	lɛ²¹	tɕo⁵⁵.	kuan³³tshɛ³³	ɣ³³dzə²¹	ne³³na³³	tɕo⁵⁵.	ɕom³³	tu⁴²	um⁴²	la⁴²dzu²¹
起来		就	棺材	前面	那里	就	香	点燃	嗯	蜡烛

tu⁴².	ten³³tsan³³	pɚ³³	tu⁴².	ɕo³³	ne³³	ʑi⁵⁵pan³³	ne³³	tɕo⁵⁵	sə³³	ba⁵⁵	ŋo³³	ba⁵⁵
点燃	灯盏	盏	点燃	香		TOP	一般	那么	就	三	根	五	根

sɿ³¹³	ba⁵⁵	na³³	də³³də³³	tu⁴²	ɛ⁵⁵.	i³³ti³³	də³³də³³	tu⁴²	ɛ⁵⁵	i³³dzə²¹	ma²¹	tu⁴²
七	根	那样	单单	点燃	PRT	单	仅仅	点燃	PRT	双	不	点燃

| ʐa⁵⁵. | ɕom³³ | nu³³ | tɕo⁵⁵ | ma²¹ | ɕom³³ | la²¹tsu⁴² | ten³³tsan³³ | pə⁵⁵ | tɕo⁵⁵ | ma²¹ | nɛn⁴² | tu⁴² |
| PRT | 香 | TOP | 就 | 不 | 香 | 蜡烛 | 灯盏 | 盏 | 就 | 不 | 能 | 烧 |

| tshe⁵⁵ | phi⁴² | la³³. | i⁵⁵tsɿ⁴² | a³³ | də³³ | tu⁴² | a³³ | i³³ | thɯ³³ | du⁵⁵ | ʐa³¹³ | ne³³xə³³ | tɕhi²¹ |
| 断 | 掉 | PRT | 一直 | STPT | 都 | 燃 | STPT | 3sg | 抬 | 出 | 去 | 那时 | 到 |

| ma⁴² | te²¹ | thə⁵⁵ | gə³³ | ma²¹ | tu⁴² | se⁴² | phi⁴² | to³³ | ʐa⁵⁵. | te²¹dze⁴²po⁴² | gu²¹ | du⁵⁵ |
| 须 | 一 | 下 | 也 | 不 | 燃 | 灭 | 掉 | 让 | 那样 | 全部 | 做 | 完 |

| na³³tɕhi²¹ | zo⁵⁵. | um⁴² | tɕa⁵⁵mɛ²¹tsɔm⁵⁵ | ne³³ɣə⁴² | na³³ | ɯ³³ | a³³ | ʐa³¹³. | san⁵⁵ljan⁵⁵ |
| 那时 | 又 | 嗯 | 家门宗 | 那些 | PTPT | 叫 | AST | 去 | 商量 |

| xa⁴²tjɔ⁵⁵ | thɯ³³ | ga⁵⁵ | ve²¹ | xa⁴²ɣə⁴² | na³³ | tshə³³ | ga⁵⁵ | na³³ | san⁵⁵ljan⁵⁵. | san⁵⁵ljan⁵⁵ |
| 怎么 | 抬 | PRT | 客 | 多少 | PTPT | 请 | PRT | PTPT | 商量 | 商量 |

| du⁵⁵ | na³³tɕhi²¹ | zo⁵⁵. | wua³³ | le⁵⁵ | dzɿ³³ | zo⁵⁵ | tɕa⁵⁵mɛ²¹tsɔm⁵⁵ | ne³³ɣə⁴² | na³³ | de³¹³ |
| 好 | 那时 | 又 | 1sg | 二哥 | 们 | 又 | 家门宗 | 那些 | PTPT | 说 |

| a³³ | ʐa³¹³ | sɿ²¹ga⁴² | ʑi²¹. | sɿ²¹ | pa³³ | ga⁴² | phi⁴² | tɕo⁵⁵ | um⁴². |
| STPT | 去 | 报丧 | 去 | 死 | 若 | 赶 | 掉 | 就 | 嗯 |

盖棺后，棺材前要点香火、灯盏。香火一般要点三根、五根或七根，只能点单数，不能点双数。灯盏里的蜡烛也不能烧断。香火、灯盏一直要点到他被抬出家门，一下都不能熄灭。这些做完后，就要叫家门宗的人，一起商量怎么抬，要请多少人抬等事宜。商量好后，我哥哥们叫上家门宗的人去报丧。

| sɿ²¹ | phi⁴² | a³³ | ne³³ | te⁵⁵ | na³³ | ku³³ | a³³ | ne³³ɣə⁴² | tɕo⁵⁵ | le²¹ | a³³ | ku⁴² | tsɛn⁵⁵ |
| 死 | 掉 | STPT | 那 | 个 | PTPT | 亲 | STPT | 那些 | 就 | 来 | STPT | 鼓 | 争 |

| le²¹ | a⁵⁵ga⁵⁵. | ku⁴² | pa³³ | tsɛn⁵⁵ | le²¹ | ne⁵⁵ | lo²¹go²¹ta⁵⁵ | pa³³ | tɕhi²¹ | tɕo⁵⁵ | pho⁵⁵tsan⁴² |
| 来 | AST | 鼓 | 若 | 争 | 来 | TOP | 门口 | 若 | 到 | 就 | 爆竹 |

| te²¹ | tshuan⁵⁵ | thɯ³³ | a³³ | tshɛ⁵⁵ | gɯ³³ | le²¹ | ɛ⁵⁵. | tsu²¹zen⁴²tɕa⁵⁵ | tɕo⁵⁵ | pho⁵⁵tsan⁴² | thɯ³³ |
| 一 | 串 | 放 | AST | 才 | 进 | 来 | PRT | 主人家 | 就 | 爆竹 | 放 |

| ɛ²¹ | sɛn⁵⁵ʑin⁵⁵ | pa³³ | bɯ²¹dzo³³ | tɕo⁵⁵. | na³³bɯ³³ | ne³³ɣə⁴² | ne⁵⁵ | le²¹ | a³³ | ku⁴² | tsɛn⁵⁵ |
| STPT | 声音 | 若 | 听见 | 就 | 外面 | 那些 | TOP | 来 | STPT | 鼓 | 争 |

| na³³ | ŋa⁴² | sɿ³¹³ | la³³. | um⁴² | ku⁴² | ne⁵⁵ | a²¹mja⁴² | tshə³³ | mo³³ | ne⁵⁵ | tsu²¹zen⁴²tɕa⁵⁵ |
| PTPT | 那样 | 知道 | AST | 嗯 | 鼓 | TOP | 多么 | 群 | 要 | STPT | 主人家 |

| gɯ⁵⁵ | tɕi²¹tin⁵⁵ | ɛ⁵⁵. | mjo³³ | a³³ | ne³³dze⁴² | tɕo⁵⁵ | ma²¹ | mo³³ | ba⁵⁵ | tɕo⁵⁵ | xui⁴² | phi⁴² |
| AGT | 决定 | PRT | 多 | STPT | 那些 | 就 | 不 | 要 | 若 | 就 | 拒绝 | 掉 |

| a⁵⁵ga⁵⁵. | tsu³³zɛn⁴²tɕa⁴² | zo⁵⁵ | tsho²¹ | ɣo³³phe⁴² | a³³ | ʐa³¹³ | u³¹³ | və⁴² | ʑi²¹. |
| AST | 主人家 | 又 | 人 | 安排 | STPT | 去 | 菜 | 买 | 去 |

失去亲人后，村里的人要来争鼓。争鼓的人到门口要先放一串鞭炮才能进来。主人家听见鞭炮声，知道有人来争鼓。要几组鼓队由主人家决定，不要的要谢绝掉。主人家还要安排人去买菜和其他东西。

pho³¹³	uɯ³³	li⁵⁵lə³³	muɯ⁵⁵	pho³¹³	uɯ⁵⁵.	um⁴²	ȵa⁴²	dze⁴²	uɯ³³	zɛ³¹³	na³³	kja⁵⁵
人	请	唢呐	吹	人	请	嗯	那	些	请	AST	PTPT	做

za³¹³	dzo²¹ti³³	ʑi²¹	ɛ⁵⁵.	dzo²¹ti³³	za³¹³	ne³³	thɯ²¹	xa⁴²	pa³³	tɕhi²¹	tɕo⁵⁵	za²¹me²¹
去	祭奠	去	PRT	祭祀	去	那	一	夜	若	到	就	女儿

gɛ²¹	tɕo⁵⁵	ɚ⁴²	ki³³	lɛ³³	ɕi³³	te²¹dze⁴²po⁴²	ve²¹	zɛ³¹³	ku⁴²	tshe⁵⁵	pho³¹³	tɕa⁴²
家	就	买	过	来	东西	全部都	拿	AST	鼓	跳	男人	跟

li⁵⁵lə³³	muɯ⁵⁵	pho³¹³	tɕa⁴²	te²¹ɣə⁴²po⁴²	tɕo⁵⁵	mjo³¹³zo³³	thɯ³³	zɛ³¹³	na³³	kja⁵⁵
唢呐	吹	男人	跟	全部都	就	东西	抬	ASTP	TPT	做

za³¹³	dzo²¹ti³³	za³¹³	ga⁵⁵	dzo²¹	pa³³	ti³³	ʑi²¹	ne⁵⁵	tɕo⁵⁵	ɕo⁵⁵tha⁴²	xɯ⁴²	ti³³
去	祭祀	去	PRT	祭	若	拜	去	那么	就	孝堂	里	拜

ʑi²¹	ɛ⁵⁵.	nu³³	tsu³³zɛn⁴²tɕa⁵⁵	ɛ²¹	lo²¹go²¹ta⁵⁵	ne³³dze⁴²	xɯ⁴²	pa³³	tɕhi²¹	tɕo⁵⁵
去	PRT	那么	主人家	STPT	门前	那里	里	若	到	就

lin⁴²wa⁴²	sə³³	mo³³	thɯ³¹³.	lin⁴²wa⁴²	sə³³	mo³³	pa³³	thɯ³¹³	tɕo⁵⁵.	tsu³³zɛn⁴²tɕa⁵⁵
雷王①	三	个	放	雷王	三	个	若	放	就	主人家

gɛ²¹	tɕo⁵⁵	lɛ³³	a³³	za²¹me²¹	na³³	tsʅ³³	lɛ³³	a⁵⁵	la³³.	pa³³	tsʅ³³	lɛ³³	tshe⁴²	tsʅ³³
STPT	就	来	STPT	女儿	PTPT	迎接	来	AST	PRT	若	接	来	刚	接

ɣo⁴²	a³³	ne³³xɚ³³	tɕo⁵⁵.	um⁴²	tsu³³zɛn⁴²tɕa⁵⁵	gɛ²¹	ne⁵⁵	zo³³	ɣə³³	ne³³	te⁵⁵
获	STPT	那会儿	就	嗯	主人家	STPT	PRT	儿子	大	那	个

gɯ⁵⁵	ɣə³¹³dzə²¹	ki⁵⁵.	nu³³	zo³³	ȵi²²	sə³³	fɚ³³	bo⁴²	tɕo⁵⁵	i³³dɯ³³thɚ⁴²	tshe²¹
AGT	先	做	那么	儿子	二	三	个	全	就	下跪	下

ʑi²¹.	i³³dɯ³³	pa³³	tshe²¹	ʑi²¹.	za²¹me²¹	gɛ²¹	tɕo⁵⁵	ka⁴²tɕi⁴²	ɣə³¹³dzə²¹dzə²¹	a³³
去	磕头	若	下	去	女儿	家	就	赶紧	先	STPT

ɣə³¹³dzə²¹	sɯ³³	a³³	ne³³ɣɚ⁴²	tɕo⁵⁵.
前面	走	STPT	那些	就

主人家还要请跳鼓的人和吹唢呐的人来祭奠。祭奠那天晚上，女儿家要买来东西，跟在跳鼓和吹唢呐的人后，把东西送到孝堂里祭奠。到家门前，要放三个雷王，家人就会出来迎接女儿回家。接女儿进家时，主人家的大儿子要先出来接，然后是二儿子、三儿子，都

---

① 雷王是大鞭炮，放时很响。

要下跪磕头。

i³³du³³thə⁴² tshe²¹ zi²¹ a³³ i³³ zo³³ ne³³ɣɚ⁴² na³³ ɕi²¹ du³³ lɛ²¹. ne³³ɣɚ⁴²
下跪　　　　　下　去　STPT 3sg 儿子 那些　　PTPT 牵 起 来 那些

gɯ⁵⁵ ma²¹ thə⁴² tshe²¹ phi⁴² to³³ za⁵⁵ te²¹tɕo⁵⁵u³³ pa³³ thə⁴² tshe²¹ phi⁴² tɕo⁵⁵
AGT 不 跪 下 去 让 那样 一小点儿 若 跪 下 去 就

ka⁴²tɕi⁴² ɕi²¹ du³³ lɛ²¹ a⁵⁵ la³³. nu³³ za²¹me²¹ gɛ²¹ tɕo⁵⁵ ku⁴² khua³³ zɛ³¹³
赶紧　　牵 起 来 STPT PRT 那么 女儿 STPT 就 鼓 敲 AST

li⁵⁵lə⁻³³ mɯ⁵⁵ zɛ³¹³ na³³ pa⁵⁵ki⁵⁵ tɕo⁵⁵. zo³³ gɛ²¹ ne³³ɣɚ⁴² gə³³ pa³³ tsʅ³³
吹唢呐 吹 AST PTPT 如果 就 儿子 STPT 那些 也 若 接

ɣo³³ tɕo⁵⁵ zo³³ ɛ²¹ ne³³ɣɚ⁴² gɯ⁵⁵ ve²¹ ki⁵⁵ lɛ²¹ a³³ mjo³³zo³³ te²¹dze⁴²po⁴²
获 就 儿子 STPT 那些 AGT 拿 过 来 STPT 东西 全部

ve²¹ gɯ³³ phi⁴². nu³³ za²¹me²¹ xɚ⁵⁵ ŋu²¹ zɛ³¹³ gɯ³³ zi²¹ ma³³sɛ³³. ŋu²¹ tɕi⁴²
拿 回 去 LNK 女儿 还 哭 AST 进 去 还要 哭 会

ŋu²¹ ma²¹ tɕi⁴² də³³ tɕo⁵⁵ pi⁴²ɕi³³ a³³ tɕo⁵⁵ ŋu²¹ zɛ³¹³ a³³ gɯ³³ zi²¹ ma⁴².
哭 不 会 都 就 必须 STPT 就 哭 AST STPT 进 去 必须

nu³³ tsu³³zɛn⁴²tɕa⁵⁵ gɛ²¹ ne³³ɣɚ⁴² zo⁵⁵. li⁵⁵lə⁻³³ mɯ⁵⁵ pho³¹³ ne³³ ne³³ɣɚ⁴² gə³³
那么 主人家 STPT 那些人 又 唢呐 吹 男人 那 那些 和

na³³ mjo³³zo³³ dze⁴² pa³³ ve²¹ phi⁴². ne³³ɣɚ⁴² gɯ⁵⁵ ku⁴² xɚ⁵⁵ tshe⁵⁵ to³³ na³³
PTPT 东西 些 若 拿 掉 那些 AGT 鼓 会儿 跳 让 PTPT

kja⁵⁵ pa³³ tshe⁵⁵ ɕa³³. zo⁵⁵ ku⁴² tshɔm⁴²sin⁵⁵ te²¹ tshə⁴² tsʅ³³ zi²¹ ku⁴² sui⁴²
做 若 跳 息 又 鼓 重新 一 群 接 去 鼓 随

tshə³³ lɛ²¹ də³³ tsu³³zɛn⁴²tɕa⁵⁵ tɕo⁵⁵ za³¹³ tsʅ³³ zi²¹ ma⁴². pa³³ tsʅ³³ zi²¹ ne⁵⁵
群 来 都 主人家 就 去 接 去 必须 若 接 去 TOP

sui⁴² tshə⁴² lɛ²¹ də³³ tɕo⁵⁵. zo³³ ni²¹ sə³³ fə³³ bo⁴² ɣə³¹³dzɛ²¹ ki⁵⁵ zo³³
随 群 来 都 就 儿子 二 三 个 全 前面 在 儿子

tɕhi⁵⁵mo²¹ nu³³ du²¹mi⁴² ki⁵⁵ na³³ kja⁵⁵ tɕo⁵⁵. i³³dɯ³³ thə⁴² tshe²¹ zi²¹ na³³
媳妇 TOP 后面 在 PTPT 做 就 磕头 跪 下 去 PTPT

kja⁵⁵ tsʅ³³ za³¹³. pa³³ tsʅ³³ gɯ³³ lɛ²¹ tɕo⁵⁵ te²¹xa⁴²bo⁴² tɕo⁵⁵ ku⁴² tshe⁵⁵ a⁵⁵ga⁵⁵.
做 接 去 若 接 回 来 就 一整夜 就 鼓 跳 PRT

　　走在前面的人要把下跪磕头的人赶快扶起来，要在他们才跪下一点儿点儿的时候就要把他们赶快牵起来。女儿家的人要敲鼓、吹唢呐。儿子们把女儿送过来的东西，全部拿进去。女儿们还要哭着进家门，会哭不会哭都必须哭着进去。主人家的其他人，要帮那些吹唢呐的人拿东西。跳鼓人跳一会儿后，去接下一群跳鼓人。每一群鼓队的到来，主人家都必须去接。两三个儿子站在前面，儿媳妇跟在后面，都要下跪磕头。鼓队接回来后，要跳一整夜。

nu³³ tshɔm⁴² tsho²¹ te⁵⁵ ma²¹ dzu²¹ na³³ pa³³ tɕhi²¹ tɕo⁵⁵ sui²¹ be²¹ ma³³ma³³
LNK 从 人 个 不 在 那 若 到 就 随 顿 饭

pa³³ dzo³³ də³³ tɕo⁵⁵ ʐa³¹³ ɕi⁵⁵thi³³ mo³³ dze²¹ ʐa³¹³. ʐa³¹³ ma³³ma³³ dzo³³ ɯ³³
若 吃 都 就 去 木棺 个 边 去 3sg 饭 吃 叫

zi²¹ ma⁴². ku⁴² tshe⁵⁵ pho³¹³ ne³³ ɣɚ⁴² nu³³ tɕo⁵⁵. ʐa³¹³ khə²¹tha⁴² xɯ⁴² ʐa³¹³
去 须 鼓 跳 男人 那些 LNK 就 去 客堂 里 去

ma³³ma³³ dzo³³ zi²¹. a²¹to³³ gɛ²¹ ve²¹ ne³³ɣɚ⁴² gə³³ tɕo⁵⁵ ʐa³¹³ khə²¹tha⁴² xɯ⁴²
饭 吃 去 其他 STPT 客人 那些 也 就 去 客堂 里

ʐa³¹³ ma³³ma³³ dzo³³ zi²¹. zo³³ zo³³tɕhi⁵⁵mo²¹ ʐa²¹me²¹ su³³pho³¹³. te³³ɣɚ⁴² ne⁵⁵
去 饭 吃 去 儿子 儿子媳妇 女儿 姑爷 这些人 那么

tɕo⁵⁵ ɕi⁵⁵thi³³ mo³³ ma²¹ thu⁴² du⁴² phi⁴² dzə²¹dzə²¹ də³³ tɕo⁵⁵. sui⁴² be²¹ də³³
就 木棺 个 不 抬 出 去 之前 都 就 随 顿 都

ɕi⁵⁵thi³³ mo³³ ɣə³¹³dzə²¹ tsha⁵⁵ də³³də³³ ma³³ma³³ dzo³³ ɣo⁴²do²¹ ɛ⁵⁵ ɕo⁵⁵ tshu³³
木棺 个 前面 在 仅仅 饭 吃 获得 PRT 香 烧

a³³ ne³³ thu²¹ xa⁴² pa³³ tɕhi²¹ tɕo⁵⁵. um⁴² ɕi⁵⁵thi³³ mo³³ tɕo⁵⁵ um³³um³³ a³³
AST 那 一 夜 若 到 就 嗯 木棺 个 就 高高 STPT

n̩a⁴² sen³³ tu³³ lɛ²¹.
那 升 起 来

一日三餐，吃饭时要去棺材边吃，要叫死者一起吃饭。跳鼓人、客人到客堂里吃。儿子、儿媳妇，女儿和姑爷们在木棺抬出去前，每顿饭都得在木棺前吃。到烧香的那一夜。木棺要高高升起来。

nu³³ tshɯ²¹tshɚ³³ ga⁵⁵ na³³ pa³³ tɕhi²¹ tɕo⁵⁵. um⁴² mi²¹tu³¹³ mja⁵⁵ kɚ⁴²
LNK 出殡 将 那时 若 到 就 嗯 土坑 眼 挖

pho³¹³ ne³³ n̩i²¹ te⁵⁵ tɕo⁵⁵. ɕo³³ tha²¹zi²¹ na³³ ne³³dze⁴² ma²¹ tu⁴² kuan³³ ne³³dze⁴²
人 那 两 个 就 香纸 PTPT 那些 没 烧 完 那些

te²¹dze⁴²po⁴² tɕhi²¹khu⁴² dze⁴² xɯ⁴². kɚ³³ ke²¹ ʐe³¹³ na³³ kja⁵⁵ thu³³ ʐe³¹³. nu³³
全部 撮箕 那些 里 捡 进 AST PTPT 做 挑 AST 那么

tɕo⁵⁵ ɕi⁵⁵thi³³ mo³³ sɯ³³ tshɯ⁵⁵ do²¹ a³³ ne³³ dze⁴² xɯ⁴² tɕo⁵⁵. ɣə³¹³dzə²¹
就 木棺 个 走 经过 得 STPT 那些 里 就 首先

dzə²¹ a³³ tɕo⁵⁵ suɯ³³ zɛ³¹³ ʑi²¹ phi⁴² a⁵⁵ga⁵⁵. nu³³ dʐo²¹mo²¹ te²¹ tɕi³³ po⁴² xɚ⁵⁵
先　　STPT　就　走　　AST　去　掉　PRT　那么　路　　　一　条　全部　还

tha⁴²ʑi³³ lu⁵⁵ zɛ³¹³ ʑi²¹ phi⁴² ɛ⁵⁵sɛ⁵⁵. tha⁴²ʑi³³ lu⁵⁵ a⁵⁵ ne⁵⁵ tɕo⁵⁵ pjɔ⁴²sɿ⁵⁵.
纸　　　丢　 AST　去　掉　PRT　　纸　　　丢　STPT那么　就　表示

sɿ²¹ phi⁴² a³³ ne³³ te⁵⁵ tɕa⁵⁵ dʐo²¹mo²¹ vɚ⁴² ɛ⁵⁵. dʐo²¹mo²¹ ma²¹ vɚ⁴² pa³³
死　掉　 STPT 那　个　为　路　　　买　 PRT　路　　　不　买　若

ki⁵⁵ tɕo⁵⁵ sɿ²¹ phi⁴² a³³ ne³³ te⁵⁵ tɕo⁵⁵ dʐo²¹mo²¹kuɯ⁴² suɯ³³ ɣo⁴² ma²¹ do²¹
做　就　死　掉　 STPT 那　个　就　路上　　　　走　　获　不　得

ɳa⁴² kja⁵⁵guɯ⁵⁵ tɕo⁵⁵ tha⁴²ʑi²¹ lu⁵⁵ zɛ³¹³ ʑi²¹ phi⁴² ɛ⁵⁵ the³³tsa⁵⁵ ne³³ɣɚ⁴² nu³³
那样　因为　　 就　纸　　　丢　 AST　去　掉　PRT 抬杠　　那些人　那么

tɕo⁵⁵. ɕi⁵⁵thi³³ ne³³ mo³³ na³³ tsho⁴² a³³ lo²¹go²¹ta⁵⁵. pan⁴²tɛn³³ ɲi²¹ tsu⁵⁵ tha⁴²
就　 木棺　　 那　个　 PTPT 搬动　STPT 门前　　　　板凳　　 两　条　上

to³³ zɛ³¹³ na³³ pa³³ ki⁵⁵ tɕo⁵⁵ khɛ³³sɿ³³ tsa⁵⁵luɯ³³ guɯ⁵⁵ pan⁴² tuɯ³³ lɛ²¹. um⁴²
放　 AST 那样　若　做　就　开始　　　绳子　　INST　绑　起　来　嗯

ku⁴² tshe⁵⁵ pho³¹³ ne³³ɣɚ⁴² nu³³ tɕo⁵⁵ ɕi⁵⁵thi³³ mo³³ na³³ wui⁴² zɛ³¹³ na³³ kja⁵⁵
鼓　跳　　男人　那些　TOP　就　木棺　　个　 PTPT 围　 AST　PTPT 做

ku⁴² tshe⁵⁵. the³³tsa⁵⁵ ne³³ɣɚ⁴² ne⁵⁵ sɿ⁴² lu⁴² te⁵⁵ ŋa⁴². ne⁵⁵ zi⁵⁵pan³³ ne³³ tɕo⁵⁵
鼓　跳　　抬杠　　那些人　TOP 十　六　个　是　那　一般　　那么　就

pan⁴² ta⁵⁵ tsin³³kan³³ na³³ ɳa⁴² ɯ³³ ɛ⁵⁵.
八　大　金刚　　　PTPT 那样 叫　PRT

出殡时，鼓队要把没烧完的香纸捡到撮箕里挑走。木棺将要经过的地方，一路上要丢纸钱。丢纸钱表示为死者买路。如果不买路，死者就不能上路。付了买路钱，抬棺材的人，就可搬动那个木棺了。木棺先放在门前的两条板凳上。然后用绳子绑起来。跳鼓的人，要围着木棺跳一阵鼓。抬杠的人有十六个人，通常称为八大金刚。

　　　　nu³³ ɕi⁵⁵thi³³ mo³³ pan⁴² du⁵⁵ na³³ pa³³ tɕhi²¹ tɕo⁵⁵. khɛ³³sɿ²¹ tɕo⁵⁵ thuɯ³³
　　　　那么　木棺　　个　绑　好　PTPT 若　到　就　开始　　就　抬

zɛ³¹³ tɕo⁵⁵ suɯ³³ a⁵⁵ga⁵⁵. nu³³ ɕi⁵⁵thi³³ mo³³ thuɯ³³ a³³ suɯ³³ a⁵⁵ ne³³xɚ³³ pa³³
AST 就　走　PRT　　那么　木棺　　个　抬　STPT 走　STPT那会儿　若

tɕhi²¹ ne⁵⁵. ku⁴² tshe⁵⁵ pho³¹³ nu³³ tsu²¹zɛn⁴²tɕa⁵⁵ ɛ²¹ guɯ⁵⁵ ɣə³¹³dzə²¹ ki⁵⁵ nu³³
到　 PRT　鼓　跳　　男人　TOP　主人家　　　STPT AGT　 前面　　 做　那么

tɕo⁵⁵. te²¹ tshɚ⁴² te²¹ tshɚ⁴² kɛn³³ zɛ³¹³ nu³³ te²¹ɣɚ⁴²bo⁴² ɣə³¹³dzə²¹ suɯ³³ zɛ³¹³.
就　　 一　群　　一　群　跟　　AST　TOP 全部都　　　前面　　　 走　 AST

tsu³³zɛn⁴²tɕa⁵⁵ gɛ²¹ nu³³ tɕo⁵⁵ ku⁴² tshe⁵⁵ pho³¹³ ne³³ɣɚ⁴² na³³ kɛn³³ zɛ³¹³ na³³
主人家   STPT TOP 就 鼓   跳   男人   那些 PTPT 跟 AST 那么
tɕo⁵⁵ su³³ a⁵⁵ga⁵⁵. tɕo⁵⁵ su³³ zɛ³¹³ na⁵⁵bɯ⁵⁵ pa³³ du⁵⁵ zɿ³³. te²¹ thɯ⁴² pa³³
就   走   PRT   就   走   AST   外面   若   出   去   一   段路   若
su³³ du⁵⁵ zi²¹ tɕo⁵⁵ um⁴². khɛ⁵⁵sɿ³³ dzɯ²¹ ta⁴² a⁵⁵ga⁵⁵ mo²¹ ba⁵⁵ te⁵⁵ ba⁵⁵
走   出   去   就   嗯   开始   桥   搭   PRT   竹   棍   一   根
ve²¹ dzɛ³¹³ za⁵⁵ sɛ³³. mo²¹ ba⁵⁵ ne³³ ba⁵⁵ tha⁴² nu³³ tha⁴²zi³³. tha⁴²zi³³ zi³³phi²¹
拿   AST   那样 还   竹   棍   那   根   上   TOP   纸   纸   白纸条
gɯ⁵⁵ li⁵⁵ tu³³ lɛ²¹.
INST 绕   起   来

绑好木棺后，就可以抬着它走了。抬棺时，跳鼓人要走在主人家的前面，要一群一群地跟着走，主人家的人要跟在跳鼓人的后面。走出一段路后，要开始搭桥。搭桥人要手拿一根竹棍，竹棍上要用白纸条绕起来。

tha⁴²zi³³ zi³³phi²¹ gɯ⁵⁵ li⁵⁵ tu³³ lɛ²¹ na³³ ɳa⁴² ki⁵⁵ nu³³ tɕo⁵⁵ shu²¹san³³
纸   白纸条   INST 绕   走   来   PTPT 那样 做   那么 就   出山
ba⁵⁵ ɯ³³ a⁵⁵ga⁵⁵. tshu²¹san³³ba⁵⁵ pa³³ dze⁵⁵ ne³³xɚ³³. tɕa³³mɛn²¹tsɔm³³ gɛ²¹ khu⁴²
棒   叫   PRT   出殡棒   若   砍   那会儿   家门宗   STPT 年
tho⁴² djo⁵⁵u⁵⁵ ɣɚ³³. tsui⁴² ku⁴² a³³ ne³³ te⁵⁵ gɯ⁵⁵ za³¹³ dze⁵⁵ zi²¹ a⁵⁵sɛ³³. pa³³
纪   一点儿   大   最   亲   STPT 那   个   AGT   去   砍   去   还要   若
dze⁵⁵ gɯ³³ lɛ²¹ xɚ⁵⁵. tshu²¹san³³ba⁵⁵ dze⁵⁵ a³³ ne³³ te⁵⁵ na³³ xɚ⁵⁵. zi³³ te²¹
砍   会   来   还   出殡棒   砍   那   个   PTPT 还   烟   一
tɕi³³ li⁵⁵dzi³³ te²¹ po³³ na³³ ɳa⁴² gɯ³³ ma⁴² sɛ³³. nu³³ tɕo⁵⁵ zo³³ sə³³ fə³³
包   糖   一   包   PTPT 那样 给   须   还   那么 就   儿子 三   个
bo⁴² tɕo⁵⁵ te²¹ te⁵⁵ tshu²¹san³³ba⁵⁵ a²¹ ba⁵⁵ ve²¹ zɛ³¹³ zo⁵⁵ ɣə³¹³dzɚ²¹ pa³³
都   就   一   个   出殡棒   一   根   拿   AST   又   前面   若
su³³ zɛ³¹³. khua⁵⁵ xɯ⁴² tɕ²¹thu²¹ pa³³ ɛɯ³³ tɕo⁵⁵ khɛ⁵⁵sɿ²¹ dzɯ²¹ ta³¹³ a⁵⁵ga⁵⁵.
走   AST   村   里   一段路   若   走   就   开始   桥   搭   PRT
dzɯ²¹ pa³³ ta³¹³ a³³ ne⁵⁵. ti⁵⁵ zi²¹ pe⁵⁵ ti⁵⁵ ə⁵⁵ pe⁵⁵ dzə²¹. ta³¹³ ne⁵⁵ tɕo⁵⁵
桥   若   搭   STPT PRT   第   一   次   第   二   次   桥   搭   那么 就
khu³³mja⁵⁵ tɕo⁵⁵ klua⁵⁵ na³³ tsu³³ ɳa³³ ɛ⁵⁵. nu³³ zo³³ gə³³ zo³³tɕhi⁵⁵mo²¹ za²¹me²¹
脸面   就   村子   LOC 转   那样 PRT   那么 儿子 和   儿子媳妇   女儿
su³³pho³¹³. te³³ɣɚ⁴² gɯ⁵⁵ ɣɚ³¹³dzə²¹ ki⁵⁵ a²¹to³³ ne³³ɣɚ⁴² tɕo⁵⁵ du²¹mi⁴² ki⁵⁵
女婿   这些人   AGT 前面   做   其他人   那些   就   后面   跟

| nu³³ | te²¹ɣɚ⁴²bo⁴² | tɕo⁵⁵ | mi²¹na³³ | i³³du³³ | thə⁴² | zɛ³¹³ | gə²¹tsɿ⁴² | kui²¹ | zɛ³¹³ | te²¹ | phɛ²¹ |
| 那么 | 全部都 | 就 | 地方 | 头 | 磕 | AST | 膝盖 | 跪 | AST | 一 | 排 |

phɛ²¹ ki⁵⁵ nu³³ tɕo⁵⁵. ɕi⁵⁵thi³³ ne³³ mo³³ tɕo⁵⁵ i³³dze⁴² i³³du³³ tha⁴² gu⁵⁵ ku⁴²
排   做 那么 就   木棺   那 个   就   那些   头   上 LOC 过

phi⁴² na³³ ɳa⁴² ta³¹³ ɛ⁵⁵. dzu²¹ ɲi²¹ pe⁵⁵ ta³¹³ phi⁴² na³³ pa³³ tɕhi²¹ tɕo⁵⁵.
掉 PTPT 那样 搭   PRT 桥   两 次 搭   掉 PTPT 若 掉   就

tshɔ³³tsha⁴² khuan³³khuan³³ tshan³³tshan²¹ ne³³ɕa³³ te²¹ wua⁴² tɕo⁵⁵ ɕi⁵⁵thi³³ mo³³
操场   宽 宽   敞 敞   那里   一 处   就   木棺   个

ne³³ɕa³³ to³³ zɛ³¹³ ga⁵⁵ pan⁴²tɛn⁵⁵ ɲi²¹ tsu³³ tha⁴² to³³ zɛ³¹³ to³³ zɛ³¹³ na³³
那里   放 AST STPT 板凳   两   条   上   放 AST 放 AST 那时

pa³³ tɕhi²¹ tɕo⁵⁵ tsu³³zɛn⁴²tɕa⁵⁵ gɛ²¹ ku⁴² tshe⁵⁵ pho³¹³ kja⁵⁵ tsu³³zɛn⁴²tɕa⁵⁵ tɕo⁵⁵
若   掉   就   主人家   STPT 鼓   跳   男人   和   主人家   就

za³¹³. um⁴² kuan³³fan⁴² xɯ⁴² za³¹³ tsu²¹san³³ na³³ tɕhɔ³³ zi²¹.
去   嗯   公房   里   去   祖尚   PTPT 请   去

　　白纸条棍也叫出殡棒。砍出殡棒时，只有家门宗最亲的人才能去砍。出殡棒砍回来后，死者家要给砍棒人一包烟、一包糖。几个儿子个个都要拿一根。儿子走在前面，走一段路后，开始搭桥。搭第一、第二次桥时，面朝村子方向，儿子、儿媳妇、女儿和女婿们在前面，其他人跟在后面。所有人都要排成一排跪在地上磕头，木棺要从下跪人的头顶上抬过。搭两次桥后，木棺放在两条板凳上，在一处宽敞的操场上停一下，主人家和跳鼓人去公房请祖尚过来收寿钉。

　　sə⁵⁵tin³³ sə³³ a⁵⁵ga⁵⁵. sə⁵⁵tin³³ pa³³ sə³³ ne³³ tɕo⁵⁵ zo³³ ɣɚ³³ zo³³ gɛ²¹ a⁵⁵fɚ³³
　　寿钉   收   PRT   寿钉   若   收   那么 就   儿子 大   儿子 STPT 左边

bi⁵⁵bi³³ gɛ²¹ phjo²¹ ko³¹³ gu⁵⁵. tin³³tsɿ⁴² ne³³ mo³³ tha⁴² phɯ³¹³ dzɛ³¹³. na³³
边边   STPT 衣   角   LOC 钉子   那   个   上   盖   AST   那样

ki⁵⁵ nu³³ zo⁵⁵ tsu²¹san³³ tɕo⁵⁵ se²¹tsɿ⁵⁵ ne³³ tsa⁴² ɲi⁵⁵bo²¹bo²¹ a³³ pɔ³³ dzɛ³¹³
做   TOP 又   祖尚   就   斧子   那   把   红彤彤   STPT 包   STPT

ne³³ thə⁴² gu⁵⁵. sɛn⁴²me³¹³ ne³³dze⁴² tha⁴² tin⁵⁵. tin⁵⁵ a⁵⁵ ne³³xɚ³³ xɚ⁵⁵ khui³³pu³³
那   头   INST   钉子   那些   上   钉   钉   STPT 那会儿   还   嘴巴

xɯ⁴² xɚ⁵⁵ ljo²¹xɚ³³ ljo²¹xɚ³³ na³³ ɳa⁴² ɯ³³ ɛ⁵⁵sɛ³³. nu³³ ɲi²¹ mo³³ pa³³
里面 还   留后①   留后   PTPT 那样 喊   还要   LNK   两   个   若

---

① 留后：意为把好的东留下，把子孙后代留下。

tin⁵⁵ phi⁴² tɕo⁵⁵. tsu²¹san³³ ne³³ɣɚ⁴² zo⁵⁵ fan³³phɚ⁴² ne³³ mo³³ zo⁵⁵ pa⁴² ta⁵⁵
钉 掉 就 祖尚 那些 又 放盘 那个 又 八 大
tsin³³kan³³ na³³ gɯ³¹³. pa⁴² ta⁵⁵ tsin³³kan³³ ne³³ɣɚ⁴² na³³ pa³³ gɯ³¹³ ne³³ɣɚ⁴² gɚ³³
金刚 PTPT 给 八 大 金刚 那些 PTPT 若 给 那些人 也
n̪i²¹ te⁵⁵ te²¹ tɕa⁵⁵ ki⁵⁵. nu³³ zo⁵⁵ ɣɚ³¹³dze²¹ dzɚ²¹ a³³ nu³³ mɯ³³ mi²¹ na³³
两 个 一 架 做 那么 又 首先 先 STPT TOP 天 地 PTPT
pɛ⁵⁵. nu³³ dzɿ²¹ n̪i²¹ tjɛ⁴² to⁵⁵. zo⁵⁵ mɯ³³ mi²¹ na³³ thɚ³³ pa³³ pɛ⁵⁵ phi⁴²
拜 LNK 酒 两 滴 倒 又 天 地 PTPT 一下 若 拜 掉
zo⁵⁵ ɕi⁵⁵thi³³ mo³³ na³³ pɛ⁵⁵. nu³³ zo⁵⁵ de³¹³ dzɿ²¹ n̪i²¹ tjɛ⁴² to⁵⁵.
又 棺材 个 PTPT 拜 那么 又 再次 酒 两 滴 倒

寿钉收好后，大儿子的右边衣角要盖住寿钉，用红布包着斧子头，去钉四颗钉子。钉时嘴里要喊："留后，留后。"钉了两颗后，祖尚又要把那个方盘交给八大金刚。八大金刚也要每两个人一组，祭拜天地，倒两滴酒祭拜棺材。

nu³³ zo⁵⁵ zo³³ ɣɚ³³ zo³³ ne³³ te⁵⁵ gɛ²¹. nu³³ zo⁵⁵ zo³³ ɣɚ³³ zo³³ ne³³ te⁵⁵
那么 又 儿子 大 儿子 那 个 STPT 那么 又 儿子 大 儿子 那 个
gɛ²¹. phjo²¹ ko³¹³ a⁵⁵fɚ³³ ne³³ ko³¹³ gɯ⁵⁵. sɛn⁴²me³¹³ ne³³dze⁴² i³³du³³ ne³³na³³
STPT 衣 角 左边 那 角 INST 铁钉 那些 头 那里
phɯ³¹³ dze³¹³. nu³³ zo⁵⁵ sɛ⁴²tsɿ⁵⁵ tɕhi²¹khu⁴² n̪i⁵⁵bo²¹bo²¹ a³³ po³³ dze³¹³ ne³³
盖 AST 那么 又 斧子 布 红彤彤 STPT 包 PRT 那
tsa³³ gɯ⁵⁵. de³¹³ tin⁵⁵ tin⁵⁵ a⁵⁵ ne³³xɚ³³ xɚ³³. tsi³³ pa⁵⁵ta⁵⁵ tsin³³kan³³ ne³³ɣɚ³³
把 INST 也 钉 钉 STPT 那会儿 还 再 八 大 金刚 那些
xɚ⁵⁵ khɯ³³pu³³ xɯ⁴² xɚ⁵⁵. ljo²¹xɚ⁵⁵ ljo²¹xɚ⁵⁵ na³³ na⁴² ɯ³³ za⁵⁵ sɛ³³. nu³³
还 嘴巴 里 还 留后 留后 PTPT 那样 喊 那样 还 那么
tin⁵⁵ ɕa³³ na³³ pa³³ tɕhi²¹ tɕo⁵⁵. um⁴² zo³³ ɣɚ³³ zo³³ ne³³ te⁵⁵ zo⁵⁵ sɛn⁴²
钉 结束 PTPT 若 到 就 嗯 儿子 大 儿子 那 个 又 铁
me³¹³ li³³ mo³³ bo⁴² tsɿ⁵⁵ a⁵⁵ lu⁵⁵ phi⁴² tɕo⁵⁵ ma²¹ mo³³ a⁵⁵la³³.
钉 四 颗 都 拔 STPT 扔掉 就 不 要 PRT

大儿子用左边衣角盖住那些铁钉顶帽，用那把包有红布的斧子钉钉子。钉时，嘴巴要对着八大金刚喊："留后，留后。"钉子钉好后，大儿子要把四颗铁钉都拔出来扔掉，不要了。

nu³³ zo⁵⁵ sɚ⁵⁵tin³³ pa³³ sɚ³³ ɕa³³ tɕo⁵⁵ tsu³³zɛn²¹tɕa⁵⁵ gɛ²¹ ku⁴² tshe⁵⁵ pho³¹³
LNK 又 寿钉 若 收 STPT 就 主人家 STPT 鼓 跳 男人

ne³³ɣɚ⁴² gu⁵⁵ khɛ³³thə²¹ nu³³ zo⁵⁵ tɛ⁵⁵thə²¹ a³³ nu³³. tɛ²¹ɣɚ⁴²po⁴² tɕo⁵⁵ ɕi⁵⁵thi³³
那些 AGT 开头 LNK 又 带头 AST TOP 全部都 就 棺材

ne³³ mo³³ na³³ wui²¹ dze³¹³ na³³ kja⁵⁵ ku⁴² tshe⁵⁵. tɛ²¹xɚ³³ pa³³ tshe⁵⁵ nu³³
那 个 PTPT 围 AST PTPT 做 鼓 跳 一会儿 若 跳 那么

zo⁵⁵ um⁴². ɕi⁵⁵thi³³ mo³³ na³³ zo⁵⁵ kuan³³ a⁵⁵ga⁵⁵ zo⁵⁵ kuan⁵⁵ na³³ pa³³ tɕi²¹
又 嗯 棺材 个 PTPT 绕 棺 PRT 绕 棺 PTPT 若 到

tɕo⁵⁵. tsɛn⁵⁵ san³³ wui²¹. to⁵⁵ san³³ wui²¹ na³³ ɲa⁴²tjo²¹ zo⁵⁵ ɛ⁵⁵ nu³³ tɕo⁵⁵
就 正面 三 圈 倒 三 圈 PTPT 那样子 绕 AST 那么 就

pjɔ²¹sɿ⁵⁵. sɿ²¹ phi⁴² a³³ ne³³ tɛ⁵⁵ tɕa⁴² kɔ⁵⁵pi⁴² a⁵⁵ga⁵⁵ na³³ ɲa⁴²tjo²¹ suan⁵⁵.
表示 死 掉 STPT那 个 跟 告别 PRT PTPT 那样 算

zɔ⁵⁵ kuan³³ na³³ pa³³ tɕi²¹ tɕo⁵⁵. khɛ⁵⁵sɿ³³ zo⁵⁵ ɕi⁵⁵thi³³ mo³³ thu³³ dze³¹³
绕 完 PTPT 若 到 就 开始 又 棺材 个 挑 AST

na³³ kja⁵⁵ su³³. nu³³ su³³ a⁵⁵ khuan⁵⁵ dze²¹ tɕi²¹ na³³ pa³³ tɕi²¹ tɕo⁵⁵
PTPT 做 走 LNK 走 AST 村子 边 到 那 若 到 就

dzu²¹ ti⁵⁵ san³³ pe⁵⁵ ta³¹³ ga⁵⁵. dzu²¹ ti⁵⁵ san³³ pe⁵⁵ ta³¹³ na³³ pa³³ tɕi²¹
桥 第 三 次 搭 PRT 桥 第 三 次 搭 那 若 到

ne⁵⁵ tɕo⁵⁵. khi³³mja⁵⁵ nu³³ tsu³³ a³³ khuan⁵⁵ dze²¹ du⁵⁵ ʑi²¹. um⁴² gu²¹mu²¹
那 就 脸面 TOP 转 STPT 村子 外边 出 去 嗯 身体

nu³³ tsu³³ gu³³ lɛ²¹ na³³ ɲa⁴² ta³¹³ a⁵⁵ga⁵⁵. dzu²¹ ta³¹³ na³³ pa³³ tɕi²¹ ne⁵⁵
TOP 转 回 来 PTPT 那样 搭 PRT 桥 搭 那 若 到 TOP

de³¹³. zo³³ zo³³tɕi⁵⁵mo²¹ za²¹mɛ²¹ ne³³ɣɚ⁴² gu⁵⁵ tɛ⁵⁵thə²¹ a²¹to³³ ne³³ɣɚ⁴² nu³³
也 儿子 儿媳妇 女儿 那些 AGT 带头 其他 那些人 那么

tɕo⁵⁵ tɛ²¹ɣɚ⁴²po⁴² tɕo⁵⁵ du²¹mi⁵⁵ ta³¹³. ɲa⁴²tjo²¹ ta³¹³ ga⁵⁵. um⁴² sə³³ pe⁵⁵ ta³¹³
就 全部都 就 后面 搭 那样 搭 PRT 嗯 三 次 搭

phi⁴² na³³ pa³³ tɕi²¹ tɕo⁵⁵. ku⁴² tshe⁵⁵ pho³¹³ ne³³ɣɚ⁴² tɕo⁵⁵ tsə³³thə²¹ a³³ tɕo⁵⁵
掉 那 若 到 就 鼓 跳 男人 那些 就 折头 STPT就

gu³³ lɛ²¹ a⁵⁵ga⁵⁵. a²¹to⁴² gɛ²¹ tsho²¹ ne³³ɣɚ⁴² gɚ³³ gu³³ lɛ²¹. zo³³tɕi⁵⁵mo²¹ gɚ³³
回 来 PRT 其他 STPT 人 那些 也 回 来 儿媳妇 也

gu³³ lɛ²¹. tɕo⁵⁵ zo³³ kja⁵⁵ za²¹mɛ²¹ kja⁵⁵ su³³pho³¹³ də³³də³³ tɕo⁵⁵ lɛ³³bu²¹ mi²¹
回 来 就 儿子 和 女儿 和 女婿 单单 就 坟墓 地

tha⁴² da⁵⁵ za³¹³ ga⁵⁵.
上面 上 去 PRT

收好寿钉后，主人家跳鼓的人要带头跳，要围着那个棺材跳，正绕三圈，倒绕三圈，算是和死人告别。绕完后，才开始抬着棺材走。走到村子边时还要搭第三次桥，这次要面朝村子外，身子要转回来搭桥，儿子、儿子媳妇、女儿们，全部都要搭在后面。搭完后，跳鼓人、儿媳妇就要折头回来，只有儿子、女儿和女婿跟着去坟地。

le³³buɯ²¹mi²¹ tha⁴² thuɯ³³ tɕhi²¹ na³³ pa³³ tɕhi²¹ tɕo⁵⁵ ɕi⁵⁵thi³³mo³³ nu³³
坟墓地　　上　　挑　到　那　若　到　就　棺材　　TOP

mi²¹tuɯ³³mja⁵⁵ i³³dze²¹ ne³³na³³ to³³ dzɛ³¹³ nu³³ ɕi⁵⁵ ɛn⁴² mi²¹tuɯ³³mja⁵⁵ pa⁴²
坑眼　　　旁边　　那里　　放　AST　LNK 木　唉　坑眼　　　八

ta⁵⁵ tsin³³kan³³ ne³³ɣɚ⁴² tɕo⁵⁵ zo³³muɯ³³nu³³ ne³³ɣɚ⁴² na³³ u³³ a³³ ne³³muɯ²¹ do³¹³
大　金刚　　　那些　　就　儿女们　　　那些　　PTPT 叫　STPT 土　　兜

lɛ²¹. phjo²¹mɚ³³ guɯ⁵⁵ ne³³muɯ²¹ do³¹³ zɛ³¹³ nu³³ tɕo⁵⁵ um⁴² tsɛn⁵⁵ san³³ wui²¹
来　衣襟　　　INST 土　　兜　　AST　LNK 就　嗯　正　三　圈

tɔ⁵⁵ san³³ wui²¹ ne³³ wui²¹ sa³³ xɚ⁵⁵ te²¹dze⁴²po⁴² ma²¹ nɛn⁴² sa⁵⁵ kuan³³
倒　三　圈　那　圈　撒　还　全部都　　　不　能　撒　完

phi⁴² dze⁴² zɛ³¹³ ne³³ tjo⁵⁵u³³ ne⁵⁵. to³³ zɛ³¹³ na³³ kja⁵⁵ pjɔ²¹sɻ⁵⁵ um⁴² tsɻ⁵⁵tɕi²¹
掉　剩余　AST 那　一点儿　TOP 留　着　PTPT 做　表示　　嗯　自己

zi²¹sə⁵⁵ tho⁴² na³³ a⁵⁵mɚ³³ na³³ phɯ³¹³ sɻ⁵⁵ kji⁵⁵ɛ⁵⁵ na³³ ṇɚ⁴²tjɔ⁵⁵ tɕa⁴² ɛ⁵⁵.
以后　那时 PTPT 自己　PTPT 盖　STPT 用　PTPT 那样　讲　TOP

um⁴² ku⁴² tshe⁵⁵ pho³¹³ gə³³ a²¹to³³ guɯ³³ phi⁴² a³³ ne³³ɣɚ⁴² nu³³ tɕo⁵⁵ pa³³
嗯　鼓　跳　男人　也　其他　回　掉　STPT那些　LNK　就　若

guɯ³³ zi²¹ xɚ⁴². tsɻ²¹nɛn⁴² sɻ⁵⁵ zɛn⁴²lu⁵⁵ na³³ guɯ⁵⁵ də³³də³³ zo³³ guɯ³³zi²¹ yo²¹
回　来　还　只能　是　原路　　PTPT INST 单单　　STPT 回去　务

do²¹ ɛ⁵⁵ xu²¹ pa³³ tɕhi²¹ nu³³ tsu³³zɛn²¹tɕa⁵⁵ ɛ²¹ xu²¹ pa³³ tɕhi²¹. tsu³³zɛn²¹tɕa⁵⁵
得　PRT　家　若　到　TOP 主人家　　　　STPT 家　若　到　主人家

lo²¹go²¹ta⁵⁵ ne³³na³³ xɚ⁵⁵ khu³³mja⁵⁵tshɻ³³lo³³ mo³³ dzu²¹. khu³³mja⁵⁵tshɻ³³lo³³ ne³³
门前　　　那里　还　洗脸盆　　　　个　有　洗脸盆　　　　那

mo³³ xɯ⁴² nu³³ tɕo⁵⁵ zi²¹dʑa⁵⁵ a²¹djo⁵⁵u³³ dzu²¹ nu³³ zi²¹dʑa⁵⁵ ne³³dze⁴².
个　里　TOP 就　水　　一些　　有　STPT 水　那些

sɻ³³gə²¹də²¹lə²¹phjo³³ ljo²¹su⁵⁵phjo³³. ɕo³³muɯ²¹ ne³³xɚ⁵⁵ djo⁵⁵u³³ phɚ⁵⁵ ke²¹ dzɛ³¹³
桃叶　　　　　　柳叶　　　　香面　那些　一点儿　剥　进　AST

na³³ ṇa⁴² kja⁵⁵ tshɻ³³ ɛ⁵⁵. nu³³ tɕo⁵⁵ pjɔ²¹sɻ⁵⁵ ma²¹ kan³³ ma²¹ tsin⁵⁵ tshɻ³³
PTPT 那样　做　洗　PRT 那么　就　表示　　不　干　不　净　洗

phi⁴² ɛ⁵⁵ na³³ ɳa⁴²tjɔ⁵⁵ tɕa⁴² a⁵⁵ga⁵⁵.
掉　STPT PTPT 那样　　讲　PRT

棺抬到坟地时，棺材就放进土坑里。那八大金刚叫儿女们来兜土，用衣襟兜着土，正面走三圈，倒走三圈，还不能把全部土撒完，要剩一点儿，表示留着以后盖自己。跳鼓的那些人，要原路返回，到主人家门口时，有一个洗脸盆，里面有一些水。水里有桃叶、柳叶、香面，用来洗手，表示把"不干不净"的东西洗掉。

nu³³ zo⁵⁵ le⁴²buɯ²¹mi²¹ tha⁴² te³³ɣɚ⁴² gɚ³³ ne³¹³mɯ²¹ sa⁵⁵ du⁵⁵ na³³ pa³³ tɕhi²¹
LNK 又　坟墓地　　上　这些人　也　泥土　　撒　完　那　若　到

tɕo⁵⁵. pa³³ tan⁵⁵ tsin³³kan³³ ne³³ɣɚ⁴² tɕo⁵⁵ khe³³ sɹ̩²¹le³³buɯ²¹ li²¹ a⁵⁵ga⁵⁵ nu³³
就　八　大　金刚　　那些　　就　开始　坟墓　　砌 PRT LNK

le⁴²buɯ²¹ li²¹ na³³ pa³³ tɕhi²¹ tɕo⁵⁵ lu⁵⁵dʐa⁵⁵ thɯ³³ ɕi³³ nu³³ lu⁵⁵dʐa⁵⁵ thɯ³³ ɕi³³
坟墓　 砌　那　若　到　 就　石头　　挑　人　TOP 石头　　挑　人

ne³¹³mɯ²¹ tuan⁵⁵ ɕi³³ nu³³ nɯ³¹³mɯ²¹ tuan⁵⁵ ɕi³³. tɕhi⁵⁵ ɕi³³ nu³³ tɕhi³³ ɕi³³
泥土　　端　人　TOP 泥土　　端　人　 砌　人　TOP 砌　人

na³³ kja⁵⁵ te²¹ɣɚ⁴²po⁴² tɕo⁵⁵. um⁴² le³³buɯ²¹ te²¹ mo³³ gu²¹ tu³³ lɚ²¹. le³³buɯ²¹
PTPT 做　全部人　　就　嗯　坟墓　　一　个　做　起　来　坟墓

ne³³ mo³³ gu²¹ tu³³ lɚ²¹ na³³ pa³³ tɕhi²¹ tɕo⁵⁵. um⁴² thɛ⁴²tsan⁵⁵ ne³³ɣɚ⁴² tɕo⁵⁵
那　个　砌　起　来　那　若　到　就　嗯　抬杠　　那些人　就

um⁴² zi⁵⁵ xo²¹ ɯ³³. zo⁵⁵ zo³³mɯ³³nɯ³³ ne³³ɣɚ⁴² xɚ⁵⁵ za²¹me²¹ ne³³ɣɚ⁴² xɚ⁵⁵
嗯　灵　魂　叫　又　儿女们　　那些　　还　女儿　那些　　还

li⁵⁵dzi³³ dze⁴² vɚ⁴² zɛ³¹³ na³³ zi²¹ a⁵⁵sɛ³³ nu³³ tɕo⁵⁵ pjɔ²¹sɹ̩⁵⁵. sɹ̩²¹ phi⁴² a³³
糖果　　一些　买 AST PTPT 去　还　LNK 就　表示　　死　掉 STPT

ne³³ te⁵⁵ na³³ dzu³³ so²¹ zi²¹ na³³ ɳa⁴²tjɔ⁵⁵ tɕa⁴² ɛ⁵⁵. nu³³ le²¹buɯ²¹mi²¹ za²¹me²¹
那　个　PTPT 午饭　送　去　PTPT那样　　讲　PRT LNK 坟墓地　　女儿

ne³³ɣɚ⁴² li⁵⁵dzi³³ ne²¹ zɛ³¹³ pa³³ zi³¹³. le²¹buɯ²¹mi²¹ tha⁴² tɕhi²¹ te⁴² na³³ pa³³
那些　　糖果　　拿 AST 若　去　坟地　　　上　到　将　那　若

tɕhi²¹ xɚ⁵⁵ ŋu²¹ zɛ³¹³ guɚ⁴² ma⁴²sɛ²¹. nu³³ tɕo⁵⁵ sɹ̩²¹ phi⁴² a⁵⁵ ne³³ te⁵⁵ na³³
到　还　哭 AST 说　还要　LNK 就　死　掉 STPT 那　个 PTPT

tshə²¹ so²¹ lɛ²¹ ɛ⁵⁵ na³³ ɳa⁴² ŋu²¹ zɛ³¹³ zi²¹. nu³³ le³³buɯ²¹ gu²¹ tu³³ lɚ²¹
饭　送　来 PRT PTPT 那样　哭 AST 去　嗯　坟墓　　砌　出　来

na³³ pa³³ tɕhi²¹ tɕo⁵⁵. um⁴² le⁵⁵dzi³³ ne³³dze⁴² tɕo⁵⁵. le³³buɯ²¹ ɣɚ³¹³dzɚ²¹ ne³³na³³
那时　若　到　就　嗯　糖果　那些　　就　坟墓　　前面　　那里

te²¹djo⁵⁵u³³ to³³ zɛ³¹³. nu³³ dze²¹ a³³ ne³³dze⁴² tɕo⁵⁵. pa⁴² ta⁵⁵ tsin³³kan³³ gə³³
一小点儿 放 AST LNK 剩余 STPT那些 就 八 大 金刚 和
na³³ so³³ʑ̊³³ gɛ²¹ le³³bu²¹mi²¹ tha⁴² tsʅ⁵⁵ a⁵⁵ ne³³ɣə⁴² na³³ ɯ³³ ki⁵⁵ lɛ²¹ a³³
PTPT 所有人 STPT 坟地 上 在 STPT 那些 PTPT 叫 过 来 STPT
dzo³³. nu³³ thə⁵⁵ pa⁵⁵ dzo³³ tɕo⁵⁵.
吃 LNK 一下 若 吃 就

去坟地上的人，撒完泥土后，八大金刚就开始砌坟墓。砌坟墓时，挑石头的人挑石头，端土的人端土。砌坟墓的人砌坟墓。坟墓砌好后，抬杠的那些人要叫魂，儿女们要买一些糖果，表示给死人的午饭。女儿们要带糖果去坟地，去坟地的路上还要一路哭着去，表示为死者送饭。糖果要放一点儿在砌好的坟前，剩余的给八大金刚。在坟地上要把所有人叫过来一起吃糖果。

xɯ²¹ tɕhi²¹ na³³ pa³³ tɕhi²¹ tɕo⁵⁵. thə⁴²tsan⁵⁵ ne³³ɣə⁴² na³³ ne⁵⁵ su³³pho³¹³
家 到 那时 若 到 就 抬杠 那些 PTPT TOP 女婿
ɛn⁴². zo³³ ne³³ɣə⁴² xə⁵⁵ thə²¹si²¹ a⁵⁵ də³³ tso³³te⁵⁵ a⁵⁵sɛ³³ ɣa⁵⁵ se⁴² tso³³ dzʅ²¹
唉 儿子 那些 还 特意 STPT 都 招待 还要 鸡 杀 给 吃 酒
to⁵⁵ tu²¹. u³¹³ ne³³ɕo³³ gə³³ tsin²¹ khə⁴² tjɛn⁵⁵ zi²¹xa⁵⁵bja⁵⁵ to⁵⁵ tu²¹ na³³ n̥a⁴²tjɔ⁵⁵
倒 给 喝 菜 那些 也 尽管 舀 添 开水 倒 给 喝 PTPT 那样
tso³³tɕ⁵⁵. za²¹me²¹ ne³³ɣə⁴² za²¹me²¹ kja⁵⁵ su³³pho³¹³ nu³³ zo⁵⁵. so²¹ʑ̊²¹ gɛ²¹
招待 女儿 那些 女儿 和 女婿 TOP 又 所有 STPT
ma³³ma³³ dzo³³ ne³³ɣə⁴² na³³. zi³³ tsuan²¹ fa⁵⁵ dzʅ²¹ tsuan²¹ to⁵⁵ na³³ n̥a⁴²
饭 吃 那些 PTPT 烟 转 发 酒 转 倒 PTPT 那样
pjɔ²¹sʅ⁴² i³³dzʅ³³ na³³ kan²¹ɕi⁵⁵ na³³ n̥a⁴²tjɔ⁵⁵ suan⁵⁵ ɛ⁵⁵. te²¹dze⁴²po⁴² a³³ zi³³
表示 3sg PTPT 感谢 PTPT 那样 算 PRT 全部人 PTPT 烟
zi³³ tsuan²¹ fa³¹³ dzʅ²¹ tsuan²¹ to⁵⁵ na³³ n̥a⁵⁵ thə⁵⁵ pa³³ to⁵⁵ tu²¹ tɕo⁵⁵. ku⁴²
烟 转 发 酒 转 倒 PTPT 那样 一下 若 倒给喝 就 鼓
tshe⁵⁵ pho³¹³ ne³³ɣə⁴² nu³³ tɕo⁵⁵. ɣə⁵¹³dze²¹ dzʅ²¹ a³³ pa³³ gɯ³³ lɛ²¹ na⁵⁵ xə⁵⁵.
跳 男人 那些 TOP 就 首先 先 STPT 若 回 来 PRT 还
tsu³³zɛn²¹tɕa⁵⁵ xɯ²¹ tsha⁵⁵ ku⁴² te²¹ pe⁵⁵ tshe⁵⁵. thə⁵⁵ pa³³ tshe⁵⁵ du⁵⁵ ʑi²¹ na³³
主人家 家里 在 鼓 一 次 跳 一下 若 跳 出 去 PTPT
pa³³ tɕhi²¹ tɕo⁵⁵. zu³³zɛn²¹tɕa⁵⁵ ɛ²¹ tɕo⁵⁵ ku⁴² tshɛ⁵⁵ pho³¹³ ne³³ɣə⁴² na³³ te²¹
若 到 就 主人家 STPT 就 鼓 跳 男人 那些 PTPT 一
tshə⁴² na³³ dzi³³phe³¹³ san³³ sʅ⁴² lu²¹ khuə⁴² gɯ³¹³. li⁵⁵dzi³³ ʑi²¹ po³³ gɯ³¹³
群 PTPT 钱 三 十 六 块 给 糖果 一 包 给

dzɿ²¹	pɔ³³	guɯ³¹³	nu³³	pho⁵⁵tsan⁴²	tshuan⁵⁵	thɯ³¹³	na³³	pa³³	du⁴²	phi⁴²	tɕo⁵⁵.
酒	包	给	STPT	爆竹	串	放	PTPT	若	出去	掉	就

ku⁴²	tshe⁵⁵	pho³¹³	ne³³ɣɚ⁴²	tɕo⁵⁵	tsi⁵⁵	tɕo⁵⁵	zu³³zɛn²¹tɕa⁵⁵	xu²¹	za³¹³	ma²¹	tshe⁵⁵
鼓	跳	男人	那些	就	再	就	主人家	房子	去	不	跳

za³¹³	a⁵⁵	la³³.	zo⁵⁵	ma³³ma³³	dzo³³	a³³	kuan³³fan³³	xu⁴²	ne³³na³³	za³¹³	tshe⁵⁵
去	AST	PRT	又	饭	吃	STPT	公房	里	那里	去	跳

ʑi²¹.	ne³³na³³	za³¹³	pa³³	tshe⁵⁵	ʑi²¹	ne⁵⁵	ma³³ma³³	thɚ⁵⁵	dzo³³	ɕa³³	na³³	tsha⁵⁵
去	那里	去	若	跳	去	TOP	饭	一下	吃	完	那	才

tshe⁵⁵	ɛ⁵⁵.	thɚ⁵⁵	pa³³	tshe⁵⁵	phi⁴²	tɕo⁵⁵	kuan³³fan³³	xu⁴²	tsha⁵⁵	thɚ⁵⁵	pa³³	tshe⁵⁵
跳	PRT	一下	若	跳	完	就	公房	里	在	一下	若	跳

phi⁴²	tɕo⁵⁵.	ʑi²¹	phi⁴²	a⁵⁵ga⁵⁵	tsi⁵⁵	tɕo⁵⁵	ma²¹	guɯ³³lɛ²¹	a⁵⁵	la³³.	nu³³	za²¹me²¹
掉	就	去	掉	PRT	再	就	不	回来	AST	PRT	那么	女儿

nu³³	xɚ⁵⁵	ljo²¹	tshe²¹	lɛ²¹	na³³	kja⁵⁵.	sɿ²¹	phi⁴²	a³³	ne³³	te⁵⁵	tɕa⁴²	mɚ⁵⁵tu²¹
TOP	还	留	下	来	那样	做	死	掉	STPT	那	个	跟	火

thɯ⁵⁵.	nu³³	tshum⁴²	bɯ²¹	tha⁴²	thɯ³³	da⁴²	phi⁴²	ne³³	thɯ²¹	ȵi⁴²	guɯ⁵⁵	khɛ⁵⁵sɿ⁴²
送	LNK	从	山	上	挑	上去	掉	那	一	天	AGT	开始

nu³³	tɕo⁵⁵	sɚ³³	xa⁴²	thɯ⁵⁵	ɛ⁵⁵.	te²¹	xa⁴²	pi²¹	te²¹	xa⁴²	nu³³	khua⁵⁵	na³³	to³³
LNK	就	三	夜	兜	PRT	一	夜	比	一	夜	TOP	村子	PTPT	放

mɚ⁴²	lɛ²¹.	nu³³	sɚ³³	xa⁴²	thɯ⁵⁵	phi⁴²	na³³	pa³³	tɕhi²¹	tɕo⁵⁵.	tsi⁵⁵	tɕo⁵⁵	mɚ⁵⁵lu²¹
靠近	来	LNK	三	夜	兜	掉	那时	若	到	就	再	就	火

ma²¹	thɯ⁵⁵	a⁵⁵	la³³.
不	送	AST	PRT

　　回到家后，女婿、儿子们要特别招待那些抬棺材的人，要杀鸡给他们吃，倒酒给他们喝，给他们添菜、倒茶水，要好好招待他们。女儿和女婿，要给所有来吃饭的人，发一轮烟，倒一轮酒，表示对他们的感谢。发一轮烟，倒一轮酒后，跳鼓人先在主人家里跳，跳出门后，主人家要给每队跳鼓人三十六块钱，给一包糖果和一瓶酒，然后他们就走了，不再回来了。他们吃过饭后到公房里去跳，跳完后就回家不再来了。女儿们要留下来为死者送火种。从死者送上山的那天起，要连续送三个晚上。送火种时，一天晚上要比一天晚上离村子近。送完三天后，就不再送了。

（讲述者：李兰珍）

(四) 婚俗

讨媳妇

ŋo²¹ gu⁵⁵ ŋo²¹dzɚ⁴² ne³³ɕa³³ tɕhi⁵⁵mo²¹ pa³³ de³¹³ xa⁵⁵ de³¹³ a⁵⁵. xa⁵⁵ kɯ³³
1sg AGT 1pl 那里 老婆 若 说 怎么 说 LNK 怎么 讨

a⁵⁵ na³³ te²¹ thɚ⁵⁵ khua³³ ɛ⁵⁵. ŋo²¹dzɚ⁴² ne³³ɕa³³ zo³³tɕhi⁵⁵mo²¹ pa³³ de³¹³
STPT 那 一 下 讲 PRT 1pl 那里 儿媳妇 若 说

ʑi²¹ ne³³ tɕo⁵⁵ ɣə³³dzə²¹dzə²¹ a³³ nu³³ fu³³tɕo³³mo²¹ te²¹ te⁵⁵ ɯ³³ xo³¹³. nu³³
去 LNK 就 首先 STPT LNK 媒人 一 个 叫 合 LNK

tɕo⁵⁵ a²¹se⁴² za²¹me²¹ na³³ na⁵⁵ȵi⁵⁵ tshu⁵⁵ na³³ pa³³ ki⁵⁵ tɕo⁵⁵. fu³³tɕo³³mo²¹
就 谁 女儿 PTPT 看 中 那样 若 做 就 媒人

ne³³ te⁵⁵ gɯ⁵⁵ de³¹³ ʑi²¹ to³³ a⁵⁵ga⁵⁵.
那 个 由 说 去 使 PRT

我来讲一下我们这里是怎么讨媳妇的。我们这里说媳妇，要叫一个媒人。如果小伙子看中了哪家姑娘，就先让媒人去说。

te²¹ xa⁴² a⁵⁵ ne³³xa⁴² pa³³ de³¹³ ʑi²¹ nu³³ tɕo⁵⁵. te³³xə³³ ne⁵⁵ le⁵⁵dzi³³ tɕhi²¹
一 晚 STPT 那晚 若 说 去 LNK 就 现在 PRT 糖 十

tshu⁴² tɕi³³ ve²¹ ɛ⁵⁵. ʑi⁵⁵pa³³ tɕo⁵⁵ i³³dzə²¹ də³³də³³ ve²¹ ɛ⁵⁵. i³³ti³³ ma²¹ ve²¹
六 斤 拿 PRT 一般 就 双数 单单 拿 PRT 单数 不 拿

za⁵⁵. te²¹ xa⁴² pa³³ de³¹³ ʑi²¹ nu³³ zo⁵⁵li³³ ŋo³³ tshu⁴² ȵi⁴² kə³¹³na³³ pa³³
PRT 一 晚 若 说 去 LNK 四五 六 天 隔 那样 若

ki⁵⁵ tɕo⁵⁵ za²¹me²¹zo³³ ɣə⁴² gɛ²¹ gɯ⁵⁵ thɚ⁵⁵ dzi³¹³ȵi³³ to³³ ki⁵⁵ a⁵⁵ŋa⁵⁵ ma²¹ ki⁵⁵
过 就 女方 家 STPT AGT 一下 想想 又 同意 或 不 同意

a⁵⁵na³³ za²¹me²¹zo³³ ɣə⁴² ɛ²¹ pa³³ ki⁵⁵ ne⁵⁵ tɕo⁵⁵ le⁵⁵dzi³³ ma²¹ xui⁴² lɛ²¹ a⁵⁵la³³.
PRT 女方 家 STP 若 同意 LNK 就 糖 不 回 来 PRT

ma²¹ ki⁵⁵ pa³³ ki⁵⁵ tɕo⁵⁵. za²¹me²¹zo³³ ɣə⁴² ɣɛ²¹ tɕo⁵⁵ le⁵⁵dzi³³ dze⁴² xui⁴² a³³
不 同意 就 同意 就 女方 家 STPT 就 糖 那些 退回 PRT

tshua⁴²la⁴²zo³³ ɣə⁴² gɛ²¹ na³³ gɯ³¹³. tshua⁴²la⁴²zo³³ ɣə⁴² ɛ²¹ na³³ le⁵⁵dzi³³ pa³³
男方 家 STPT PTPT 还给 男方 家 STPT PTPT 糖 若

xui⁴²gɯ³¹³ phi⁴². tshua⁴²la⁴²zo³³ ɣə⁴² gɛ²¹ tɕo⁵⁵ ɯa²¹ de³¹³ ʑi²¹ a⁵⁵la³³. ȵi²¹ xa⁴²
退回 AST 男方 家 STPT 就 不 说 去 PRT 二 晚

a⁵⁵ ne³³ xa⁴² pa³³ de³¹³ ʑi²¹ nu³³ zo⁵⁵. le⁵⁵dzi³³ ti⁵⁵ ʑi²¹ ne³³ thɯ²¹ xa⁴²
STPT 那 晚 若 说 去 LNK 又 糖 第 一 那 一 晚

mja⁴² ma²¹ bo³³ te²¹djo⁵⁵ ve²¹. nu³³ tɕo⁵⁵ fu³³tɕo³³mo²¹ te⁵⁵ pa³³ de³¹³ zi²¹
多　不　止　一点儿　拿　LNK　就　媒婆　那　若　说　去

tɕo⁵⁵. te³³ ɣə⁴² ge²¹ zo³³ te⁵⁵ xa⁵⁵xa⁵⁵ fə³³. mjo³¹³ xa⁵⁵xa⁵⁵ muu²¹ sɿ³¹³. xa⁵⁵xa⁵⁵
就　这　家　STPT　儿子　个　怎么　乖　活　怎么　做　肯　怎么

ma²¹li⁵⁵. so³³ do²¹ na³³ tɕo⁵⁵ tɕho³³ ɕi³³ də²¹də²¹ guɚ⁴². nu³³ tɕo⁵⁵ ne³³ ɣə⁴²
麻利　苦　得　LNK　就　好　STPT　单单　说　LNK　就　那　家

ɛ²¹ na³³ nɚ²¹ za²¹me²¹ te⁵⁵ gu⁵⁵ i³³ xu²¹ ʑa³¹³ so³³ lə⁴² zi²¹ to³³. i³³ gə²¹
STPT PTPT 2sg 女儿 个 AGT 3sg 家 去 苦 吃 去 让 3pl 也

tsho²¹ xa⁵⁵xa⁵⁵ ki⁵⁵ tɕi²¹ ɲi²¹xa⁴² gə³³ ku⁴² phja⁴² lɛ²¹ tɕa⁴² na³³ tɕho³¹³ ɕi³³
人　怎么　做　会　日子　也　过　成　来　会　那样　好　STPT

də³³də³³ guɚ⁴² a⁵⁵ga⁵⁵.
单单　说　PRT

　　说媳妇那天晚上，要拿十六斤糖。一般要拿双数，不拿单数。第一晚说过后，隔上四五六天后，让女方家好好想一想，是否同意这门亲事。同意了，女方家就不会退糖。不同意，女方家就会把糖退回来。如果糖被退回来，男方家就不会再去说亲了。第二次去说亲时，糖要比第一次拿得多一点儿。媒婆会说这家的儿子怎么乖，怎样肯干活，如何麻利，怎么吃苦耐劳，怎么会过日子等好话，就拣好的说。

ni²¹ xa⁴² de³¹³ phi⁴² na³³ pa³³ tɕhi²¹ zo⁵⁵ li³³ ŋo³³ tshu⁴² ɲi⁴² fu²¹ nu³³
二 晚 说 AST LNK 若 到 又 四 五 六 天 等 LNK

za²¹me²¹zo³³ ɣə⁴² ɛ²¹ pa³³ ki⁵⁵ ɲi³³dʑi³¹³ tɕo⁵⁵ le⁵⁵dzi³³ ma⁴² xui⁴² lɛ²¹ ʑa⁵⁵.
女方 家 STPT 若 同意 想 就 糖 不 退 回 来 PRT

ma²¹ ki⁵⁵ ɲi³³dʑi³¹³ pa³³ ki⁵⁵ tɕo⁵⁵ le⁵⁵dzi³³ dze⁴² tɕo⁵⁵ tshua⁴²la⁴²zo³³ ɣə⁴² na³³
不　做　想　若　做　就　糖　些　就　男方　家　PTPT

xui⁴² phi⁴². ɲi²¹ xa⁴² de³¹³ phi⁴² na³³ pa³³ tɕhi²¹ zo⁵⁵ li³³ ŋo³³ tshu⁴² ɲi⁴²
回绝 AST 二 晚 说 AST LNK 若 到 又 四 五 六 天

pa³³ fu²¹. le⁵⁵dzi³³ ma²¹ xui⁴² lɛ²¹ pa³³ ki⁵⁵ tɕo⁵⁵ sə³³ xa⁴² a⁵⁵ ne³³ xa⁴²
若　等　糖　不　回　来　若　做　就　三　晚　STPT　那　晚

de³¹³ zi²¹. sə³³ xa⁴² a⁵⁵ ne³³ xa⁴² pa³³ de³¹³ zi²¹ tɕo⁵⁵ tshua⁴²la⁴²zo³³ ɣə⁴²
说　去　三　晚　STPT　那　晚　若　说　去　就　男方　家

ɛ²¹ za³³ de³³ za³³ mo³³ za⁵⁵ ze³³ za²¹ mo²¹sɿ⁵⁵ i³³ ta⁵⁵ de³³ i³³ ta⁵⁵mo³³
STPT 3sg 爹 3sg 娘 3sg 叔叔 3sg 婶婶 3sg 大爹 3sg 大妈

na³³ te²¹ ɣə⁴² po⁴² ɯ⁴² zɛ³¹³ na³³ za²¹me²¹zo³³ ɣə⁴² xɯ²¹ ʑa³¹³ ga⁴². nu³³
PTPT 一 家 都 叫 AST 那样 女方 家 里 去 PRT LNK

zə²¹me²¹zo³³ ɣə⁴² ɛ²¹ tɕo⁵⁵ tshu²¹ te²¹ bɛ²¹ du⁵⁵ na³³. kja⁵⁵ tshua⁴²la⁴²zo³³
女方　　　家　STPT 就　饭　　一　顿　煮　那样　做　男方

ɣə⁴² ɛ²¹ te³³ɣə⁴² na³³ tshu²¹ te²¹ bɛ²¹ du⁵⁵ tso³³. pa³³ tso³³ phi⁴² tɕo⁵⁵ gɯ³¹³
家　STPT 这些　　PTPT 饭　一　顿　煮　吃　若　吃　AST　就　给

phi⁴² la³³ na³³na⁴² sua⁵⁵ ga⁴². pa³³ gɯ³¹³ phi⁴² zo⁵⁵. tshua⁴²la⁴²zo³³ ne³³ ɣə⁴²
AST　AST 那样　　算　　PRT 若　给　　AST 又　男方　　　那　家

ɛ²¹ zo⁵⁵ tɕi⁵⁵mo²¹sə⁴² ne³³ te⁵⁵ na³³ ɯ³³ zɛ³¹³ na³³ kja⁵⁵ za³¹³. tɕhi²¹khu²¹ və²¹
STPT 又　新娘　　　　那　个　PTPT 喊　AST 那样　做　去　布料　　买

zi²¹. tɕhi²¹khu²¹ pa³³ və²¹ zi²¹ ne³³ tɕo⁵⁵ phjo²¹lo³¹³ və²¹ ɛ⁵⁵. ne³³tho³³ ne⁵⁵
去　布料　　　若　买　去　那么　就　衣裤　　　买　PRT 从前　　LNK

tɕo⁵⁵. te²¹ ɲi²¹ tho⁵⁵ də³³də³³ və²¹ ɛ⁵⁵. te³³xə³³ ne⁵⁵ tɕo⁵⁵ tɕhi²¹ tho⁵⁵ to⁴²
就　　一　两　套　单单　　买　PRT 现在　　LNK 就　十　套　多

və²¹ za³³ ne⁵⁵. ɲi²¹ tho⁵⁵ və²¹ nu³³ a²¹to³³ ɛ²¹ ne³³dze⁴² tɕo⁵⁵. dʑi³³phe³¹³
买　PRT LNK 两　套　买　LNK 其他　STPT 那些　　就　钱

tsə³¹³phja⁴² na³³ kja⁵⁵ zə²¹me²¹zo³³ ɣə⁴² ɛ²¹ na³³ gɯ³¹³ a⁵⁵ga⁵⁵.
折成　　　那样　做　女方　　　　家　STPT PTPT 给　PRT

　　第二次说过后，如果女方家不把糖退回来就说明同意了。不同意就会把糖退回来。等四、五、六天后，女方家没把糖退回来，就要去说第三次。第三次去说时，男方家的父母、叔叔、婶婶、大爹、大妈等全家人，都要被叫去女方家吃一顿饭。这次女方家要做给男方家吃。吃了饭就算是认亲了。吃过饭，男方家就要叫着女方去买布料。买布料其实就是去买衣服。以前只买一两套，现在要买十多套。但是，一般只买两套，其他几套就折算成钱给女方家。

tɕhi²¹khu²¹ zi⁵⁵ za³¹³ ne³³ thu⁴² xa⁴² pa³³ tɕhi²¹ tɕo⁵⁵. za²¹ tshua⁴²la⁴²zo³³
布料　　　押　去　那　一　晚　若　到　就　女　男方

ne³³ ɣə⁴² ɛ²¹ tɕo⁵⁵ i³³ gɛ²¹ za³³ ɣu³³ za³³ ɲi³³ te²¹ ɣə⁴²mo²¹ na³³ ɯ³³
那　家　STPT 就　3sg STPT 3sg 舅舅 3sg 姑妈　一　家门宗　　PTPT 喊

zɛ³¹³. na³³ kja⁵⁵ tɕo⁵⁵ za²¹me²¹zo³³ ne³³ ɣə⁴² xu²¹ za³¹³. tshə²¹ te²¹ bɛ²¹ du⁵⁵
AST　那样　做　就　女方　　　　那　家　里　去　　饭　一　顿　煮

zi²¹. tɕhi⁵⁵mo²¹sə⁴² ne³³ te⁵⁵ gɛ²¹ phjo²¹sə⁴²mo²¹ ɣə³³ na³³ ne³³dze⁴² gə³³ ve²¹
去　新娘　　　　那　个　STPT 新衣　　　　　也　那　那些　　也　拿

zɛ³¹³. le⁵⁵dʑi³³ gə³³ de³¹³ tɕo⁵⁵ sə³³ tɕhi²¹ tshu⁴² tɕi³³. n̩a⁴² te²¹dze⁴² bɯ³³ zɛ³¹³
AST　糖　　也　再　就　三　十　六　斤　那　一些　　背　AST

na³³ kja⁵⁵ za²¹me²¹zo³³ ne³³ ɣə⁴² xɯ²¹ ʑi²¹. nu³³ za²¹me²¹zo³³ ne³³ ɣə⁴² ɛ²¹
那样 做 女方 那 家里 去 LNK 女方 那 家 STPT

tɕo⁵⁵ de³¹³ fu³³ a³³ ne³³ xə³³. ɯ³³ tshɯ⁵⁵ do²¹ a³³ ne³³ɣə⁴² dzə⁴²dzə⁴² də³³
就 PRT 家 STPT 那 会 喊 该 得 STPT 那些 全部 都

tɕo⁵⁵. ɯ³³ ki⁵⁵ lɛ³³ na³³ kja⁵⁵. i³³ xɯ³¹³ lɛ²¹ a³³ ma³³ma³³ dzo³³ lɛ²¹. ne³³
就 喊 过来 那样 做 3sg 家 来 LNK 饭 吃 来 LNK

xɯ²¹ tsha⁵⁵ ma²¹ dzo³³ ʑa⁵⁵. tsho²¹ mjo³³ a³³gu⁵⁵ dzo³³ tshe²¹ ʑi²¹ ma²¹ de²¹
家 在 不 吃 PRT 人 多 因为 吃 下 去 不 容纳

nu³³ tɕo⁵⁵ khə⁴² tha⁴² xɯ²¹ tsha⁵⁵ dzo³³ a⁵⁵ga⁵⁵ nu³³ tɕhi²¹khu⁴² ʑi⁵⁵ a⁵⁵ ne³³
LNK 就 客 堂 里 在 吃 PRT LNK 布料 押 STPT 那

thɯ²¹ xa⁴² pa³³ tɕhi²¹ tɕo⁵⁵. um²¹ de³¹³ phjo²¹lo³¹³ na⁵⁵ɲi³³ xə⁵⁵. za²¹me²¹zo³³
一 夜 若 到 就 嗯 也 衣裤 看 还 女方

ne³³ ɣə⁴² ɛ²¹ za³³ ɣɯ³³ ʑa³³ ɲi³³. ne³³ɣə³³ gu⁵⁵ phjo²¹lo³¹³ na⁵⁵ɲi³³ to³³ na³³
那 家 STPT 3sg 舅舅 3sg 姑姑 那些 AGT 衣裤 看 让 那样

pa³³ ki⁵⁵ tɕo⁵⁵ na⁴² dze⁴² və²¹ la³³ na³³ thə⁵⁵ sɿ³¹³ to³³.
若 做 就 那样 多 买 AST PTPT 一下 知道 让

到送布料的那天晚上，男方家要带上舅舅、姑妈给新娘买的新衣服，三十六斤糖，全部背到女方家。男方家和女方家要叫上舅舅、姑姑、家门宗等去女方家吃一顿饭，让女方家舅舅、姑姑查看衣裤，让他们知道男方家买了多少衣裤。

thə⁵⁵ na⁵⁵ɲi³³ to³³ na³³na⁴² ki⁵⁵ ɛ⁵⁵sɛ³³ thə⁵⁵ pa³³ dzo³³ phi⁴² zo⁵⁵
一下 看 让 那样 做 PRT 一下 若 吃 AST 又

thua⁴²la⁴²zo³³ ne³³ ɣə⁴² ɛ²¹ zo⁵⁵ mjo³¹³zo³³ sə³³ zɛ³¹³ na³³ kja⁵⁵ zo⁵⁵ i³³ xɯ²¹
男方 那 家 STPT 又 餐具 收拾 AST 那样 做 又 3sg 家

ʑi²¹ phi⁴² zo⁵⁵ te²¹ khu⁴² zo³³ ki⁵⁵ na³³ pa³³ ki⁵⁵ tɕo⁵⁵ kɯ³³ ga⁵⁵ na³³ pa³³
回去 AST 又 一 年 小 过 那样 若 过 就 讨 将 那时 若

tɕhi²¹ tɕo⁵⁵ za³¹³ li³³tɕhɛ⁴² pan²¹ ʑi²¹ tho³³sɛ⁵⁵ ʑi²¹ a⁵⁵ga⁴². tho³³sɛ⁵⁵ ʑi²¹ na³³
到 就 去 礼钱 办 去 通知 去 PRT 通知 去 时间

pa³³ tɕhi²¹ tɕo⁵⁵ de³¹³ tshua⁴²la⁴²zo³³ te²¹ ɣə⁴² ɛ²¹ tɕo⁵⁵ de³¹³ tshə²¹ te² bɛ²¹
若 到 就 又 男方 一 家 STPT就 也 饭 一 顿

du⁵⁵ zɛ³¹³ ʑi²¹. i³³ ɛ²¹ te²¹ɣə⁴²mo²¹ ɯ³³ zɛ³¹³ za³³ ɣɯ³³ ʑa³³ ɲi³³ dzɿ³³
煮 AST 去 3sg STPT 家门宗 喊 AST 3sg 舅 3sg 姑妈 们

na³³ te²¹ɣə⁴²po⁴² ɯ³³.
PTPT 全家人 喊

吃过饭后，男方家帮着收拾餐具，然后才回家。一年后，男方娶媳妇前就可以去送彩礼钱了。送礼钱时，男方家要叫上舅舅、姑妈、家门宗的人一起做一顿饭给女方家吃。

zɛ³¹³ za³³ ɣu³³ za³³ ni³³ dzɿ³³ na³³ tɛ²¹ɣə⁴²po⁴² ɯ³³ zɛ³¹³ na³³ kja⁵⁵. de³¹³
AST 3sg 舅 3sg 姑妈 们 PTPT 全家人 喊 AST 那样 做 又

za²¹me²¹zo³³ ɣə⁴² xu³³ za³³ tshu²¹ tɛ²¹ bɛ²¹ pan⁵⁵ zi²¹. nu³³ za²¹me²¹zo³³ ne³³
女方 家 里 去 饭 一 顿 办 去 LNK 女方 那

ɣə⁴² ɛ²¹ tɕo⁵⁵ de³¹³. fu³³ a³³ ne³³xə³³ so³³zo⁴² ɯ⁵⁵ tshɯ⁵⁵ do²¹ ɕi³³ gɛ²¹.
家 STPT 就 又 嫁 STPT 那时 所有 叫 该 得 STPT STPT

tsho²¹ na³³ də³³ tɕo⁵⁵ ɯ³³ ki⁵⁵ lɛ²¹ na³³ kja⁵⁵ tshɯ⁵⁵ tɛ²¹ bɛ²¹ dzo³³. tshu²¹
人 PTPT 都 就 喊 过 来 那样 做 饭 一 顿 吃 饭

dzo³³ phi⁴² na³³ pa³³ tɕhi²¹ tɕo⁵⁵ mɯ³³ tɕhi⁴² pa³³ tɕhi²¹ tɕo⁵⁵. li²¹tɕhɛ⁴²
吃 AST 时候 若 到 就 天 黑 若 到 就 礼钱

tsɛn³³ a⁵⁵ga⁵⁵.
谈 PRT

之后男方家的舅舅、姑姑们以及家门宗全部人，也要去女方家吃一顿饭。吃过饭后天黑后，就可以开始谈彩礼了。

li²¹tɕhɛ⁴² pa³³ pan³¹³ tɕo⁵⁵. tshua⁴²la²¹zo³³ tɛ³³ ɣə⁴² ɛ²¹ nu³³ tɕo⁵⁵ de³¹³
礼钱 若 办 就 男方 这 家 STPT LNK 就 有

tɛ²¹djo⁵⁵zo³³. guə⁴² tshe²¹ lɛ²¹ to³³. sɔ²¹ tsɿ²¹ djo⁵⁵ gu³¹³ na³³na⁴² ki⁵⁵.
一小点儿 说 下 来 让 少 些 点儿 给 那样 做

za²¹me²¹zo³³ ne³³ ɣə⁴² ɛ²¹ nu³³ tɕo⁵⁵ tui⁴² djo⁵⁵ gu³¹³ mo³³ mo³³. zi³³we⁵⁵
女人 那 家 STPT LNK 就 多 一点儿 给 要 要 因为

tɛ²¹djo⁵⁵ də³³ pa³³ mo³³ sɿ²¹ gu⁵⁵ pa³³ dzi²¹ni³³ zɛ³¹³ tɕho⁵⁵. i³³ ɛ²¹ za²¹me²¹
一小点儿 都 若 要 别人 AGT 若 想 AST 就 3sg STPT 女儿

tɛ⁵⁵ dzi³³phe³¹³ ma²¹ phɯ³¹³. tɛ²¹djo⁵⁵zo³³ tɕo⁵⁵ se²¹ na³³ gu³¹³ phi⁴² a⁵⁵la³³
个 钱 不 值 一小点儿 就 别人 PTPT 给 AST AST

na³³na⁴² ki⁵⁵ nu³³ tɕo⁵⁵ de³¹³ tsɛn³³. nu³³ zi⁵⁵pan³³ ne⁵⁵. tan³³sɿ⁴² ne³³ thɯ²¹
那样 做 LNK 就 又 争取 LNK 一般 STPT 当时 那 一

khu⁴² pan⁵⁵ ne³³ɣə²¹ na³³ gə³³. lɔ²¹sɿ⁵⁵ gə³³ ma²¹ nɛn⁴² mjo³³. nu³³ lɔ²¹sɿ⁵⁵
年 办 那些 PTPT 也 老是 也 不 能 多 LNK 老是

gə³³ ma²¹ nɛn⁴² ma⁴². tsha³³pu⁵⁵to⁵⁵ zo³³ na⁴² kja⁵⁵ a⁵⁵ga⁵⁵. nu³³ li³³tɕhɛ⁴²
也 不 能 少 差不多 点儿 那样 做 PRT LNK 礼钱

pa³³ pan³³ xɚ⁵⁵ za²¹me²¹zo³³ te⁵⁵ gɛ²¹ fu³³phjo²¹ fu³³lo³¹³. ne³³ thɔ⁵⁵ phɯ³¹³ tsɚ³¹³.
若　办　还　女人　　　个　STPT　嫁衣　　嫁裤　　那　套　价钱　折合

男方家想少给一点儿，女方家想多要一点儿。因为彩礼的高低体现了女儿的身价。女方家也不想让别人认为，一小点儿钱，女儿就嫁人了。但是，一般也不会高得太离谱，不会比当年办婚事的人家高太多，也不能太少，差不多就行了。给彩礼时，要把新娘没买的那几套嫁衣嫁裤也折算成钱给女方家。

um²¹ za²¹me²¹zo³³ ne³³ te⁵⁵ ɛ²¹ za³³ dɛ³³ za³³ mo³³ na³³ tɕo⁵⁵. a⁵⁵ne²¹ du²¹
嗯　女人　　　　那　个　STPT 3sg 爹 3sg 娘　PTPT 就　奶水　喝

phɯ³¹³ gɯ³¹³. na³³ dzi³³phe³¹³ gɚ³³ n̥a⁴² dze⁴² gɯ³¹³. nu³³ zo⁵⁵ khui³³pɯ³³
价钱　给　　那　钱　　　也　那样　些　给　　　LNK 又　嘴巴

lɚ³¹³. khui³³pɯ³³ pa³³ lɚ³¹³ tɕo⁵⁵. tshua⁴²la⁴²zo³³ te⁵⁵ nu³³ tɕo⁵⁵. za²¹me²¹zo³³ te⁵⁵
改变　嘴巴　若　改　就　男方　　　　个　LNK 就　女人　　　个

ɛ²¹ ʐa³³ dɛ³³ ʐa³³ mo³³ na³³ a³³ dɛ³³ a³³mo³³ ɯ³³. nu³³ dɛ¹⁰ le⁵⁵dzi³³ tɕi³³
STPT 3sg 爹 3sg 娘　PTPT 阿爹　阿妈　喊　LNK 还　糖　斤

vɛ²¹ zɛ³¹³ na³³ kja⁵⁵ ʐa³³ dɛ³³ ʐa³³. mo³³ na³³ te²¹ tɯ⁵⁵ pa³³ pɛ³¹³ tɕo⁵⁵.
拿　AST 那样　做　3sg 爹 3sg 妈　PTPT 一　回　若　拜　就

a³³dɛ³³ a³³mo³³ na³³ thɚ⁵⁵ pa³³ ɯ³³. za²¹me²¹zo³³ te⁵⁵ ɛ²¹ ʐa³³ dɛ³³ ʐa³³ mo³³
阿爹　阿妈　PTPT 一下　若　叫　女方　　　个　STPT 3sg 爹 3sg 妈

tɕo⁵⁵. tshua⁴²la⁴²zo³³ ne³³ te⁵⁵ na³³ te²¹ te⁵⁵ dzi³³phe³¹³ te²¹ xo²¹ li⁴² lou³³ a³³
就　男人　　　　那　个　PTPT 一　个　钱　　　一　百　元　掏　LNK

tshua⁴²a⁴²zo³³ te⁵⁵ na³³ gɯ³¹³. za²¹me²¹zo³³ ne³³ te⁵⁵ nu³³ zo⁵⁵. tshua⁴²la⁴²zo³³
男人　　　　那　那样　给　女人　　　那　个　LNK 又　男人

ne³³ te⁵⁵ ɛ²¹ ʐa³³ dɛ³³ ʐa³³ mo³³ na³³. um²¹ a³³dɛ³³ a³³mo³³ na³³ ɯ³³ dɛ³¹³
那　个　STPT 3sg 爹 3sg 妈　PTPT 嗯　阿爹　阿妈　PTPT 喊　也

le⁵⁵dzi³³ tɕi³³ vɛ²¹ zɛ³¹³ na³³ kja⁵⁵ te²¹ tɯ⁵⁵ pɛ³¹³ na³³ kja⁵⁵ a³³dɛ³³ a³³mo³³
糖　斤　拿　AST 那样　做　一　回　拜　那样　做　阿爹　阿妈

na³³ pa³³ ɯ³³ tɕo⁵⁵. na³³ kja⁵⁵ a³³dɛ³³ a³³mo³³ na³³ pa³³ ɯ³³ tɕo⁵⁵. tshua⁴²la⁴²zo³³
PTPT 若　喊　就　那样　做　阿爹　阿妈　PTPT 若　喊　就　男人

te⁵⁵ ɛ²¹ ʐa³³ dɛ³³ ʐa³³ mo³³ tɕo⁵⁵ te²¹ te⁵⁵ dzi³³phe³¹³ te²¹ xo²¹ li⁴² lou⁵⁵
这　STPT 3sg 爹 3sg 妈　就　一　个　钱　　　一　百　元　掏

na³³ kja⁵⁵ za²¹me²¹zo³³ te⁵⁵ na³³ gɯ³¹³ nu³³ li²¹tɕɛ⁴² gɚ³³ ne³³dze⁴² guɚ⁴²
那样　做　女人　　　　个　PTPT 给　LNK 礼钱　　也　那些　讲

phi⁴² na³³.
AST 那样

男方家还要给新娘父母一点儿吃奶钱，还有改口钱。男方要拿着一斤糖拜女方父母，喊女方父母阿爹阿妈。改口时女方父母要分别给女婿100元钱。女方也要拿一斤糖去拜男方父母，喊男方父母阿爹阿妈，男方父母同样要分别给媳妇100元钱。给了彩礼钱、吃奶钱后，男方家的人就回自己的家了。

pa³³ tɕhi²¹ tɕo⁵⁵ tshua⁴²la⁴²zo³³ ɣə⁴² ε²¹ zo⁵⁵ i³³ xɯ²¹ zi²¹ phi⁴² a⁵⁵ga⁵⁵
若 到 就   男人   家   STPT 又 3sg 家里 去 AST PRT

nu³³ fu³³ a⁵⁵ ne³³ xə³³ pa³³ tɕhi²¹ nu³³ tɕo⁴² tshua⁴²la⁴²zo²¹ ɣə⁴² ε²¹ tɕo⁴²
LNK 嫁 STPT 那 时 若   到   LNK 就   男人   家   PRT 就

de³¹³ ȵi²¹xa⁴² na⁵⁵ȵi³³ xɔ²¹. zi⁵⁵pa³³ ne⁵⁵ tɕo⁵⁵ tshua⁴²la⁴²zo³³ ɣə⁴² ε²¹ na³³ gə³³
也   日子   看   合   一般   LNK   就   男人   家   PRT PTPT 也

ta²¹ tsin⁵⁵ za²¹me²¹zo³³ ɣə⁴² ε²¹ na³³ gə³³ ta²¹ tsin⁵⁵. tsin⁵⁵ khu⁴² ta²¹ ŋe²¹
不 冲   女人   家 PRT PTPT 也 不   冲   冲   年   不 是

tsin⁵⁵ ȵi⁴² ta²¹ ŋe²¹ na³³ ȵi²¹xa⁴² tɕho²¹ a³³. ȵa⁴² pa³³ ki tɕo⁵⁵ kə³³ za³¹³
冲   日 不 是 那样 日子   好   PRT 那样 若 做 就 娶 去

ga⁵⁵. zi⁵⁵pa³³ ne⁵⁵ vi³³ ȵi⁴² kja⁵⁵ va⁴² ȵi⁴² ne⁵⁵ tɕo⁵⁵ ma²¹ kɯ³³ ɕin³³. te³³
PRT 一般 PRT 蛇 日 和   猪 日 LNK 就   不   娶   兴   这

ȵi²¹ ȵi⁴² ne⁵⁵ tɕo⁵⁵ ȵi⁴²xa⁴² tsui²¹ tshou²¹. zi⁵⁵pa³³ tɕho³³ ɕi³³ ε²¹ ȵi²¹xa⁴² nu³³
两   天 LNK 就   日子   最   丑   一般   好   些 PRT 日子   LNK

tɕo⁵⁵ mu³³ ȵi⁴² kja⁵⁵ zo⁵⁵ mjɔ⁴² ȵi²¹. te³³ ȵi²¹ȵi⁴² tɕo⁵⁵ ȵi²¹xa⁴² tɕho³³ ɕi³³
就   马   日   和   又   猴   日   这   两天   就   日子   好 些

sua⁵⁵ a⁵⁵ga⁵⁵. kɯ³³ zi²¹ na³³ pa³³ tɕhi²¹ tɕo⁵⁵ xə⁵⁵ ɣa⁵⁵ se⁴² lə²¹ ε⁵⁵ sε³³.
算   PRT   娶   去 LNK 若   到   就   还 鸡 杀 吃 PRT PRT

a²¹gu²¹ta⁴² a⁵⁵sa³³ pa³³ kɯ³³ tɕo⁵⁵ ɣə²¹mɯ³³tɕhi⁴² a⁵⁵sa³³ tɕo⁵⁵ tshua⁴²la⁴²zo³³ ɣə⁴²
明天   像   若   娶   就   今晚   像   就   男人   家

gε²¹ de³¹³ ma³³ma³³ te²¹ bε²¹ dɯ⁵⁵ zε³¹³. na³³ kja⁵⁵ za²¹me²¹zo³³ ɣə⁴² xɯ²¹
LNK 也 饭   一   顿   煮 着   那样 做   女人   家   里

zi²¹. nu³³ fu³³tɕo³³mo²¹ ne³³ te⁵⁵ tɕo⁵⁵. ɣa⁵⁵ ne³³ ȵi²¹ mo³³ ta⁵⁵ zε³¹³ a⁵⁵ga⁵⁵
去   LNK 媒人   那个 就   鸡 那   两   只 抱 着 PRT

ɣa⁵⁵ se⁴² le⁴² gu⁵⁵. ɣa⁵⁵phu⁴²mo²¹ mo³³ ta⁵⁵ ɣa⁵⁵mo²¹phi³³ mo³³ ta⁵⁵. na³³ tɕo⁵⁵
鸡   杀 吃 因为 公鸡   只 抱   母鸡   只   抱   那样 就

ɣa⁵⁵ ne³³ ȵi²¹ mo³³ ta⁵⁵ zɛ³¹³ na³³.
鸡　那　两　只　抱　着　那样

娶媳妇前，男方家要选一个好日子。这个日子不能选与男方家人相冲日，也不选与女方家人相冲日。要选不冲年，不冲月才算是好日子。一般属蛇日和属猪日不选。这两天的日子最不好。一般选属马日和属猴日。这两天算是好日子。日子选定后就准备娶媳妇了。娶媳妇时，要吃杀鸡饭。如果明天娶，今晚男方家要到女方家去吃杀鸡饭。媒人要抱一只公鸡和一只母鸡去女方家杀吃。

kja⁵⁵　za²¹me²¹zo³³　ɣə⁴²　xu²¹　ʑi²¹.　ne⁵⁵　dzo²¹mo²¹　pa³³　ve³³　ne⁵⁵　tɕo⁵⁵.　u³¹³
做　女人　家里　去　那么　路　若　远　LNK　就　菜

gə̇³³.　ne³³dze⁴²　tɕo⁵⁵　tshua⁴²la⁴²zo³³　ɣə⁴²　tɕo⁵⁵　ma²¹　pan⁵⁵　ki⁵⁵　za³¹³　la³³.　tɕo⁵⁵
和　那些　就　男人　家　就　不　办　做　去　AST　就

dʑi³³phe³¹³　tsə³¹³　a⁵⁵　ga⁵⁵.　dʑi⁵⁵phe³¹³　a²¹mja⁴²　xua⁴²　nu³³　tɕo⁵⁵　a²¹mja⁴²　tsə³¹³
钱　折　PRT　PRT　钱　多少　合　LNK　就　多少　折

a³³.　za²¹me²¹zo³³　ɣə⁴²　ɛ²¹　na³³　guɯ³¹³.　nu³³　za²¹me²¹zo³³　ɣə⁴²　ge²¹　guɯ⁵⁵　dɯ⁵⁵
PRT　女人　家　PRT　PTPT　给　LNK　女人　家　AST　由　煮

a⁵⁵ga⁵⁵.　um²¹　ɣa⁵⁵　se⁴²　lə̇⁴²　na³³　pa³³　thə̇⁴²　pa³³　se⁴²　lə̇⁴²　phi⁴²　tɕo⁵⁵.　a²¹gu²¹ta⁴²
PRT　嗯　家　杀　吃　LNK　若　一下　若　杀　吃　掉　就　明天

a⁵⁵sa³³　pa³³　tɕhi²¹　tɕo⁵⁵.　tshua⁴²la⁴²zo³³　ɣə⁴²　ɛ²¹　tɕo⁵⁵　de³¹³　za³³　ɣu³³　dʐɿ³³
PRT　若　到　就　男人　家　PRT　就　也　3sg　舅舅们

za³³　ȵi³³　dʐɿ³³　za⁵⁵　ze⁴²　dʐɿ³³.　ne³³ɣə²¹　na³³　u³³　zɛ³¹³　na³³　kja⁵⁵　za³¹³　tɕhi⁵⁵mo²¹
3sg　姑们　3sg　叔叔　些　那些　上　叫　着　那样　做　去　妻子

kɯ³³　za³¹³　ga⁵⁵.　tɕhi⁵⁵mo²¹　pa³³　kɯ³³　ʑi²¹　ne⁵⁵.　mjo³¹³zo³³　ne⁵⁵　tɕo⁵⁵　sui⁴²dze²¹
娶　去　PRT　妻子　若　娶　去　是　东西　LNK　就　样样

də³³　za²¹me²¹zo³³　ɣə⁴²　ge²¹　guɯ⁵⁵　və²¹.　a⁵⁵ga⁵⁵.　za²¹me²¹zo³³　ɣə⁴²　ɛ²¹　tɕo⁵⁵　a⁵⁵dzɿ⁵⁵
都　女人　家　PRT　由　买　PRT　女人　家　PRT　就　什么

phɛ⁴²tɕa⁵⁵　nu³³　tɕo⁵⁵　a⁵⁵dzɿ⁵⁵　və²¹.　de³¹³　so²¹zo²¹　ge⁴²　zɯ³³　tshɯ⁵⁵　do²¹　ɕi³³
陪嫁　LNK　就　什么　买　也　所有　STPT　用　得　着　些

ge²¹.　tɕa³³　tɕa³³tɕi⁵⁵　gə̇³³.　tɕa³³tjɛ⁵⁵　zɔ⁵⁵tɕhi⁵⁵　sui⁴²dze²¹　də³³　phɛ⁴²tɕa⁵⁵　za⁵⁵.　um²¹
STPT　家　家具　和　家电　用具　样样　都　陪嫁　PRT　嗯

tshə³³　gə̇³³.　na³³　sui⁴²dze²¹　də³³　phɛ⁴²tɕa⁵⁵.
车　也　PTPT　样样　都　陪嫁

如果女方家的路途远，不方便办酒席，男方家就不办了。办酒席的饭菜就折算成钱给女方家办。吃杀鸡饭后的第二天,男方家要叫上舅舅,姑姑、叔叔们一起去娶媳妇了。娶媳妇时,嫁妆由女方家买。女方家想陪嫁什么就买什么。买所有用得着的东西,如家具、家用电器、用具,样样都可以陪嫁,车也可以陪嫁。

nu³³	za²¹me²¹zo³³	ne³³	ɣə⁴²	gɛ²¹	phɛ⁴²tɕa⁵⁵	de³¹³	phɯ³¹³sɿ⁵⁵	ne³³dze⁴²	ne³³
LNK 女人	那家	PRT	陪嫁	也	被子	那些	LNK		

xə⁵⁵	pa³³	ti⁵⁵	ne⁵⁵	xə⁵⁵	za²¹me²¹zo³³	ne³³	te⁵⁵	ɛ²¹	za³³	ȵi³³	na³³	ɯ³³	ki⁵⁵
还	若	缝	PRT	还	女方	那个	STPT	3sg	姑姑	PTPT	叫	过	

lɛ²¹	na³³	kja⁵⁵	ti⁵⁵	ɛ⁵⁵	se³³	i³³	fu³³	gɛ²¹	phɯ³¹³sɿ⁵⁵	ti⁵⁵	a⁵⁵	tɕo⁵⁵	za³³	ȵi³³
来	那样	做	缝	PRT	还	3sg	嫁	STPT	被子	缝	AST	就	3sg	姑

gu⁵⁵	ti⁵⁵	a⁵⁵ga⁵⁵	zo⁵⁵	ɣa⁵⁵	se⁴²	lə⁴²	ne³³	thu²¹	xa⁴²	gɛ²¹	tshɯ²¹	ne³³	bɛ²¹
AGT	缝	PRT	又	鸡	杀	吃	那	一	晚	STPT	饭	那	顿

pa³³	pan⁵⁵	ki⁵⁵	lɛ²¹	de³¹³	za²¹me²¹zo³³	ne³³	te⁵⁵	ɛ²¹	za³³	ȵi³³	xə⁵⁵	dzɿ²¹	khui³³
若	办	过	来	也	女方	那	个	STPT	3sg	姑姑	还	酒	口

phu²¹	ma³³sɛ³³	dzɿ²¹	khui³³	ma²¹	phu²¹	pa³³ki⁵⁵	tɕo⁵⁵	dzɿ²¹	ɣo³³	du²¹	ma²¹
开	还要	酒	口	不	开	如果	就	酒	获	喝	不

do²¹	kɯ³³	ki⁵⁵	phi⁴²	na³³	pa³³	tɕhi²¹	nu³³	tɕo⁵⁵	um²¹	kɯ³³	a³³	ma²¹	tɕha³¹³
得	娶	去	掉	LNK	若	到	LNK	就	嗯	娶	PRT	不	到

ne³³xə³³	xə⁵⁵	ɣə³¹³dzə²¹dzə²¹	a³³	te²¹	ka⁵⁵	fu³³	phu²¹	za²¹me²¹zo³³	ne³³	te⁵⁵
那时	还	首先		PRT	一	次	嫁	试 女人	那	个

na³³	te²¹	ka⁵⁵	kɯ³³phu²¹	ɛ⁵⁵	sɛ³³	sɿ²¹	gu⁵⁵	ma²¹	tɕhə³³	to³³	na³³	kja⁵⁵
上	一	回	试嫁	还	要	别人	AGT	不	知道	让	那样	做

mi⁵⁵tɕha⁵⁵zo³³	te³³	ka⁵⁵	kɯ³³	phu²¹	pa³³	kɯ³³	ne⁵⁵	xə⁵⁵	dzo²¹mo²¹	ta⁵⁵lu⁵⁵
悄悄地	一	回	嫁	试	若	娶	LNK	还	路	大路

mo²¹	ma²¹	sɯ³³	za⁵⁵	dzo²¹	pə⁵⁵lə⁵⁵zo³³	sɯ³³	mɯ³³tɕhi⁴²	sɿ²¹sɿ²¹xa⁴²pa⁴²	kɯ³³
PRT	不	走	PRT	路	偏僻	走	晚上	半夜三更	娶

ə⁵⁵	mi⁵⁵tɕha⁵⁵zo³³	də³³də³³	kɯ³³	ə⁵⁵	tsho²¹	pa³³	tə⁵⁵dzɯ³¹³	xə⁵⁵	sa³³	za⁵⁵	khɛ³³
PRT	悄悄地	单单	娶	PRT	人	若	遇着	还	别人	让	开

phi⁴²	sɿ²¹zi²¹	phi⁴²	na³³	tshe⁵⁵	um²¹	dzo²¹	sɯ³³	ɛ⁵⁵
AST	别人	去	AST	那样	嗯	路	走	PRT

女方家的陪嫁被子一般由女方的姑姑缝。吃杀鸡饭时,女方家的姑姑要开酒壶盖。没开酒壶盖的酒是不能喝的。正式娶媳妇前,要试娶一次。试娶时要晚上半夜三更悄悄地进行,不能让别人知道,不能走大路,只能走偏僻的小路。如果路遇行人要避开,让别人先

走后才能走。

tshua⁴²la⁴²zo³³ ne³³ ɣə⁴² xɯ²¹ sɯ³³ tɕhi²¹ na³³ pa³³ tɕhi²¹ tɕo⁵⁵ tshua⁴²la⁴²zo³³
男人　　　　那　家里　走　到　TEPT　若　到　就　男人

ne³³ ɣə⁴² tɕo⁵⁵. um²¹ i³³ ne²¹ ŋa⁵⁵ i³³ ko³³ko³³ ŋa⁵⁵ ne³³xə⁵⁵ te⁵⁵ gɯ⁵⁵ xɯ³¹³
那　家　就　嗯　3sg 弟弟 或 3sg 哥哥 或 那种 个 AGT 家里

tshɿ⁵⁵ zɛ³¹³ na³³ te⁵⁵ nu³³ ta⁵⁵mə⁴² ɛ²¹ pa³³ tɕhi²¹ tɕo⁵⁵ pho⁵⁵tsa²¹ te²¹ tshua⁵⁵
在　AST　那 个　LNK　大门　STPT　若　到　就　爆竹　一　串

thɯ³¹³. pho⁵⁵tsa⁴² a³³ tshua⁵⁵ thə⁵⁵ pa³³ thɯ³¹³ tɕo⁵⁵ i³³ xɯ⁴² gɯ³³ zi²¹ a³³ ga⁵⁵
放　爆竹　一　串　一下　若　放　就　3sg　家　进　去　AST　PRT

nu³³ xə⁵⁵ sin³³kṷ³³zi³³ ne³³ te⁵⁵ gɛ²¹. i³³ ne²¹ ŋa⁵⁵ ne³³ xɔ⁵⁵ te⁵⁵ gɯ⁵⁵. i³³ ɛ²¹
LNK 还　新姑爷　那 个　STPT 3sg 弟 或 那 种 个 AGT 3sg STPT

zə⁴²gɛ²¹ ne³³ phu⁵⁵ thə⁵⁵ zə⁴² phu²¹ to³³. ne⁵⁵ tɕo⁵⁵ zə⁴²gɛ²¹ zi⁵⁵ na³³na⁴² sua⁵⁵
睡床　那　床　一下　睡　试　让　LNK　就　睡床　压　那样　算

ga⁵⁵. fu⁵⁵ phu²¹ phi²¹ gɛ³¹³ ni²¹ sə³³ ni⁴² pa³³ ki⁵⁵ tɕo⁵⁵ tsɛn⁵⁵sɿ⁵⁵ gɛ²¹ fu³³ a⁵⁵
PRT　嫁　试　AST　后　二　三　天　若　过　就　正式　STPT　嫁　AST

ga⁵⁵. tsɛn⁵⁵sɿ⁵⁵ gɛ²¹ kɯ³³ zi²¹ tsɛn⁵⁵sɿ⁵⁵ gɛ²¹ pa³³ kɯ³³ gu⁴² le²¹ ne⁵⁵ xə⁵⁵
PRT　正式　STPT　娶　去　正式　STPT　若　娶　过　来　PRT　还

sin³³kṷ³³zi³³ ne³³ sin³³kṷ³³zi³³ ne³³ te⁵⁵ gɛ²¹ tɕo⁵⁵. kɯ³³ a³³ u³¹³ pan⁵⁵ na³³
新姑爷　那　新姑爷　那 个　STPT　就　娶　PRT 菜　办　TEPT

pa³³ tɕhi²¹ sin³³kṷ³³zi³³ ne³³ ɣə⁴² gɛ²¹ za³³ ɣɯ³³ za³³ ɲi³³ dzɿ³³. ne³³ɣə⁴² xə⁵⁵
若　到　新姑爷　那　家　STPT 3sg 舅 3sg 姑姑 们 那些 还

mi⁵⁵tsa⁴² kɔn³³ dzɿ²¹ kɔn³³ na³³na⁴² kɔn³³ ɛ⁵⁵sɛ³³. za³³ ɣɯ³³ za³³ ɲi³³ xə⁵⁵
米线　供　酒　供　那样　供　还要　3sg 舅 3sg 姑　还

sin³³kṷ³³zi³³ ne³³ te⁵⁵ na³³ kua⁵⁵ xum²¹ kua⁵⁵.
新姑爷　那 个　PTPT 挂　红　挂

走到男方家,让新姑爷的弟弟或哥哥在家门等着。到大门口,要放一串鞭炮,才能进男方家门。然后,让弟弟或哥哥试睡一下新床。这叫压床。试嫁后两三天才正式娶媳妇。正式娶时,要办酒席。新姑爷的舅舅、姑姑们要提供米线和酒,还要给新姑爷挂红挂。

um²¹ nu³³ kɯ³³ a⁵⁵ tshua⁴²la⁴²zo³³ ne³³ ɣə⁴² xɯ²¹ pa³³ kɯ³³ tɕhi²¹ tɕo⁵⁵.
嗯　LNK　娶　AST 男人　　　　那　家里　若　要　到　就

um²¹ xui⁴²mə⁴² a³³ ne³³ thɯ²¹ na³³ la⁴² pa³³ tɕhi²¹ tɕo⁵⁵. tɕhi⁵⁵mo²¹sə⁴²
嗯　回门　STPT　那　一　早上　若　到　就　新娘

kja⁵⁵　sin³³ku³³ʑi³³　tɕo⁵⁵. tshua⁴²la⁴²zo³³　te³³　ɣə⁴²　ge²¹　ʑa³³　ɣɯ³³　dzɿ³³　ʑa³³
和　　新姑爷　　　就　　　男人　　　这　　家　　STPT 3sg 舅　们　3sg

n̠i³³　dzɿ³³. ʑa⁵⁵　ze³³　dzɿ³³　na³³　te²¹ɣə²¹po⁴²　na³³　də³³　zə⁵⁵. ɣə³¹³dzə²¹dzə²¹
姑　们　　3sg　叔　们　　PTPT 全部　　　　PTPT 都　认　首先

a³³　ne⁵⁵　tshua⁴²la⁴²zo³³　ne³³　ɣə⁴²　ge²¹　ʑa³³　de³³　ʑɛ³³　mo³³　na³³　gɯ⁵⁵　zə⁵⁵
STPT PRT 男方　　　　　那　　家　　STPT 3sg 爹　3sg 妈　　PTPT AGT　认

na⁴²　ɛ⁵⁵. nu³³　tɕo⁵⁵　le⁵⁵dzi³³　tɕi³³　ve²¹　zɛ³¹³　na³³　ki⁵⁵　nu³³　tɕo⁵⁵　ʑa³³　de³³
PRT PRT LNK 就　糖　　斤　　拿　AST 那样 做　LNK 就　3sg 爹

ʑa³³　mo³³　na³³. a³³de³³　na³³　te²¹　kui³³　pa³³　ɯ³³　te²¹　tɯ⁵⁵　pɛ³¹³. na⁴²　pa³³
3sg 妈　PTPT 阿爹　　PTPT 一　声　若　叫　一　回　拜　那样 若

ki⁵⁵　tɕo⁵⁵　sin³³ku³³ʑi³³　ne³³　ɣə⁴²　ɛ²¹　ʑa³³　de³³　tɕo⁵⁵. sin³³ku³³ʑi³³　kja⁵⁵　tɕhi⁵⁵mo²¹sə⁴²
做　就　新姑爷　　　那　　家　　STPT 3sg 爹　就　新姑爷　　　和　　新娘

na³³　te²¹　te⁵⁵　na³³　dzi³³phe³¹³　dze⁴²　gɯ³¹³. zo⁵⁵　sin³³ku³³ʑi³³　ne³³　ɣə⁴²　ɛ²¹　ʑa³³
PTPT 一　　个　PTPT 钱　　　　一些　给　又　新姑爷　　　那　　家　　STPT 3sg

ʑa³³　mo³³　na³³　pa³³　pɛ⁵⁵　zo⁵⁵. de³¹³　sin³³ku³³ʑi³³　kja⁵⁵　tɕhi⁵⁵mo²¹sə⁴²　zo⁵⁵　de³¹³.
3sg 妈　PTPT 若　拜　又　也　新姑爷　　　和　　新娘　　　　　又　也

gə²¹tsɿ⁴²　kui²¹　zɛ³³　na³³　ki⁵⁵　nu³³　le⁵⁵dzi³³　tɕhi³³　ve²¹　zɛ³¹³. nu³³　tɕo⁵⁵　sin³³ku³³ʑi³³
膝盖　　　跪　　AST 那　做　LNK 糖　　　斤　　拿　AST LNK 就　新姑爷

ne³³　te⁵⁵　ɛ²¹　ʑa³³　mo³³　na³³　a³³mo³³　na³³　kui³³　pa³³　ɯ³³. ʑa³³　mo³³　te⁵⁵　tɕo⁵⁵
那　个　LNK 3sg 妈　　PTPT 妈　　　那样 句　若　　喊　　3sg 妈　个　就

le⁵⁵dzi³³　tɕi³³　ve²¹　zɛ³¹³. na³³　kja⁵⁵　tɕhi⁵⁵mo²¹sə⁴²　kja⁵⁵　sin³³ku³³ʑi³³　na³³. te²¹
糖　　　斤　拿　着　　那样 做　　新娘　　　　　　　和　　新姑爷　　　PTPT 一

te⁵⁵　na³³　dzi³³phe³¹³　dze⁴²　gɯ³¹³. dzɿ³³phe³¹³　xa²¹mja⁴²　gɯ³¹³　na³³　ne⁵⁵　kui³³ti³³
个　PTPT 钱　　　　　些　给　　钱　　　　　多少　　　给　　STPT LNK 规定

ma²¹　dzu²¹. pa³³　dzu²¹　nu³³　tɕo⁵⁵　tui⁵⁵　djo⁵⁵　gɯ³¹³　ma²¹　dzu²¹　pa³³ki⁵⁵　tɕo⁵⁵
没　有　　若　有　　LNK 就　多　一点儿 给　　没　有　　若　就

sə²¹dzɿ²¹　djo⁵⁵　gɯ³¹³. ʑa³³　ɣɯ³³　ʑa³³　n̠i³³　ʑa⁵⁵　ze³³　dzɿ³³. ne³³　ɣə²¹po⁴²
少些　　一点儿 给　　3sg 舅　3sg 姑　们　3sg 叔　们　那些 全部

na³³　də³³　tɕo⁵⁵.
PTPT 都　就

　　姑娘娶到男方家，要回门的那天早上，新娘和新郎要认男方家的父母、舅舅、姑姑和叔叔们。要拿一斤糖跪着，拜爹妈，喊爹妈。然后，父母给新人一点儿钱。接下来拜舅舅、姑姑和叔叔，用同样的方式拜。被拜的人都要给新郎和新娘一点儿钱，要给多少，没有规定，能多给的就会多给一点儿。

te³³xɚ³³	de³¹³	a⁵⁵sa³³	na̠⁴²	pɛ⁵⁵	a⁵⁵ga⁵⁵	sui⁴²	te²¹	te⁵⁵	na³³	pɛ⁵⁵	də³³	tɕo⁵⁵
现在	说	像	那样	拜	PRT	每	一	个	PTPT	拜	都	就

le⁵⁵dzi³³	tɕi³³	gu̠³¹³	te²¹	te⁵⁵	na³³	le⁵⁵dzi³³	tɕi³³	gu̠³¹³	ɛ⁵⁵.	ne³³	sui²¹	te⁵⁵	də³³
糖	斤	给	一	个	PTPT	糖	斤	给	PRT	LNK	每	个	都

tɕo⁵⁵ de³¹³ tɕhi⁵⁵mo²¹sɚ⁴² kja⁵⁵ sin³³ku³³zi³³ na³³. dʑi³³phe³¹³ mjo³³mə³³ djo⁵⁵ gu̠³¹³
就 也 新娘 和 新姑爷 PTPT 钱 多少 一点儿 给

za⁵⁵. tɕhi⁵⁵mo²¹sɚ⁴² ne³³ ɣə⁴² ɛ²¹ gə³³ de³¹³ pɛ⁵⁵ sin³³ a²¹. tɕo⁵⁵ ya⁵⁵ se⁴² lɚ⁴²
PRT 新娘 那 家 STPT 也 也 拜 兴 PRT 就 鸡 杀 吃

ne³³ thu²¹ xa⁴² tɕo⁵⁵ pɛ⁵⁵ ga⁵⁵. nu³³ pɛ⁵⁵ na³³ pa³³ tɕhi²¹ de³¹³ sin³³ku³³zi³³
那 一 晚 就 拜 PRT LNK 拜 TEPT 若 到 也 新姑爷

tɕo⁵⁵ tɕhi⁵⁵mo²¹sɚ⁴² xɯ²¹ zi²¹. na³³ ki⁵⁵ nu³³ tɕo⁵⁵. de³¹³ te³³xɚ³³ pɛ⁵⁵ sa³³
就 新娘 家 去 那样 做 LNK 就 也 现在 拜 像

na̠⁴² pɛ⁵⁵ ga⁴². ɣɚ³¹³dzə²¹dzə²¹ a³³ nu³³ tɕo⁵⁵. ɣɚ³¹³dzə²¹dzə²¹ a³³ nu³³ tɕo⁵⁵.
PRT 拜 PRT 首先 STPT LNK 就 首先 STPT LNK 就

tɕhi⁵⁵mo²¹sɚ⁴² te⁵⁵ ɛ²¹ za³³ dɛ³³ na³³ thɚ⁵⁵ pɛ⁵⁵ za³³ mo³³ na³³ thɚ⁵⁵ pɛ⁵⁵
新娘 个 STPT 3sg 爹 PTPT 一下 拜 3sg 妈 PTPT 一下 拜

za³³ dɛ³³ za³³ mo³³ na³³ pɛ⁵⁵ phi⁴² na³³ pa³³ tɕhi³¹³ tɕo⁵⁵. tɕhi⁵⁵mo²¹sɚ⁴² te⁵⁵
3sg 爹 3sg 妈 PTPT 拜 ASTP TPT 若 到 就 新娘 个

ɛ²¹ za³³ ɣu³³ dʐŋ³³ za³³ ȵi³³ dʐŋ³³ za⁵⁵ ze³³ dʐŋ³³. te²¹ɣe²¹po⁴² na³³ də³¹³ pɛ⁵⁵.
STPT 3sg 舅 们 3sg 姑 们 3sg 叔 们 全部 上 都 拜

de³¹³ te²¹te⁵⁵ŋu⁵⁵ŋu⁴² a³³ pɛ⁵⁵ tɕo⁵⁵. pɛ⁵⁵ phi⁴² na³³ pa³³ tɕhi³¹³ zo⁵⁵. xui⁴²mə⁴²
也 一模一样 STPT 拜 就 拜 掉 PRT 全 到 又 回门

ga⁵⁵ na³³ kja⁵⁵ ga⁵⁵.
PRT 那样 做 PRT

全部都要拜过来。舅舅、叔叔、姑姑们，都要一个一个拜，拜一个要给一斤糖。被拜的人呢，要给新郎新娘一点儿钱，我们这里兴这样。有的吃杀鸡饭的那晚上就可以这样拜了。拜时新郎就到新娘家，先拜新娘父亲，再拜母亲。拜过父母、舅舅、姑姑、叔叔们。个个都要拜过来后才回门。

pa³³ xui⁴²mə⁴² tɕo⁵⁵ xə⁵⁵ tɕhi⁵⁵mo²¹sɚ⁴² ne³³ ɣə⁴² ɛ²¹ xə⁵⁵ um²¹ tɕi⁴² phu²¹
若 回门 就 还 新娘 那 家 PRT 还 嗯 柜子 开

ε⁵⁵ se³³ um²¹ fu³³ ki⁵⁵ za³¹³ ne³³xə³³ ne⁵⁵ tɕi⁴² xu²¹ tɕo⁵⁵. ʑi⁵⁵pa³³ də³³ de³¹³
PRT 兴 嗯 嫁 过去 那时 TEPT 柜子里 就 一般 都 也

tshe²¹phe²¹ dze⁴² ke⁴². um²¹ phjo²¹lo³¹³ gə³³ djo³³ ke⁴² nu³³ dzɿ⁴² gə³³ ke⁴². xə⁵⁵
大米 一些 装 嗯 衣裤 也 一点儿 装 LNK 酒 也 装 还

dʑi³³phe³¹³ ke⁴² ε⁵⁵ sε³³ dʑi³³phe³¹³ pa³³ ke⁴² ne⁵⁵ tɕo⁵⁵. tɕhi⁵⁵mo²¹sɚ⁴² ɣə⁴² gε²¹
钱 装 PRT 必须 钱 若 装 LNK 就 新娘 家 STPT

kja⁵⁵ sin³³ku³³ʑi³³ ɣə⁴² gε²¹. dʑi³³phe³¹³ a²¹mja⁴² ke⁴² na³³ xə⁵⁵ guə⁴² xo³¹³ ma⁴²sɚ³³
和 新姑爷 家 STPT 钱 多少 装 那样 还 讲 合 须还

ma²¹ guə⁴² xo³¹³ pa³³ki⁵⁵ tɕo⁵⁵ ku³³mja⁵⁵ tshu²¹ tɕi⁴² ε⁵⁵. tɕi⁴² phu²¹khε³³ na³³ pa³³
不 讲 合 若 就 脸面 伤 会 PRT 柜 打开 TEPT 若

tɕhi²¹ tɕi⁴² xu⁴² dʑi³³phe³¹³ a²¹mja⁴² dzu²¹ nu³³ tɕo⁵⁵. sin³³ku³³ʑi³³ ne⁵⁵ ɣə⁴² gε²¹
到 柜子里 钱 多少 有 LNK 就 新姑爷 那 家 STPT

ʐa³³ de³³ ʐa³³ mo³³ tɕo⁵⁵. dʑi³³phe³¹³ a²¹mja⁴² ve²¹ a³³ tɕhi⁵⁵mo²¹sɚ⁴² te⁵⁵ na³³
3sg 爹 3sg 妈 就 钱 多少 拿 STPT 新娘 个 PTPT

guu³¹³ ʐa⁵⁵. na⁴² kja⁵⁵ guu⁵⁵ ɲi⁵⁵ ɣə⁴² po⁴² ε²¹ də³³ guə⁴² xo³¹³ na³³na⁴² ki⁵⁵
给 PRT 那样 做 因为 两 家 都 STPT 都 讲 合 那样 做

a⁵⁵. tɕi⁴²kε⁵⁵ pa³³ phu²¹ ne⁵⁵ tɕhi⁵⁵mo²¹sɚ⁴² te⁵⁵ gε²¹ ʐa³³ ɲi³³ guu⁵⁵ phu²¹ ε⁵⁵.
AST 柜 盖子 若 开 TOP 新娘 个 STPT 3sg 姑姑 AGT 开 AST

新娘回门时还兴开柜子出嫁的柜子一般要装大米、衣裤、酒和钱。新郎和新娘家要商量开柜时装多少钱,不讲好到时就会伤面子。开柜时装着多少钱,新郎的父母就得拿多少钱给新娘。

tɕi⁴² pa³³ phu²¹ xε⁵⁵ tɕhi⁵⁵mo²¹sɚ⁴² te⁵⁵ xə⁵⁵ le⁵⁵dʑi³³ tɕi³³. ve²¹ zε³¹³
柜子 若 开 还 新娘 个 还 糖 斤 拿着

dzu⁵⁵phu²¹ ve²¹ zε³¹³. na³³ kja⁵⁵ ʐa⁵⁵ ɲi³³ na³³ te²¹ tuu⁵⁵ pe³¹³ na³³ ki⁵⁵ nu³³
钥匙 拿着 那样 做 3sg 姑姑 上 一 下 拜 那 做 TOP

ʐa³³ ɲi³³ na³³ guu³¹³. na⁴² pa³³ ki⁵⁵ tɕo⁵⁵ ʐa³³ ɲi²¹ tɕo⁵⁵ ɨɕi⁵⁵ gε⁵⁵ phu²¹ a³³
3sg 姑姑 上 给 那样 若 做 就 3sg 姑姑 就 柜子 盖 开 AST

ɡa⁵⁵. tɕi³³ kε⁵⁵ pa³³ phu³¹³ xə⁵⁵ de³¹³ tɔ²¹kua⁵⁵ sε⁵⁵. a³³ɕo²¹ a³³ɕo²¹ nu³³ ma²¹
PRT 柜 盖 若 开 还 也 祷告 还 什么 什么 TOP 不

phu²¹. a³³ɕo²¹ a³³ɕo²¹ nu³³ phu²¹ na³³ thə⁵⁵ tɔ²¹kua⁵⁵ thə⁵⁵ pa³³ tɔ²¹kua⁵⁵ tɕo⁵⁵
开 什么 什么 TOP 开 那样 一下 祷告 一下 若 祷告 就

phu²¹khε³³. phu²¹khε³³ a³³ na³³ pa³³ tɕhi²¹ tɕo⁵⁵. so²¹ ki⁵⁵ lε²¹ a³³
打开 打开 AST TEPT 若 到 就 送 过来 STPT

so²¹pho³¹³so²¹mo²¹ ne³³ɣə⁴² gu⁵⁵ te²¹ɣə⁴²po⁴² gu⁵⁵ na⁵⁵ɲi³³ to³³. a⁵⁵tsɿ⁴² dze⁴² ɲi²¹ ne⁵⁵
送亲队 那些 AGT 全部都 TOP 看 让 什么 些 内 PRT

na³³ thə⁵⁵ pa³³ na⁵⁵ɲi³³. dʑi³³phe³¹³ de³¹³ za³³ ɲi³³ gu⁵⁵ ɣə²¹ thə⁵⁵ ɣə²¹ nu³³
那样 一下 若 看 钱 也 3sg 姑姑 AGT 数 一下 数 LNK

tɕo⁵⁵ dʑi³³phe³¹³ a²¹mja⁴² ɲi²¹ nu³³ tɕo⁵⁵. sin³³ku³³ʑi³³ ne³³ ɣə⁴² ɛ²¹ za³³ de³³
就 钱 多少 有 LNK 就 新姑爷 那 家 STPT 3sg 爹

za³³ mo²¹ tɕo⁵⁵ dʑi³³phe³¹³ xa²¹mja⁴² ve²¹ a³³ tɕhi⁵⁵mo²¹sə⁴² te⁵⁵ na³³ gu³¹³
3sg 妈 就 钱 多少 拿 AST 新娘 那 PTPT 给

nu³³ tɕo⁵⁵ xui⁴²mə⁴² na³³ pa³³ tɕhi³¹³ nu³³ tɕo⁵⁵.
LNK 就 回门 TEPT 若 到 LNK 就

　　因此，两家人得先商量好。柜子由新娘的姑姑打开。开柜子前新娘拿着糖和钥匙拜姑姑，把钥匙给她。姑姑打开柜子前要祷告，说：不好的东西不开，好的东西打开。然后，才打开柜子。开柜时，送亲的人都要来看里面有些什么东西，要让姑姑数数里面装有多少钱。回门时，新郎家才知道要拿多少钱给新娘家。

so²¹pho³¹³so²¹mo²¹ ne³³ɣə⁴² nu³³ tɕo⁵⁵ te²¹ɣə⁴²po⁴² xui⁴² a³³ tɕhi⁵⁵mo²¹sə⁴² ɣə⁴²
送亲队 那些 LNK 就 全部都 回 LNK 新娘 家

xɯ²¹ ʑi²¹ phi⁴² fu³³ tshu³¹³ ne³³ɣə⁴² gə³³ tɕhi⁵⁵mo²¹sə⁴² ɣə⁴² xɯ²¹ ʑi²¹ phi⁴².
里 去 AST 嫁 伴 那些 也 新娘 家 里 去 AST

tɕhi⁵⁵mo²¹sə⁴² te⁵⁵ ne⁵⁵ tɕo⁵⁵ xui⁴² a³³ pa⁵⁵lu⁵⁵ də³³də³³ tɕhi²¹ ɛ⁵⁵. ne⁵⁵ sin³³ku³³ʑi³³
新娘 那 TOP 就 回 LNK 半路 单单 到 PRT LNK 新姑爷

ne³³ ɣə⁴² gɛ²¹ xə⁵⁵. tɕhi⁵⁵mo²¹sə⁴² tho⁵⁵ pho³¹³ te²¹ ɯ³³ zɛ³¹³ sɛ³³. te²¹
那 家 也 还 新娘 拖 人 一 个 叫 AST 还 一

te⁵⁵ ma²¹ tho³³ ze³¹³ pa³³ ki⁵⁵ tɕo⁵⁵. tɕhi²¹mo²¹sə⁴² te⁵⁵ tshe⁵⁵ a⁵⁵. za³³ dɛ³³
个 不 拖 AST 若 做 就 新娘 那 跑 PRT 3sg 爹

xɯ²¹ pa³³ tɕhi²¹ tɕo⁵⁵ sin³³ku³³ʑi³³ te³³ ɣə⁴² ɛ²¹ tɕo⁵⁵ de³¹³ le⁵⁵dʑi³³ ve²¹ zɛ³¹³
家里 若 到 就 新姑爷 这 家 STPT 就 再 糖 拿 AST

na³³ kja⁵⁵ za³¹³ tshon⁴²sin³³ ɯ³³ ʑi²¹ mo³³ na⁴² ki⁵⁵ nu³³ tɕo⁵⁵ tsuan³³mə⁵⁵
那样 做 去 重新 叫 去 要 那样 做 那么 就 专门

tɕo⁵⁵ tɕhi⁵⁵mo²¹sə⁴² te⁵⁵ tho³³ pho³¹³ te²¹ te⁵⁵ ɯ³¹³. ɣa³³tsɿ³³. nu³³ xui⁴²mə⁴² a³³
就 新娘 个 拖 人 一 个 叫 安排 TOP 回门 PRT

ne³³xə³³ pa³³ tɕhi²¹ tɕo⁵⁵. pa⁵⁵ lu⁵⁵ ɕa³³ pa³³ tɕhi²¹ tɕo⁵⁵ tɕhi⁵⁵mo²¹sə⁴² tho³³
那时 若 到 就 半 路 那些 若 到 就 新娘 拖

po³¹³　ne³³　te⁵⁵　tɕo⁵⁵.　tɕhi⁵⁵mo²¹sɚ⁴²　te⁵⁵　na³³　tho³³　zɚ³¹³　a³³　gu⁴²　le²¹.
人　　那　　个　　就　　　新娘　　　　　个　上　拖　　着　　PRT　过　来

　　送亲队、伴娘们全部回女方家。新娘回到半路上时，新郎家要安排一个人拖住新娘。如果没人拖着新娘，她就会跑回娘家。这样新郎家得重新拿着糖去喊新娘。所以，得安排专人拖住新娘。回门时，走到半路上，拖新娘的那个人要一直拖着新娘走。

nu³³　tɕhi⁵⁵mo²¹sɚ⁴²　te⁵⁵　ne⁵⁵　tɕhi⁵⁵mo²¹sɚ⁴²　kja⁵⁵　sin³³ku³³zi³³　ne⁵⁵.　um²¹　fu³³
LNK　　新娘　　　　个　LNK　　新娘　　　　和　　新姑爷　　　　LNK　嗯　嫁

a³³　ne³³　ȵi²¹　sə³³　ȵi⁴²　ne⁵⁵　tɕo⁵⁵　se²¹　xu²¹　zi²¹　ma²¹　se²¹.　te²¹　ɣə⁴²　xu²¹
PRT　那　　二　　三　　天　　LNK　就　　别　　家　　去　　不　　兴　　一　　家　　里

ge³³　ma²¹　zi²¹　za⁵⁵.　nu³³　phjo²¹　nu³³　tɕo⁵⁵　te²¹　ȵi⁴²　te²¹　thɔ⁵⁵　po³³　phjo²¹sɚ²¹mo²¹
也　　不　　去　　PRT　　LNK　衣服　　TOP　就　　一　　天　　一　　套　　换　　新衣服

ve²¹　nu³³　tɕo⁵⁵　te²¹　ȵi⁴²　te²¹　thɔ⁵⁵　po³³　a⁵⁵ga⁵⁵.　nu³³　tɕo⁵⁵　xui⁴²mə³³　phi⁴²　na³³
穿　　LNK　就　　一　　天　　一　　套　　换　　PRT　　LNK　就　　回门　　　AST　那时

pa³³　tɕhi²¹　tɕo⁵⁵.　pa⁵⁵　ɕa³³　phi⁴²　la³³　pa³³　pa⁵⁵　ɕa³³　phi⁴²　zo⁵⁵.　um²¹　pa⁵⁵　a⁵⁵
若　　到　　就　　办　　息　　AST　PRT　若　　办　　息　　AST　又　　嗯　　办　　AST

ne³³　thɯ²¹　khu⁴²　gɛ²¹　khu⁴²sɚ⁴²xu⁴²　pa³³　tɕhi²¹　tɕo⁵⁵.　si³³ku³³zi³³　ne³³　ɣə⁴²
那　　一　　年　　STPT　春节　　　　若　　到　　就　　新姑爷　　　那　家

gɛ²¹　tɕo⁵⁵.　za³¹³　tɕhi⁵⁵mo²¹sɚ⁴²　xu²¹　za³¹³　pɛ⁵⁵　nɛ³³　zi²¹.　pa³³　pɛ⁵⁵　nɛ³³　zi²¹
STPT　就　　去　　新娘　　　　　家　　去　　拜　　年　　去　　若　　拜　　年　　去

nu³³　tɕo⁵⁵.　xɚ⁵⁵　fu³³tɕo³³mo²¹　ne³³　te⁵⁵　gə³³　zi²¹　ɛ⁵⁵　sɛ³³.　thi⁴²lo⁴²　mo³³　thi⁴².
LNK　就　　还　　媒婆　　　　　那　　个　　也　　去　　还　　要　　提箩　　　个　　提

thi⁴²lo⁴²　ne³³　mo³³　xu⁴²　tɕo⁵⁵　le⁵⁵dzi³³　tshu⁴²　tɕi³³　ke⁴²　dzŋ²¹　sə³³　dzŋ²¹　te²¹
提箩　　那　　个　　里面　就　　糖　　　　六　　斤　　装　　酒　　三　　酒　　一

tɕi³³　ke⁴²　so³³bɚ³³　sə³³　tɕi³³　ke⁴²　a⁵⁵pɯ⁵⁵　mo³³　ke⁴²　na³³　kja⁵⁵　thi⁴²lo⁴²　mo³³
斤　　装　　肉　　　三　　斤　　装　　饵块　　　个　　装　　那样　做　　提箩　　　个

thi⁴².　si³³ku³³zi³³　ne³³　ɣə⁴²　gɛ²¹　xɚ⁵⁵　fu³³tɕo³³mo²¹　ne³³　te⁵⁵　na³³　gə³³　de³¹³
提　　新姑爷　　　那　　家　　STPT　还　　媒人　　　　　那　　个　　PTPT　也　　也

thi⁴²lo⁴²　mo³³　gɯ³¹³.　phjo²¹lo³¹³　thɔ⁵⁵　və²¹　gɯ³¹³　xɚ⁵⁵　dzi³³phe³¹³　de³¹³　mjo³³
提箩　　个　　给　　　衣裤　　　　套　　拿　　给　　　还　钱　　　　也　　多

mə⁴²　djo³³o³³　gɯ³¹³　a⁵⁵　sɛ²¹　zi⁵⁵pa³³　ne⁵⁵　te³³xɚ³³　ne⁵⁵　san³³　pə⁴²　lu⁴²　gɯ³¹³
少　　一点儿　给　　还　要　　一般　　STPT　现在　　　STPT　三　　百　　六　　给

ɛ⁵⁵ɕa⁵⁵.　ne⁵⁵　tɕo⁵⁵　fu³³tɕo³³mo²¹　ne³³　te⁵⁵　na³³　um²¹　tɕhi⁵⁵mo²¹　de³¹³　phɯ³³　sua⁵⁵
好像　　LNK　就　　媒人　　　　　那　　个　　PTPT　嗯　　媳妇　　　　说　　价钱　算

a⁵⁵ga⁵⁵	za³¹³	ɳa⁴²	djo⁵⁵o³³	gur³¹³	se³³.
PRT	3sg	那样	一点儿	给	兴

刚娶媳妇的那两三天新郎和新娘不能去别家串门，要一天换一套新衣服在家休息。婚礼结束后的第一个春节，新郎家要去新娘家拜年。拜年时媒婆也要跟着去。她要提一个提箩，里面要放六斤糖、一斤酒，三斤肉、一个饵块，送到新娘家。新郎家还要给媒人一个提箩，一套衣服，一点儿钱。一般要给三百六十元钱，算是做媒的报酬，我们这里兴这样。

nu³³	pa³³	pɛ⁵⁵nɛ⁴²	zi²¹	tɕo⁵⁵	te²¹	khu⁴²	a⁵⁵	ne³³	khu⁴².	thə⁵⁵	pa³³	pɛ⁵⁵nɛ⁴²
LNK	若	拜年	去	就	头	年	STPT	那	年	一下	若	拜年

phi⁴²	ge³¹³	tɕo⁵⁵	zo⁵⁵	ti⁵⁵	ɚ⁵⁵	thu²¹	khu⁴²	tɕo⁵⁵	ma²¹	pɛ⁵⁵nɛ⁴²	za³¹³	la³³.
AST	后	就	又	第	二	一	年	就	不	拜年	去	PRT

zo⁵⁵	sə³³	khu⁴²	a⁵⁵	ne³³	khu⁴²	pa³³	tɕhi²¹	zo⁵⁵	de³¹³	pɛ⁵⁵nɛ⁴²	zi²¹.	pa³³
又	三	年	STPT	那	年	若	到	又	再	拜年	去	若

pɛ⁵⁵nɛ²¹	zi²¹	te³¹³	tɕo⁵⁵.	mjo³¹³zo³³	te³¹³	te²¹	khu⁴²	a³³	ne³³	khu⁴²	a⁵⁵sa³³
拜年	去	也	就	东西	也	一	年	PRT	那	年	像

ɳa⁴²dze⁴²	ve²¹	a⁵⁵ga⁵⁵.	nu³³	tɕhi⁵⁵mo²¹sɚ⁴²	ne³³	ɣə⁴²	ge²¹	tɕo⁵⁵.	te²¹	khu⁴²
那些	拿	PRT	那么	新娘	那	家	STPT	就	一	年

a⁵⁵	ne³³	khu⁴²	guɹ⁵⁵.	sin³³ku³³zi³³	te³³	ɣə⁴²	ge²¹	ve²¹	ki⁵⁵	lɛ²¹	a³³	jo³¹³zo³³
STPT	那	年	由	新姑爷	这	家	STPT	拿	过	来	PRT	东西

te³³dze⁴²	pa³³	mo³³	tɕo⁵⁵.	sə³³	khu⁴²	a⁵⁵	ne³³	khu⁴²	pa³³	tɕhi²¹	tɕo⁵⁵	mjo³¹³zo³³
这些	若	要	就	三	年	STPT	那	年	若	到	就	东西

dze⁴²	tɕo⁵⁵.	sin³³ku³³zi³³	te³³	ɣə⁴²	ge²¹	na³³	xui⁴²	phi⁴².	tɕo⁵⁵	ma²¹	mo³³	a⁵⁵
些	就	新姑爷	这	家	STPT	PTPT	回	掉	就	不	要	PRT

la³³.	te²¹	khu⁴²	a⁵⁵	ne³³	khu⁴²	ma²¹	mo³³	pa³³	sə³³	khu⁴²	a⁵⁵	ne³³	khu⁴²
AST	一	年	PRT	那	年	不	要	若	三	年	STPT	那	年

pa³³	tɕhi²¹	tɕo⁵⁵.	mjo³¹³zo³³	dze⁴²	tɕo⁵⁵	te²¹dze⁴²po⁴²	mo³³	a⁵⁵ga⁵⁵.
若	到	就	东西	些	就	全部	要	PRT

结婚后的头一年要去拜年，第二年就不去拜了，到第三年又要去拜。拜年时要拿礼物。东西和第一年的要一样。如果新娘家第一年收下了礼物，那么第三年新郎家拜年时要还礼。如果第一年没收礼物，那么第三年，收下新郎家送来的礼时就不用还礼了。

（讲述者：李兰珍）

参考文献

白碧波、许鲜明 2012《撒都语研究》，北京：民族出版社。
晋宁县地方志编纂委员会 2003《晋宁县志》，昆明：云南民族出版社。
晋宁县人民政府 1987《云南省晋宁县地名志》，内部资料。
晋宁县政协、文史委员会 2005《晋宁文史资料选辑》第12辑，内部资料。
和即仁 1992《谈谈白语的系属问题》，《彝缅语研究》，成都：四川民族出版社。
李永燧 2010《缅彝语音韵学》，北京：社会科学文献出版社。
孙宏开 1988《语言识别与民族》，《民族语文》第2期。
孙宏开 2013《关于语言身份的识别问题》，《语言科学》第5期。
许鲜明、白碧波 2011 撒都群体语言使用现状的调查《暨南学报》第2期。
玉溪地区民族事务委员会 1992《玉溪地区民族志》，昆明：云南民族出版社。
玉溪市地方志办公室 1990《玉溪市志资料选刊》第四十二辑，内部资料。
玉溪市地方志编纂委员会 1993《玉溪市志》，北京：中华书局。
玉溪市红塔区史志编纂办公室 2008《红塔年鉴》，德宏：德宏民族出版社。
《藏缅语语音和词汇》编写组 1991《藏缅语语音和词汇》，北京：中国社会科学出版社。

De Graaf, T. 2003. Language Vitality and Endangerment, UNRSCO AD Hoc Expert Group on Endangered languages. Paper presented at the International Expert Meeting on the UNESCO Programme Aimed at the Safeguarding of Endangered Languages, 10–12 March, Paris.

De Graaf, T. 2014. Final Recommendations for the Action Plan of UNESCO's World Atlas of Languages. International Expert Meeting on Improving Access to Multilingual Cyberspace, 28–29 October, UNESCO's Headquarters, Paris.

调查手记

2015年4月22—24日

许鲜明、白碧波赴北京语言大学参加"中国语言资源保护工程培训会（第二期）"。中国语言资源保护工程领导小组办公室、中国语言资源保护研究中心设在北京语言大学。培训22日报到，23—24日培训。24日中午结束后赶回昆明，晚上8点到达昆明机场，10点多回到玉溪。

2015年4月25—27日

许鲜明、白碧波讨论了语保工程启动的思路。先把纸笔任务做完，校对好后再录音、摄像。提前物色、选择好合作人。开始整理撒都1200词语，决定先完成纸笔词汇记录。

2015年4月28日

濒危语言撒都语列入国家语保工程后，许鲜明、白碧波二人上午8时自驾车从玉溪出发，9点半左右到晋宁县政府办公室。在办公室主任的引见下，与县志办吴永华主任取得了联系，并向他了解了有关古滇国的族群分布情况，在吴永华主任的办公室查阅了《晋宁县志》辑《云南省晋宁县地名志》《晋宁文史资料选辑》等资料，进一步了解撒都人的迁徙历史。吴永华主任还送了《晋宁县志》《云南省晋宁县地名志》《晋宁文史资料选辑》等资料给我们。后来，他们联系到县民族宗教局局长尤建华。尤建华又帮我们联系了核桃园村委会，县志办吴永华主任安排了王树恩老师和我们一起前往核桃园村。11点半到达核桃园村委会，双河彝族乡吴副乡长、核桃园村支书李正保、副主任普国大等在村委会向我们介绍了全村的情况。李正保书记说，核桃园现有181户、630人。村民主要是彝族，占全村人数的98%。其他民族主要是因通婚进来的。他说村里的彝族分为两种：黑彝和白彝（撒都人）。但是，80%的人已经不会讲彝话了。会讲彝话的大多在50岁以上。他说他本人是白彝，父亲会讲一点儿，他现在只讲汉话了。村里现在已不分黑彝、白彝了，身份证上都是彝族。据了解，村里还有4位会讲白彝话的撒都老人。他们是杨凤英（女，79岁）、普永（男，73岁）、李汝良（男，80岁）、李竹英（女，78岁）。我们对4位老人进行了100词椒园撒都话测试，结果证明他们讲的是撒都话。但是，有些词他们说不上来。杨凤英说，她还记得一些"白倮倮"话；普永说他只能听懂一点儿；李汝良、李竹英说他们会说黑彝话和汉话，不会说撒都话了。从与4位老人的见面交流中，我们发现他们都没用撒都话交流，而是使用非常流利的当地汉话。因此，可以看出核桃园村的撒都语已基本消失。从核桃园到玉溪的椒园于2008年已修通毛路，走山路3个小时，自驾车约40分钟。

下午1点多，我们离开核桃园，前往双河乡田坝村。田坝村距椒园很近，走山路约一个小时。两村共处于同一座山，椒园在山这边，田坝在山那边。现已通水泥路，约5公里左右。

下午4点，我们到了宝峰镇的柏柳庄。我们访谈了正在建房的村民。他们说本村现无彝族，全是汉族，都讲汉话。离开柏柳庄，我们到了宝峰镇青龙彝族村，发现村里的彝族语言保存较好，男女老少都会讲彝话。下午6点半返回玉溪，阅读相关资料。

2015年5月1日

许鲜明、白碧波一行上午8时，自驾车从玉溪出发，9时许到椒园村。在李忠福家，见到了发音合作人李荣。他说他活到60多岁，没想到，白老师、许老师三番五次来记录他们的撒都语。过去，他在家里、村里讲自己的语言，在外面讲彝话，从来没觉得他们的语言

调查工作现场　椒园村李忠富家 /2015.5.1/ 白碧波 摄

有用。撒都人人口少，平时在外面，很少讲自己的话。因为害怕别人笑话民族话。和两位老师一起工作后，认识到会讲撒都话是一件骄傲、自豪的事。因为，他们可以帮助两位老师完成研究工作。通过记录、录音，外面的人也能听到撒都语。更重要的是通过两位老师们的记录，可以把撒都语保护起来。自从两位老师到村里研究后，云南大学的老师和学生也来调查撒都语了。政府也重视起来了，帮助修路、建水窖，发展生产。村容、村貌也发生了很大的变化，生活也一年比一年好起来了。

许鲜明收集民俗文化词，白碧波开始记录通用词。下午5点半，与发音合作人约好下次的工作时间后下山返回玉溪。

2015年5月8—28日

发音合作人李荣下山与许鲜明、白碧波在学校语音实验室汇合，记录语保通用词、扩展词、例句等。许鲜明整理语言文化信息材料，准备写作提纲。工作任务完成后，许鲜明、白碧波送李荣老师回椒园村。

2015年7月6日—8月20日

许鲜明组建摄录团队，培训摄录技术和规范。许鲜明调好设备后，开始摄录3000词、语法例句等。白碧波进行语音校对。期间，不仅完成了撒都语的摄录工作，而且还完成了哈尼哈雅方言及普米语两个方言的摄录工作。

2015年9月20日

白碧波、许鲜明上午8时出发，大约10点半到达大石板村委会驻地秧草塘村。我们送给村委会李忠明一台桌式电脑，送给李忠富一台手提电脑，教他们学习电脑操作和文字处理，希望他们今后能够为保护自己的语言尽力。在村委会食堂吃过午饭后，李忠富带我们到椒园村。在他家安顿下来后，我们去看发音合作人李荣。在他的帮助下，我们开始校对一些词汇和句子。他认为抢救撒都语是件好事，要积极配合。因为再过几年撒都话可能就被汉话代替了。现在村里好多人见面讲汉话，撒都话都忘了。许鲜明到村里与村民交流。下午6点，李忠富妈妈做好晚餐。吃过饭后李忠富带我去见会讲民间故事的李兰珍。她家在村口入寨方向的山脚下大路边。进大门有一个大四合院，天井里有一口井。天井旁边挂着很多玉米，黄灿灿的，从楼上一直垂到天井里，太美了。许鲜明从不同角度拍了好多照片。走进她家，她正在厨房收拾碗筷。她很热情地跑出来倒茶水。两位老师请她讲撒都话。她一听，很乐意地答应了，就跟她约好合作的时间。晚上，两位老师与村里人一直聊到深夜。夜深人静，山高路弯，为了安全，李忠福安排两位老师住在他家楼上。

调查工作现场　椒园村李忠富家 /2015.5.1/ 许鲜明 摄

2015年9月21日

上午白碧波记录撒都词，许鲜明整理材料。下午在李荣的陪同下，去村外看椒园村最古老的墓碑。墓碑在村背后的山上，四周有大树，登高远望，非常开阔。墓碑在大松树下，上面的字比较模糊，但依稀能辨认出"嘉庆七年壬戌岁季冬月二十三日，雍正甲年生"。回家的路上，李荣说："从这个位置看椒园村很像交椅，所以'椒园'村以前叫'交椅'。后因种花椒出名才改为'椒园'。"许鲜明按所处位置拍了一张照片一看，果然很像。

从山上回来时，我们路过水井，一看树荫下的水井里一滴水都没有。李荣说村里什么都好，就是缺水。幸好在政府帮助下，家家户户都建有水窖。下雨时把雨水储存下来备用。因此，平时用水大家都非常节约。

路过寨子时，看到城里的商贩到椒园村摆摊设点，卖衣物和生活用品，很热闹。晚上，我们到村里的老年协会活动室与村民们一起交流。回到李忠富家，白碧波和李荣一起记录校对。许鲜明试录李兰珍讲的撒都话，发现她口才好，能讲生活经历、传统生物、生态知识等。但监听中发现录音里有公鸡的打鸣声，母鸡下蛋的叫声，有时还有拖拉机的过路声。效果不行，只好调整做其他事。9点多钟，当村寨安静下来后，许鲜明在李忠富家试录音，发现效果比白天好多了。在场有李荣、李兰珍、李忠富，还有几个撒都妇女。他们一个接一个地讲撒都谜语、谚语，许鲜明一直录音忙到12点。他们回家休息前，许鲜明与李荣、李兰珍商量下山录音。

2015年9月21—30日

征得三人的同意后,许鲜明、白碧波带他们下山,安排入住宾馆、吃饭。第二天许鲜明与一个发音合作人开始摄录长篇语料。白碧波与另一个发音合作人进行语料标注,顺利完成了语保工程,提交文本和语料,按期结项。

标注现场　白碧波宅 /2015.7.20/ 许鲜明　摄

2015年11月5—30日

李荣、李兰珍与白碧波继续进行语料标注工作,为撰写撒都语言志初稿做准备。这是一个耗时耗力的工作。我们发现通常一分钟的录音,需要七八个小时才能完成七层[①]标注。但这项工作非常有意义。语言的活态保存,能为日后研究、传承提供宝贵的语料。这段时间我们完成了部分语料的标注、翻译工作。

李兰珍说:"白老师、许老师们拿着摄像机到我们村里的那会儿,我有点儿好奇。后来,他们叫我讲故事,说是要把我讲的故事记录下来。刚开始,我有点儿不好意思讲。因为我觉得我会讲的那些故事没有什么意思,都是小时候奶奶为了哄我们睡觉讲给我们听的。后来他们做我的思想工作,鼓励我,还邀请我参加他们举办的云南濒危语言保护大会,让我大

---

① 七层指序号、国际音标、拼音方案、汉字字译、英文字译、汉字意译、英文意译。

开了眼界。我才知道我从小听到的那些故事还能存档保存下来。特别是我讲的故事出版后,我感到很自豪。说实在,现在能讲撒都故事的人已经很少了。我讲的故事,刻录光盘后,村里人可以听我讲故事。在和白老师整理语料时,我学会了国际音标。现在,我可以通过听录音,记录撒都语,我觉得我做的工作很有意义。"

2016年1月5日—7月27日

许鲜明、白碧波到李忠福家调研。李忠福觉得很震撼,他说:"通过几次参加白老师、许老师组织的云南濒危语言保护大会,我才了解到,现在全世界都在保护像我们撒都语这样的濒危语言。我们感到很自豪。没想到,我们少数民族语言今天要利用高档录音、摄像设备保护起来。过去我们一直认为,我们的语言没有用,没想到我们的语言被老师们看重,被国际看重。他们住在我家好多天,录音、摄像。我们讲故事、说谜语,一直到深夜。我们反复听录音,看录像,觉得很有意思。如果这些东西能让上学的孩子们多听几遍,他们慢慢地还是学得会的。"

离开李忠福家,我们回到玉溪整理语料,按提纲开始写作,完成了撒都语言志初稿,并将初稿提交语保中心。

2018年3月9—25日

接到语保中心通知,"中国濒危语言志"列入国家出版基金项目,由商务印书馆出版。要求作者参加编写修订会。白碧波、许鲜明、尹明参加了改稿会。由于字数要求、体例等都有一些变化,改稿任务十分繁重。同时,要求3月25日提交第一稿。笔者按期提交了第一稿。

2018年3月26日—4月15日

接语保中心的要求,4月11日提交第二稿。许鲜明经过一个多月的修改后按期提交了第二稿。期间,白碧波、许鲜明、尹明参加在天津南开大学召开了"《中国濒危语言志》丛书民族语言志书编写培训会",返回后对新提出的体例进行修改,不断完善书稿。

2018年5月8日—10日

白碧波、许鲜明参加在商务印书馆召开的"《中国濒危语言志》首批书稿三审会",对会上提出的修改意见进行记录,返回后对新提出的体例进行修改,不断对书稿加以完善。按语保中心的要求,5月25日提交第三稿。白碧波、许鲜明、尹明经过修改后按期交稿。

在做少数民族语言、濒危语言有声典藏、撰写语言志的过程中，笔者感到这是一件非常耗时耗力的事。因为，这是一个跨学科的系统工程。要做好这项工程，须全面了解工作流程，合理安排工作顺序。人类对语言的认知是有限的。记录一种陌生的语言，如同走陌生的路一样，不知道前面会遇到什么路况。尤其是，记录一种以前从未接触过的语言，首先，要记录词汇，整理音系。如果没有正确的音系，即使是最优秀的语言学工作者，在记录词汇和语料的过程中，也常常会出现偏差。词汇记录达到一定数量，语言的一些发音部位就会表现出来。词汇记录得越多，发音部位、发音方法就会得到更多的体现。如果记音不准，就会给子孙后代留下更多谜团，对日后的语言演变研究也不利。如果一开始语音记录准确了，在长篇语料的校对中也能节省时间，提高工作效率。其次，语言采录要把好录音、摄像关。录音、摄像要追求原始本真的信息。要确保原信息的质量，须控制两个条件：一是录音设备，二是录音方法。录音设备目前国内外语言博物馆、典藏机构都有要求。设备太差的录音和摄像，不能保证数据的完整性，如用电脑外置声卡录音、电脑话筒采录 1 分钟的音频为 6 MB，用 Zoom 采录 1 分钟的音频为 10.95 MB。可见，两种不同的设备其信息相差 4.95 MB。这说明不同的录音设备，所采录到的信息量是不一样的。信息量的缺失会影响到以后对有声资源的开发和利用。显然，相差的 4.95 MB 信息，靠直观是无法发现的。只有通过语音实验才能观察得到。信息量少的数据，一两年、三四年也许看不出来，但十多年后其差异就会十分明显。第三，不要刻意去追求"标准"形象录音，应记录多样的发音个性。以生理电信号（脑电、声门阻抗信号等）和物理视频（图像）音频（声波）信号方式承载声像资料，除了记录独特的语言文化信息外，还保留着大量的生理、物理方面的信息，如发音、节奏、呼吸幅度等。这些信息对历史文化、语言变迁、语言演变研究、基于生理声学的语音、语言认知和编码、语言发音生理等的人类语言进化、语音韵律和个人风格等研究，都是极为重要且必不可少的。不妨设想一下，如果古代有数码录音机、摄像机、照相机和计算机，古人就能存下文字、图像、声音融为一体的多媒体信息。也许我们今天就能看到李白、杜甫吟诵诗词的情境，听到他们的声音。可遗憾的是我们今天只能从有限的文字中去了解到他们的信息，去构拟他们的发音。

总之，我们今天所做的语保工程，对国家、民族是功在当代、利在千秋的事。这个工程不仅记录保存了中国多样的语言文化，而且对语言学学科建设、人才培养也起到了实训作用，让一大批"语保人"，通过项目实践，做中学习，不断磨炼，迅速地成长起来。